SPSSWin14.0을 활용한

마케팅 시장조사분석

권영식 저

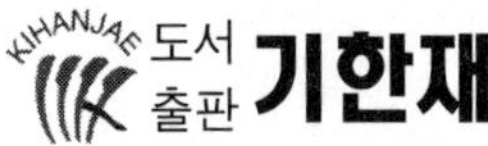

이 책을 나의 동반자이고 격려자이며

힘의 원천인 사랑하는 가족(현경, 희재, 오준)에게 드립니다.

•

•

•

머리말

세상은 빠르게 변하고 있다. 처음 통계학이라는 학문을 접하게 된지 벌써 20여년이라는 시간이 흘렀다. 통계학이라는 학문을 응용하는 방법론에서도 많은 변화가 있었다. 저자는 대학시절 처음 범용 컴퓨터를 이용하여 자료를 분석하고 보고서를 작성하였지만, 지금은 개인용 컴퓨터와 통계분석 프로그램을 이용하여 쉽게 다양한 분야에 통계학과 연구방법론을 응용할 수 있게 되었다.

하지만 여러 학문 분야의 종사하는 연구자들이 연구를 하면서 가장 고민스럽게 느끼는 것을 들라 하면 아마도 통계학이나 연구방법론이 그 중 하나일 것이다.

오늘날 대부분의 학문분야는 통계분석을 이해하지 않고서는 학술적인 논문이나 연구를 진행하기 어렵게 되어 있다. 어떻게 하면 쉽게 통계 분석을 이해할 수 있을까? 하는 동기에서 이 책을 쓰게 되었다.

저자가 처음 통계학과 연구방법론을 접했을 때 느꼈던 당혹스러움을 아직도 기억하고 있다. 그래서 필자는 가능한 한 통계학과 연구방법론을 깊이 배우지 못한 사람들이 이해하기 쉽도록 실무 예제를 활용하여 책을 구성하였다. 통계학과 연구방법론에 관심 있는 사람들이 어려움 없이 활용할 수 있도록 구성했으나 필자의 의도가 얼마나 반영되었는지 걱정이 앞선다.

책의 구성은 크게 2부로 구성되어 있다. 제1부에서는 마케팅 시장조사분석의 일반적 기초지식과 SPSSWIN14.0 통계분석 프로그램을 설치 · 운영할 수 있는 방법에 대해서 기술하였고, 제 2 부에서는 실무예제를 이용하여 통계분석에 방법에 따른 가상적 연구 상황을 설정하여 통계분석 기법을 쉽게 응용할 수 있도록 구성하였다.

끝으로 필자가 겁 없이 졸고를 세상에 내 놓을 수 있도록 학부시절부터 지금까지 늘 학문의 길이 무엇인가를 몸소 가르쳐 주시고 학문적 지원과 격려를 아끼지 않으시는 나의 은사이신 광운대 경영학과 임영균 교수님께 머리 숙여 깊은 감사를 드린다. 그리고 원고를 정리하고 수정하는데 도움을 준 도서출판 기한재 김형근 사장님과 박소연 양에게 감사를 드린다. 이 책이 통계학을 처음 접하는 분들에게는 통계학과 깊은 사랑에 빠질 수 있게 하고 통계학에 관심이 있는 분들에게는 더 많은 도움이 되었으면 한다.

저자 권영식 씀

제1부 마케팅 시장조사분석의 기초지식 ▸ 9

제2부 시장조사 분석 기법 ▸ 107

제 1 부

마케팅 시장조사분석의 기초지식

제1장 시장조사분석을 위한 예비지식

1.1 마케팅 시장조사분석이란?

사회현상은 하루가 다르게 변해가고 있다. 경제주기 변화는 더욱 가속화되고 사회 구성원들의 본질적인 욕구와 선호도 변화는 기업의 경영활동에도 많은 영향을 미치고 있다. 이러한 변화에 대응하기 위해 기업은 어떻게 해야 하는가? 이에 대응하기 위한 하나의 방편이 시장에 관한 정보를 체계적으로 수집·정리하여 경영활동에 필요한 정보를 분석해 경영활동에 반영하는 것이다. 그렇다면 기업은 어떻게 해야 할 것인가? 이에 대한 대응 방편의 하나가 시장조사이다. 마케팅 시장조사란 경제현상의 변화뿐만 아니라 소비자의 욕구 및 선호 변화를 체계적으로 조사·분석하여 마케팅 활동에 필요한 정보를 추출하고 분석해서 의사결정자에게 제공하는 것이다. 마케팅 시장조사는 통계학을 기본으로 하는 방법론이다. 시장조사 분석을 하기 위해서는 통계학에 대한 기본 개념의 이해가 필요하다. 이하에서는 통계학에 대한 기본개념과 분석방법에 대해서 기술하기로 한다.

1.2 통계학의 기본 용어

1) 기본용어

■ 통계적 추정

모집단의 특성을 대표할 수 있는 표본의 특성을 분석함으로써 모집단의 특성을 추정하는 것이다. 다시 말해서 표본의 통계량을 이용하여 모수의 특성을 추정하는 것이다.

■ 추정치(estimate)

표본에서 얻어진 통계량(수치)을 모수의 추정치라고 한다.

■ 추정량(estimator)

모수를 추정하기 위해 사용된 표본의 통계량을 추정량이라고 한다.

■ 추정방법

- 점추정(point estimation) : 모수의 진정한 값이라고 추측되는 것을 하나의 값으로 표현하는 것
- 구간추정(interval estimation) : 모수의 진정한 값이라고 추측되는 것을 범위의 값으로 표현하는 것

■ 자유도(degree of freedom)

자유도의 크기는 t분포 공식에 나타나 있는 모수이다. 그러나 모집단의 표준편차 σ를 추정하기 위하여 사용되는 추정량 s는 편차제곱의 합을 n-1로 나눈 값의 제곱근이다. 자유도 n-1은 편차들 $X_i - \overline{X}$의 독립적인 개수를 의미한다. n개의 표본관찰치가 있을 때 편차의 총합 $\sum(X_i - \overline{X}) = 0$이므로 이 중에서 하나만 제외하고 나머지 편차들은 자유롭게 독립적인 숫자를 가질 수 있다. 그러나 마지막 n번째 관찰치는 편차의 총합이 0이라는 조건에 의하여 자동적으로 결정된다. 따라서 모분산을 추정할 때에 추정량의 분모가 n-1이라면, n-1의 자유도가 있다는 것을 의미한다.

2) 가설검정

■ 가설(hypothesis)

현상을 증명하기 위해 세워지는 가상적인 진술이며 나중에 논리적으로 증명되는 명제이다.

■ 귀무가설과 연구가설

귀무가설은 현상의 참과 거짓의 판단 기준이 되는 사실이며, 연구가설은 논리적인 대안으로 연구자가 증명하고자 하는 가설이다.

■ 가설검정의 오류

<표1-1> 두 종류의 오류

의사결정 \ 실제상태	진실 H0	거짓 H0
H0 채택	올바른 결정	제 2 종 오류 ; β오류
H0 기각	제 1 종 오류 ; α오류	올바른 결정

제1종 오류와 제2종 오류는 귀무가설의 채택과 기각 여부로 판단할 수 있다. 조사자가 귀무가설이 진실임에도 불구하고 연구가설을 채택한다면 조사자는 제1종 오류를 범하게 된다. 위험의 크기는 α이다. 반대로 귀무가설이 거짓임에도 불구하고 연구가설을 기각한다면 제2종 오류를 범하게 된다. 위험크기는 β이다. 제1종 오류를 범하게 되는 경우 기존의 이론과 현상을 부정하는 것이 되기 때문에 많은 문제를 야기 시킬 수 있다. 반면, 제2종 오류를 범하게 되는 경우 연구모형과 연구가설이 잘못되었을 가능성이 높기 때문에 연구과정을 재검토하는 것이 바람직하다. 사회적인 영향을 미친다는 점에서 α 오류가 β 오류보다 중요하다고 할 수 있다.

P(제 1 종 오류) = P(H0 기각 / H0 진실) = α

P(제 2 종 오류) = P(H0 채택 / H0 거짓) = β

일반적으로 가설검정에서 α= 0.01, 0.05, 0.10 등으로 정한다. 이때의 α를 유의수준(significance level)이라 한다. 유의수준이란 제 1 종 오류 α의 최대치를 뜻한다. "유의하다(significant)"라고 할 때, 이것은 모수와 통계량의 차이가 현저하여 통계치의 확률이 귀무가설을 부정할 수 있을 만큼 낮은 경우를 뜻한다. 유의수준이 설정되었을 때, 가설을 채택하거나 기각시키는 판단 기준이 있어야 하는데, 이 값을 임계치(critical value)라고 한다. α=0.05수준에서 계산된 확률수준이 0.05 이하이면 귀무가설을 기각시킨다는 의미이다. "통계적으로 유의하다"라고 해석한다.

1.2.1 자료의 성격

통계학에서 이용하는 자료는 사람, 물체, 조건 또는 상황을 묘사하는 상징으로서 수량, 시간, 금액, 비율, 이름, 장소 등을 포함하는 기본적인 사실들의 집합이다.

1.2.2 모집단과 표본

모집단이란 연구자의 조사 대상이 되는 전체 측정치의 집합이다. 예를 들어 조사자가 서울 지역 대학생들의 월 평균 용돈 지출액을 조사하고자 한다면 서울 지역은 모집단이 된다.

표본이란 조사대상이 되는 모집단의 일부측정치의 집합이다. 예를 들어 조사자가 서울 지역 전체 대학생들의 월 평균 용돈 지출액을 조사하는데 는 시간과 비용이 많이 들게 된다. 조사자는 서울지역 중 특정 지역을 표본으로 한정하여 연구를 진행할 수 있다.

1.2.3 기술 통계학과 추리 통계학

기술 통계학이란 통계 자료를 적절하게 그림, 도표 또는 수치로 요약하고 그 특성을 기술하는 방법론이다. 이에는 빈도분석(Frequency analysis), 기술분석(Descriptive analysis) 등이 있다. 추리 통계학은 모집단에서 추출한 표본을 가지고 모집단의 특성을 예측 또는 추측하는 방법론이다. 이에는 상관 분석(Correlation analysis), 회귀분석(Regression analysis) 등이 있다.

1.2.4 측정 및 척도

측정이란 관찰 대상의 속성을 질적인 상태에 따라 수치를 부여하는 것이며, 척도는 일정한 규칙을 세워 질적인 자료를 양적인 자료로 전환시켜 주는 도구이다.

1) 명목척도(nominal scale)

관찰 대상을 범주로 분류하기 위하여 숫자를 사용한다. 예를 들면, 선수의 등번호, 남/여, 소득 계층 등이 이에 속한다. 대표적 통계치는 퍼센트, 최빈치, 비모수 통계치 등이 있다.

2) 서열 척도(ordinal scale)

관찰 대상의 속성에 따라 순위를 결정한다. 이 척도는 관찰 대상의 상대적인 순위만을 구별한다. 예를 들면, 성적순, 기업의 매출액 순위 등이 이에 속한다.

대표적 통계치는 중위수, 비모수 통계치 등이 있다.

3) 등간 척도(interval scale)

측정 대상 사이의 거리를 비교하여 측정 대상의 속성을 측정하는 방법이다(일명 리커트 척도). 일반적으로 이 척도는 설문조사를 할 때 가장 많이 쓰이는 척도이다. 측정대상의 위치에 따라 수치를 부여하고 이 숫자상의 차이를 산술적으로 다루는 것은 의미가 있다. 예를 들면, 설문지의 5점 척도 또는 7점 척도가 이에 속한다. 대표적 통계치는 산술 평균, 분산, 모수 통계치 등이 있다.

4) 비율 척도(ratio scale)

앞에서 설명한 세 척도의 특수성에다 비율 개념이 첨가된 척도이며 절대 영점의 개념이 포함된 척도이다. 예를 들면, 비율값 또는 날씨, 온도 등이 이에 속한다. 대표적 통계치는 기하 평균, 조하 평균, 모수 통계치 등이 있다.

1.2.5 변수

연구 대상이 되는 목적물은 여러 가지 특성을 가지고 있다. 이 특성을 나타내는 방법에는 여러 가지가 있지만 조사자가 특별히 더 관심을 가지는 것이 있다. 따라서 연구의 관심 대상을(대학생들의 월 평균 용돈 지출액) 개체(item)라고 하며, 개체의 특성을 나타내주기 위하여 쓰이는 속성을 변수(variable, 변량)라 한다. 변수는 특징적인 속성을 대표하여 일정한 측정단위로 계량화가 가능한 것을 뜻한다.

변수는 크게 양적 변수(quantitative variable)와 질적 변수(qualitative variable)로 구분된다. 양적 변수란 조사자의 관심 대상이 되는 속성을 수치로 나타낼 수 있는 것을 말한다. 예를 들면, 1인당 GNP, 몸무게, 학점 등이 이에 속한다. 질적 변수란 수치로 표현되기보다는 범주로 표시되는 변수이다. 예를 들면, 성별, 직업, 학력 등이 이에 속한다.

조사자가 가장 중요하다고 생각하는 것에 따라 변수는 하나 혹은 여러 개가 있을 수 있다. 하나의 변수를 다루는 통계 분석을 단일 변량 통계 분석(univariate statistical analysis), 그리고 여러 개의 변수를 다루는 통계분석을 다변량 통계 분석(multivariate statistical analysis)이라 한다.

1.2.6 자료의 종류

자료의 종류는 변수의 종류에 의하여 질적 자료와 양적 자료로 구분할 수 있다. 또는 자료는 시계열자료(times-series data)와 횡단면 자료(cross-sectional data)로 구분된다.

1) 질적 자료와 양적 자료

질적 자료란 질적 변수를 기록한 자료이며 명목척도에 의하여 만들어진다. 예를 들면, 남/여로 구분되는 성별, 상·중·하로 나타내는 생활수준, 도시·농촌으로 나타내는 출신 지역 등이 이에 속한다.

양적 자료란 양적 변수를 기록한 자료이며 서열, 등간 그리고 비율척도에 의하여 만들어진다. 예를 들면, GNP, 경제 성장률, 몸무게, 평점 등과 같이 수치로 표기할 수 있는 것들이다.

2) 시계열 자료와 횡단면 자료

시계열 자료(times-series data)란 시간대 순서에 따라 변수를 측정한 자료들이다. 예를 들면, 2000년부터 2005년까지의 환율변동 자료 또는 2000년부터 2005년까지의 주가변동 자료 등이 이에 속한다.

횡단면 자료(cross-sectional data)란 조사자가 일정시점 기간 동안 측정대상의 둘 이상의 특성을 동시에 측정한 자료이다. 예를 들면, 특정 제품에 대한 소비자들의 선호도 설문조사 또는 특정 지역 주거환경 설문조사 등이 이에 속한다.

1.2.7 자료의 수집

측정 대상의 집합체가 갖고 있는 특성을 계량화하기 위하여 측정척도를 사용할 때 기록된 숫자를 자료라 한다. 자료는 변수를 관찰하여 얻어진 수치이다.

연구조사를 위해 수집되는 자료는 해당 자료가 이미 수집되어 있는가? 아닌가에 따라 1차 자료와 2차 자료로 구별된다. 1차 자료는 조사자가 자신의 목적을 위해 스스로 획득하는 자료를 말하며, 2차 자료는 과거에 다른 조사자가 어떠한 목적을 위해 수집해 놓은 자료를 말한다. 2차 자료는 정기간행물이나 연구보고서 등에 나타나고 있는 각종 통계자료를 포함한다. 2차 자료는 다른 목적을 위해 수집되었기 때문에 조사자의 연구목적에 맞는 내용과 형태를 가지고 있지 않은 경우가 많으나, 시간과 비용 면에서 경제적이기 때문에 반드시 1차 자료를 수집하기 전에 정보원의 파악과 자료의 획득 가능성을 검토하여야 한다.

1.3 분석 방법론의 기초

1.3.1 분석의 중요성

통계 자료 분석 단계는 자료의 수집과 자료의 처리 그리고 자료의 분석 3단계로 구분할 수 있다. 각 단계가 적절히 수행되어야만 연구 목적에 맞는 유용한 조사가 진행될 수 있다. 특히, 마지막 단계인 분석 단계는 전문 지식과 통찰력을 활용되며, 수집 처리된 자료로부터 연구 목적에 맞는 정보를 추출, 활용하는 중요한 단계라 할 수 있다. 따라서 수집된 자료는 분석 단계를 거쳐야만이 의사 결정에 필요한 유용한 정보로 활용될 수 있다.

1.3.2 분석 기법의 종류

분석 기법의 종류는 크게 1) 분석 목적에 따른 구분, 2) 모집단 분포의 가정에 따른 구분, 3) 변수의 수에 따른 구분으로 분류할 수 있다.

1) 분석 목적에 따른 분류

분석기법은 조사자가 어떤 목적으로 분석을 하려는가에 따라 분류할 수 있다. 조사자가 조사할 현상에 대해 개괄적으로 기술하려고 하는지, 아니면 보다 구체적으로 변수 사이의 관련성이나 인과관계를 찾아내려고 하는가에 따라서 적용되는 분석기법이 달라진다. 이에 따라 분석기법은 기술적 분석, 관련성 분석, 구조추출분석, 인과관계분석 등으로 구분된다.[1)]

1) Lehmann, D.R., Market Research and Analysis, 1989, 3rd, ed, p.389-390.

(1) 기술적 분석

기술적 분석은 자료에 대해 어떠한 가정도 하지 않고 단지 자료를 기술하는 것이다. 자료에 대한 기술은 주로 중심화 경향을 분석하며, 따라서 자료의 종류에 따라 기술적 분석의 형태는 달라진다. 명목척도인 경우 도표나 최빈수에 초점을 맞추고, 서열척도인 경우에는 백분율이나 중위수에, 등간 척도 이상인 경우에는 산술 평균과 분산에 초점을 맞추어 분석하게 된다. 기술적 분석에는 빈도분석(Frequencies Analysis)과 기술분석(Descriptive Analysis)이 있다.

(2) 관련성 분석

관련성 분석은 기술적 분석과는 달리 조사하고자 하는 개념들 간의 보다 구체적인 관련성이 있는가를 분석할 때 이용한다. 자료의 형태에 따라 적용하는 분석 기법은 달라진다. 명목척도인 경우, 변수간 관련성은 교차분석(CHI-SQUARE)을 이용하고, 등간 척도 이상인 경우에는 상관분석 등을 이용하게 된다.

(3) 구조 추출 분석(Structure Derivation)

구조 추출 분석은 조사하고 있는 개념들 간의 어떤 구조가 있다고 가정하고 그 구조를 찾아내 이를 통해 자료를 단순화시킬 때 사용하는 분석 방법이다. 따라서 구조추출 분석에 사용되는 자료의 형태는 등간 척도 이상인 자료가 사용된다. 이에 적용되는 분석 기법은 군집분석(Cluster analysis)과 요인분석(Factor Analysis) 그리고 다차원 분석(Multiple Analysis)이 이에 속한다.

(4) 인과 관계 분석

인과 관계 분석은 조사하고 있는 변수들 간의 특별한 관련성이 있다고 가정한다. 즉, 하나의 변수(종속변수)가 다른 여러 변수(독립변수)들과 어떤 인과적인 관계가 있다고 가정한다. 따라서 독립변수의 변화가 종속변수에 어떠한 영향을 미치는가를 분석하게 된다. 이에 적용되는 분석 기법은 회귀분석(Regression Analysis), 판별분석(Discriminant Analysis), 정준 상관 분석(Canonical Correlation Analysis) 등이 이에 속한다.

2) 모집단 분포의 가정

통계분석기법은 모집단 모수(Parameter)의 존재 여부에 따라 크게 모수통계법과 비모수통계법으로 구분될 수 있다. 모수통계법이란 모집단의 확률 분포를 가정하고, 모집단 모수에 대해서 통계적 추론할 수 있다고 가정하는 통계 기법이다. 본서에서 다루고 있는 대부분의 통계 기법이 모수통계 기법에 해당된다. 반면에 비모수통계법이란 모집단의 확률분포를 가정하지 않고 표본의 자료를 명목척도나 서열척도로 측정하였을 경우 사용하는 통계 기법이다.

3) 변수의 수에 따른 분류

연구자가 인과관계 분석에 사용하는 변수의 수에 통계분석은 크게 단일변량분석과 다변량분석으로 구분될 수 있다. 단일변량분석이란 분석대상변수의 수가 하나인 경우이며 수집된 자료의 평균이 조사 대상의 모집단 평균을 잘 나타내고 있는가에 대한 분석에 사용된다. 반면에 다변량분석이란 2개 이상의 분석대상변수를 중심으로 관련성 분석이나 인과관계분석에 사용된다.

〈그림 1-1〉 분석기법 체계

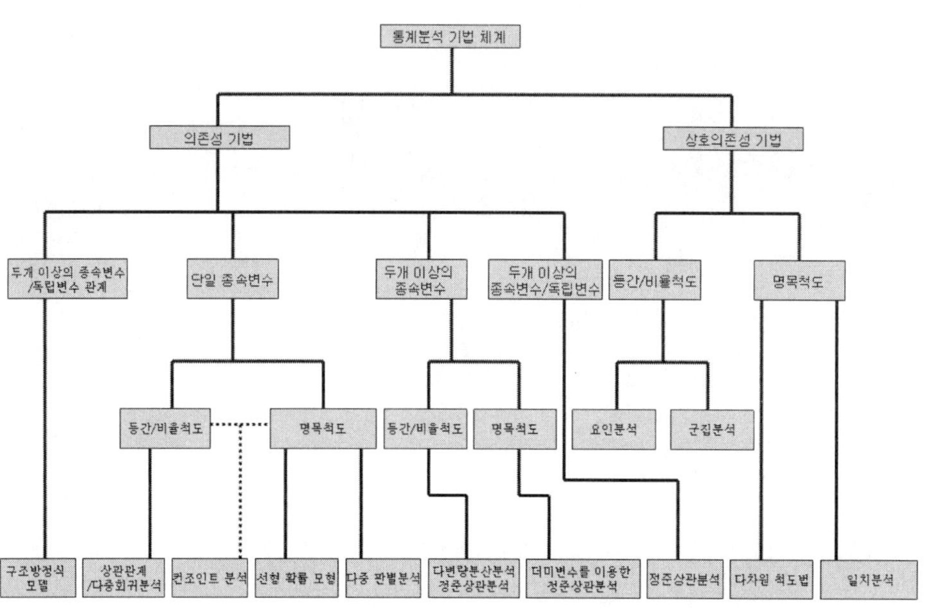

자료원 : Joseph F.Hair, Jr.Rolph E. Anderson Ronald.E. Tatham Willam C. Black *Multivariate Data Andysis with Reading* 4th Edition, p 12. (재구성 하였음)

데이터 파일의 내용

2.1 데이터 파일의 내용

측정문항	조작적 정의	측정개념	척도
고객지향성1	보유고객을 최우선 고려	고객 지향성	5점 리컷트 척도
고객지향성2	종업원들의 고객 배려		
고객지향성3	최고경영층의 고객관계 중요성 강조		
고객관리시스템1	고객만족에 근거한 인센티브 부여	고객 집중관리 시스템	5점 리컷트 척도
고객관리시스템2	관리 프로세스는 고객 중심		
고객관리시스템3	고객 평가의 핵심 기준은 고객관계의 질		
고객관리시스템4	고객 경험의 활동을 강조		
고객관리시스템5	고객관리 프로세스가 전략설계의 초점		
정보접근1	직원들에게 필요한 정보를 즉시 제공	고객 정보 접근	5점 리컷트 척도
정보접근2	다른 부서의 고객정보를 쉽게 이용		
정보접근3	최신의 고객정보 제공		
정보접근4	고객관리을 위한 필요 정보 제공		
정보사용1	고객 프로파일 개발에 고객정보 사용	고객 정보 사용	5점 리컷트 척도
정보사용2	시장 세분화를 위해 고객정보 사용		
정보사용3	고객 유치 활동을 평가하기 위해 고객정보 사용		
정보사용4	가장 적합한 채널을 이용한 고객정보사용		
정보사용5	제품 주문을 위한 고객정보사용		
정보사용6	최우수 고객 선발을 위해 고객정보 사용		

측정문항	조작적 정의	측정개념	척도
고객성과1	수익성의 향상	CRM 성과(재무성과)	5점 리컷트 척도
고객성과2	획득 비용 감소		
고객성과3	유지비용의 감소		
고객성과4	매출액 성장률의 향상		
고객성과5	시장 점유율의 상승		
고객성과6	순이익의 상승		
고객성과7	투자 수익률(ROI)의 상승		
고객성과8	고객유지율의 향상	CRM 성과(고객성과)	5점 리컷트 척도
고객성과9	신규 고객 획득율의 향상		
고객성과10	이탈고객 재유치율 향상		
고객성과11	고객욕구의 이해		
고객성과12	신속한 서비스 제공		
고객성과13	운송 서비스 이행		
고객성과14	고객 신용도 향상		

측정문항	조작적 정의	측정개념	척도
기업	회사명	회사명	문자형 척도
성별	남(　　) 여(　　)	성별	명목척도
교육수준	① 고졸 (　　) ② 전문대졸 (　　) ③ 대졸 (　　) ④ 대학원이상(　　)	교육수준	명목척도
근속년수	① 1년 이하 (　　) ② 1-5년 (　　) ③ 6-10년 (　　) ④ 10년이상 (　　)	근속년수	명목척도
직급	① 사원 (　　) ② 대리 (　　) ③ 과장 (　　) ④ 차/부장 (　　) ⑤ 임원 (　　)	직급	명목척도
담당업무	① 기획 (　　) ② 회계/총무 (　　) ③ 마케팅 (　　) ④ IT (　　) ⑤ 기타 (　　)	부서	명목척도
CRM 프로젝트	① 예 (　　) ② 아니오 (　　)	CRM 프로젝트 참여 여부	명목척도

참여			
CRM 활용	① 예 ( ) ② 아니오 ( )	CRM 시스템 업무 활용	명목척도
월구매액	월구매액 100만원 단위	월 총구매액	서열, 등간/비율 척도
방문회수	월 방문회수 50회	백화점 구매 방문회수	서열, 등간/비율 척도
백화점 이미지	100점 만점	이미지	서열, 등간/비율 척도
DM 발송회수	월 발송회수 50회	DM 발송	서열, 등간/비율 척도
고객거래관계	① 단순거래고객( ) ② 장기거래고객( )	미래 고객 예측	명목척도

※ 예제 데이터 파일은 실습용 CD에 수록되어 있음.

SPSSWIN14.0 프로그램의 설치

3.1 SPSSWIN14.0 을 위한 프로그램의 설치

개인용 컴퓨터의 운영체계가 WINME, WINXP, WIN2000로 진보하면서 기존의 운영체계보다 훨씬 다양하고 뛰어난 그래픽 사용자 인터페이스(graphic user interface) 체계를 제공하고 있다. 이러한 윈도우 운영체계는 컴퓨터에 대한 전문적 지식이 없는 사용자들도 쉽게 컴퓨터를 운영할 수 있도록 하는 새로운 운영체계이다. 제3장에서는 WINDOWS용 프로그램인 SPSSWIN14.0을 활용하는데 필요한 컴퓨터 시스템의 환경 설정에 대해 설명한다. SPSSWIN 14.0을 설치하는 단계를 체계적으로 설명하고 SPSSWIN14.0의 사용에 필요한 화면 구성, 마우스 사용법, 그리고 도움말 사용에 관한 기초적인 내용을 설명한다.

3.1.1 SPSSWIN14.0의 설치에 필요한 시스템의 환경

WINDOWS용 SPSSWIN14.0을 설치하기 위해서는 일반적으로 다음과 같은 시스템 환경이 필요하다.

① WINME, WINXP, WIN2000 이상의 버전

② 펜티엄, 팬티엄 클래스 프로세서

③ 500MB 이상의 사용 가능한 하드디스크

④ 256MB 이상의 RAM

⑤ CD-ROM 드라이브

⑥ VGA 모니터

3.1.2 SPSSWIN14.0의 설치 절차

위와 같은 시스템 환경이 구비되었다면 SPSSWIN14.0 의 설치가 가능하다.

① 컴퓨터를 부팅시킨다.

② CD-ROM에 SPSSWIN14.0 CD를 삽입한다. 이 때 자동설치(AutoPlay) 장치가 되어 있으면 바로 [그림 3-2]의 SPSSWIN14.0 초기화면이 나타난다. 만일 자동 설치(AutoPlay)가 지정되어 있지 않으면 다음의 절차에 따라 프로그램을 설치한다.

1) 초기화면

① 실행을 선택하면 [그림 3-1]과 같이 프로그램 열기(O) 대화상자 초기화면이 실행된다.

② [그림 3-1]의 열기(O) 대화상자에 d:\setup.exe를 입력하고 [확인] 버튼을 선택하면 [그림 3-2]와 같은 SPSSWIN14.0 초기화면이 나타난다. 여기서 SPSSWIN14.0 설치를 선택(Install SPSS)하고 나면, [그림 3-3]과 같은 SPSSWIN14.0 Installshield Wizard 과정 대화상자가 나타난다.

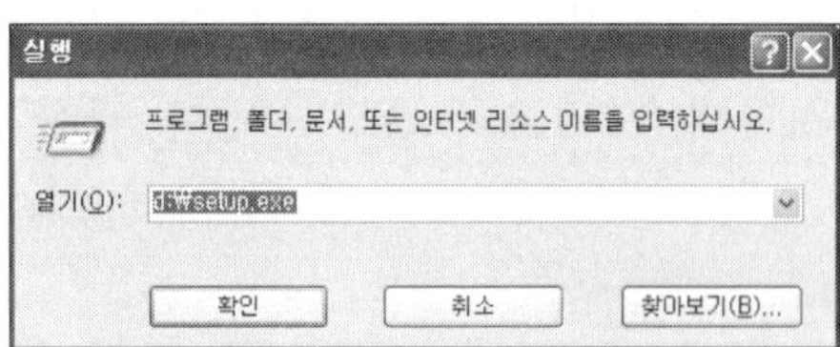

[그림 3-1] 프로그램 열기(O) 대화상자

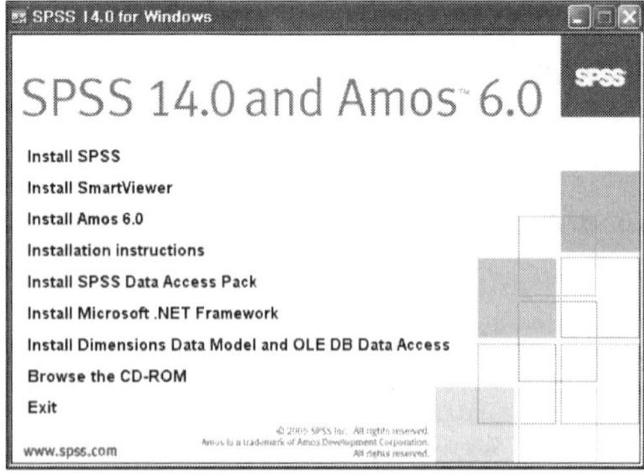

[그림 3-2] SPSSWIN14.0 의 초기화면

2) SPSSWIN14.0 Installshield Wizard 과정 대화상자

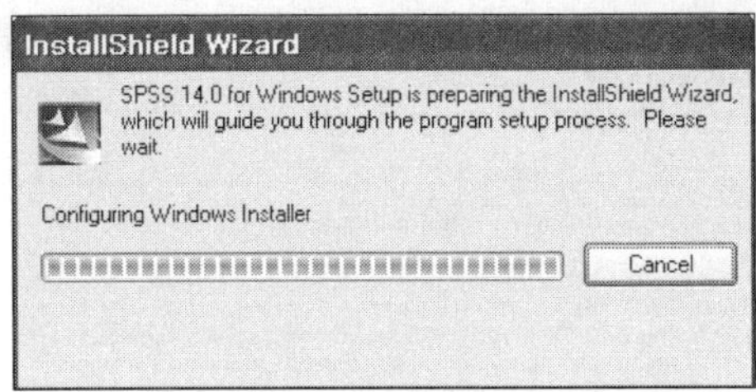

[그림 3-3] Installshield Wizard 과정 대화상자

[그림 3-3] Installshield Wizard 과정 대화상자는 SPSSWIN14.0의 설치에 필요한 Wizard를 설치하는 과정이므로 설치가 완료될 때까지 잠시 기다린다. 설치가 완료되면 [그림 3-4]와 같은 setup 프로그램 설명 대화상자가 나타난다.

3) Installshield Wizard 프로그램 설명 대화상자

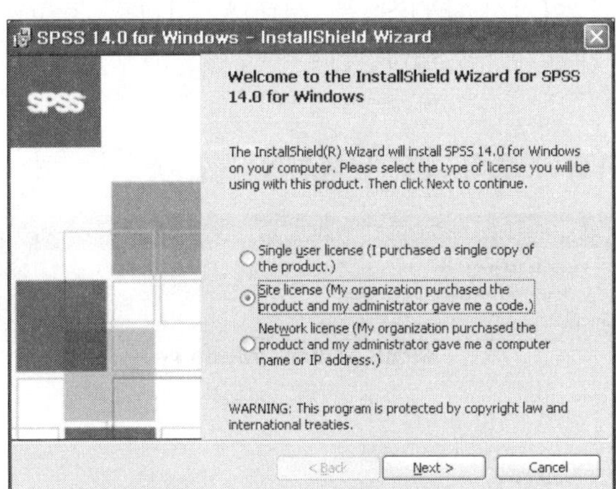

[그림 3-4] Installshield Wizard 프로그램 설명 대화상자

[그림 3-4]의 Installshield Wizard 프로그램 대화상자의 설명 내용을 읽고 인스톨할 라이센스를 선택한 후 다음(Next)을 선택하면 [그림 3-5]와 같은 저작권 동의 대화상자가 나타난다.

라이센스 유형	내용
사용자	개인 구매 제품
사이트	단체 구매 제품
네트워크	네트워크 구매 제품

4) 프로그램 저작권 동의 대화상자

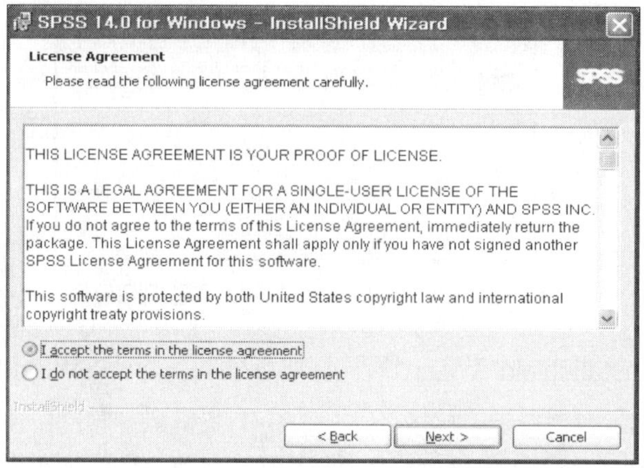

[그림 3-5] 프로그램 저작권 동의 대화상자

[그림 3-5] 프로그램 저작권 동의 대화상자는 SPSSWIN14.0 사용 동의를 묻는 대화상자이며 여기서 <YES>를 선택하면 [그림 3-6]과 같은 SPSSWIN 14.0 설치 개요 대화상자가 나타난다.

5) SPSSWIN14.0 설치 개요 대화상자

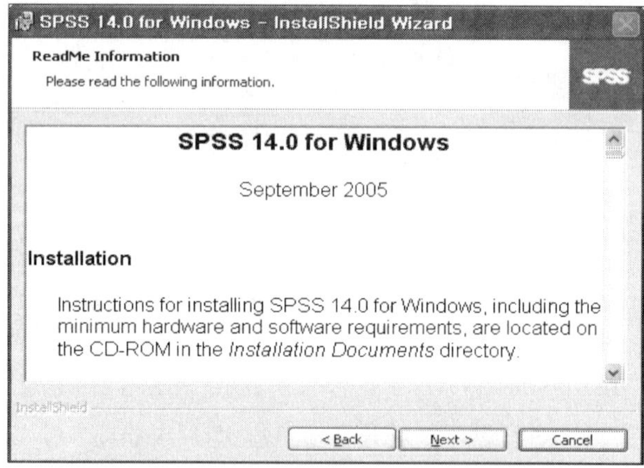

[그림 3-6] SPSSWIN14.0 설치 개요 대화상자

[그림 3-6] SPSSWIN14.0 설치 개요 대화상자에서 인스톨에 필요한 내용을 숙지 한 후 다음(Next)을 선택하면 [그림 3-7]과 같은 사용자 정보 등록 대화상자가 나타난다.

6) 사용자 정보 등록 대화상자

[그림 3-7] 사용자 정보 등록 대화상자

[그림 3-7] 사용자 정보 등록 대화상자는 SPSSWIN14.0 설치에 따른 사용자 정보를 등록하는 대화상자이다. 여기에 사용자명(N)과 소속 단체(O) 그리고 일련번호(serial number)는 CD-ROM 케이스에 기입되어 있는 번호를 입력한다. 입력이 완료되면 다음(Next)을 선택한다.

7) SPSSWIN14.0 설치 경로 지정 대화상자

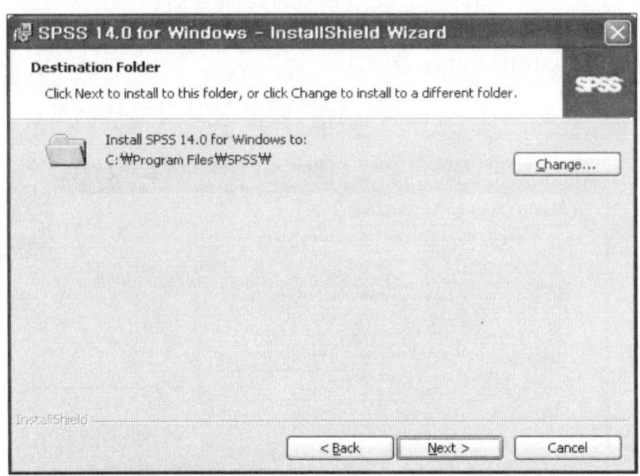

[그림 3-8] SPSSWIN14.0 설치 경로 지정 대화상자

[그림 3-8]SPSSWIN14.0 설치 경로 지정 대화상자는 SPSSWIN14.0 프로그램의 경로를 지정하는 대화상자이며, 기본적으로 C:\Program Files\SPSS\로 설

정되어 있다. 사용자가 원하는 경로를 새로이 지정하는 경우 찾아보기(Change)를 선택하여 경로를 다시 지정한다. 경로를 지정한 후 다음(Next)을 선택하면 [그림 3-9]와 같은 인스톨 준비 대화상자가 나타난다.

7) 인스톨 설치 대화상자

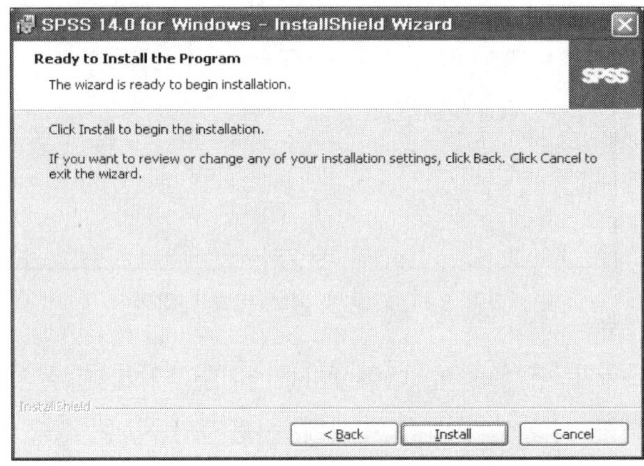

[그림 3-9] 인스톨 준비 대화상자

[그림 3-9] 인스톨 준비 대화상자는 시스템의 전반적 환경 분석은 물론 SPSSWIN14.0 설치에 따른 인스톨 마법사의 구조를 검사한다. 전반적인 인스톨을 변경할 경우에는 뒤(Back) 버튼을 선택하거나 인스톨을 취소(Cancel)할 수 있다. 인스톨(Install) 버튼을 선택하면 인스톨의 타당성 여부를 검사하는 [그림3-10]과 같이 인스톨 유효성 검사 대화상자가 나타난다.

[그림 3-10] 인스톨 유효성 검사 대화상자

8) 인스톨 파일 복사 대화상자

[그림 3-11] 인스톨 파일 복사에서 인스톨에 필요한 파일을 복사하여 SPSSWIN14.0을 설치하는 과정을 보여준다. CD-ROM에 있는 모든 파일을 복사하여 설치하는데 몇 분이 걸린다.

[그림 3-11] 인스톨 파일 복사 대화상자

9) 제품 등록 과정 대화상자

[그림 3-12] 개인전용과 네트워크 연결 대화상자

[그림 3-12]는 프로그램 인스톨 과정의 하나로 제품 등록과정을 보여준다. 제품 등록과정이 끝나면 다음(Next) 버튼을 선택한다.

10) 제품 라이센스 인증 대화상자

[그림 3-13]은 프로그램 인스톨이 완료되면 제품 사용에 대한 라이센스를 획득하기 위하여 인증코드가 필요하다. OK 버튼을 선택한다.

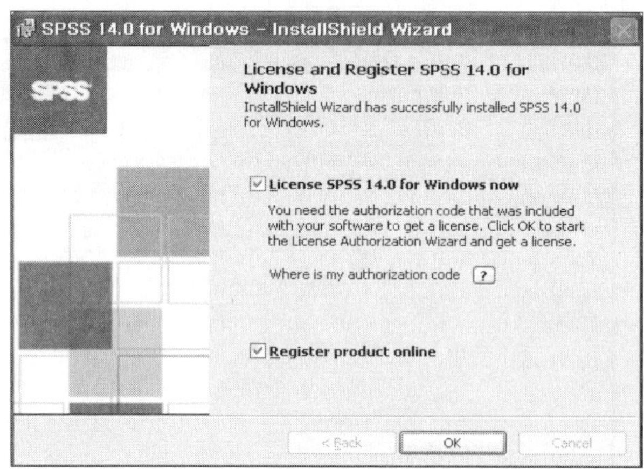

[그림 3-13] 라이센스 인증 대화상자

11) 인증창 대화상자

[그림 3-14]는 라이센스 인증 마법사로서 인증코드를 사용하기 위해서 스타트 버튼을 선택한다.

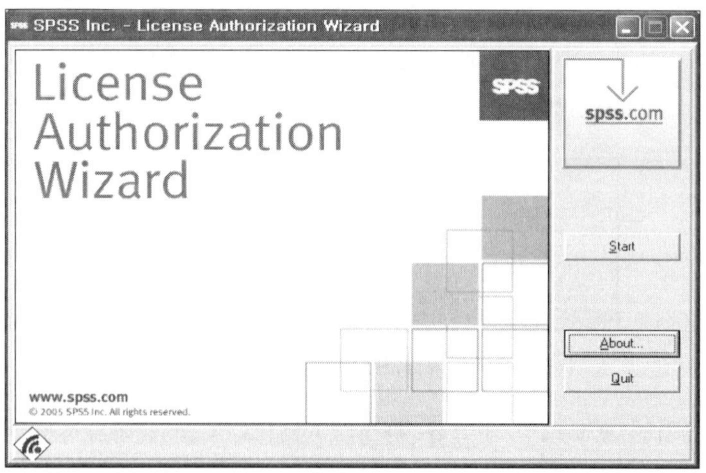

[그림 3-14] 인증창 대화상자

12) 인증 방법 선택 대화상자

[그림 3-15]는 인증방법 선택 대화상자로서 인증 방법은 인터넷, 전화, E-mail, SPSS를 통해서 할 수 있다. 4가지 옵션 중 하나를 지정하고 다음(Next) 버튼을 선택한다.

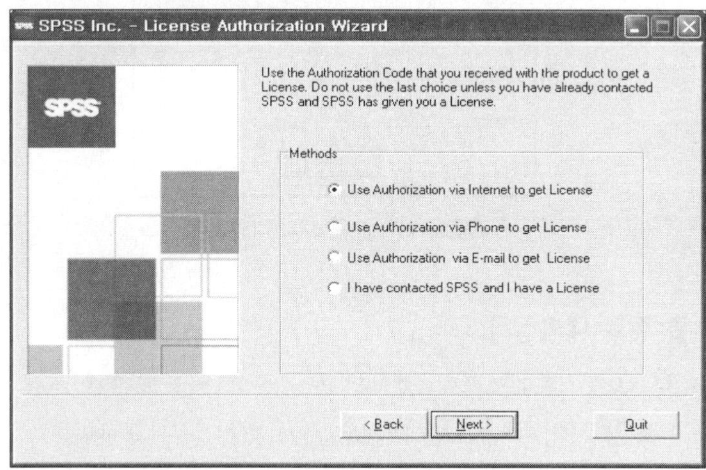

[그림 3-15] 인증 방법 선택 대화상자

13) 인증코드 입력 대화상자

[그림 3-16]은 인증 코드 입력 대화상자로 CD에 포함되어 있는 인증키를 입력한 후 다음(Next) 버튼을 선택한다.

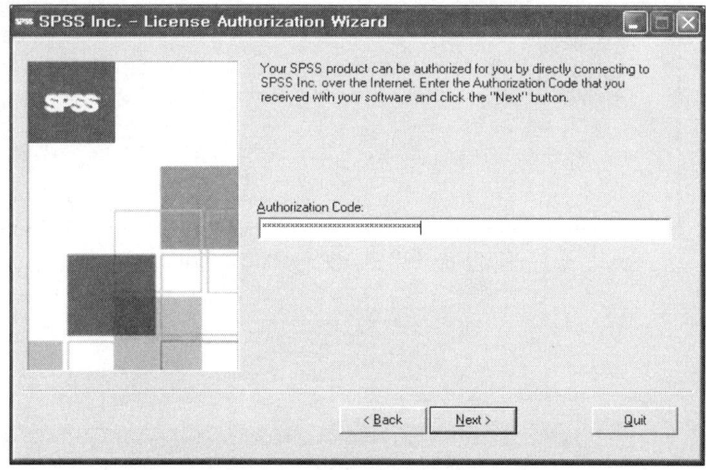

[그림 3-16] 인증 코드 입력 대화상자

15) 인증 시도 대화상자

인증키를 입력하고 나면 [그림 3-15]에서 선택한 인증에 따라 인증을 시도하게 된다.

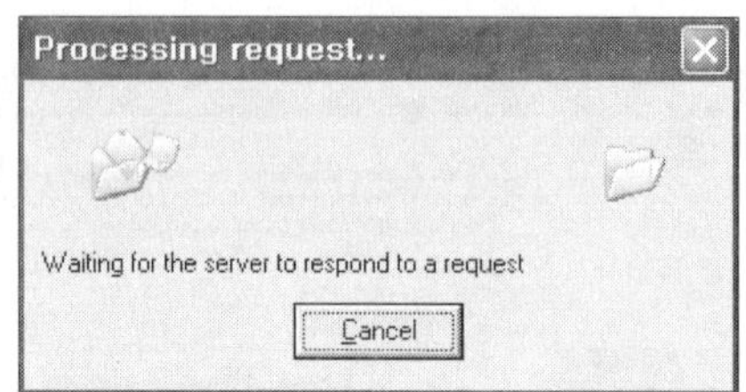

[그림 3-17] 인증 시도 대화상자

16) 인스톨 종료 대화상자

[그림 3-18]은 모든 프로그램이 설치되고 인증이 완료되면 인스톨 프로그림을 종료시킨다. 변경 사항이 없으면 Back(Next) 버튼을 선택한다.

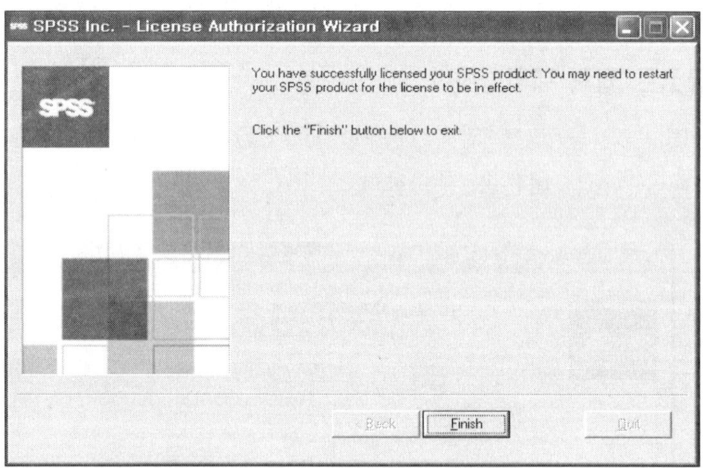

[그림 3-18] 인스톨 종료 대화상자

SPSSWIN14.0 사용 방법

프로그램을 설치하고 나면 이제부터 본격적으로 프로그램을 사용하는 단계로 접어들게 된다. 제 4 장에서는 SPSSWIN14.0을 처음 사용하는 사용자들을 위해 프로그램의 전반적인 사용 방법에 관하여 설명한다. 우선 SPSSWIN14.0 프로그램의 주요 메뉴에는 어떠한 것들이 있으며, 주요 메뉴의 아이콘들은 어떠한 기능을 가지고 있는지를 설명한다.

또한 간단한 예제 통계 분석을 이용해서 통계 분석 절차와 해석 방법을 설명하고 분석 결과를 이용한 도표의 작성과 결과물을 저장하고 출력하는 방법에 관하여 설명한다.

4.1 SPSSWIN14.0 실행

SPSSWIN14.0을 지시사항에 따라 올바르게 설치하였다면 SPSSWIN14.0 실행 아이콘을 더블 클릭하거나 시작메뉴의 프로그램에서 프로그램을 선택하면 [그림 4-1]과 같은 SPSSWIN14.0 초기 대화상자가 나타난다.

SPSSWIN14.0을 처음 시작하면 [SPSS for WINDOWS] 대화상자가 나타난다. 여기에서 사용자가 필요한 옵션을 선택하고 OK 버튼을 선택한다. 여기에는 6가지 Option이 있으며 이들의 실행 조건은 다음과 같다.

(1) SPSSWIN14.0의 도움말 항목(Run the tutorial)

이 옵션은 SPSSWIN14.0의 통계 분석에 필요한 절차와 통계 기법의 도움말을 제공한다.

(2) 데이터의 유형(Type in data)

이 옵션은 SPSSWIN14.0에서 사용하는 데이터의 유형에 대한 도움말을 제공한다.

(3) 질의(query) 옵션(Run an existing query)

이 옵션은 데이터베이스 위저드를 이용해 다른 프로그램(엑셀, HWP, MS-Word 등)을 이용해 만들어 놓은 데이터 파일을 불러들일 때 사용한다.

(4) 데이터베이스 위저드 (Create new query using Database Wizard)

이 옵션은 다른 프로그램에서 작성된 데이터를 불러들여 SPSSWIN14.0용 데이터로 변환시킬 때 사용한다. 예를 들면 Excel 또는 HWP에서 작성한 데이터를 SPSSWIN14.0용 데이터로 변환시킬 때 사용한다. 보다 구체적인 사용 방법은 제5장에서 설명한다.

(5) 파일 열기 실행(Open an existing data source)

이 옵션은 이미 작성된 데이터 또는 결과물을 불러들일 때 사용한다. 다른 파일을 열고자 할 때는 [More files]를 선택하고 OK 버튼을 누르거나 취소버튼을 실행한다. 취소버튼을 실행하면 [그림 4-3]와 같은 초기화면이 실행된다.

(6) 다른 파일 열기(Open another type of file)

이 옵션은 다른 프로그램을 이용하여 작성한 파일을 지정하여 불러들일 때 사용한다. 기타의 파일을 열고자 할 때는 [More files]를 선택하고 OK 버튼을 누르거나 취소버튼을 실행한다. OK버튼을 실행하면 [그림 4-2]와 [그림 4-3] 같은 초기화면이 실행된다.

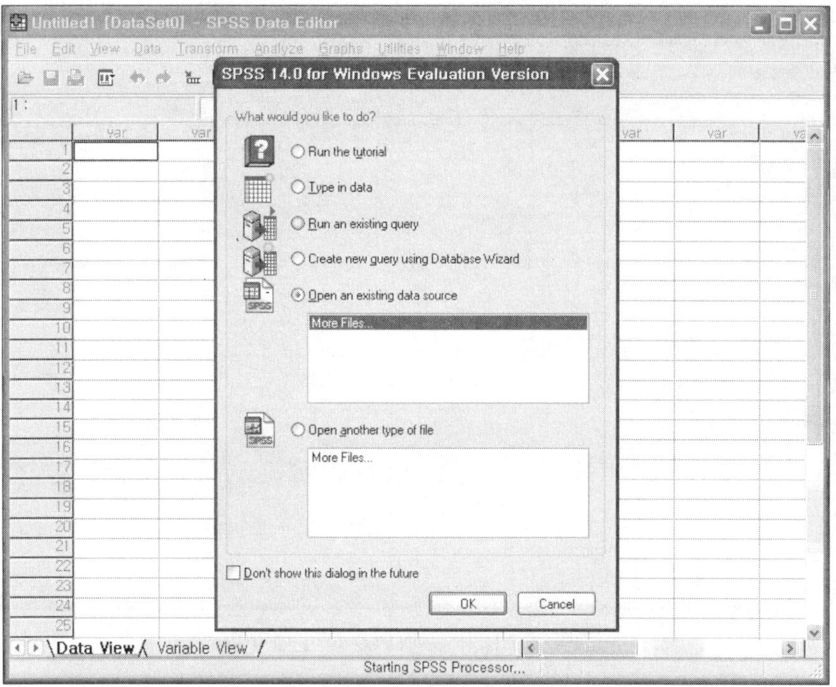

[그림 4-1] SPSS for WINDOWS 대화상자

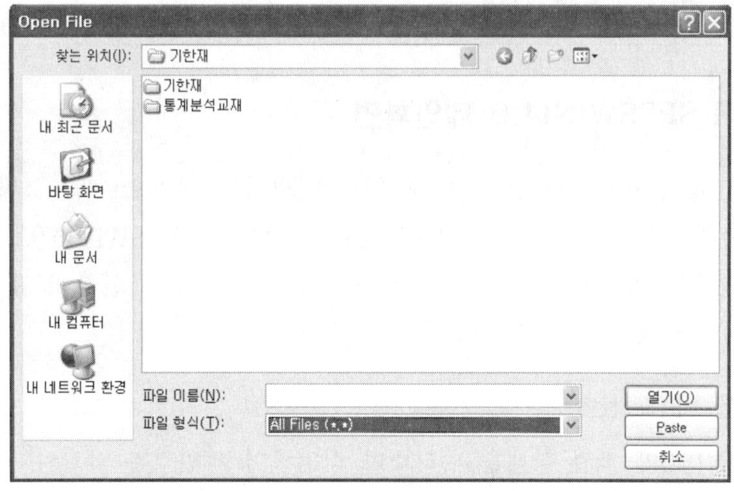

[그림 4-2] SPSS for WINDOWS Data Files 열기 대화상자

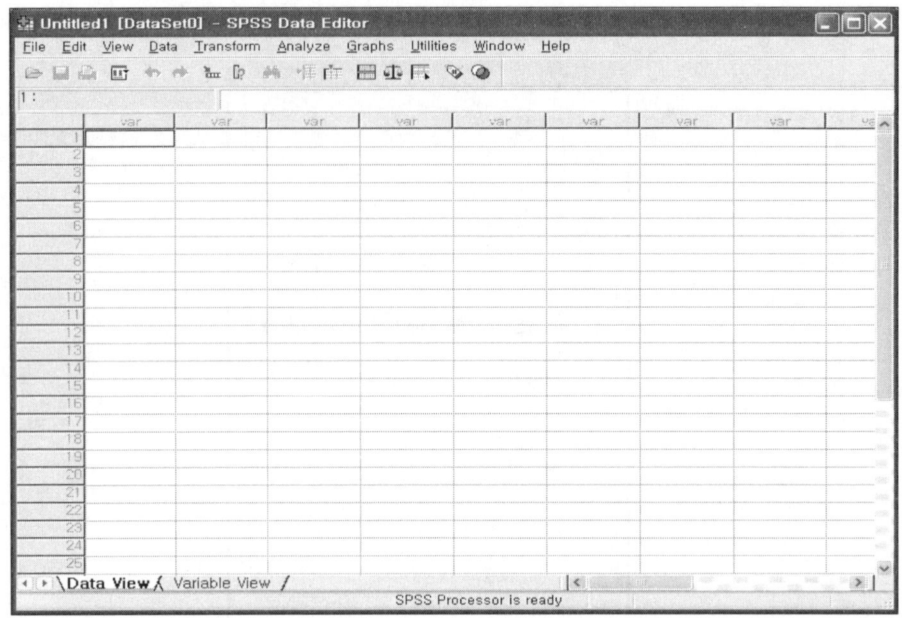

[그림 4-3] SPSSWIN14.0 초기 대화상자

4.2 화면 구성 요소

4.2.1 SPSSWIN14.0 메인화면

메인화면(main windows)은 실행과 동시에 열리는 화면으로써 [그림 4-4]과 같이 타이틀 바, 주요 메뉴 바, 도구 바로 구성되며 SPSSWIN14.0프로그램이 완전히 종료될 때까지 남아 있으면서 파일 관리, 프로그램 편집, 도표 작성 등의 SPSSWIN14.0의 일반적 기능을 제어한다.

① 타이틀 바(title bar)

SPSSWIN14.0의 작업 상태를 나타내며 작업중인 파일명과 파일의 종류를 나타낸다. 초기화면에서는 [Untitled-SPSS Data Editor]로 표시된다.

② 메뉴 바(menu bar)

SPSSWIN14.0을 실행하는데 필요한 기능을 메뉴별로 구분해 놓은 것이며 필요한 기능을 마우스로 선택하여 사용한다.

③ 도구 바(tool bar)

메뉴 바에 있는 명령을 선택하지 않고 메뉴 바의 명령과 동일한 명령을 직접 실행할 수 있도록 하는 아이콘들이다. 필요 명령에 대한 아이콘을 마우스로 클릭하면 메뉴 바의 단축 기능을 제공한다.

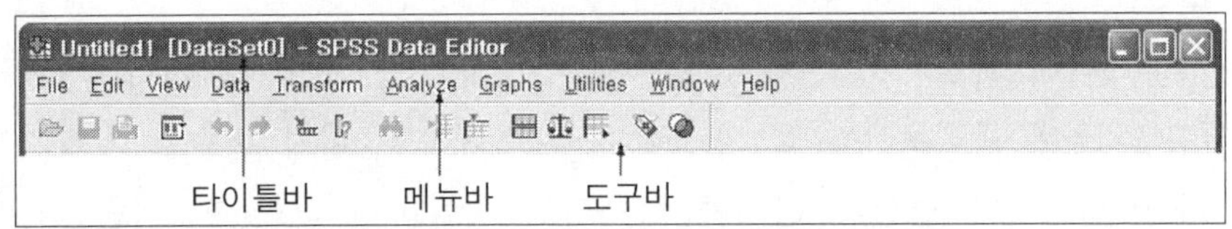

[그림 4-4] SPSSWIN14.0메인 화면

4.2.2 SPSSWIN주요 메뉴 대화상자

SPSSWIN14.0은 풀-다운(pull-down) 메뉴 방식이므로 사용하고자 하는 주요 메뉴를 선택한다. 메뉴 바는 [그림 4-5]와 10가지의 메뉴로 구성되어 있다. 이를 설명하면 다음과 같다.

① 파일(F)

새로운 SPSSWIN14.0파일을 만들거나, 기존의 파일을 열거나 ASCII Data 또는 다른 소프트웨어 프로그램에서 만든 데이터베이스(database) 파일 등을 읽어 들인다. 또한 변수에 관한 정보와 결과를 인쇄하거나 저장을 한다.

② 편집(E)

작성한 프로그램과 분석 결과를 Syntax 창을 이용해서 편집·수정하거나 복사한다. 또한 옵션(option)을 이용해서 분석에 관련된 여러 가지 필요 기능을 설정할 수 있다.

③ 보기(V)

상태표시줄, 도구모음, 글꼴 그리고 변수값 설명 등의 기능을 수행한다.

④ 데이터(D)

변수명을 정의하거나 같은 유형의 여러 개의 변수를 동시에 정의할 때 사용한다. 새로운 변수 및 사례를 삽입하거나 또는 분석을 위해 사례들의 일부분을 선택한다. 또한 기존에 작성한 데이터를 행과 열로 전환시키는 등의 SPSSWIN14.0 데이터 파일에 대한 전체적인 옵션을 이용하기 위해서는 데이터 메뉴를 이용한다.

⑤ 변환(T)

작성된 데이터 파일에서 선택된 변수의 값(value)을 변형시키거나, 기존의 변수값을 이용해 새로운 변수를 계산한다. 새롭게 만들어진 변수값은 마지막 열에 자동 생성되며 변환된 결과는 사용자가 저장하지 않는 한 기존 파일에는 영향을 미치지 않는다.

⑥ 통계(A)

SPSSWIN에서 사용할 수 있는 각종 통계 분석 기법이 있다.

⑦ 그래프(G)

그래프 명령에서는 사용자가 이용할 수 있는 각종 그래프를 선택할 수 있다.

⑧ 유틸리티(U)

데이터 파일 및 변수의 내용에 관한 정보를 알고 싶을 때 이용된다.

⑨ 창(W)

열려 있는 SPSSWIN14.0창들의 속성들을 배열하거나 선택할 수 있다.

⑩ 도움말(H)

SPSSWIN14.0분석 기법 이용에 관한 정보나 대화상자를 통한 도움말을 이용할 수 있다.

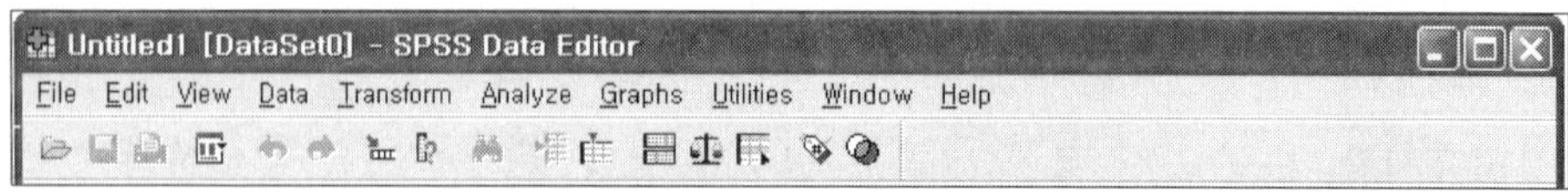

[그림 4-5] SPSSWIN14.0주요 메뉴 바

4.2.3 SPSSWIN14.0도구모음 대화상자

SPSSWIN14.0에서는 자주 사용하는 메뉴의 기능들을 모아 [그림 4-6]와 같은 도구모음기능을 제공하고 있다.

[그림 4-6] SPSSWIN14.0도구모음 대화상자

4.2.4 SPSSWIN14.0데이터 편집기 대화상자

사용자가 통계 처리를 하는 기존의 데이터를 불러들여 통계 분석을 할 수 있지만 실제 수집된 데이터를 입력하는 화면은 [그림 4-7]과 같다. 데이터 입력화면은 변수명을 나타내는 열(columns : var000001)과 사례수(cases)를 나타내는 행(rows : 1.2.3…)으로 구성되어 있다. 입력되는 데이터는 열과 행이 교차되는 셀 안에 나타난다.

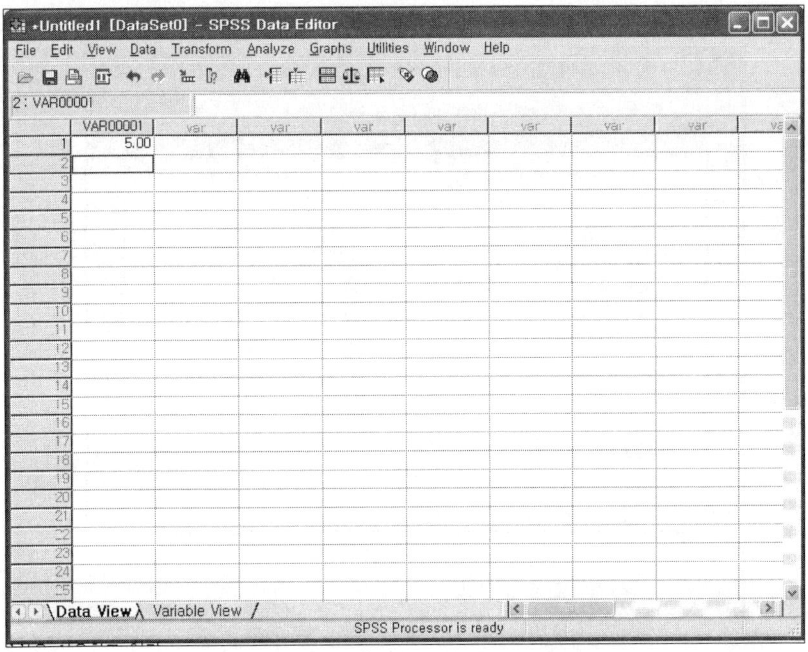

[그림 4-7] SPSSWIN14.0데이터 입력 화면

4.3 예제를 통한 통계 분석 절차와 분석 결과의 해석

이제 위에서 설명한 SPSSWIN14.0 사용법을 토대로 실제 데이터를 가지고 통계 분석의 기본 절차와 결과의 수정 및 편집 그리고 저장하는 방법과 분석 결과를 어떻게 해석하는지에 대해서 살펴보자. 예제로 사용된 분석 기법은 빈도분석을 이용하고 있다.

4.3.1 데이터 파일의 선택

통계 분석을 위한 데이터 파일의 선택은 다음과 같은 절차를 따른다.

① 메뉴 상자에서 파일(F) 또는 불러오기 아이콘을 선택한다.

② 파일(F) 하위 메뉴에서 열기(O)를 선택한다.

③ [그림 4-8]과 같은 열기 대화상자가 열리며 여기서 분석하고자 하는 해당 파일을 선택하든지 파일 이름(N) 상자 안에 파일명을 입력한다.

④ 열기(O) 버튼을 선택하거나 Enter↵한다. 그러면 [그림 4-9]와 같은 데이터 파일이 나타난다.

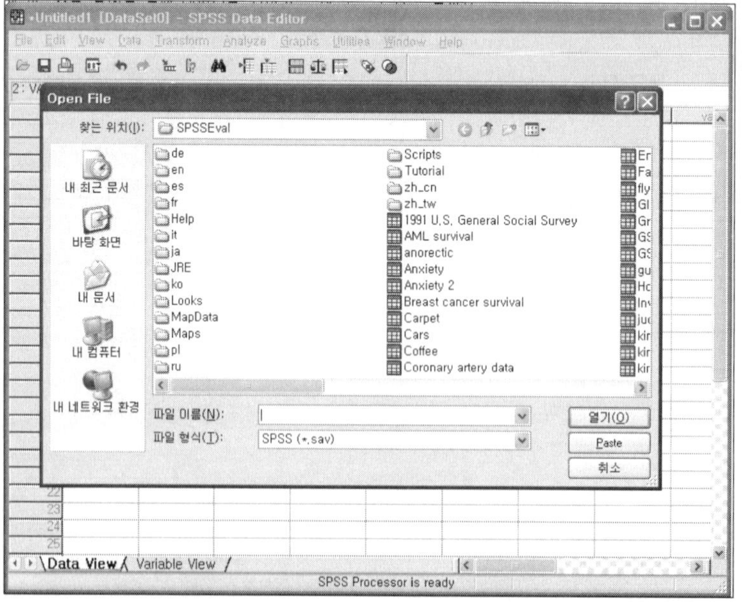

[그림 4-8] 데이터 파일 열기 대화상자

	만족	VAR00002	VAR00003	VAR00004	Date	var	var
1	3.00	4.00	3.00	5.00	.		
2	4.00	4.00	5.00	5.00	.		
3	4.00	5.00	4.00	4.00	.		
4	5.00	5.00	4.00	4.00	.		
5	5.00	3.00	5.00	5.00	.		

[그림 4-9] 데이터 파일

4.3.2 통계 분석 절차

불러들인 데이터를 가지고 통계 분석을 하기 위해서는 메뉴 바에서 통계 분석(A) 메뉴를 선택한다. 통계 분석 메뉴를 선택하면 분석에 사용할 수 있는 통계 분석 기법들이 포함되어 있다. [그림4-10]의 각각의 분석 기법에 있는 화살표(▶)는 해당 통계 기법과 관련된 하위 분석 기법이 있음을 의미한다. 따라서 분석 목적과 관련된 통계 분석을 선택하고 화살표(▶)를 따라 진행하면 된다. 참고로 빈도분석을 하기 위해서는 다음 절차를 따른다.

① 메뉴 대화상자의 통계 분석(A)을 선택한다.

② 통계 분석(A) 부메뉴의 기초 통계(Descriptive Statistics) 화살표(▶)를 선택한다.

③ 하위 메뉴의 빈도분석(F)을 선택한다.

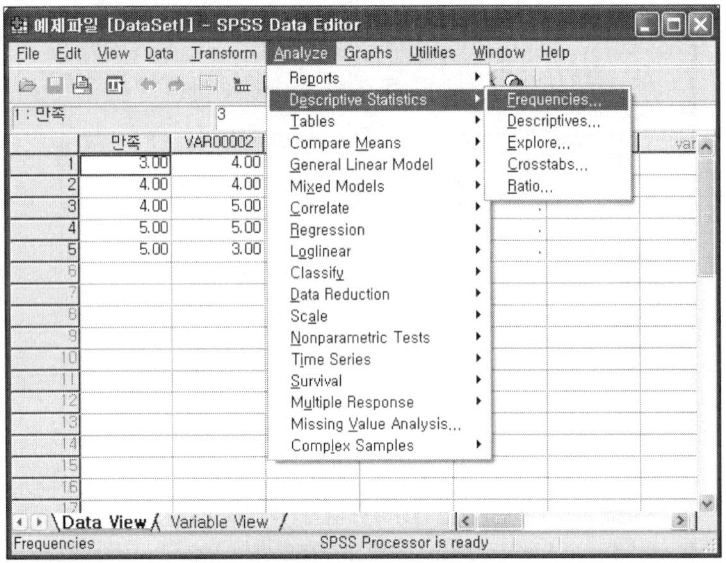

[그림 4-10] 통계 분석 주메뉴와 하위메뉴

4.3.3 빈도분석 대화상자

위에서 설명한 방법대로 통계 분석(A)을 선택하면 [그림 4-11]과 같은 빈도분석 대화상자가 나타난다.

빈도분석의 주요 옵션은 3가지로 구성되어 있다. 왼쪽 부분은 데이터 파일의 변수명들이 나타나고, 오른쪽 부분은 통계 분석을 위해 선택한 변수들이 나타난다. 그리고 오른쪽에는 통계 분석을 실행하도록 하는 확인 버튼과 실행과 관련된 명령 버튼들로 구성되어 있다. 아래쪽에는 통계량(Statistics), 도표(Charts), 출력 형식(Formats)으로 구성되어 있다.

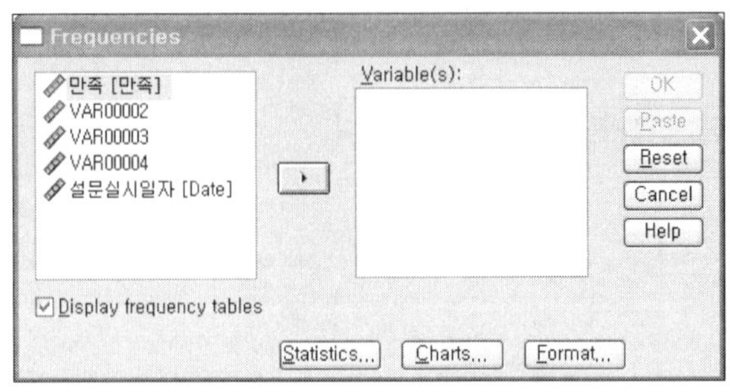

[그림 4-11] 빈도분석 대화상자

1) 변수의 선택

변수의 선택은 빈도분석의 대화상자 왼쪽부분에 있는 변수들 중에서 분석에 사용할 변수를 마우스를 이용해 선택한 후 푸시 버튼(▶)을 누르면 선택된 변수가 오른쪽으로 이동한다. [그림 4-12]에서는 변수 [만족]만 선택하고 있으나 한 번에 여러 변수(VAR00002, VAR00003, VAR00004)를 동시에 선택할 때에는 변수목록의 [그림4-12]처럼 변수명에서 마우스를 누르면서 아래로 혹은 위로 끌어당겨(click & drag) 변수들을 반전시켜 푸시 버튼(▶)을 누르면 오른쪽 상자로 해당변수들이 이동한다. 지정된 변수를 분석에서 제외시키고자 하는 경우에는 오른쪽 부분에서 해당변수를 선택한 후 푸시 버튼(◀)를 선택하면 해당 변수는 왼쪽으로 이동한다.

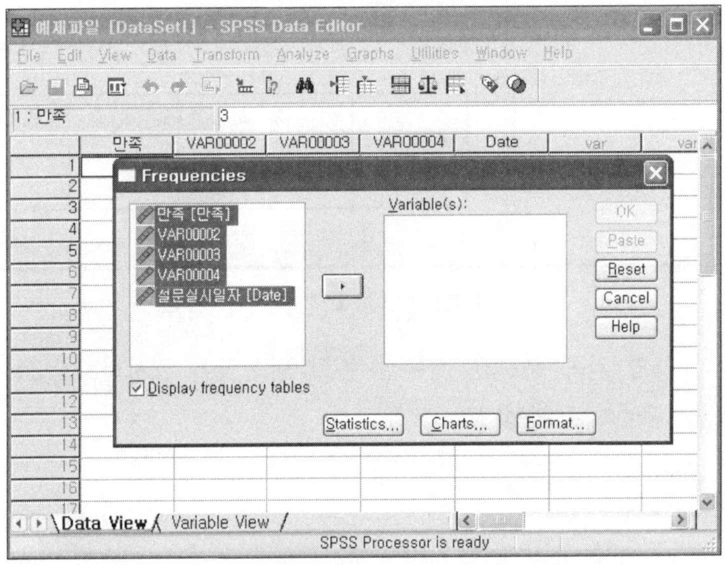

[그림 4-12] 클릭 & 드래그(click & drag)를 이용한 변수 선택

2) 통계 분석 실행

변수를 선택한 후 각종 통계량과 출력형식을 지정한다. 그리고 빈도분석의 확인(OK)버튼을 누르면 빈도분석이 실행된다.

3) 분석 결과의 출력

빈도분석을 실행시키고 나면 [그림 4-13]과 같이 분석 결과창이 나타난다.

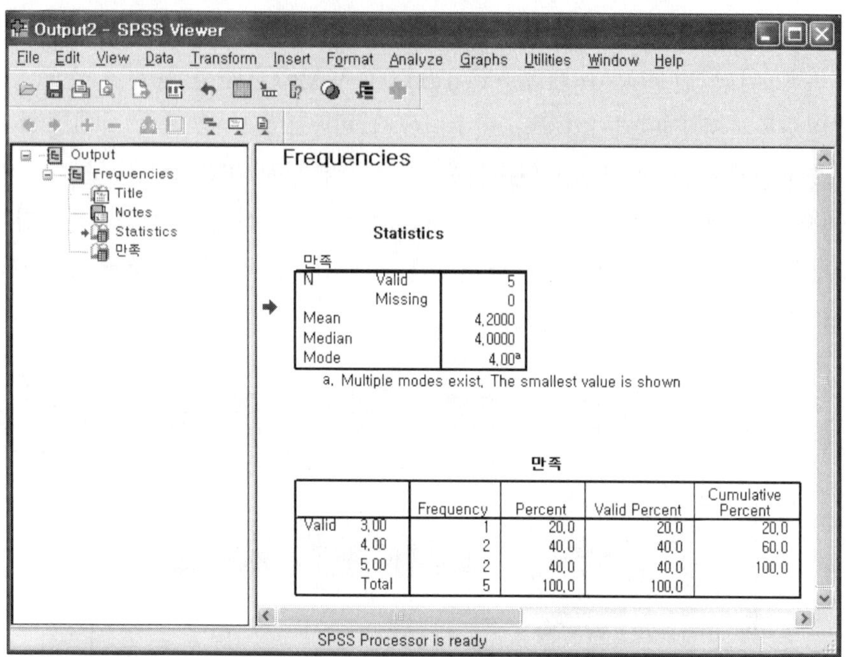

[그림 4-13] 분석 결과 창

분석 결과 창의 왼쪽 부분은 제목과 분석 변수명이 표시되고, 오른쪽 부분은 지정한 통계량들이 표시된다.

4) 결과의 해석

분석이 완료되면 출력된 분석 결과를 이용하여 자료의 특성을 해석한다. 지정한 통계옵션의 형태에 따라 평균, 분산, 표준편차, 최대값, 최소값 등의 일반적 특성을 해석한다.

4.3.4 구문 편집기를 이용한 프로그램의 수정 및 편집

SPSSWIN14.0의 특징은 사용자가 통계분석에 필요한 프로그램을 작성하지 않고 분석에 필요한 통계 기법을 마우스로 선택하여 분석한다는 것이다. 하지만 사용자가 선택한 통계 기법들은 프로그램의 형태로 구문편집기에 기록된다.

이렇게 기록된 프로그램은 사용자가 수정하거나 편집할 수 있다. SPSSWIN 14.0의 기능 중 작성된 프로그램을 손쉽게 수정·편집할 수 있는 방법이 구문편집기(syntax editor)를 이용하는 것이다. 예제에서 사용된 빈도분석을 이용하여 구문편집기를 실행하는 절차를 설명하면 다음과 같다.

① [그림 4-11]의 빈도분석 대화상자에서 명령문(Paste)을 선택한다.

② Syntax1-SPSSWIN14.0명령문 편집기 대화상자가 열린다.

③ 편집기 대화상자에 원하는 옵션을 지정한다.

④ [그림 4-11]과 같이 마우스를 이용하여 블록을 설정하거나 편집(Edit) 메뉴에서 전체 선택(Select All)을 선택하여 블록을 설정한다.

⑤ 주요 메뉴에서 실행(Run)을 선택하면 앞에서 적용한 절차와 동일하게 분석이 실행된다.

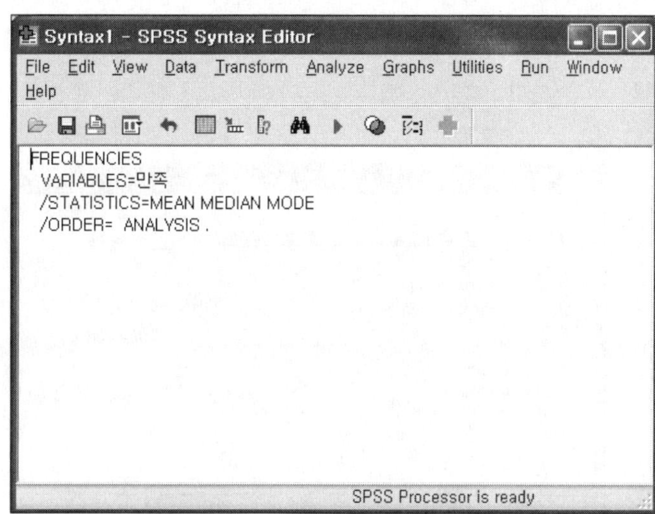

[그림 4-14] 구문편집기 대화상자

4.3.5 분석 결과의 출력

통계 분석이 완료되면 결과물을 프린터로 인쇄하게 된다. SPSSWIN14.0에서는 모든 분석 결과를 인쇄할 수 있는 기능을 제공한다. 인쇄 과정을 설명하면 다음과 같다.

1) 프린터 설정

프린터가 WINDOWS XP 환경에 사용할 있도록 설치되어 있으면 문제가 없으나, 사용자가 사용하고 있는 프린터 기종과 SPSSWIN14.0프린터 설치 기종과 맞지 않으면 분석 결과를 출력할 수 없게 된다. 이런 경우 프린터 설치 옵션(setup 옵션)을 이용해서 프린터 기종을 사용하고 있는 기종으로 변경하면 된다. SPSSWIN14.0상에서 파일(F)을 선택한 후 인쇄(P)를 선택한다. 프린터 대화상자에서 설치(Setup)를 선택하여 프린터의 종류를 확인하고 변경한다.

2) 분석 결과의 출력

분석 결과를 출력하는 방법은 다음과 같다.

① 주요 메뉴에서 파일(F)을 선택한 후 인쇄(P)를 선택한다.

② [그림 4-15]와 같이 프린터 화면이 나타난다. 여기서 인쇄 영역을 ◎ 전체(A) 또는 부분(S)을 선택한다.

③ 확인 버튼을 누른다.

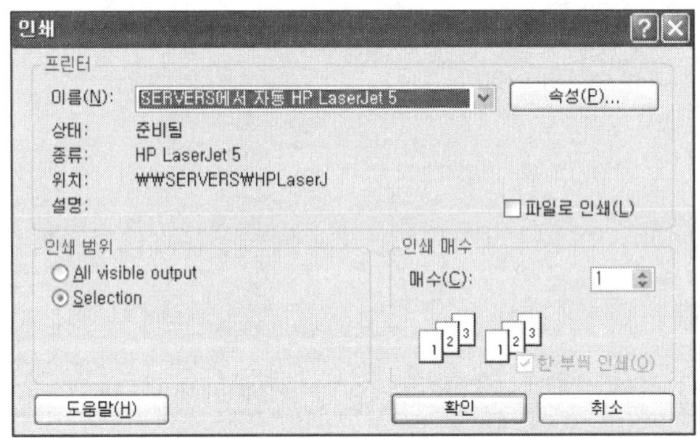

[그림 4-15] 프린터 출력 화면

4.3.6 분석결과의 HTML 문서 저장

연구보고서 작성을 보다 수월하게 하기 위한 하나의 방법으로 분석결과를 HTML 문서로 저장하여 HWP 변환하여 활용하는 것이다. SPSSWIN14.0을 이용하여 분석한 결과를 한글(HWP)에서 이용하기 위해서는 특수한 방법으로 분석결과를 저장하여야 한다. 분석한 결과를 저장하여 한글에서 불러들이는 방법을 설명하면 다음과 같다.

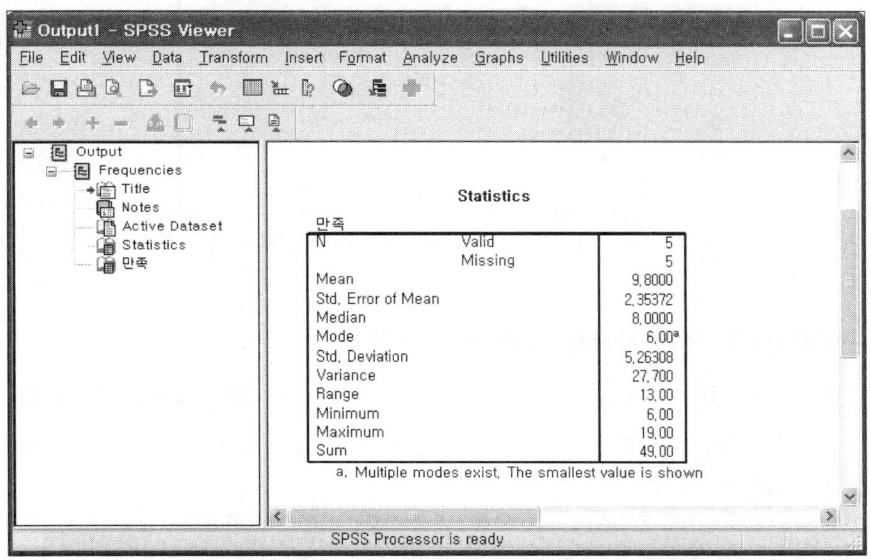

[그림 4-16] 빈도분석 결과 창

① 분석결과 창에서 [그림 4-16]의 메뉴 창의 편집메뉴(E)를 선택하고 [전체선택 : Select All]를 선택하거나 필요한 항목을 선택한다. 예를 들면 [그림 4-16]에서 만족을 선택한다.

② 메뉴 바에서 [내보내기 : Export]를 선택하면 [그림 4-17]과 같은 대화상자가 출력된다.

③ 옵션메뉴에서는 저장하고자 하는 파일의 형식을 지정한다.

④ 경로찾기(Browse)에서는 저장하고자 하는 파일의 경로를 지정한다.

④ 내보내기 대상(Export What) 옵션은 대상의 저장 부분을 선택한다.

⑤ 파일의 저장형식에 대한 옵션이며 기본적으로 HTML 형식으로 설정되어 있다. 한글(HWP)에서 문서를 편집하고자 하는 경우에서는 HTML 형식으로 지정하여 저장한다.

⑥ 옵션을 전부 지정한 후 OK 버튼을 선택한다.

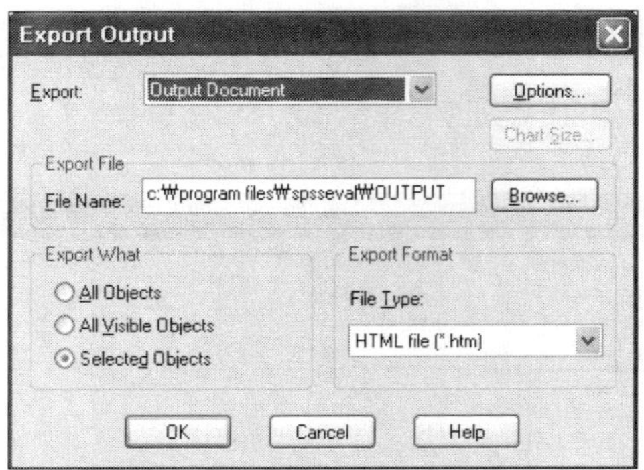

[그림 4-17] 내보내기 대화상자

1) 한글(HWP)에서 HTML 문서 불러오기

한글에서 HTML 문서를 불러들여 편집하는 절차를 설명하면 다음과 같다. 참고로 문서의 편집은 한글에서 사용하는 [문서편집: 표편집] 기능을 그대로 이용하면 된다.

① HWP를 실행시킨다. [그림4-18]과 같이 [파일형식]을 *.html 형식을 선택한다. 그 다음의 절차는 일반적으로 한글에서 사용하는 절차와 동일하다.

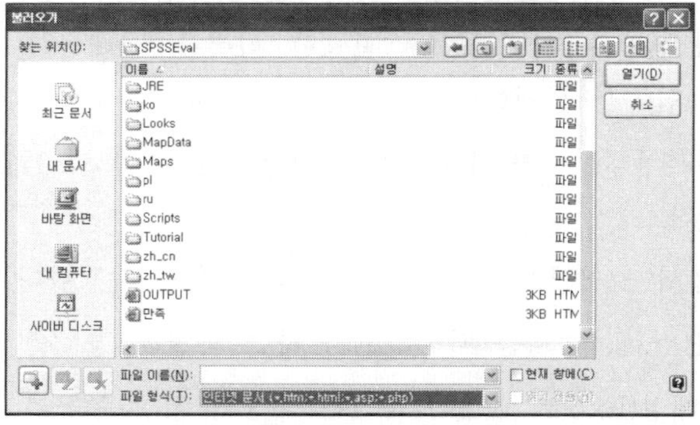

[그림4-18] HTML문서 불러오기 대화상자

② 해당 파일을 선택하고 [열기]버튼을 선택하면 [그림 4-19]와 같은 대화상자가 열린다. [확인] 버튼을 선택한다.

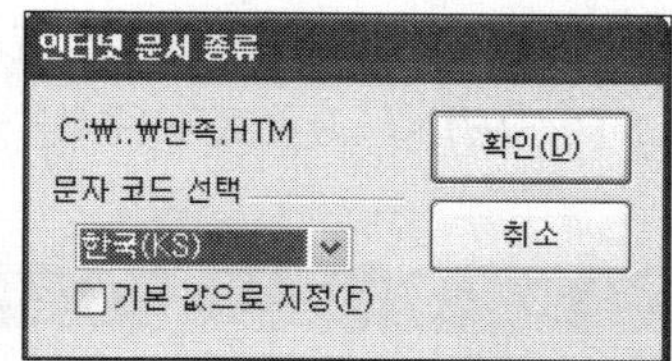

[그림 4-19] HTML 문서변화 대화상자

③ [확인버튼]을 선택하면 [그림 4-20]과 같은 한글문서로 변화하게 된다. 여기서 한글에서 사용하는 일반적인 편집기능을 이용하여 편집을 하면 된다.

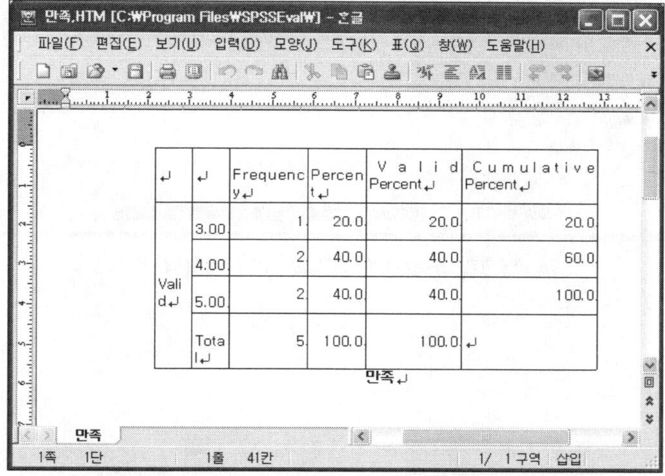

[그림 4-20] HTML 문서 한글 변환 대화상자

2.3.7 결과 저장 및 프로그램의 종료

SPSSWIN14.0작업 결과 저장 및 프로그램을 종료하기 위해서는 다음과 같은 절차를 따르면 된다.

① 파일(F) 메뉴에서 저장(Save) 또는 다른 이름으로 저장(Save As)을 선택한다.

② [그림 4-21]과 같은 분석 결과 저장화면을 나타난다.

③ 경로명과 파일명을 부여한 다음 저장 버튼을 선택한다. 파일의 확장자는 *.spo이다.

④ 작업한 파일을 모두 저장한 후 SPSSWIN을 종료시키려면, 주요 메뉴에서 파일(F)을 선택한 후 SPSSWIN14.0종료 버튼을 선택한다.

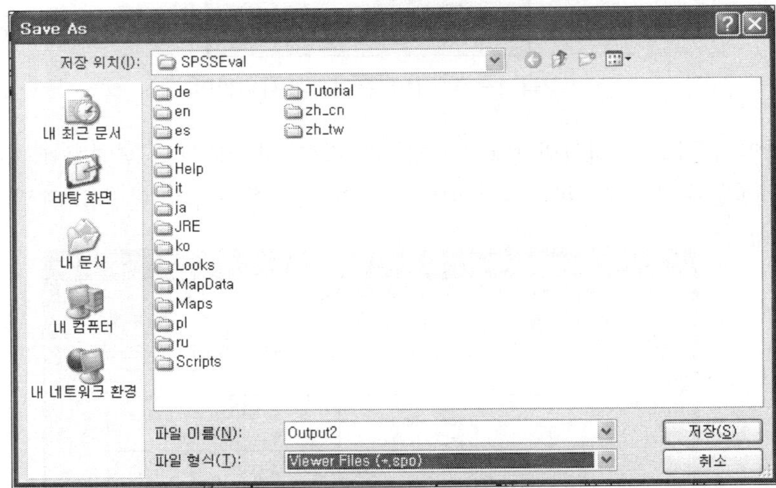

[그림 4-21] 분석결과 저장 대화상자

데이터 파일 만들기

통계 분석에 필요한 데이터 파일을 만드는 방법은 새롭게 데이터 파일을 만드는 방법과 기존에 작성된 데이터 파일을 이용하는 방법으로 구분할 수 있다. SPSSWIN14.0을 이용하여 새로운 파일을 만드는 경우 6장에서 설명하는 방법과 동일하다. 따라서 이 장에서는 **호글**과 같은 워드프로세서나 EXCEL 등에서 작성한 파일을 읽어 들이는 방법에 대해서 자세히 설명한다.

5.1 새로운 데이터 파일의 생성

분석에 이용할 데이터는 **호글**과 같은 워드프로세서와 EXCEL 등의 스프레드시트(spreadsheet) 계열의 프로그램을 이용하여 작성할 수 있다. SPSSWIN14.0에서는 데이터를 작성할 수 있는 데이터 편집 기능을 제공하기 때문에 직접 입력하여 데이터 파일을 만들면 된다. 하지만 컴퓨터 사용자의 대부분은 **호글** 또는 Excel와 같은 스프레드시트(spreadsheet) 계열의 프로그램에서 데이터를 만들기도 한다. 이와 같은 방식으로 만들어진 데이터 파일을 읽어 들이는 방법 등에 대해 기술하고, 기존의 Data를 불러들이는 방법에 대해서 설명하고자 한다.

5.2 데이터 대화상자 열기

SPSSWIN, **호글**, EXCEL 등으로 작성된 데이터 파일을 SPSSWIN14.0으로 읽어 들이기 위해서는 [그림 5-1] 과 같이 다음과 같은 절차를 따른다.

① 메뉴에서 파일(F)을 선택한 다음 열기(O)의 데이터, Syntax, Output, Script, Other 중 하나를 지정하면 [그림 5-1]과 같은 일반적인 대화상자가 열린다.

② [그림 5-1]에서 파일이름과 파일형식을 지정한다.

③ 여기서 원하는 파일을 지정하고 열기(O) 버튼을 누른다.

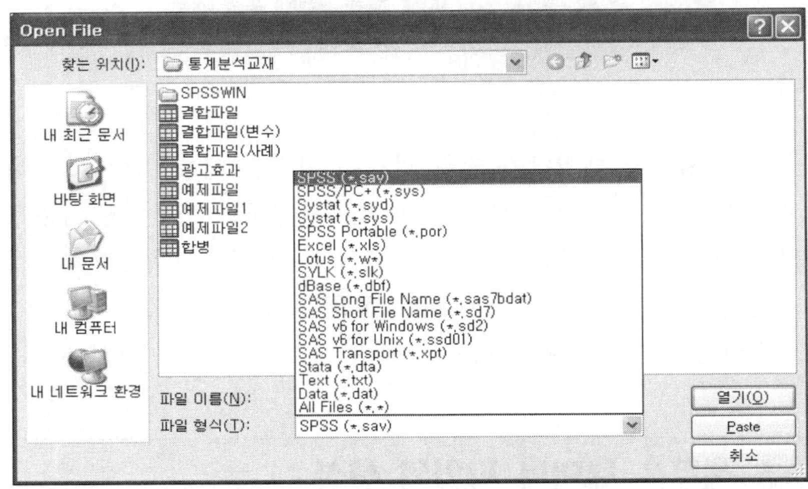

[그림 5-1] 데이터 파일 열기 대화상자

1) 위치(I)

현재 사용 중인 드라이브 및 디렉토리를 변경하기 위해서는 이 부분을 이용한다.

2) 파일 이름(N)

사용할 파일이나 디렉토리의 이름을 입력한다. 파일상자에서 처리하기를 원하는 데이터 파일을 마우스로 선택하거나 파일의 이름을 직접 입력할 수 있다. 또한 파일이 들어 있는 디렉토리 상자에서 마우스로 선택할 수 있다.

3) 파일 형식(T)

기본적으로 현재 사용 중인 디렉토리내의 파일 중 확장자가 *.SAV인 파일만 나타난다. 각종 프로그램으로 작성한 데이터 파일의 확장자는 <표 5-1>과 같다.

<표 5-1> 파일 형식을 지정하기 위한 확장자

파일 형식(T)	설 명
SPSS(*.SAV)	SPSSWIN, SPSSUNIX로 작성한 파일
SPSS/PC+(*.sys, dat)	DOS용 SPSS/PC로 작성한 파일
SPSS portable(*.por)	Macintosh, Unix와 같은 DOS로 작성한 Portable SPSS로 작성한 파일
Excel(*.xls)	M,icrosoft Excel 스프레드시트로 작성한 파일
Lotus(*.w*)	Lotus1-2-3 스프레드시트로 작성한 파일
SYLK(*.slk)	SYLK로 작성된 M,icrosoft Excel Multiplan 스프레드시트의 파일
dBASE(*.dbf)	dBASE로 작성된 파일
Tab-delimited(*.dat)	탭기능을 이용하여 작성된 변수들의 ASCII 텍스트 파일
Syntex(*.sps)	Syntex 구문으로 작성된 프로그램 파일

5.2.1 데이터 파일 대화상자 화면구성

SPSSWIN14.0 데이터 파일의 화면은 크게 두 가지로 구분되어 있다. 수집된 자료를 수자 또는 문자로 입력할 수 있는 창인 [Data View]와 입력된 자료의 형식을 지정할 수 있는 [Variable View]로 구성되어 있다. [그림 5-2]의 Data View와 [그림 5-3]의 Variable View와 같다.

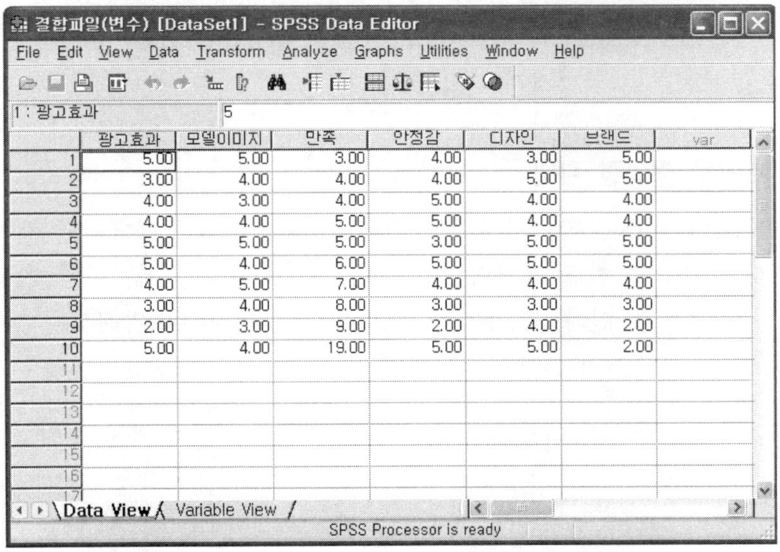

결합파일(변수) [DataSet1] - SPSS Data Editor

File Edit View Data Transform Analyze Graphs Utilities Window Help

1 : 광고효과 5

	광고효과	모델이미지	만족	안정감	디자인	브랜드	var
1	5.00	5.00	3.00	4.00	3.00	5.00	
2	3.00	4.00	4.00	4.00	5.00	5.00	
3	4.00	3.00	4.00	5.00	4.00	4.00	
4	4.00	4.00	5.00	5.00	4.00	4.00	
5	5.00	5.00	5.00	3.00	5.00	5.00	
6	5.00	4.00	6.00	5.00	5.00	5.00	
7	4.00	5.00	7.00	4.00	4.00	4.00	
8	3.00	4.00	8.00	3.00	3.00	3.00	
9	2.00	3.00	9.00	2.00	4.00	2.00	
10	5.00	4.00	19.00	5.00	5.00	2.00	
11							
12							
13							
14							
15							
16							
17							

Data View / Variable View

SPSS Processor is ready

[그림 5-2] Data View 창

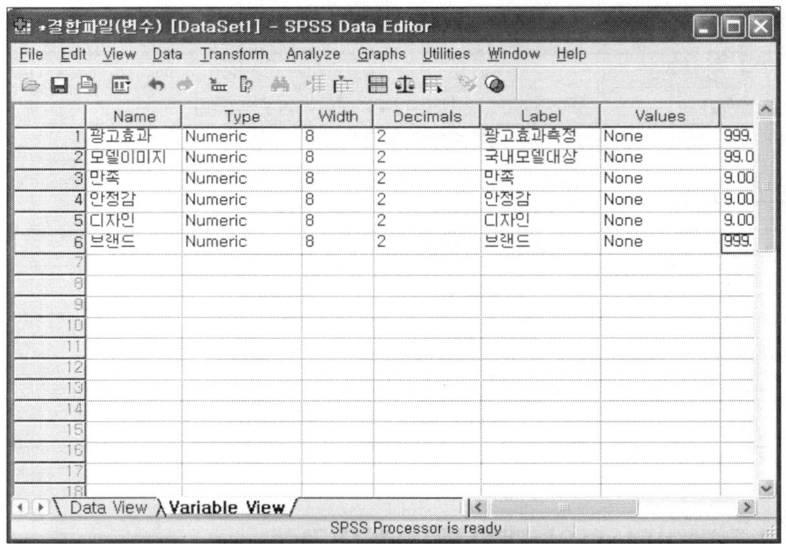

[그림 5-2] Variable View 창

5.2.2 다른 프로그램에 작성된 데이터 파일

데이터 파일을 만드는 경우 가장 많이 이용하는 방법이 Excell과 같은 스프레드시트(shreadsheet)를 이용한 ASCII 코드 형식으로 데이터 파일을 만드는 방법이다. ASCII 코드로 작성된 파일을 SPSSWIN14.0으로 불러들일 수 있는 방법을 구체적으로 설명하면 다음과 같다.

1) Excel로 작업한 파일

Excel은 SPSSWIN14.0과 같이 열과 행으로 구성된 스프레드시트 계열의 프로그램이다. 스프레드시트 계열의 프로그램들은 호환성이 뛰어나며 손쉽게 데이터를 변환시킬 수 있다. Excel에서 데이터 파일을 읽기 위해서는 일반적으로 다음과 같은 절차를 따른다. 예를 통해서 알아보자.

① Excel 프로그램에서 [그림 5-3]과 같이 데이터를 입력한다.

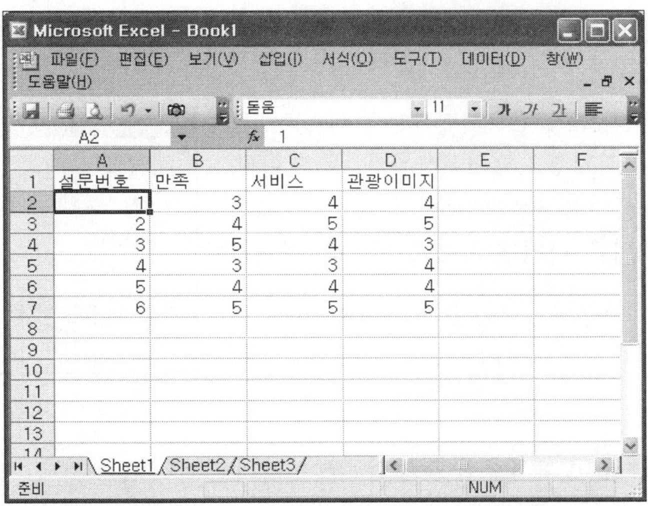

[그림 5-3] Excel에서 작성한 데이터 파일

② 파일 메뉴에서 [저장] 옵션으로 선택하고, 엑셀파일을 저장한다(예를 들면 Excel.xls로 저장).

③ Excel을 종료 후 SPSSWIN14.0을 실행시킨다.(엑셀 파일이 실행 중인 경우에는 SPSSWIN14. 0에서 불러들일 수 없다).

④ 파일(F) 메뉴에서 열기(O)를 선택한 후 Data 형식을 지정한다.[그림 5-4]와 같은 대화상자가 열린다. 파일명은 사용자가 임의로 지정한다.

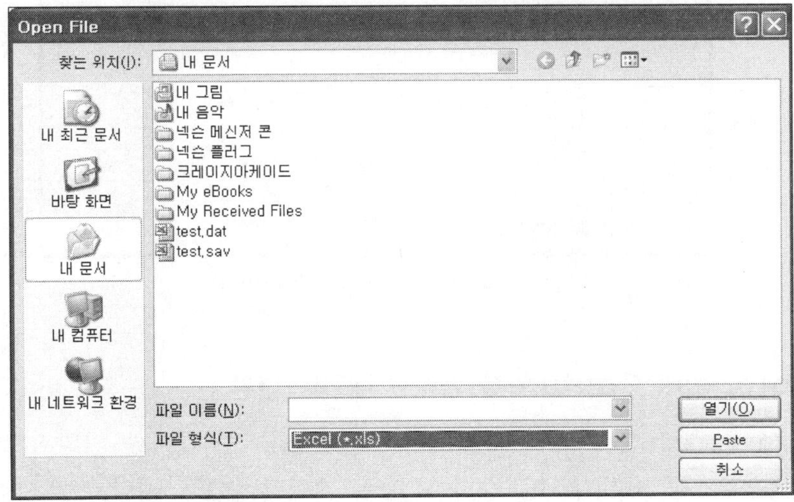

[그림 5-4] 엑셀파일열기 대화상자

⑤ 대화상자에서 파일을 지정한 후 확인 버튼을 이용하여 작성한 파일을 불러온다(예를 들어 test.dat).

⑥ [그림 5-4]를 실행시키면 [그림 5-5]와 같은 형식지정 대화상자가 열린다. Worksheet 옵션은 엑셀에서 입력한 데이터의 범위를 나타낸다. OK 버튼을 선택하면

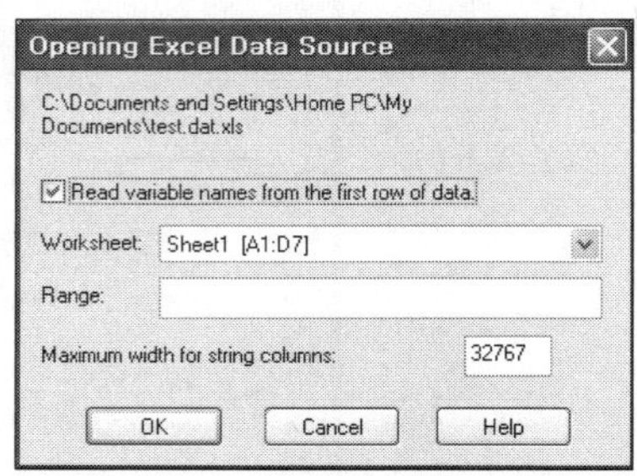

[그림 5-5] 엑셀 파일 형식지정

SPSS Newdata 창에 [그림 5-5]와 같이 정의된 변수(D)가 나타난다.

⑦ 파일(F)을 선택한 후 다른 이름으로 저장(A)을 한다.

⑧ 파일 이름(N) 상자에 C:\spsswin\test\excel.sav를 입력한 후 저장 버튼을 누른다.

*Untitled [DataSet11] - SPSS Data Editor

	설문번호	만족	서비스	관광이미지
1	1	3	4	4
2	2	4	5	5
3	3	5	4	3
4	4	3	3	4
5	5	4	4	4
6	6	5	5	5

[그림 5-6] 엑셀 데이터 변환 대화상자

2) Database Capture를 이용한 데이터 변환

Database Capture를 이용해서 데이터 파일을 읽기 위해서는 일반적으로 다음과 같은 절차를 따른다. 이 방법은 다른 데이터베이스 계열 프로그램에서도 동일하게 적용된다.

① Excel 프로그램에서 [그림 5-7]과 같이 데이터를 입력한다.

Microsoft Excel - Book1

	A	B	C	D	E
1	학번	관광학개론	마케팅	서비스마케팅	경영학
2	1	78	68	78	87
3	2	77	67	78	88
4	3	67	46	69	96
5	4	89	88	70	94
6	5	95	98	89	88

[그림 5-7] Excel에서 작성한 데이터 파일

② 파일 메뉴에서 [다른 이름으로 저장]옵션으로 선택하고 통합문서형식으로 지정하고 저장한다(파일명은 test.xls로 저장한다).

③ Excel을 종료 후 SPSSWIN14.0을 실행시킨다.

④ 파일 메뉴(F)에서 Database Capture(b)에서 New query(N)를 선택하면, [그림 5-8]과 같은 Database Capture 위저드 대화상자가 나타난다.

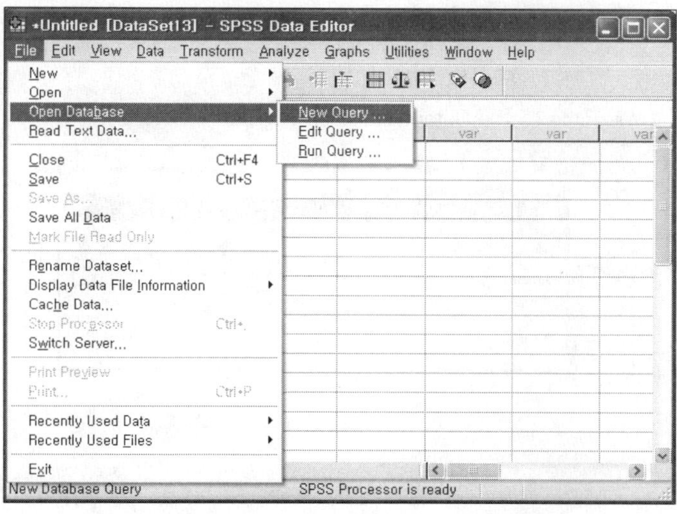

[그림 5-8] Database Capture 위저드 대화상자

⑤ [그림 5-8]에서 Excel 파일 형식을 지정한 후 다음버튼을 선택하면 [그림 5-9]와 같은 통합문서 선택 대화상자에서 변환하고자 하는 파일이 들어 있는 경로를 지정한 후 파일을 선택한다(예를 들어 test.xls를 선택).

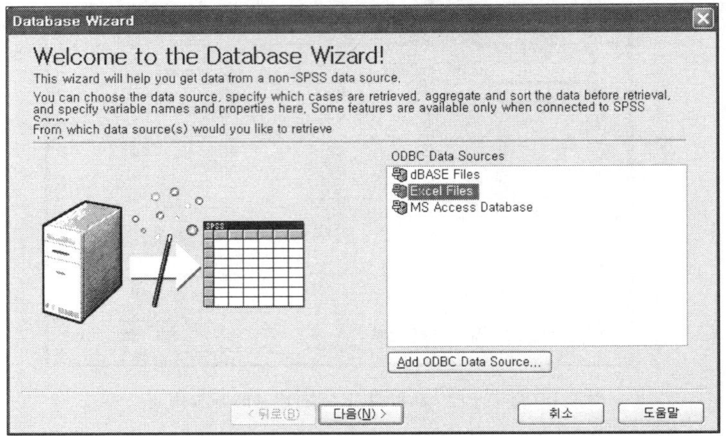

[그림 5-9] 통합문서 선택 대화상자

⑥ [그림 5-9]에서 파일을 선택한 후 확인 버튼을 선택하면 [그림 5-10]과 같은 파일 선택 대화상자가 나타난다.

⑦ [그림 5-10]의 대화상자에서 경로찾기(Browse) 옵션을 이용하여 파일을 지정한다. 파일을 지정한 다음 OK 버튼을 선택하면 [그림 5-11]과 같은 데이터 시트 선택 대화상자가 열린다.

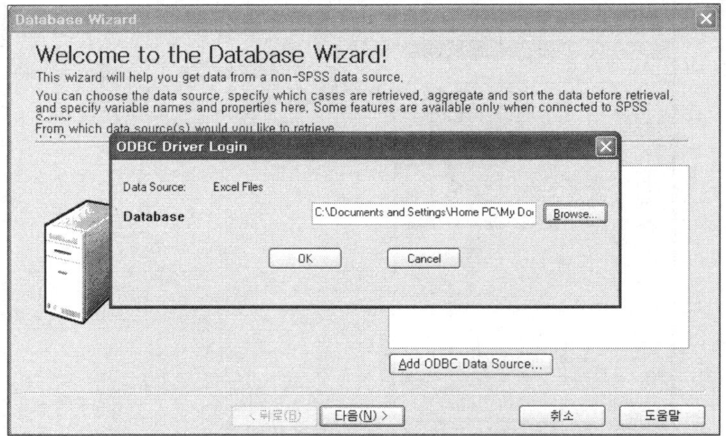

[그림 5-10] 파일 선택 대화상자

⑧ [그림 5-11]에서 데이터가 입력되어 있는 시트(sheet)를 선택한 후 마우스의 끌기(Drag) 기능을 사용하여 왼쪽에서 오른쪽으로 드래그(Drag)하면 [그림 5-12]와 같은 데이터 변환 변수가 화면에 나타난다.

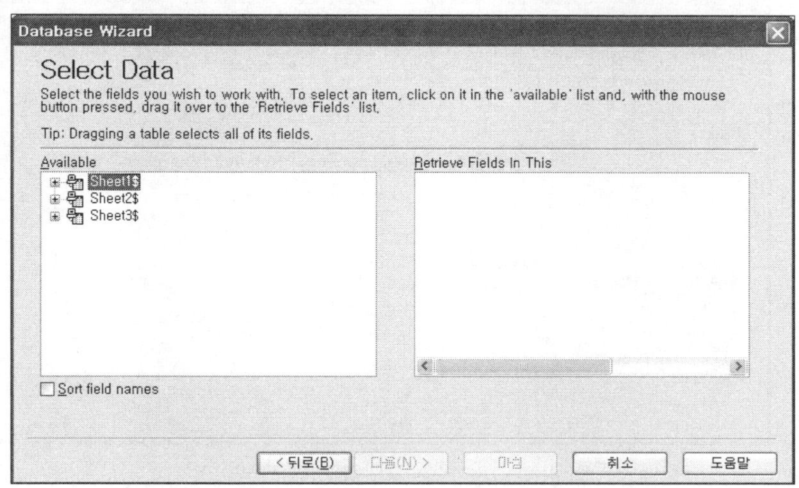

[그림 5-11]데이터 선택 대화상자

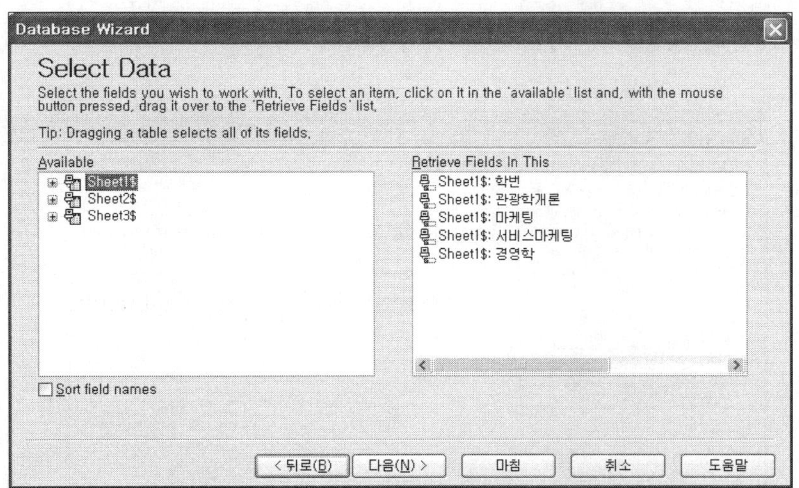

[그림 5-12] 데이터 변수 결과 대화상자

⑨ [그림 5-12]에서 다음 버튼을 선택하면 [그림 5-13]과 같은 변수 표현식지정 대화상자가 열린다.

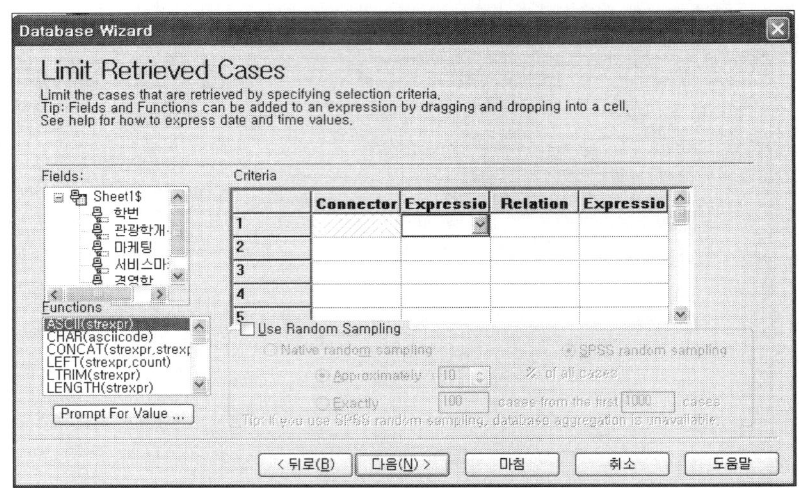

[그림 5-13] 변수 표현식 지정 대화상자

⑩ [그림 5-13]에서 변수 표현식을 지정 한 후 다음 버튼을 선택하면 [그림 5-14]와 같은 변수 정의 대화상자가 열린다. 여기서 다음 버튼을 선택하면 [그림 5-15]와 같은 변수변환 결과 대화상자가 열린다.

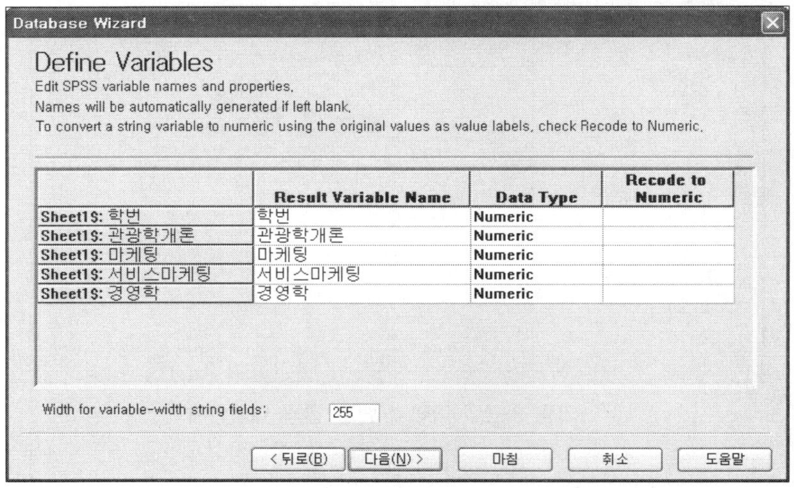

[그림 5-14] 변수 정의 대화상자

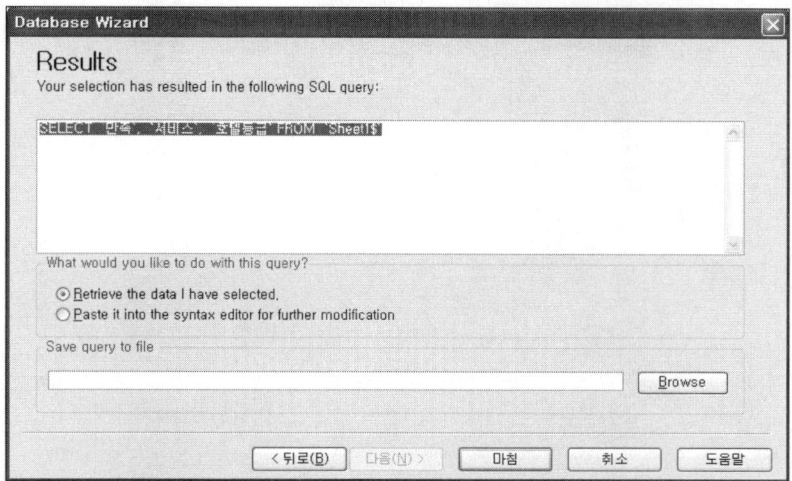

[그림 5-15] 변수 변환 결과 대화상자

⑪ [그림 5-15]에서 마침 버튼을 선택하면 [그림 5-16]과 데이터 결과 화면이 열린다. 데이터 변환 결과를 경로를 지정하여 저장한다.

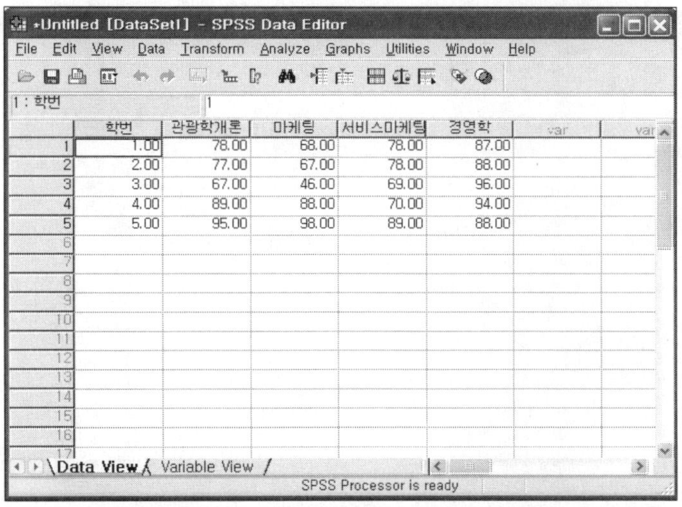

	학번	관광학개론	마케팅	서비스마케팅	경영학	var	var
1	1.00	78.00	68.00	78.00	87.00		
2	2.00	77.00	67.00	78.00	88.00		
3	3.00	67.00	46.00	69.00	96.00		
4	4.00	89.00	88.00	70.00	94.00		
5	5.00	95.00	98.00	89.00	88.00		

[그림 5-16] 데이터 결과 화면

데이터 편집기

데이터의 편집은 1차·2차 자료 및 설문을 통해 수집된 자료를 보고서 또는 연구의 목적에 맞게 데이터를 변형시킴으로써 데이터의 효율성을 극대화시킬 수 있는 방법 중의 하나이다. 이 장에서는 SPSSWIN14.0을 이용해 데이터 편집에 필요한 사용방법과 데이터 변환의 표현식에 관해서 기술하고 있다. 데이터를 입력하고 편집하는 방법은 SPSSWIN14.0에서 제공하는 데이터 편집기를 이용한다. SPSSWIN14.0을 실행시키면 [그림 6-1]과 같은 초기 화면이 열린다. [그림 6-1]의 초기화면의 데이터(Data) 옵션의 구성 메뉴는 변수정의(Define Variables), 데이터 속성 복사(Copy data Properties), 날짜정의, 템플리트(Templates) 기능, 변수의 삽입 및 사례의 추가, 파일결합 등으로 구성되어 있다.

[그림 6-1]의 데이터 정의 초기 대화상자는 다음과 같은 요소로 구성되어 있다.

① 행(Rows)

각 행은 설문서의 사례수(Cases)로 구성된다.

② 열(Columns)

각 열은 설문서에서 사용하고 있는 변수로 구성된다.

③ 셀(Cells)

각 셀은 사례에 대한 변수들의 값들로 구성된다.

④ 데이터 파일(Data File)

데이터 파일의 크기는 사례의 수와 변수의 수에 의해 결정된다.

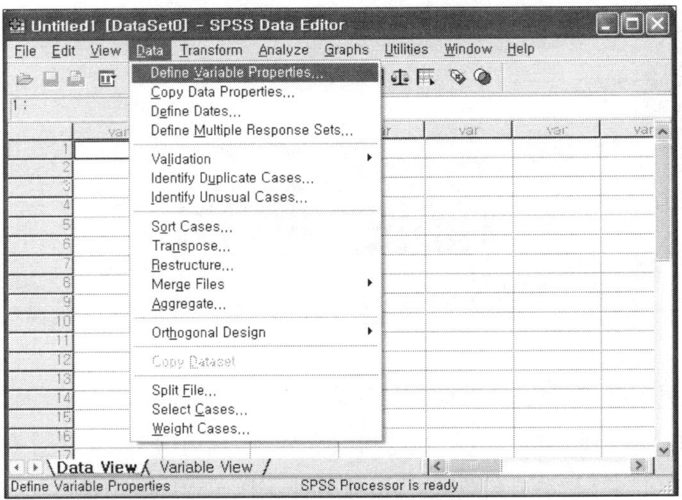

[그림 6-1] 데이터 정의 초기 대화상자

6.1 변수정의

변수정의(Define Variables Properties) 옵션을 선택하면 [그림 6-2]와 같은 변수정의 대화상자가 열린다. 변수정의 대화상자의 주요 구성 요소는 변수명칭, 변수형식, 변수구조, 변수유형으로 구성되어 있다. 여기서 변수정의 대화상자를 이용해 유형을 설정하는 방법을 설명하고 데이터 입력과 편집 그리고 변수 값의 삭제와 복사 등에 대해서 기술하기로 한다. 또한 새로운 사례나 새로운 변수들을 추가 및 삭제하는 방법과 파일결합, 작성된 데이터 파일을 저장하는 방법에 대해서도 기술하기로 한다.

분석에 사용할 변수의 입력과 변수명칭, 변수형식 그리고 변수유형 등에 대한 지정은 변수정의 대화상자에서 이루어진다. 메뉴 바(Menu Bar)에서 마우스로 데이터(D)를 선택하면 [그림 6-2]와 같은 변수정의 대화상자가 열린다. 사용 절차를 간략히 설명하면 다음과 같다.

① 메뉴 바(Menu Bar)에서 데이터(D)를 선택한 후 변수정의(Define Variable)를 선택한다.

② 변수속성정의(Define Variable Properties)를 선택하면 [그림 6-2]에서 왼쪽 부분은 입력한 데이터의 변수명, 오른쪽 부분은 변수의 속성을 지정하기 위

한 변수 지정 부분으로 구성되어 있다. 변수속성을 지정하기 위한 변수를 선택하여[그림6-2]와 같이 푸시(Push)버튼을 선택하고 계속버튼을 지정하면 [그림 6-3]과 같은 변수속성 지정 대화상자가 열린다.

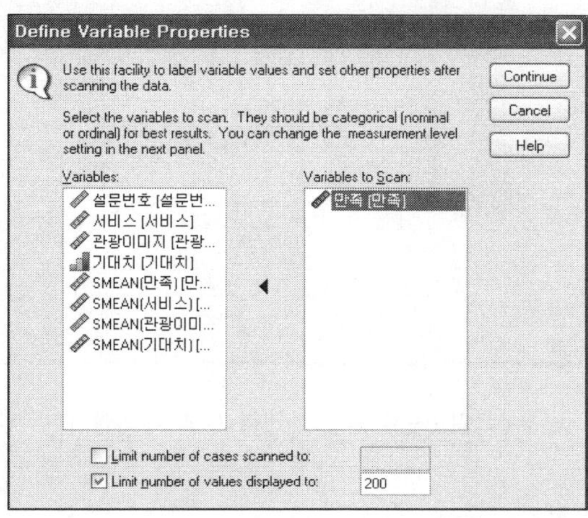

[그림 6-2] 변수속성 정의 대화상자

③ [그림 6-3]의 대화상자 구성요소는 지정한 변수명(Current Variable), 레이블(Lable), 측정수준(measurement level), 변수유형, 변수레이블은 입력한 변수의 값(value)범위를 표시한다. 각 옵션을 전부 지정하고 OK 버튼을 누르면 [그림 6-4]와 같은 결과 대화상자가 열린다.

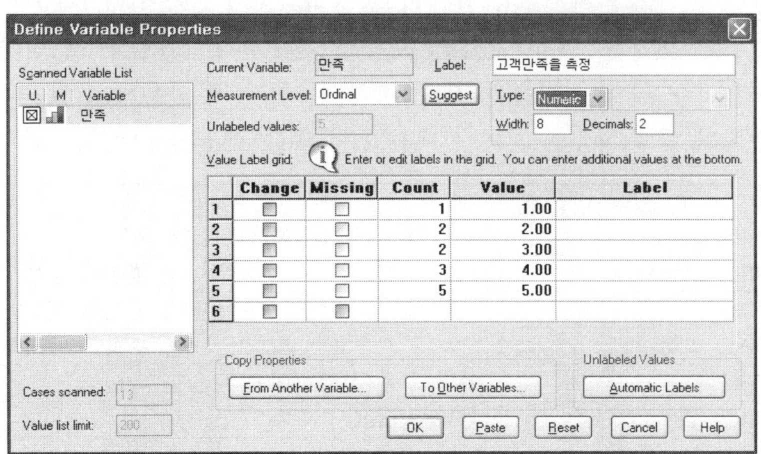

[그림 6-3] 변수 속성 지정 대화상자

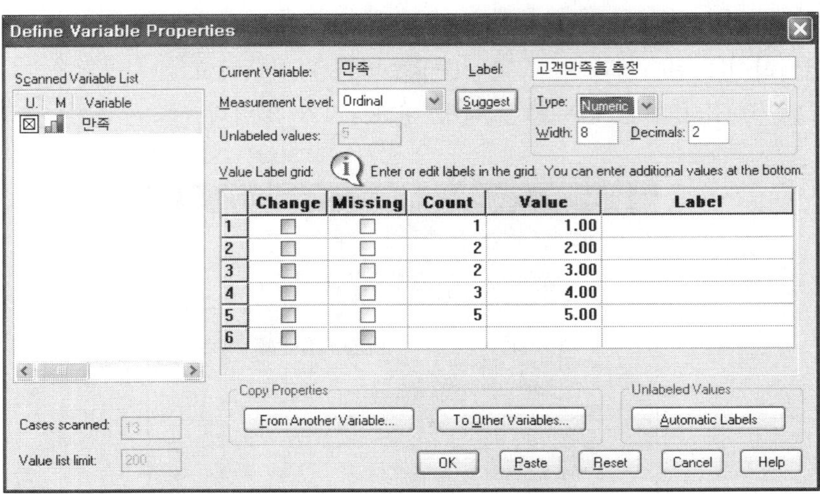

[그림 6-4] 변수 레이블 정의 대화상자

6.1.1. 변수 유형 정의

SPSSWIN14.0에서는 기본적으로 모든 변수 값들은 수치(Numeric) 형식으로 간주한다. 따라서 설문서에 사용된 변수의 구조에 따라 새로운 변수 구조 형식을 지정하여 사용한다. 새로운 변수의 유형설정은 수치, 콤마, 점, 지수, 날짜, 달러, 사용자정의 통화, 문자, 열의 폭, 소수점 등 변수의 유형설정에 필요한 부분으로 구성되어 있다. 앞에서 설명하였듯이 SPSSWIN14.0에서는 기본적으로 모든 변수는 수치(Numeric)변수로 간주한다. [그림 6-5] 변수 유형 대화상자의 사용 절차는 다음과 같다. 예를 들어, 현재 사용하고 있는 변수가 수치 변수이면 수치(Numeric)를 선택하고 계속(Continue) 버튼을 누른다.

옵 션	설 명
◉ 수치(Numeric)	수치 데이터(기본 옵션으로 설치)
○ 콤마(Common)	부호로 시작되는 천 단위마다 콤마를 붙인 데이터
○ 점(Dot)	부호로 시작되는 천 단위마다 콤마를 붙인 데이터
○ 지수표시(Scientific notation)	수치나 지수표현 형식(E, D)을 포함한 과학적인 수치
○ 날짜(Date)	날짜 또는 시간형식을 포함한 데이터
○ 달러(Dollar)	미화 달러표시 수치
○ 사용자정의 통화 (Custom Currency)	미화 달러 이외의 화폐단위를 표시

○ 문자(String)	문자, 수치, 특수문자 등을 표시
○ 자릿수(Width)	데이터의 입력 길이를 지정, 소수점도 포함
○ 소수점 이하 자릿수 (Decimal Places)	데이터의 소수점의 자리수를 지정한다. 예를 들어 3이라고 하면 소수 점 3자리를 의미한다.

6.1.2 변수 레이블 정의

변수유형이 정의되고 나면 해당변수에 설명을 붙여 다른 변수와 구별되기 쉽도록 한다. 변수에 설명(Labels)을 붙이는 이유는 변수에 설명을 붙임으로써 변수의 형식과 유형을 쉽게 파악할 수 있다. 변수 레이블의 정의는 [그림 6-5]와 같이 레이블 옵션을 선택하고 측정 단위별 레이블을 설정하면 된다.

6.1.3 변수의 척도(Measurement) 정의

데이터 편집기 사용의 마지막 단계는 측정변수의 척도를 정의하는 과정이다. 설문서 작성에 사용되는 측정척도의 종류에는 명목척도, 서열척도, 등간척도, 비율척도 등이 있다. 각 척도에 대한 설명은 다음과 같다.

데이터를 입력하면서 각 변수의 유형에 따라 등간/비율척도, 서열척도, 명목척도의 옵션을

척도의 종류	설 명
명목척도	측정대상을 범주로 분류하여 대상을 측정하는 척도, 예를 들면 선수의 등번호, 남/여 등
서열척도	관찰대상의 속성에 따라 순위를 측정하는 척도(상대적인 순위만 구별), 예를 들면 성적순, 매출액 순위
등간척도	측정대상 사이의 거리를 비교하여 측정하는 척도(일명 리커트척도), 예를 들면 5점 척도, 7점 척도
비율척도	세 척도의 특수성에다 비율개념이 첨가된 척도 (절대영점의 존재) 예를 들면 비율값(0.2%), 날씨, 온도

6.1.4 변수 문항 측정값 작성

입력한 변수 문항 측정값 작성은 [그림 6-5]의 변수 문항 측정값 대화상자의 Variable View창서 입력하면 된다. 측정 문항 값을 정의하는 방법은 다음과 같다.

① 파일메뉴(F)에서 새로운 파일을 열고 [그림 6-5]와 같은 변수명을 기입한 후 Variable View 창에서 Values 옵션을 선택한다.

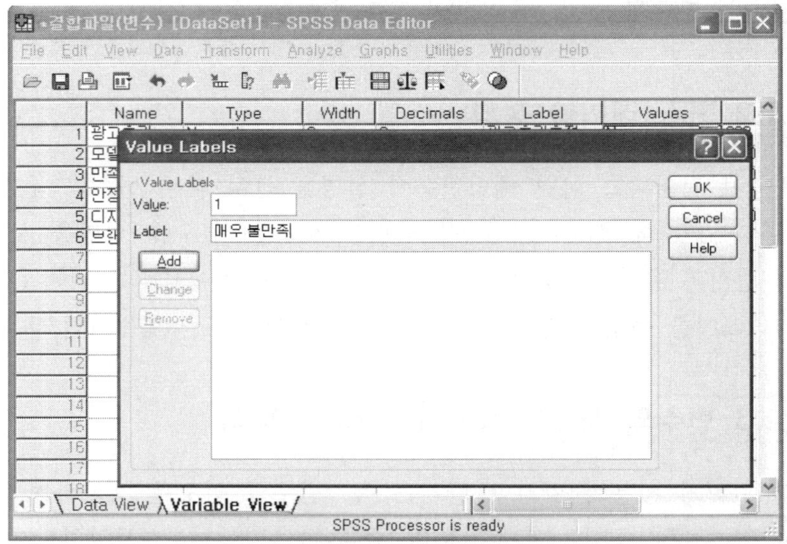

[그림 6-6]의 변수 문항 측정값 대화상자

② [그림 6-7] 값 정의 대화상자에서 설문에서 사용한 측정값 범위를 입력하고 추가버튼을 누른다. 예를 들면, 측정값이 1에서 5까지라면 1 : 매우 불만족에서 5: 매우 만족까지 반복해서 정의하고 추가버튼을 선택한다.

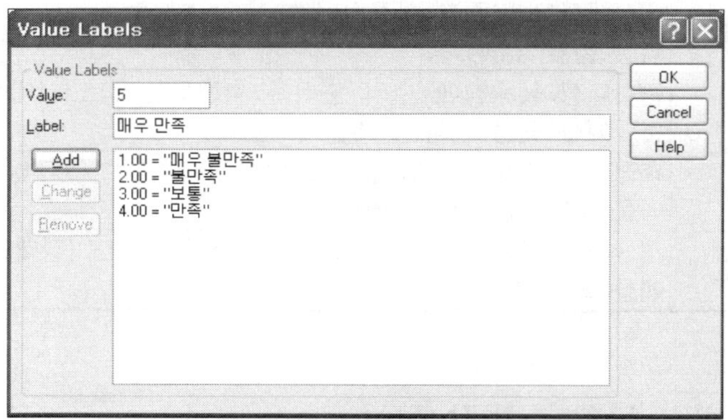

[그림 6-7] 값 정의 대화상자

6.1.5결측치(Missing Value) 정의

변수유형이 완전히 정의되고 나면, 이제 실제 설문서를 통해 수집된 자료를 입력(Coding)하게 된다. 자료를 입력하다 보면 설문서에 응답하지 않은 공란을 발견하게 되는데 이에 대한 처리는 결측치(Missing Value)로 처리하게 된다. SPSSWIN14.0에서는 결측치 처리를 두 가지 방법으로 처리하게 된다.

첫째, 시스템 무응답 처리(System-missing value) 방식이다. 시스템 무응답 처리는 데이터를 입력하는 도중 특정 변수가 무응답이면 해당 변수의 값을 공란으로 놓아두고 다음 변수의 값을 입력하면 분석시 공란은 결측치로 처리된다. 둘째는 사용자 무응답 처리(User-missing value) 방식이다. 이는 사용자가 무응답에 해당하는 변수의 값에 사용자가 값을 지정하여 부여한다. 구체적인 예를 들면 다음과 같다.

[그림 6-8]의 Variable View 창을 열고 결측치(Missing)를 선택하면 [그림 6-9]과 같은 결측치 정의 대화상자가 열린다. 여기서 결측치 값을 정의한다.

*예제파일1 [DataSet2] - SPSS Data Editor

File Edit View Data Transform Analyze Graphs Utilities Window Help

	Name	Type	Width	Decimals	Label	Values	Missing	Column	Align	Measure
1	설문번호	Numeric	8	2	차	None	None	8	Right	Scale
2	만족	Numeric	8	2	고객만족도	None	None	8	Right	Scale
3	서비스	Numeric	8	2		None	None	8	Right	Scale
4	관광이미지	Numeric	8	2		None	None	8	Right	Scale

Data View / Variable View

SPSS Processor is ready

[그림 6-8] 결측치 지정 대화상자

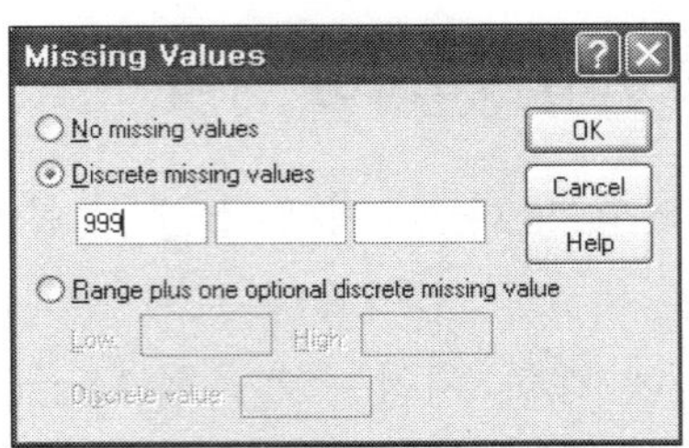

[그림 6-9] 결측치 지정 대화상자

사용자 무응답 처리(User-missing value)

설문 문항에 대한 사용자 무응답 처리는 일반적으로 9, 99, 999 등과 같이 "9"를 이용하여 처리한다. 그 이유는 설문서를 작성할 경우 대부분 측정 척도가 5점 척도 또는 7점 척도를 사용하기 때문이고, "9"를 사용하여 무응답 처리할 경우 다른 변수의 측정값과 중복이 되지 않기 때문이다.

옵 션	설명(옵션 중 하나만을 선택)
◉ 결측치 없음	사용자 무응답치가 없는 경우에 지정한다.
○ 이산형 결측치	수치변수에 대한 무응답치를 처리하는 경우 지정한다.
○ 범위형 결측치	일정한 범위 값을 갖는 수치변수에 대한 무응답치를 처리하는 경우 지정한다.
○ 범위형 및 이산형 결측치	일정한 범위 값을 갖는 수치변수에 대한 무응답치를 처리하는 경우 지정한다.

★ 설문서의 예 1

1. 거래업체는 우리와의 관계에서 매우 솔직하다.

전혀 그렇지 않다. 정말 그렇다.

1 2 3 4 5

Tip ▸ 설문서의 예 1에서처럼 5점척도를 이용한 경우, 사용자 무응답처리는 "9"를 이용하여 처리한다.

★ 설문서의 예 2

2. 귀사의 월 매출액 규모는 얼마입니까? (억원)

Tip ▸ 설문서의 예 2에서처럼 화폐단위로 측정한 경우, 사용자 무응답 처리는 화폐 단위에 맞게 "9"를 이용하여 처리한다.
(예를 들면 화폐단위가 3자리수이면 "999", 4자리수이면 "9999"로 처리한다)

위에서 제시한 절차에 따라 변수의 속성을 지정한 후 마지막 결과 화면은 [그림 6-10]과 같다.

*예제파일1 [DataSet1] - SPSS Data Editor

File Edit View Data Transform Analyze Graphs Utilities Window Help

1 : 설문번호 1

	설문번호	만족	서비스	관광이미지	var	var	var
1	1.00	5.00	4.00	4.00			
2	2.00	1.00	3.00	5.00			
3	3.00	2.00	4.00	4.00			
4	4.00	3.00	2.00	3.00			
5	5.00	4.00	5.00	5.00			
6	6.00	5.00	3.00	3.00			
7	7.00	3.00	4.00	4.00			
8	8.00	4.00	5.00	3.00			
9	9.00	2.00	2.00	2.00			
10	10.00	5.00	3.00	3.00			
11	11.00	5.00	3.00	4.00			
12	12.00	4.00	4.00	5.00			
13	13.00	5.00	5.00	5.00			
14							
15							
16							
17							

Data View / Variable View

SPSS Processor is ready

[그림 6-10] 변수정의 결과대화상자

6.1.6 다른 파일의 변수 속성 이용

데이터의 유형을 정의하는 경우, 간혹 다른 변수의 속성을 그대로 이용하는 경우가 있다. 예를 들면 자동차 산업을 대상으로 측정한 고객만족도와 서비스 평가에서 측정한 고객만족도의 속성이 동일하다면 변수의 속성을 그대로 복사할 수 있다. 사용방법을 설명하면 다음과 같다.

① 파일메뉴(F)의 데이터(D) 하위메뉴에서 데이터 속성복사(Copy Data Properties)를 선택하면 [그림 6-11]과 같은 데이터 속성 복사 마법사가 실행된다. 여기서 속성을 복사할 파일을 찾아보기(Browse)를 이용하여 파일을 선택한다.

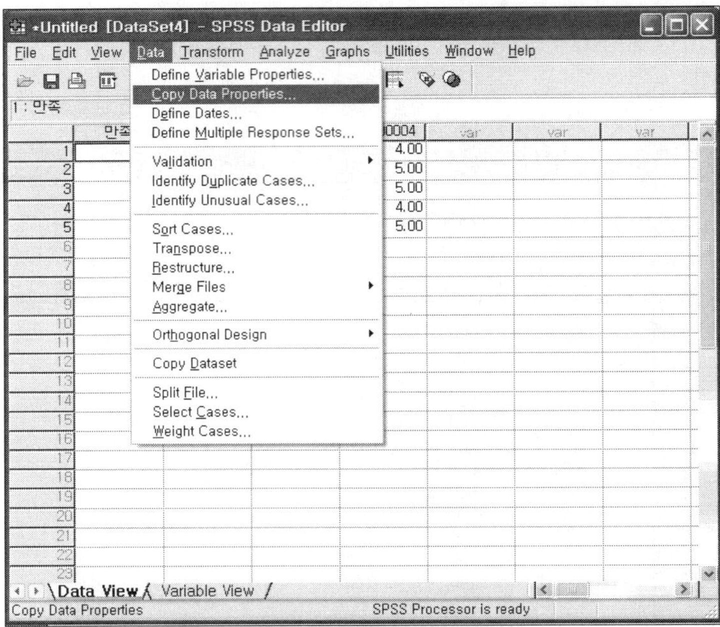

[그림 6-11] 변수속성 복사 대화상자

Copy Data Properties - Step 1 of 5

Welcome to the Copy Data Properties Wizard.

Copy Data Properties can copy selected variable and dataset properties from an open dataset or external SPSS data file to the active dataset.

You can also copy properties from one variable to another within the active dataset.

Data properties are copied but not data values.

Choose the source of the properties

An open dataset

An external SPSS data file

G:₩통계분석교재₩예제파일.sav

Browse...

The active dataset (예제파일1.sav [DataSet1])

< 뒤로(B) 다음(N) > 마침 취소 도움말

[그림 6-12] 변수속성 복사 마법사

② [그림6-12]에서 다음버튼을 선택하면 [그림 6-13]과 같이 속성을 복사하고자 하는 데이터의 변수명이 입력된 대화상자가 열린다.

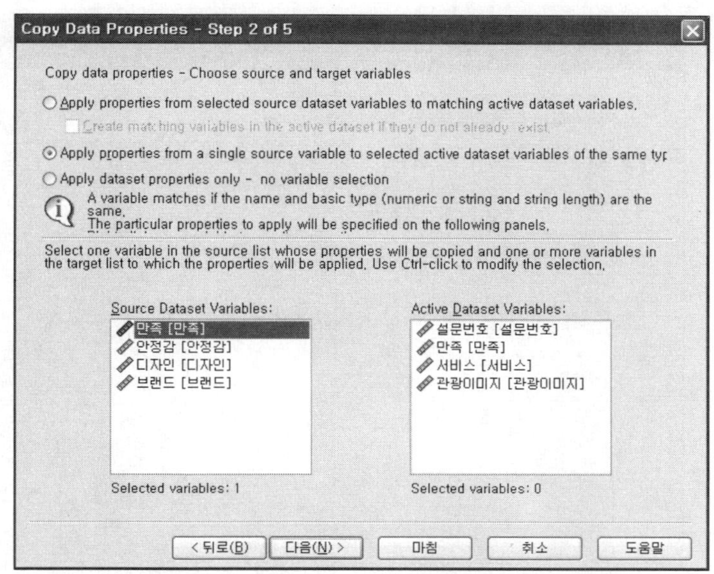

[그림 6-13] 변수속성 연결 대화상자

③ [그림 6-13]에서 다음 버튼을 선택하면 [그림 6-14]와 같은 대화상자 열린다. 기존 데이터의 속성을 선택하여 복사할 수 있도록 옵션을 지정한다.

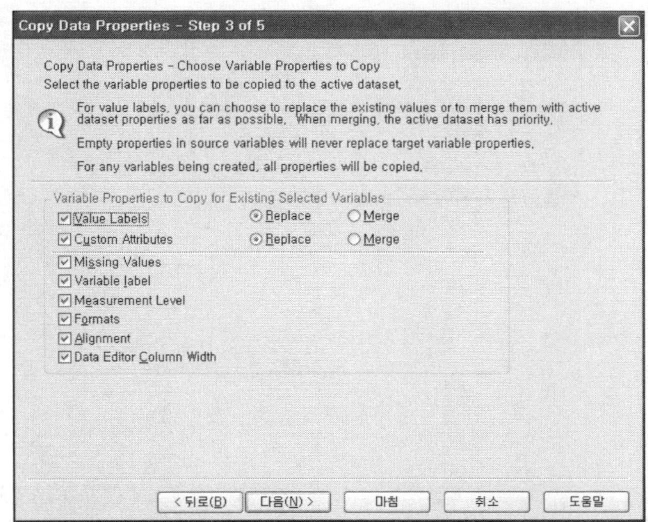

[그림 6-14] 기존 변수속성 지정 대화상자

④ [그림 6-14]에서 다음 버튼을 선택하면 [그림 6-15]과 [그림 6-16] 속성 지정대화상자가 열린다. 위에서 설명한 방법으로 속성을 지정하고 마침버튼을 선택한다.

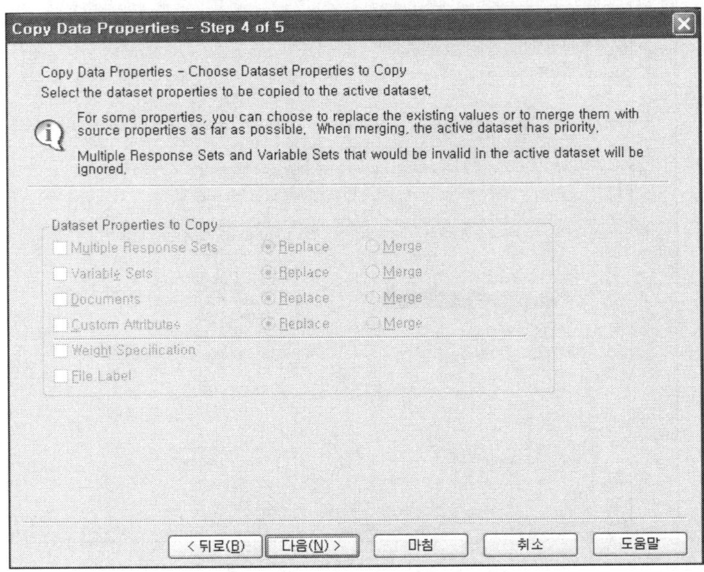

[그림 6-14] 속성지정 대화상자

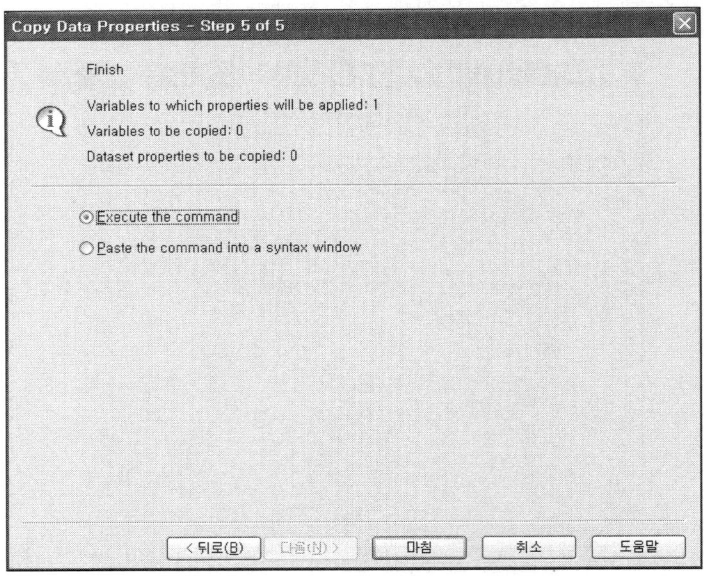

[그림 6-15] 속성 지정 끝내기 대화상자

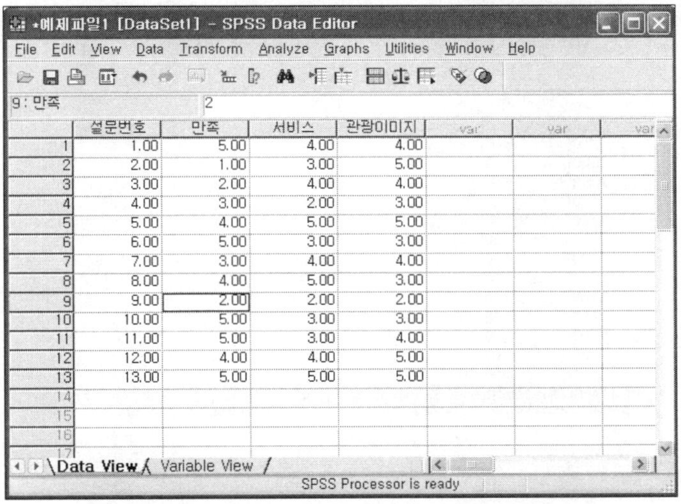

*예제파일1 [DataSet1] - SPSS Data Editor

File Edit View Data Transform Analyze Graphs Utilities Window Help

9 : 만족 2

	설문번호	만족	서비스	관광이미지	var	var	var
1	1.00	5.00	4.00	4.00			
2	2.00	1.00	3.00	5.00			
3	3.00	2.00	4.00	4.00			
4	4.00	3.00	2.00	3.00			
5	5.00	4.00	5.00	5.00			
6	6.00	5.00	3.00	3.00			
7	7.00	3.00	4.00	4.00			
8	8.00	4.00	5.00	3.00			
9	9.00	2.00	2.00	2.00			
10	10.00	5.00	3.00	3.00			
11	11.00	5.00	3.00	4.00			
12	12.00	4.00	4.00	5.00			
13	13.00	5.00	5.00	5.00			
14							
15							
16							
17							

Data View / Variable View

SPSS Processor is ready

[그림 6-16] 속성 지정 결과화면 대화상자

6.2 데이터 생성

6.2.1 케이스 정렬 방식(Sort Cases)

1차·2차 자료 및 설문서를 통해 수집한 데이터를 내림차순·오름차순으로 정렬할 수 있다. 특정 케이스(변수)만을 선택하여 지정하면 전체 데이터를 지정하는 정렬방식(내림차순·오름차순)으로 정렬할 수 있다. 옵션을 이용하는 방법을 설명하면 다음과 같다.

① 파일메뉴(F)에서 데이터(D) 옵션을 선택하면 [그림 6-17]와 같은 케이스 정렬 대화상자가 열린다.

② [그림 6-17]에서 정렬하고자 하는 변수를 변수(문항)를 지정하여 푸시버튼(Push Button)을 이용하여 오른쪽으로 이동시킨다.

③ 변수를 선택한 후 OK 버튼을 선택하면 [그림 6-18]와 같은 대화상자가 열린다.

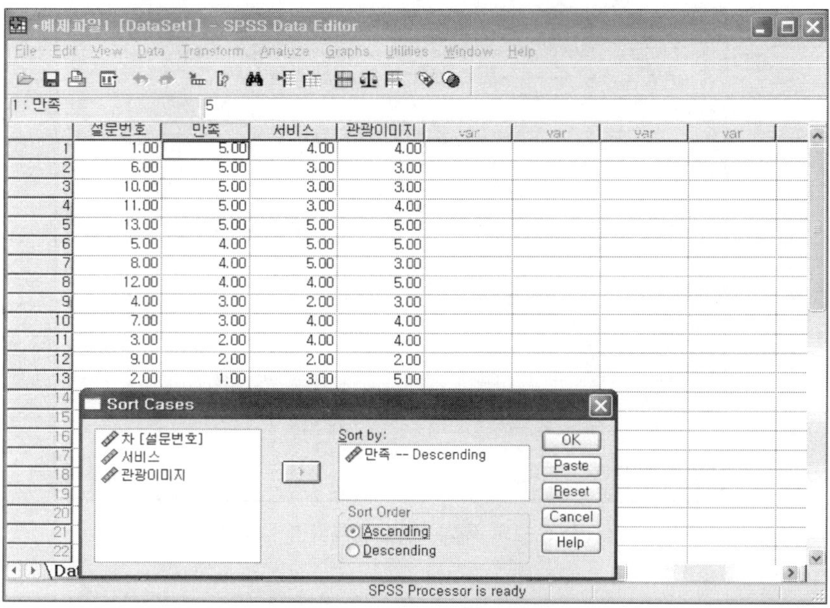

	설문번호	만족	서비스	관광이미지
1	1.00	5.00	4.00	4.00
2	6.00	5.00	3.00	3.00
3	10.00	5.00	3.00	3.00
4	11.00	5.00	3.00	4.00
5	13.00	5.00	5.00	5.00
6	5.00	4.00	5.00	5.00
7	8.00	4.00	5.00	3.00
8	12.00	4.00	4.00	5.00
9	4.00	3.00	2.00	3.00
10	7.00	3.00	4.00	4.00
11	3.00	2.00	4.00	4.00
12	9.00	2.00	2.00	2.00
13	2.00	1.00	3.00	5.00

[그림 6-17] 케이스 정렬 대화상자

*예제파일1 [DataSet1] - SPSS Data Editor

File Edit View Data Transform Analyze Graphs Utilities Window Help

1 : 만족 1

	설문번호	만족	서비스	관광이미지	var	var	var	var
1	2.00	1.00	3.00	5.00				
2	3.00	2.00	4.00	4.00				
3	9.00	2.00	2.00	2.00				
4	4.00	3.00	2.00	3.00				
5	7.00	3.00	4.00	4.00				
6	5.00	4.00	5.00	5.00				
7	8.00	4.00	5.00	3.00				
8	12.00	4.00	4.00	5.00				
9	1.00	5.00	4.00	4.00				
10	6.00	5.00	3.00	3.00				
11	10.00	5.00	3.00	3.00				
12	11.00	5.00	3.00	4.00				
13	13.00	5.00	5.00	5.00				

Data View / Variable View

SPSS Processor is ready

[그림 6-18] 케이스 정렬 결과 화면(오름차순에서 내림차순으로 정렬)

6.2.2. 데이터 행과 열의 변환

연구논문을 작성하거나 보고서를 작성하는 경우 기존의 데이터를 변형해서 새로운 데이터를 만들어야 하는 상황이 발생하기도 한다. SPSSWIN14.0에서는 기존 데이터의 행(rows)의 자료를 열(columns)로, 열(columns)의 자료를 행(rows)으로 변형하여 새로운 변수명과 데이터를 생성할 수 있게 한다. 새로운 변수명은 Case_LBL이라는 변수명으로 교체된다. 결측치(missing value)는 시스템 결측치로 변환된다. 데이터의 변형과정을 설명하면 다의 절차와 같다.

① 파일메뉴(F)에서 데이터(D) 옵션에서 데이터변환(Transpose)을 선택하면 [그림 6-19]와 같이 데이터 변환 대화상자가 열린다.

② [그림 6-19]에서 새로운 데이터로 변환시키고자 변수를 지정하여 푸시버튼(Push Button)을 이용하여 오른쪽으로 선택한다.

③ 변수를 지정한 후 OK 버튼을 선택하면 [그림 6-20]와 같은 새로운 데이터 변환 대화상자가 출력된다. 변환된 새로운 데이터는 저장경로를 지정한 후 저장하면 된다.

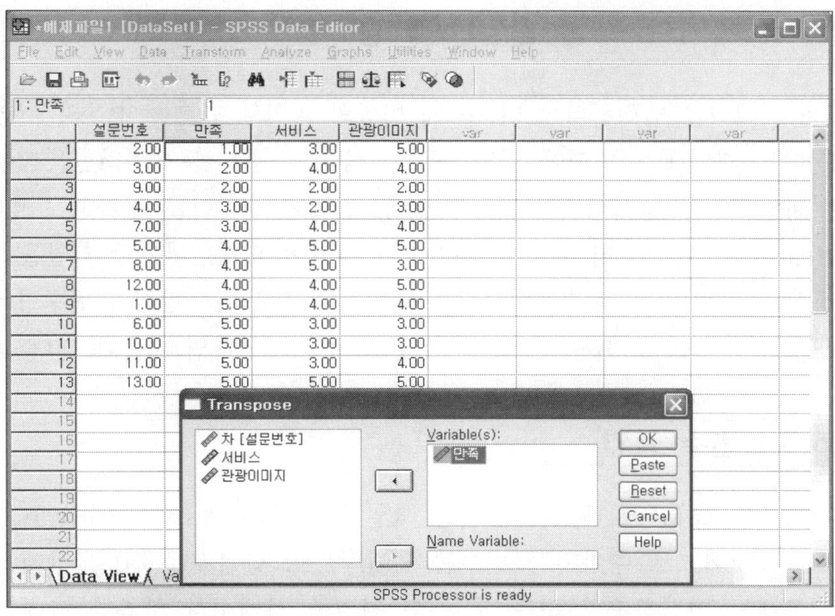

	설문번호	만족	서비스	관광이미지
1	2.00	1.00	3.00	5.00
2	3.00	2.00	4.00	4.00
3	9.00	2.00	2.00	2.00
4	4.00	3.00	2.00	3.00
5	7.00	3.00	4.00	4.00
6	5.00	4.00	5.00	5.00
7	8.00	4.00	5.00	3.00
8	12.00	4.00	4.00	5.00
9	1.00	5.00	4.00	4.00
10	6.00	5.00	3.00	3.00
11	10.00	5.00	3.00	3.00
12	11.00	5.00	3.00	4.00
13	13.00	5.00	5.00	5.00

[그림 6-19] 데이터 변환 대화상자

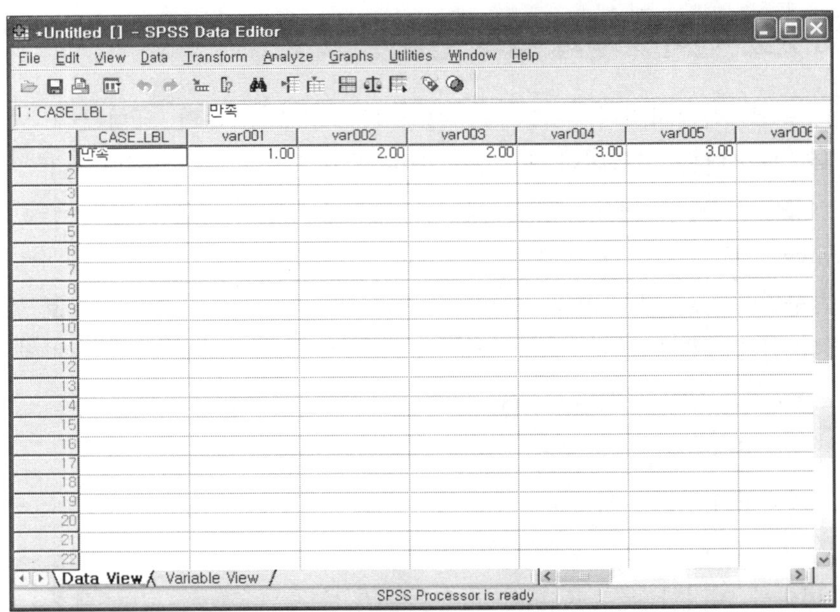

[그림 6-20] 데이터 변환 결과 대화상자

6.3 데이터 파일 결합(Merging Data Files)

수집된 데이터를 입력하다 보면 두 개 이상의 파일로 만드는 경우와 기존의 파일에 다른 파일에 수록되어 있는 데이터 중에서 필요한 데이터만을 선정하여 다른 파일로 재구성하여 사용할 수 있다. 필요한 데이터를 추가하는 방법에는 사례(cases)와 변수(variables)를 추가하는 방법이 있다. 데이터 파일을 결합하는 방식은 두 가지로, 변수명이 다른 두 파일을 결합하는 방식과 변수명이 동일한 경우 사례수를 추가하는 방식이 있다. 자세히 설명하면 다음과 같다.

6.3.1 변수 결합

변수명은 다르지만 사례수가 동일한 파일의 결합은 새로운 변수(variables)를 추가하는 것이므로 추가되는 변수는 열방향으로 삽입되게 된다. 사례수가 다른 경우에는 연결하고자 하는 두 개의 파일중 사례수가 부족한 사례는 시스템 결측치(system missing)로 처리하여 결과를 출력한다. 변수명이 다른 파일을 결합하기 위해서는 다음 절차를 따른다. 변수명은 다르지만 사례수가 같은 경우를 실습하기 위해서 [그림 6-21]과 같은 데이터를 입력하고 파일명은 [광고효과.sav]로 저장한다.

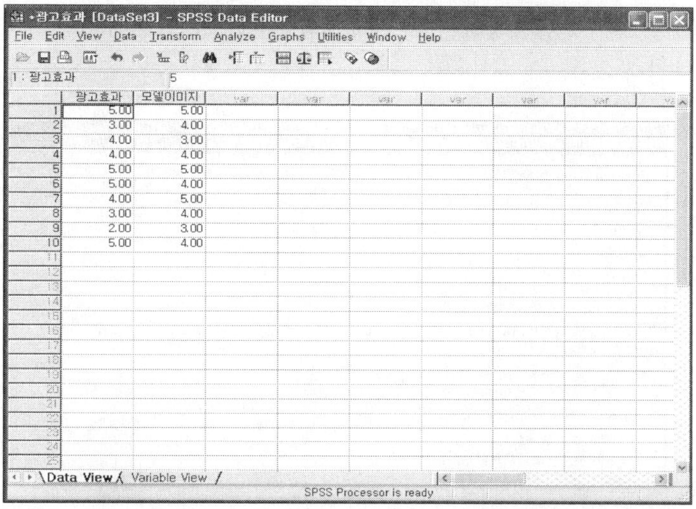
*광고효과 [DataSet3] - SPSS Data Editor
File Edit View Data Transform Analyze Graphs Utilities Window Help
1 : 광고효과 5
광고효과 모델이미지
1 5.00 5.00
2 3.00 4.00
3 4.00 3.00
4 4.00 4.00
5 5.00 5.00
6 5.00 4.00
7 4.00 5.00
8 3.00 4.00
9 2.00 3.00
10 5.00 4.00
Data View Variable View
SPSS Processor is ready

「그림 6-21」 데이터 입력 대화상자

① 파일 메뉴에서 데이터(D)를 선택해서 케이스 추가(Add Variables)옵션을 선택한다. 대화상자의 옵션은 크게 두 가지로 구분된다. 현재 열려 있는 데이터셋과 외부에서 불러들일 수 있는 파일 지정 옵션으로 구성되어 있다. [그림 6-22]과 같이 추가하고자 하는 파일을 지정하고 계속(Continue) 버튼을 선택한다.

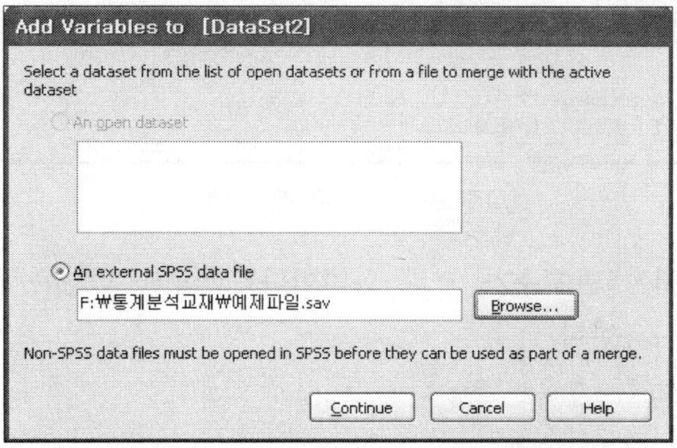
Add Variables to [DataSet2]
Select a dataset from the list of open datasets or from a file to merge with the active dataset
An open dataset
An external SPSS data file
F:₩통계분석교재₩예제파일.sav
Browse...
Non-SPSS data files must be opened in SPSS before they can be used as part of a merge.
Continue
Cancel
Help

[그림 6-17] 파일 결합(변수 추가)을 위한 대화상자

② [그림 6-23]은 추가하고자 파일의 변수가 지정되어 있고 변수 중 추가하지 않는 변수는 지정하여 푸시(Push)버튼을 이용하여 왼쪽으로 이동시키면 된다. [그림 6-23]에서 「*」 표시는 현재 열려 있는 파일의 변수를 나타내며, 「+」 표시는 외부에서 불러들인 파일에 있는 변수를 나타낸다. 결합파일에서 제외시킬 변수는 지정하여 푸시(Push) 버튼을 이용하여 [그림 6-24] 처럼 이동시킨다.

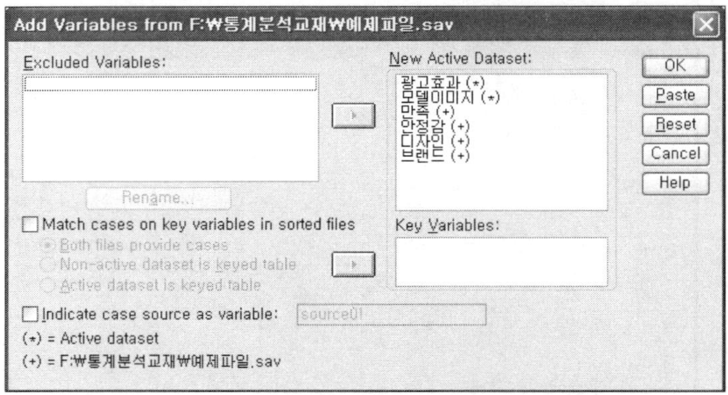

[그림 6-23] 변수추가 대화상자

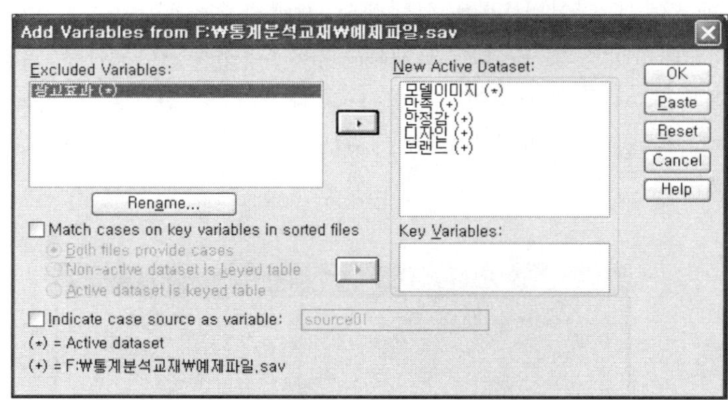

[그림 6-24] 변수 제거 대화상자

③ [그림 6-25]은 변수추가 결과 화면이다. 결합한 파일은 새로운 파일명으로 저장하여 사용한다.

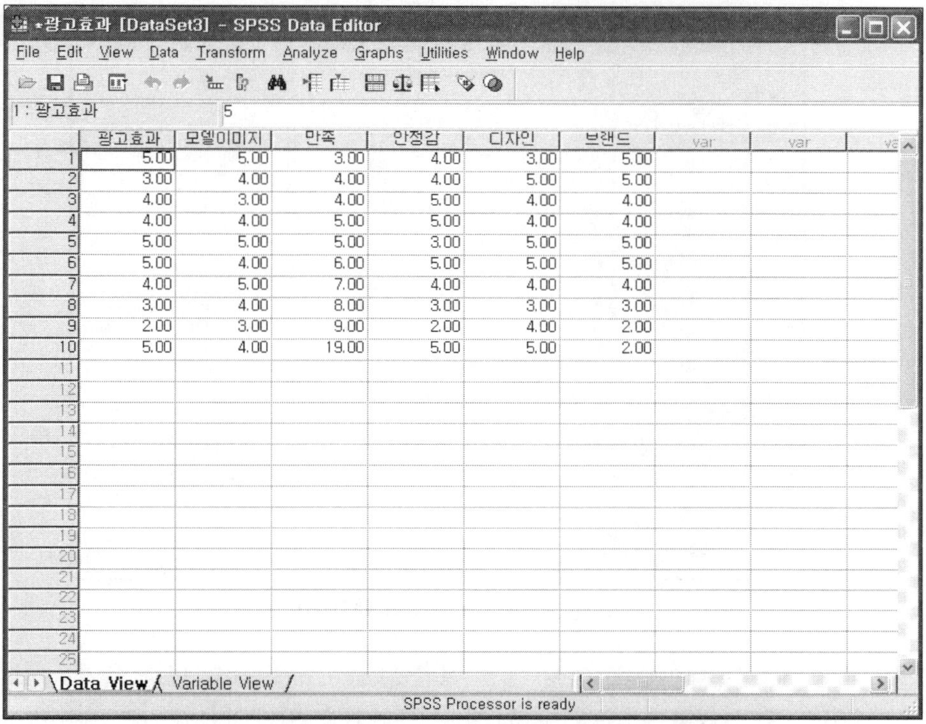

*광고효과 [DataSet3] - SPSS Data Editor

File Edit View Data Transform Analyze Graphs Utilities Window Help

1 : 광고효과 5

	광고효과	모델이미지	만족	안정감	디자인	브랜드	var	var	var
1	5.00	5.00	3.00	4.00	3.00	5.00			
2	3.00	4.00	4.00	4.00	5.00	5.00			
3	4.00	3.00	4.00	5.00	4.00	4.00			
4	4.00	4.00	5.00	5.00	4.00	4.00			
5	5.00	5.00	5.00	3.00	5.00	5.00			
6	5.00	4.00	6.00	5.00	5.00	5.00			
7	4.00	5.00	7.00	4.00	4.00	4.00			
8	3.00	4.00	8.00	3.00	3.00	3.00			
9	2.00	3.00	9.00	2.00	4.00	2.00			
10	5.00	4.00	19.00	5.00	5.00	2.00			
11									
12									
13									
14									
15									
16									
17									
18									
19									
20									
21									
22									
23									
24									
25									

Data View / Variable View

SPSS Processor is ready

[그림 6-25] 변수추가 결과화면

6.3.2 사례 결합

1차·2차 자료 및 설문서 자료를 정리하다 보면 자료를 두 개의 파일로 작성하는 경우가 종종 발생한다. 사례수가 다르지만 변수명이 동일한 파일의 결합은 새로운 사례(cases)들을 추가하는 것이므로 추가되는 사례는 행방향으로 삽입되게 된다. 사례수를 결합할 때는 반드시 결합되는 두 개의 파일의 사용 척도가 동일해야 한다. 예를 들어 등간척도로 변수가 구성된 파일과 명목척도로 구성된 파일은 결합할 수 없다. 변수명이 같은 경우 파일을 결합하기 위해서는 다음과 같은 절차를 따른다. 파일결합의 예처럼 「그림 6-26」과 같은 파일을 입력하고 파일명은 [결합파일(사례).sav]로 저장하고 닫는다.

결합파일(사례) [DataSet3] - SPSS Data Editor

	광고효과	모델이미지	만족	안정감	디자인	브랜드
1	5.00	5.00	3.00	4.00	3.00	5.00
2	3.00	4.00	4.00	4.00	5.00	5.00
3	4.00	3.00	4.00	5.00	4.00	4.00
4	4.00	4.00	5.00	5.00	4.00	4.00
5	5.00	5.00	5.00	3.00	5.00	5.00
6	5.00	4.00	6.00	5.00	5.00	5.00
7	4.00	5.00	7.00	4.00	4.00	4.00
8	3.00	4.00	8.00	3.00	3.00	3.00
9	2.00	3.00	9.00	2.00	4.00	2.00
10	5.00	4.00	19.00	5.00	5.00	2.00
11	4.00	3.00	4.00	5.00	4.00	4.00
12	4.00	4.00	5.00	5.00	4.00	4.00
13	5.00	5.00	5.00	3.00	5.00	5.00
14	5.00	4.00	6.00	5.00	5.00	5.00
15	4.00	5.00	7.00	4.00	4.00	4.00
16	3.00	4.00	8.00	3.00	3.00	3.00
17	2.00	3.00	9.00	2.00	4.00	2.00
18	5.00	4.00	19.00	5.00	5.00	2.00

[그림 6-26] 사례 입력 대화상자

① 파일 메뉴의 데이터(D)에서 파일 결합(Merge files)에서 변수 추가(Variable Cases)를 선택하여 [그림 6-27]과 같은 파일을 연다. [그림 6-28]에서 저장한 결합파일(사례).sav를 지정한 후 계속(Continue) 버튼을 누른다.

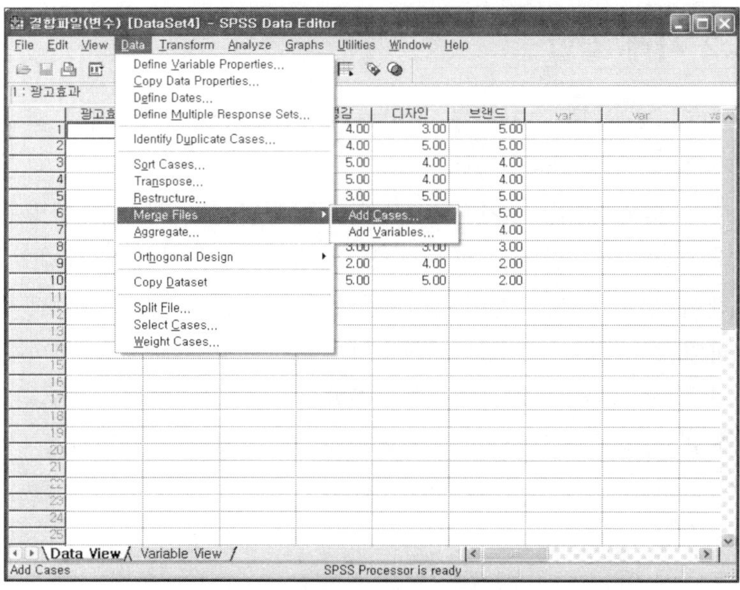

[그림 6-27] 파일(사례) 추가 대화상자

② [그림 6-28]의 사례를 추가하고자 하는 파일을 불러들인다(파일결합(변수).sav).

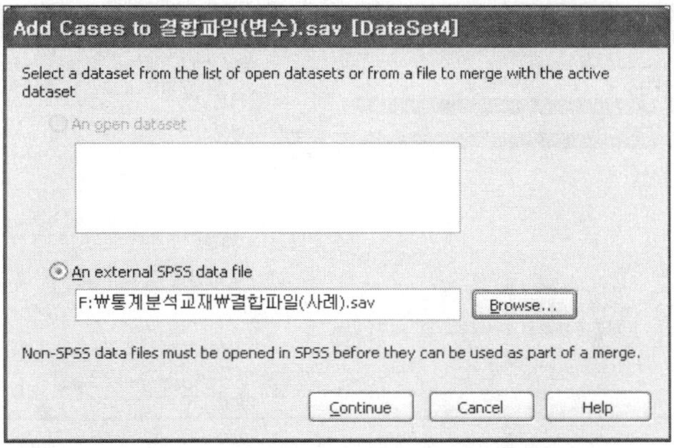

[그림 6-28] 결합파일(사례)지정 대화상자

③ [그림 6-29] 대화상자에서 새로운 작업 데이터 파일의 변수(V) 상자 안에 있는 변수들은 [그림 6-28]에서 지정한 파일에 포함되어 있는 변수명을 표시한다. 변수와 사례를 결합 파일에서 제거하고자 하는 변수를 선택하여 푸시 버튼(◀)을 누른다. [그림 6-30]와 같은 대화상자로 나타난다.

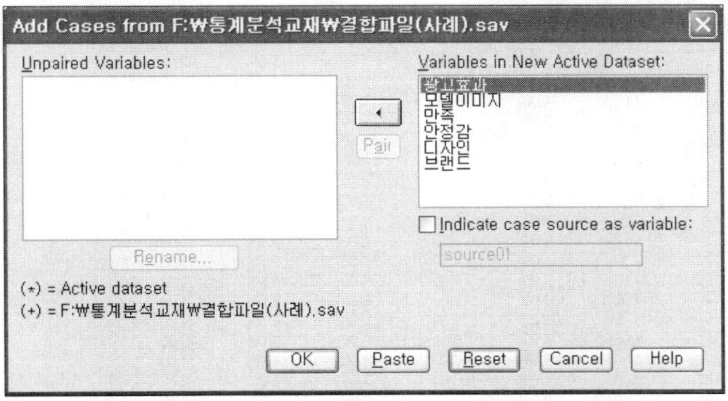

[그림 6-24] 파일결합 지정 대화상자

④ [그림 6-30]에서 대응 버튼(Pair)을 선택하면 지정한 변수(광고효과)는 이동한다. 이같은 방법으로 포함시키지 않을 변수를 모델이미지, 만족, 안정감, 디자인, 브랜드까지 계속한다. 기존 파일의 변수는 「*」로 표시되어 있고, 대응되는 파일의 변수명은 「+」로 표시되어 있다. 모든 변수의 사례를 추가할

경우에는 위에서 언급한 과정을 하지 않고 바로 [그림 6-28] 대화상자에서 OK 버튼을 누른다.

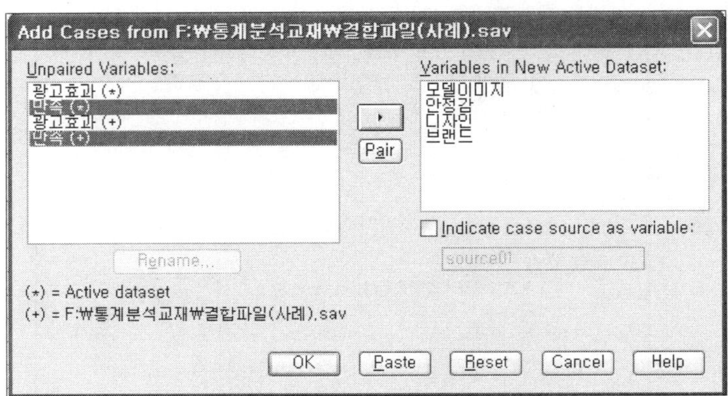

[그림 6-30] 변수 대응 대화상자

⑤ 이 같은 과정을 모두 완료하면 [그림 6-31]과 같은 데이터 파일이 생성된다. 파일 메뉴(F)를 이용해서 저장한다.

*결합파일(변수) [DataSet8] - SPSS Data Editor

File Edit View Data Transform Analyze Graphs Utilities Window Help

1 : 광고효과 5

	광고효과	모델이미지	만족	안정감	디자인	브랜드	var	var	var
1	5.00	5.00	3.00	4.00	3.00	5.00			
2	3.00	4.00	4.00	4.00	5.00	5.00			
3	4.00	3.00	4.00	5.00	4.00	4.00			
4	4.00	4.00	5.00	5.00	4.00	4.00			
5	5.00	5.00	5.00	3.00	5.00	5.00			
6	5.00	4.00	6.00	5.00	5.00	5.00			
7	4.00	5.00	7.00	4.00	4.00	4.00			
8	3.00	4.00	8.00	3.00	3.00	3.00			
9	2.00	3.00	9.00	2.00	4.00	2.00			
10	5.00	4.00	19.00	5.00	5.00	2.00			
11	5.00	5.00	3.00	4.00	3.00	5.00			
12	3.00	4.00	4.00	4.00	5.00	5.00			
13	4.00	3.00	4.00	5.00	4.00	4.00			
14	4.00	4.00	5.00	5.00	4.00	4.00			
15	5.00	5.00	5.00	3.00	5.00	5.00			
16	5.00	4.00	6.00	5.00	5.00	5.00			
17	4.00	5.00	7.00	4.00	4.00	4.00			
18	3.00	4.00	8.00	3.00	3.00	3.00			
19	2.00	3.00	9.00	2.00	4.00	2.00			
20	5.00	4.00	19.00	5.00	5.00	2.00			
21	4.00	3.00	4.00	5.00	4.00	4.00			
22	4.00	4.00	5.00	5.00	4.00	4.00			
23	5.00	5.00	5.00	3.00	5.00	5.00			
24	5.00	4.00	6.00	5.00	5.00	5.00			
25	4.00	5.00	7.00	4.00	4.00	4.00			

Data View / Variable View

SPSS Processor is ready

[그림 6-31」 사례추가 결과화면

6.4 파일 나누기

파일 나누기(Split File)는 분석 목적을 위해 하나 이상의 집단변수를 기준으로 파일을 나눈다. 파일 나누기는 집단간 차이를 비교하기 위해 사용된다. 파일 나누기를 위해서는 다음과 같은 절차를 따른다. 기준변수는 최대 8개까지 지정가능하다.

① 파일 메뉴(F)의 새 파일 메뉴를 이용해서 [그림 6-32]과 같은 새로운 파일을 작성한다. 파일명은 「파일나누기예제.sav」라고 한다.

예제파일1 [DataSet15] - SPSS Data Editor

File Edit View Data Transform Analyze Graphs Utilities Window Help

1 : 설문번호 2

	설문번호	만족	서비스	관광이미지	지역	도시규모	var	var	var
1	2.00	1.00	3.00	5.00	1	1			
2	3.00	2.00	4.00	4.00	2	2			
3	9.00	2.00	2.00	2.00	3	1			
4	4.00	3.00	2.00	3.00	3	2			
5	7.00	3.00	4.00	4.00	2	1			
6	1.00	4.00	4.00	4.00	1	2			
7	5.00	5.00	5.00	5.00	1	1			
8	6.00	4.00	4.00	4.00	2	2			
9	8.00	3.00	3.00	3.00	3	1			
10	10.00	2.00	2.00	2.00	2	2			

Data View Variable View

SPSS Processor is ready

[그림 6-32] 파일 나누기 예제 파일

② 파일 메뉴의 데이터(D)에서 파일 나누기(split file)를 선택하면 [그림 6-33]과 같은 대화상자가 나타난다.

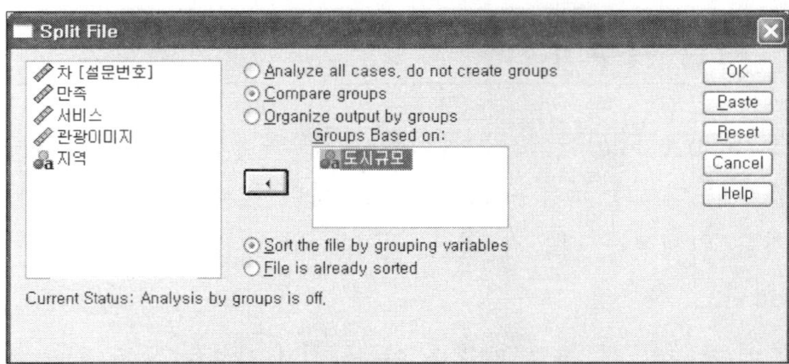

[그림 6-33] 파일 나누기 대화상자

③ [그림 6-33]에서 기준 변수를 선택하여 푸시 버튼(▶)을 누른다. 그러면 집단기준(Group Based on ; G) 안에 변수가 삽입된다. 예를 들어, 도시규모를 기준으로 집단을 구분한다.

④ 이 같은 과정을 모두 완료하면 [그림 6-34]와 같은 데이터 파일이 생성된다. 파일 메뉴(F)를 이용해서 저장한다.

*예제파일1 [DataSet15] - SPSS Data Editor

File Edit View Data Transform Analyze Graphs Utilities Window Help

1 : 설문번호 2

	설문번호	만족	서비스	관광이미지	지역	도시규모
1	2.00	1.00	3.00	5.00	1	1
2	9.00	2.00	2.00	2.00	3	1
3	7.00	3.00	4.00	4.00	2	1
4	5.00	5.00	5.00	5.00	1	1
5	8.00	3.00	3.00	3.00	3	1
6	3.00	2.00	4.00	4.00	2	2
7	4.00	3.00	2.00	3.00	3	2
8	1.00	4.00	4.00	4.00	1	2
9	6.00	4.00	4.00	4.00	2	2
10	10.00	2.00	2.00	2.00	2	2

Data View / Variable View

SPSS Processor is ready

[그림6-34] 파일 나누기 결과 화면

6.5 조건에 맞는 데이터 선택

보고서나 연구논문을 작성하다 보면 특정 조건을 만족하는 데이터만을 선택하여 분석하는 해야 하는 경우가 종종 발생한다. 데이터 선택(Select Cases) 옵션은 구축된 전체 데이터 중에서 특정 조건을 만족하는 데이터만을 추출하여 자료를 분석할 수 있게 해준다. 예를 들면 「그림 6-35」과 데이터 파일에서 도시규모가 「소도시 : 1」만을 자료 분석에 포함시켜야 하는 상황을 가정하여 보자. 분석목적을 달성하기 위한 구체적인 절차는 다음과 같다. 데이터 선택 조건은 변수 값(Variable Values), 범위값(Range Values), 날짜와 시간, 수리적 표현식과 논리식을 사용할 수 있다.

① 파일메뉴(F)를 이용하여 [그림 6-35]과 같은 파일을 작성한다. 파일명은 [조건사례.sav]로 하고 저장한다.

예제파일1 [DataSet16] - SPSS Data Editor

File Edit View Data Transform Analyze Graphs Utilities Window Help

1 : 설문번호 2

	설문번호	만족	서비스	관광이미지	지역	도시규모	var	var
1	2.00	1.00	3.00	5.00	1	1		
2	9.00	2.00	2.00	2.00	3	1		
3	7.00	3.00	4.00	4.00	2	1		
4	5.00	5.00	5.00	5.00	1	1		
5	8.00	3.00	3.00	3.00	3	1		
6	3.00	2.00	4.00	4.00	2	2		
7	4.00	3.00	2.00	3.00	3	2		
8	1.00	4.00	4.00	4.00	1	2		
9	6.00	4.00	4.00	4.00	2	2		
10	10.00	2.00	2.00	2.00	2	2		

Data View / Variable View

SPSS Processor is ready

[그림 6-35] 데이터 추출 자료 입력 화면

② 데이터(D)에서 케이스 선택(Select Cases)을 선택하면 [그림 6-36]과 같은 대화상자가 열린다. 선택 옵션(Select)에서 「조건에 맞는 데이터」를 지정하고 "IF" 버튼을 선택하면 [그림 6-37]와 같은 대화상자가 열린다.

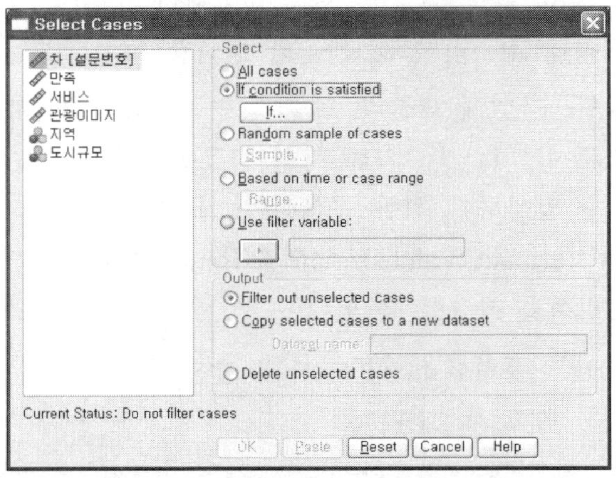

[그림 6-36] 조건선택 대화상자

③ 조건에 맞는 변수를 지정하고 산술식을 이용하여 [그림 6-37]와 같이 지정한다. 표현식은 산술연산식, 논리식 모두 표현 가능하다. 조건 지정이 끝나면 계속(Continue) 버튼을 선택한다.

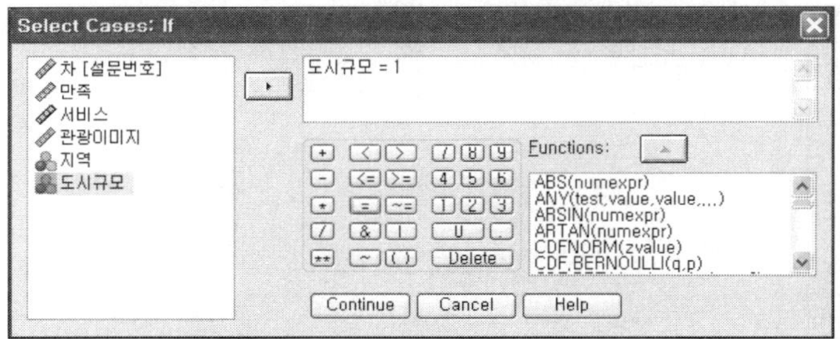

[그림 6-37] 조건식 지정 대화상자

④ 조건지정을 완료하고 나서 OK 버튼을 누른다. [그림 6-38]과 같은 대화상자가 나타난다.

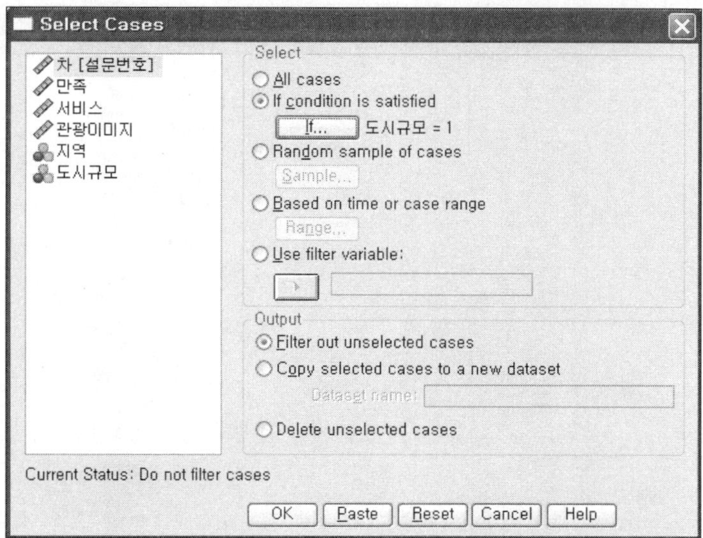

[그림 6-38] 조건 지정 완료 대화상자

⑤ 정상적으로 조건지정을 하였다면 [그림 6-39]와 같은 결과화면이 출력된다. 초기 [그림 6-35]과 비교하여 보기 바란다. 분석에 포함되지 않는 사례는 빗금으로 표시되어 있다.

*예제파일1 [DataSet16] - SPSS Data Editor

File Edit View Data Transform Analyze Graphs Utilities Window Help

1 : 설문번호 2

	설문번호	만족	서비스	관광이미지	지역	도시규모	filter_$	var
1	2.00	1.00	3.00	5.00	1	1	1	
2	9.00	2.00	2.00	2.00	3	1	1	
3	7.00	3.00	4.00	4.00	2	1	1	
4	5.00	5.00	5.00	5.00	1	1	1	
5	8.00	3.00	3.00	3.00	3	1	1	
6	3.00	2.00	4.00	4.00	2	2	0	
7	4.00	3.00	2.00	3.00	3	2	0	
8	1.00	4.00	4.00	4.00	1	2	0	
9	6.00	4.00	4.00	4.00	2	2	0	
10	10.00	2.00	2.00	2.00	2	2	0	

Data View / Variable View

SPSS Processor is ready Filter

[그림 6-39] 조건 지정 결과 화면

제7장 쉬운 방법의 데이터 편집

이 장에서는 1차·2차 자료 및 설문서를 통해 수집한 자료를 보고서와 연구의 목적에 맞게 변환시키는 방법에 대해서 설명하고 있다. 수집된 자료를 분석에 필요한 조건에 맞추어 자료 값의 변환, 조건식을 이용한 새로운 변수의 생성 그리고 계산공식에 의한 새로운 변수 등을 만드는 방법에 대해서 설명하고 있다. 그리고 새롭게 생성된 변수의 형식과 명칭부여 방법에 대해서도 설명한다. 연속변수를 집단구분변수로 변환하거나 특정 변수의 값을 다른 값으로 변환하는 방법과 특정 변수 값을 분석에서 제외시키는 방법을 설명하고 있다.

7.1 연산자

새로운 변수를 생성하기 위해서는 수집된 자료의 특정 문항의 자료의 값을 이용하여 계산한다. 새로운 변수를 만들기 위해서는 SPSSWIN14.0의 메뉴에서 변환(Transforms) 메뉴를 이용한다. SPSSWIN14.0에서는 새로운 변수를 만들기 위해서 연산자를 이용한다. 연산자는 각종 수치 및 논리 연산에 필요한 연산자로서 산술연산자, 관계연산자 및 논리연산자가 있다.

7.1.1 산술연산자

SPSSWIN14.0에서 변수 또는 변수와 상수간의 계산을 수행하는 대표적인 연산자는 산술연산자, 관계연산자, 논리 연산자가 있으며 연산의 우선순위는 산술연산자, 관계연산자, 논리연산자 순이다.

<표 7-1> 산술연산자의 종류

연산자	연산의 기능	예	수학적 표현
+	덧셈	A+B	a+b
-	뺄셈	A-B	a-b
*	곱셈	A * B	a×b
/	나눗셈	A / B	a÷b
**	지수	A**B	a^b

산술연산자(arithmetic operator)는 사칙 연산자 이외에 정수의 나눗셈(/), 곱셈(*), 지수(**)연산 등이 있다.

7.1.2 관계연산자

관계연산자(relational operator)는 두 상수 또는 변수간의 비교 관계를 구한다.

<표 7-2> 관계연산자

기호	연산자	내용
=	EQ	같다
<	LT	보다 작다
>	GT	보다 크다
<=	LE	작거나 같다
>=	GE	크거나 같다
<>	NE	같지 않다

7.1.3 논리연산자

논리 연산자(logical operator)는 두 상수 또는 변수간의 논리적 관계를 나타내며 참, 거짓 값을 변환한다. 이 연산자들은 주로 조건 변환을 위해 사용된다.

<표 7-3> 논리연산자

기호	연산자	내용
&	AND	논리곱
|	OR	논리합
~	NOT	부정
~=	NEQV	배타적 논리합

7.2 새로운 변수의 생성

새로운 변수를 생성하기 위해서 SPSSWIN14.0을 실행시키면 차례로 [그림 7-1]의 새로운 변수 만들기 초기화면, [그림 7-2]의 변수계산 대화상자, [그림 7-3]의 새로운 변수계산 대화상자가 나타난다. 새로운 변수를 만드는 이유는 수집된 원본 데이터를 분석 목적에 적합하게 변형하여 사용하기 위해서이다. 제3부에서 기술하고 있는 상관관계 분석, 회귀분석, 판별분석 등의 분석방법은 수집된 원본 데이터를 그대로 이용하기보다는 새로운 변수를 만들어 변수들 간의 인과관계를 분석한다. 이를 실행하기 위한 구체적인 절차는 다음과 같다.

다음의 예를 통해 새로운 변수를 만드는 방법을 살펴보자.

[예제 7-1] CRM성과_변수 만들기

고객성과1, 고객성과2, 고객성과3, 고객성과4, 고객성과5를 이용하여 [CRM 성과]라는 새로운 변수를 만들어 보자

◆ 계산 공식 : Compute CRM 성과 = (고객성과1 + 고객성과2 + 고객성과3 + 고객성과4 + 고객성과5)/5

① 파일 메뉴(F)에서 변환(T)을 선택한다.

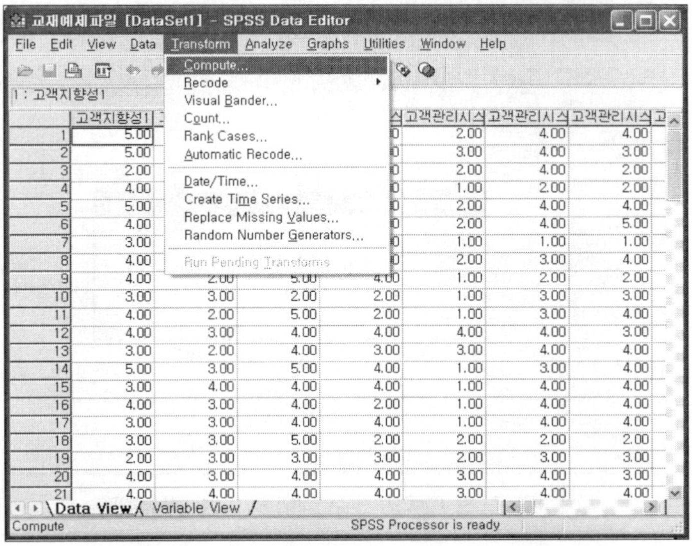

[그림 7-1] 새로운 변수 만들기 초기화면

② 계산(Compute)을 선택한다. 대상변수(Target Variable) 부분에 새로이 만들 변수명을 기입한다. 수리표현(Numeric Expression) 부분에는 가감승제의 표현식을 기입한다.

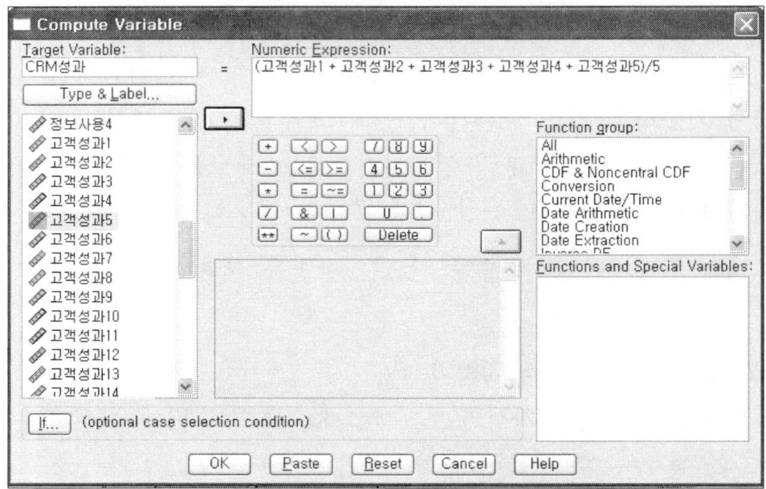

[그림 7-2] 수리식 표현 대화상자

③ 새로이 만들어진 변수에 대한 변수유형(변수명)의 정의는 [그림 7-2]의 대화상자에서 「Type & Label」 옵션을 선택하면 [그림 7-3」과 같은 대화상자가 열린다. 대화상자를 이용하여 변수유형(변수명)을 정의한다.

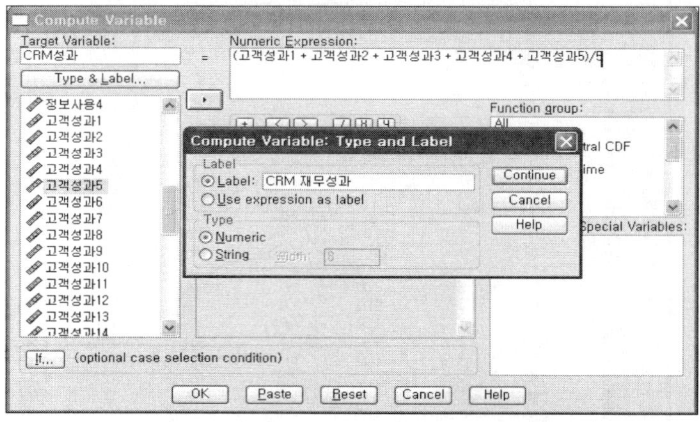

[그림 7-3] 새로운 변수 레이블 작성 대화상자

⑤ 확인 버튼을 선택하면 [CRM 성과]라는 새로운 변수가 만들어진다.

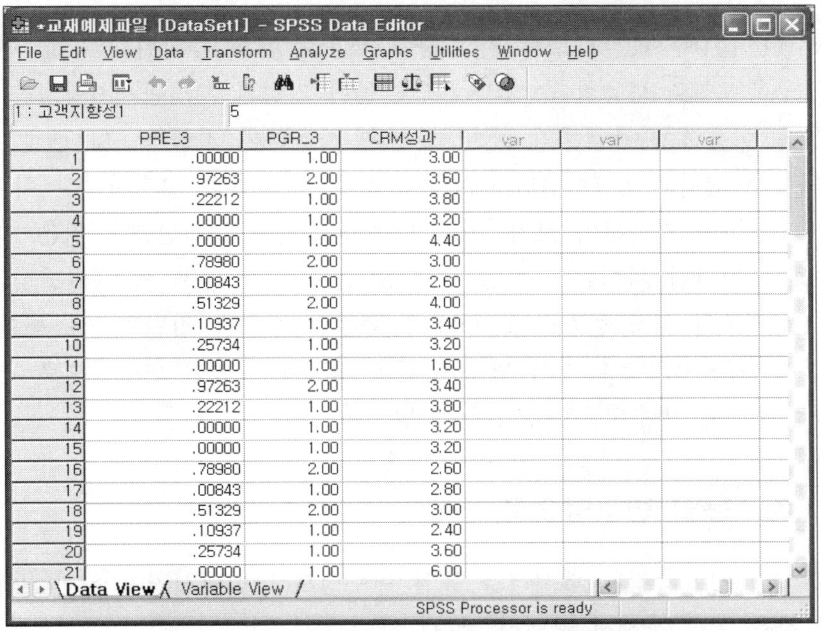

*교재예제파일 [DataSet1] - SPSS Data Editor

File Edit View Data Transform Analyze Graphs Utilities Window Help

1 : 고객지향성1 5

	PRE_3	PGR_3	CRM성과	var	var	var
1	.00000	1.00	3.00			
2	.97263	2.00	3.60			
3	.22212	1.00	3.80			
4	.00000	1.00	3.20			
5	.00000	1.00	4.40			
6	.78980	2.00	3.00			
7	.00843	1.00	2.60			
8	.51329	2.00	4.00			
9	.10937	1.00	3.40			
10	.25734	1.00	3.20			
11	.00000	1.00	1.60			
12	.97263	2.00	3.40			
13	.22212	1.00	3.80			
14	.00000	1.00	3.20			
15	.00000	1.00	3.20			
16	.78980	2.00	2.60			
17	.00843	1.00	2.80			
18	.51329	2.00	3.00			
19	.10937	1.00	2.40			
20	.25734	1.00	3.60			
21	.00000	1.00	6.00			

Data View / Variable View

SPSS Processor is ready

[그림 7-4] 새로운 변수 만들기 결과 화면

새로운 변수를 만들 때 주의할 점

★ 측정 문항을 더해서 새로운 변수를 만드는 경우 문항의 총점을 이용하기 때문에 개념간 비교가 곤란하다.

★ 측정 문항 수의 평균값을 이용한다.
예를 들면, CRM 성과=(고객성과1+고객성과2+고객성과3+고객성과4+고객성과5)/5

★ 문항의 평균값을 이용하는 이유는 일반적으로 분석에 사용되는 변수(Variables)들은 복수문항(multiple items)으로 측정되기 때문에 측정문항의 총합계 점수보다는 다른 측정 개념과의 관계를 정확히 분석하기 위해 척도의 평균값을 사용한다.

새롭게 만들어진 변수는 데이터 파일의 맨 마지막 열에 자동으로 생성되며 저장하지 않는 한 원본 데이터에 영향을 미치지 않는다. 변수의 자료유형은 <Variable View>의 기능하여 지정하면 된다.

7.3 연속형 변수를 집단 구분 변수로 전환

SPSSWIN14.0에서는 메트릭 자료(등간척도 이상)로 측정된 변수를 변환하여 집단 구분변수로 사용할 수 있다. 예를 들어 기업의 고객관계지향성을 고객지향성1을 이용하여 측정하였고, 이 문항을 이용하여 기업의 고객관계지향성에 대한 높은 집단과 낮은 집단으로 분류해서 집단 간의 고객지향성 차이를 분석하는 경우를 가정하여 보자. 이러한 분석 상황에서는 단순히 원본 데이터를 이용해서 집단간 차이를 분석할 수는 없을 것이다. 연구 목적을 달성하기 위해서는 메트릭 자료(등간척도 이상)로 측정된 변수를 집단변수로 변환시켜야만 한다. SPSSWIN14.0에서 변수 변환의 방법에는 동일 변수명으로 변환하는 방법과 새로운 변수명으로 변환하는 방법이 있다.

7.3.1 동일 변수명으로 변환

메트릭 자료로 측정된 데이터를 동일 변수명으로 변환시키기 위한 방법을 다음과 같은 예를 통해서 자세히 살펴보자.

[예제 7-2]

고객지향성(1)은 메트릭 자료로 측정된 자료이다. 이 데이터를 이용하여 1, 2로 응답한 기업은 고객지향성이 낮은 기업 1로 하고 4, 5로 응답한 기업은 고객지향성이 높은 집단 2로 구분하여 보자. 이를 계산식으로 표현하면 다음과 같다.

▶계산식 : Recode 고객지향성1 (Lo Thru 2=1) (4 Thru Hi=2)

SPSSWIN14.0에서는 다음과 같은 절차를 이용한다.

① 파일 메뉴(F)의 변환(T) 옵션에서 리코드(R)를 선택한 후 동일 변수명을 선택하면 [그림 7-5]과 같은 대화상자가 나타난다.

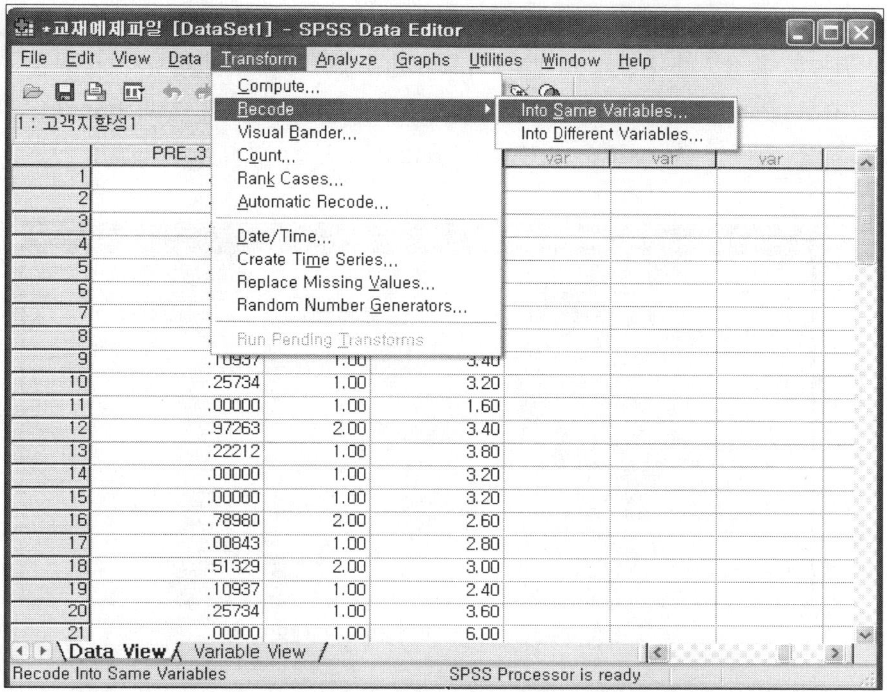

[그림 7-5] 변수 변화 대화상자

② 동일 변수명을 선택하면 [그림 7-6]과 같은 대화상자가 나타난다. 여기서 리코딩 하고자 하는 메트릭 자료(고객지향성1)를 선택한다.

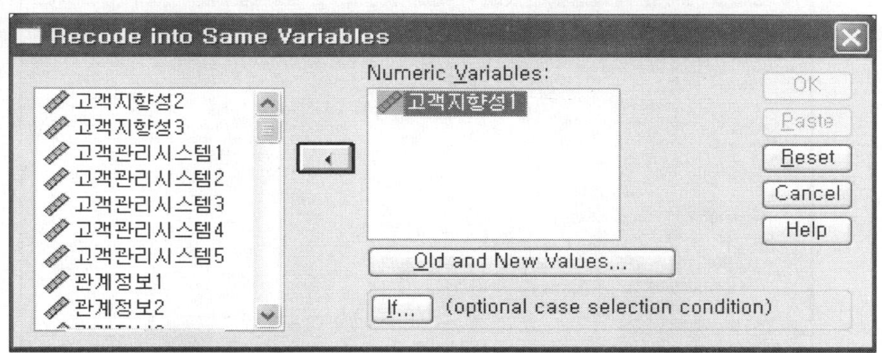

[그림 7-6] 동일 변수명 리코딩 대화상자

③ [그림 7-6]에서 기존 변수와 새로운 변수 옵션(Old & New Value)을 선택한다. 측정문항이 5점 리컷트 척도이면 1에서 2까지 응답한 사람들을 1집단으로 분류하기 위하여 값의 범위를 [그림 7-7]과 같이 범위(Range)를 선택하고 입력한 후 새로운 값(New Value)에 "1"을 입력한다.

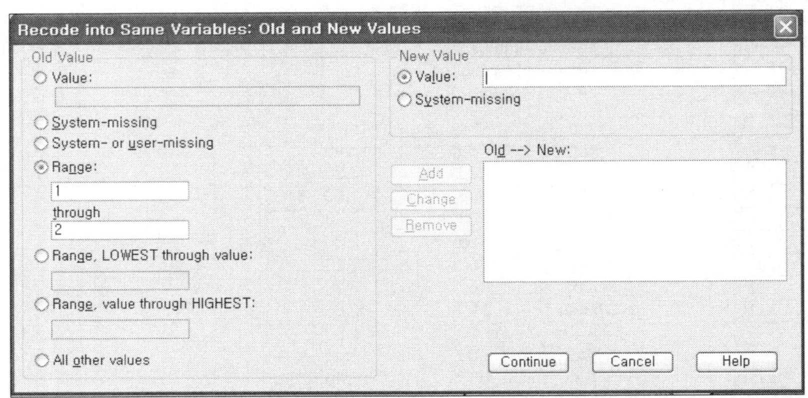

[그림 7-7] 변수값 지정 리코딩 대화상자

④ 기존 변수와 새로운 변수 옵션을 선택하면 [그림 7-8] 같은 대화상자가 나타난다. 입력이 완료되면 추가(Add) 버튼을 누르면 [그림 7-8]과 같이 자료값이 입력된다.

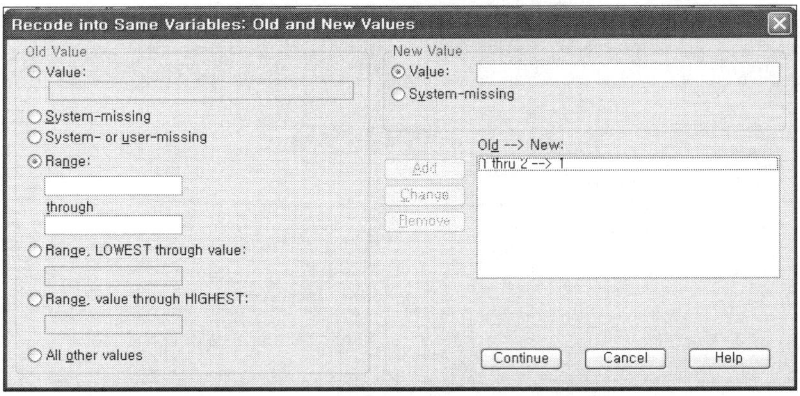

[그림 7-8] 집단 구분 범위값 입력 대화상자

⑤ 2집단 자료값을 입력하기 위해서 ③과 ④ 과정을 반복한 후 추가(Add) 버튼을 누르면 [그림 7-9]와 같은 대화상자가 열린다.

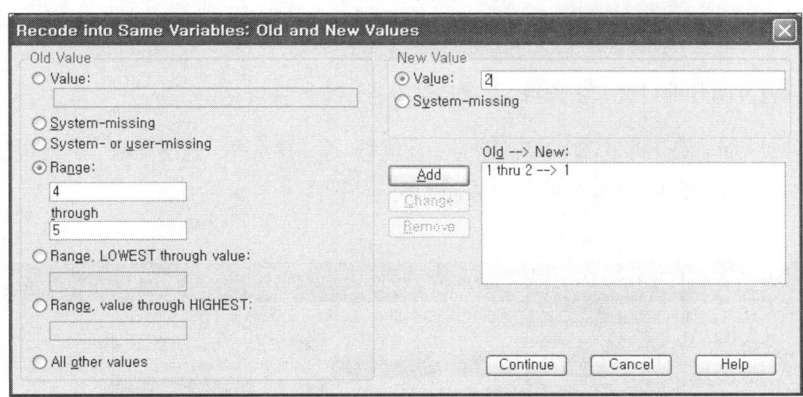

[그림 7-8] 2 집단 구분 범위값 입력 대화상자

⑥ 계속(C) 버튼을 선택한다.

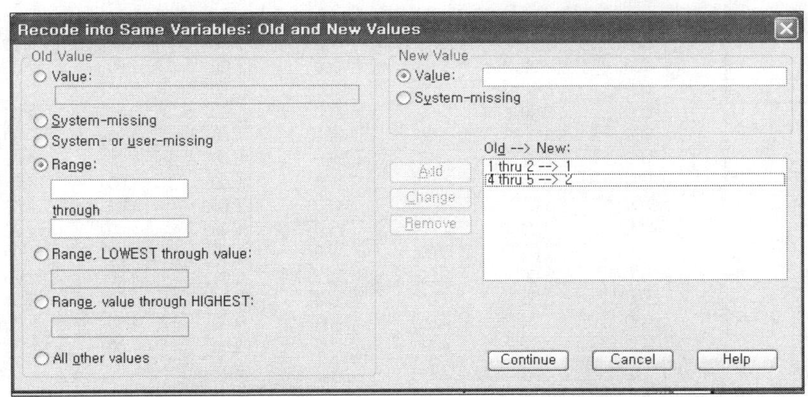

[그림 7-9] 2 집단 구분 범위값 입력 대화상자

주의

참고로 동일 변수명으로 리코딩 하는 경우, 기존의 변수는 메트릭 자료로서의 특성을 상실하고 집단구분변수의 특성을 부여받는다. 따라서 분석을 완료하고 그대로 저장하게 되면 원본 데이터에 영향을 미치게 되므로 주의하는 것이 바람직하다.

7.3.2 새로운 변수명으로 변환

5점 리컷트 척도로 측정된 데이터를 새로운 변수명으로 변환시키기 위해서는 앞에서 사용한 예제를 통해서 살펴보자.

SPSSWIN14.0에서는 다음과 같은 절차를 이용한다.

① 파일 메뉴(F)에서 리코드(R)를 선택한 후 새로운 변수명을 선택하면 [그림 7-10]과 같은 대화상자가 나타난다.

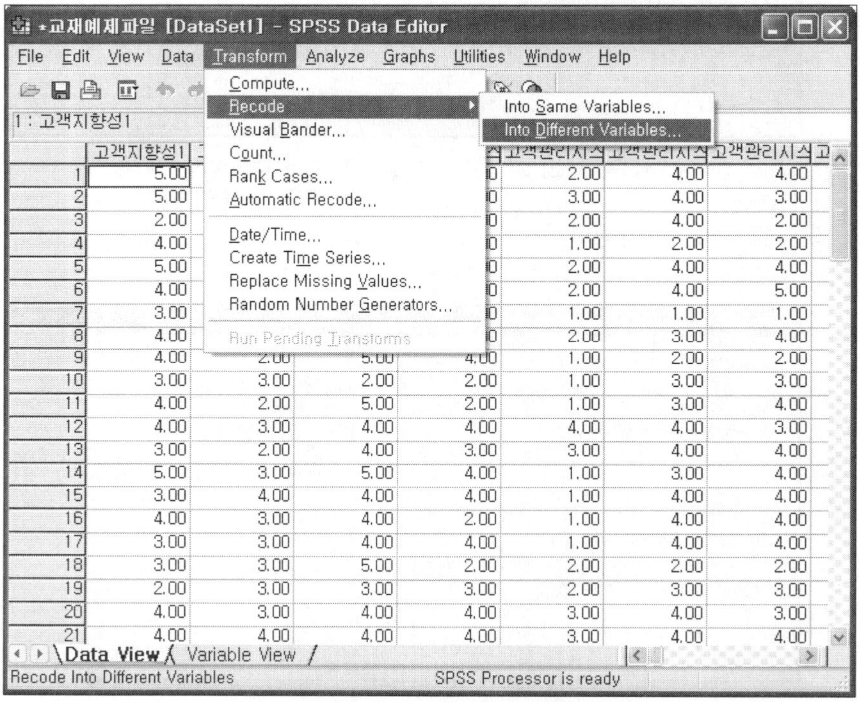

[그림 7-10] 새로운 변수명 리코딩 대화상자

② [그림 7-11]에서 새로운 변수명으로 리코딩 하고자 하는 메트릭 자료(고객성과1)를 선택한 후 출력 변수(Output Variable)에 "재무성과"라고 입력한다.

Recode into Different Variables
고객지향성2
고객지향성3
고객관리시스템1
고객관리시스템2
고객관리시스템3
고객관리시스템4
고객관리시스템5
관계정보1
관계정보2
관계정보3
정보접근1
정보접근2
정보접근3
Numeric Variable -> Output
고객지향성1 --> 재무성과
Output Variable
Name:
재무성과
Label:
Change
Old and New Values...
If... (optional case selection condition)
OK
Paste
Reset
Cancel
Help

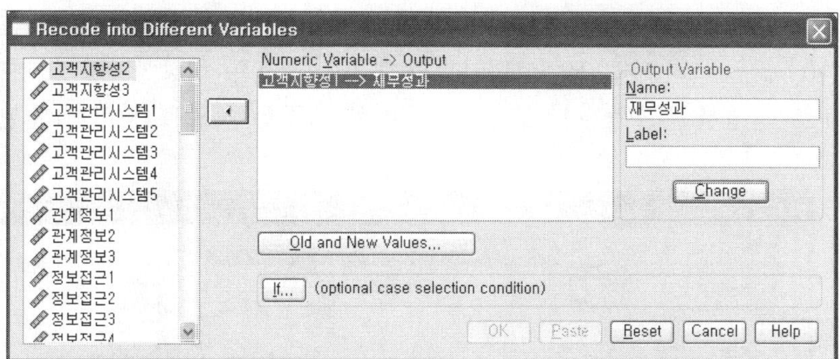

[그림 7-11] 새로운 변수 지정 대화상자

③ [그림 7-11]에서 기존 변수와 새로운 변수 옵션(Old & New Value)을 선택한다.

[그림 7-12]은 크게 두 부분으로 나누어져 있다. 왼쪽 부분은 기존 변수의 값을 지정하고, 오른쪽 부분은 새로운 집단 구분(1, 2집단) 값을 지정한다. 위의 예처럼 변수(고객지향성1)가 1과 2값의 일정 구간 값이므로 범위(N)를 선택하여 1과 2를 입력하고 왼쪽 부분 새 변수(New Value)에 1을 입력한 후 추가(A) 버튼을 선택한다. 차례로 4와 5의 값을 범위(N)에 입력하고 새 변수(New Value)에 2를 입력한 후 추가(A) 버튼을 선택한다.

7.3.1의 "동일 변수명으로 변환" 과정에 따라 1집단과 2집단으로 구분하여 지정한다. 계속(Continue) 버튼을 선택한다.

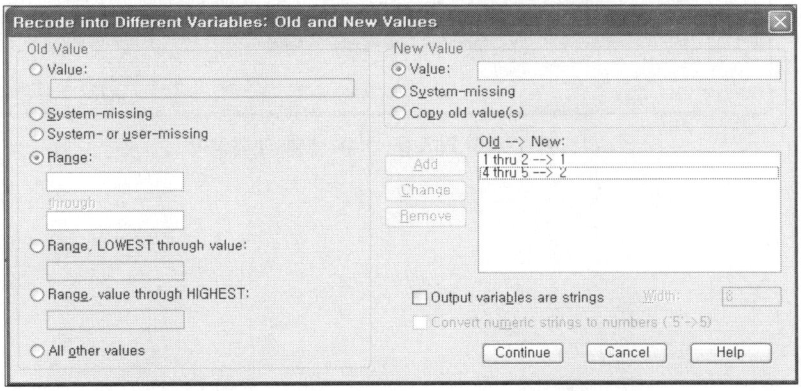

Recode into Different Variables: Old and New Values
Old Value
Value:
System-missing
System- or user-missing
Range:
through
Range, LOWEST through value:
Range, value through HIGHEST:
All other values
New Value
Value:
System-missing
Copy old value(s)
Old --> New:
1 thru 2 --> 1
4 thru 5 --> 2
Add
Change
Remove
Output variables are strings
Width:
8
Convert numeric strings to numbers ('5'->5)
Continue
Cancel
Help

[그림 7-12] 집단 구분 범위값 입력 대화상자

④ [그림 7-13]에서 기존의 변수명을 새로운 변수명으로 변환시키기 위해서 변환(Change) 버튼을 선택하면 [그림 7-14]와 같은 대화상자가 열린다. 이제 새로 지정한 변수는 리컷트 척도가 아닌 범주형 자료로 분석되게 된다.

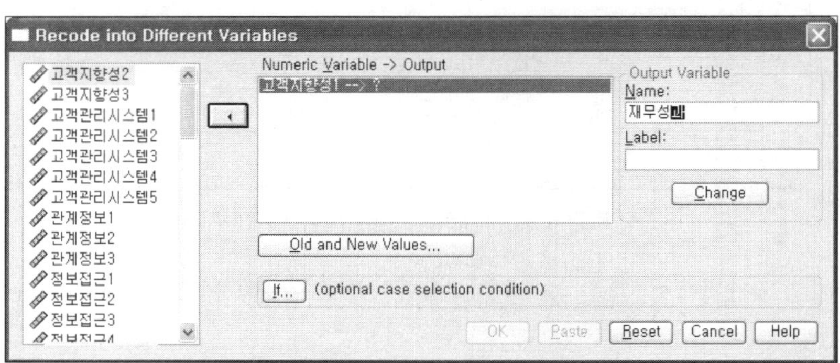

[그림 7-13] 새로운 변수지정 대화상자

⑤ 변환(Change) 버튼을 선택하면 [그림 7-14]와 같은 변수명 변환 결과를 나타낸다.

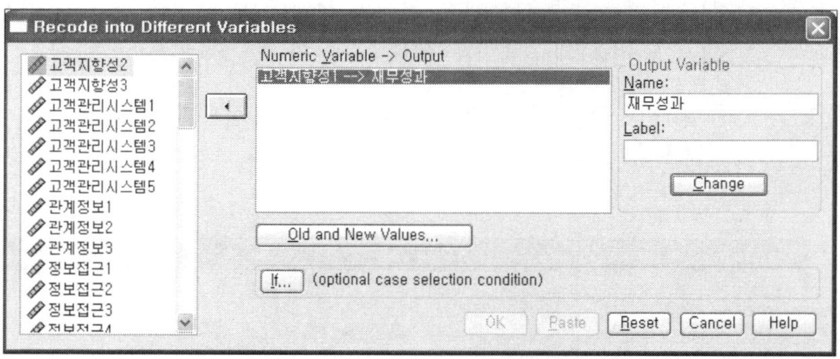

[그림 7-14] 새로운 변수 변환 대화상자

⑥ [그림 7-15]는 변수명 변환 최종 결과를 나타낸다.

*교재예제파일 [DataSet1] - SPSS Data Editor

File Edit View Data Transform Analyze Graphs Utilities Window Help

1 : 고객지향성1 5

	PRE_3	PGR_3	CRM성과	재무성과	var	var
1	.00000	1.00	3.00	2.00		
2	.97263	2.00	3.60	2.00		
3	.22212	1.00	3.80	1.00		
4	.00000	1.00	3.20	2.00		
5	.00000	1.00	4.40	2.00		
6	.78980	2.00	3.00	2.00		
7	.00843	1.00	2.60	.		
8	.51329	2.00	4.00	2.00		
9	.10937	1.00	3.40	2.00		
10	.25734	1.00	3.20	.		
11	.00000	1.00	1.60	2.00		
12	.97263	2.00	3.40	2.00		
13	.22212	1.00	3.80	.		
14	.00000	1.00	3.20	2.00		
15	.00000	1.00	3.20	.		
16	.78980	2.00	2.60	2.00		
17	.00843	1.00	2.80	.		
18	.51329	2.00	3.00	.		
19	.10937	1.00	2.40	1.00		
20	.25734	1.00	3.60	2.00		
21	.00000	1.00	6.00	2.00		

Data View / Variable View

SPSS Processor is ready

[그림 7-15] 새로운 변수명 변환 결과 화면

제2부

시장조사 분석 기법

빈도분석(Frequency Analysis)

1.1 사용 목적

빈도분석(Frequency Analysis)은 사회 현상을 조사하기 위해 수집된 자료에 대해 어떠한 가정도 하지 않고 수집된 1차 자료와 2차 자료가 어떠한 특성을 가지고 있는 가를 분석하고자 할 때 사용한다. 이에 빈도분석은 도수분포표의 산출 및 변수 값들이 이루는 분포의 특성을 알아보는데 유용하다. 분포의 특성은 도수 분포표, 산술 평균(평균값), 중앙값, 최빈값, 분산도와 첨도 및 왜도를 통해서 알아볼 수 있다.

도수분포표는 상대적 빈도, 백분율, 누적 빈도 및 누적 백분율로 구성되어 있다. 자료의 중심화 경향을 알아보는 통계량으로는 산술 평균(Arithmetic mean), 중앙값(Median), 최빈치(Mode)가 있다.

자료의 분포 특성은 분산도(Dispersion)와 첨도(Kurtosis) 및 왜도(Skewness)를 통해서 알 수 있다. 또한 빈도분석을 통해서 1차 자료와 2차 자료에 의해 수집된 자료와 실제 입력한 자료와의 일치 여부를 검토하는데 활용된다.

1.2 기본 원리

1.2.1 도수 분포표(Frequency Distribution Table)

사회 현상을 조사하는 경우 통계분석에서는 많은 도표를 다루게 된다. 예를 들어 기업들의 매출액 현황이나 특정 제품에 대한 소비자들의 선호도를 수집한 자료가 있다고 가정하여 보자. 이 자료를 단순히 나열해 놓는다면 자료의 분포 특성을 파악하기란 매우 곤란하다. 하지만 이 자료를 기업들의 매출 규모 또는 제품의 선호도순으로 정리해 놓으면 전체적인 자료의 특성을 쉽게 파악할 수 있다. 이러한 자료요약 방법을 이용하여 만든 표를 도수 분포표(frequency distribution table)라 한다.

<표 1-1>은 유통업체의 전년도 매출액 현황을 나타낸 분포표이다. <표 1-1>을 이용해서 알아 볼 수 있는 특성은 빈도, 상대빈도, 백분율, 누적빈도, 누적백분율 등 이다.

<표 1-1> 유통업체 전년도 매출액 분포

매출액	빈도(fi)	상대 빈도(rf)	백분율	누적 빈도	누적 백분율
5,000억이상	6	0.12(6/50)	12%	6	12%
4,000이상~5,000억미만	22	0.44(22/50)	44%	28	56%
3,000이상~4,000억미만C	15	0.30(15/50)	30%	43	86%
2,000이상~3,000억미만	5	0.10(5/50)	10%	48	96%
2,000억미만	2	0.04(2/50)	4%	50	100%
합계	50	1.00	100%		

1.2.2 중심화 경향(Central Tendency)

자료의 특성을 기술하기 위하여 분석적인 측정치를 계산하여 나타내는 방법은 여러 가지 있으나, 대표적인 측정치는 산술 평균, 최빈값, 중앙값 등이 있다. 중심화 경향은 관찰된 자료들이 정규 분포상에서 평균값을 중심으로 어느 위치에 집중되어 있는가를 나타낸다. <표 1-2>는 인사고과 평점 점수를 나타낸 것이다.

1) 산술평균(Arithmetic mean)

▸ **모집단 평균(Population mean)**

$$\mu = \frac{x_1 + x_2 + x_3 + \ldots\ldots + x_i}{n} = \frac{\sum_{i=1}^{n} x_i}{n} \quad \text{식 [1-1]}$$

▸ **표본 평균(Sample mean)**

$$\overline{X} = \frac{x_1 + x_2 + x_3 + ... + x_i}{n} = \frac{\sum_{i=1}^{n} x_i}{n} \quad \text{.. 식 [1-2]}$$

2) 최빈치(Mode)

최빈치는 질적 자료와 양적 자료 모두에 사용되며, 자료의 분포에서 빈도가 가장 많은 관찰치를 말한다. <표 1-1>에서의 최빈치는 빈도수가 22인 “4,000억이상 ~ 5,000억 미만”이 된다.

3) 중앙값(Median)

중앙값은 자료를 크기순으로 나열할 때 가운데 놓이는 값이다. 자료의 수를 N이라 할 때, N이 홀수이면 (n+1)/2 번째 자료값이 중앙값이 된다. 자료의 수가 짝수이면 n/2와 n/2+1번째 자료 값의 평균이 중앙값이 된다. 중앙값은 산술평균이 극단적으로 큰 값에 영향을 받을 때 산술평균 대신에 사용되는 대표값이다.

4) 중심화(대표값) 경향 분포 비교

▪ **중심화 경향 대표값의 비교**

중심화 경향 분포값의 비교는 첨도와 왜도의 통계량에 따라 형태에 따라 달라질 수 있다. [그림 1-1]의 대칭 및 비대칭 분포의 평균, 중위수, 최빈값의 관계와 비교하여 사용한다.

(a) 대칭분포: 평균 = 중앙값 = 최빈치

(b) 왼쪽꼬리 분포: 최빈치 > 중앙값 > 평균

(c) 오른쪽꼬리 분포: 평균 > 중앙값 > 최빈치

※ 산술평균(평균)은 자료의 극단적인 값에 의하여 영향을 받지만, 자료의 중심위치를 측정하는데 가장 일반적으로 사용된다. 산술평균(평균)은 수학적 연산이 가능하며 가중치를 이용하여 전체집단의 평균을 구할 수 있다. 중앙값은 극단적인 관찰치에 영향을 심하게 받지 않으므로 극단적인 비대칭

분포에서는 다른 대표값 보다 적절하게 이용된다. 최빈치는 극단적인 값에 전혀 영향을 받지 않지만 대칭분포가 아닌 분포에서는 잘 사용되지 않는다.

<표 1-2> 인사고과 평점분포

사원	점수	편차	편차 제곱
1	90	10	100
2	85	5	25
3	72	-8	64
4	78	-2	4
5	75	-5	25
합계	400	0	218

$$\bar{x} = \frac{\sum xi}{n} = \frac{400}{5} = 80$$

1.2.3 분산도(Dispersion)

자료의 특성은 중심화 경향을 나타내는 측정치만으로는 부족하다. 자료가 정규 분포의 평균값을 중심으로 어느 정도 넓게 흩어져 있는가를 알아보는 것은 매우 중요하다. 이를 나타내는 대표적인 측정치는 분산과 표준 편차이다.

1) 범위(Range)

범위는 수집된 자료를 크기 순서로 나열했을 때 양극단의 두 자료값의 차이를 나타낸다. <표 1-2>에서의 범위값은 "90-72=18"이 된다.

▸ 범위 = 자료의 최대값 - 자료의 최소값

2) 편차(Mean deviation)

편차(deviation)란 관찰치가 평균값을 중심으로 떨어져 있는 정도(거리)를 나타낸다. 관찰치가 평균보다 작으면 음의 편차를 가지고, 반대로 평균보다 크면 양의 편차를 가진다. 평균편차란 이 편차들의 절대값을 모두 합한 다음에 총 관찰 개수로 나눈 값을 말한다. 편차의 합은 항상 "0"이다.

▸ $MD = \frac{\sum |x_i - \bar{x}|}{n}$ ……………… 식 [1-3]

3) 분산(Variance)과 표준편차(Standard deviation)

분산과 표준편차는 산포의 정도를 나타내는 데 가장 많이 쓰이고, 이는 매우 중요한 개념이다. 분산이 "0"에 가까울수록 그 자료의 변동은 심하지 않으며 자료값들이 평균값을 중심으로 몰려 있음을 뜻한다. 분산을 계산할 때는 편차가 음수건 양수건 모두 제곱을 하므로 반드시 양수이다. <표 1-2>에서 분산과 표준편차를 구하면 다음과 같다.

▸ **모집단 분산(Variance)**

$$\sigma^2 = \frac{\sum_{i=1}^{n}(x_i - \mu)^2}{n} \quad \cdots\cdots\text{ 식 [1-4]}$$

$$\sigma^2 = \frac{\sum_{i=1}^{n}(x_i - \mu)^2}{n} = \frac{218+25+64+4+25}{5} = \frac{218}{5} = 43.6(\text{점})$$

▸ **표준 편차(Standard deviation)**

$$\sigma = \sqrt{\sigma^2} = \sqrt{\frac{\sum_{i=1}^{n}(x_i - \mu)^2}{n}} \quad \cdots\cdots\text{ 식 [1-5]}$$

$$\sigma = \sqrt{\sigma^2} = \sqrt{\frac{\sum_{i=1}^{n}(x_i - \mu)^2}{n}} = \sqrt{43.6} = 6.6(\text{점})$$

3.2.4 첨도(Kurtosis)와 왜도(Skewness)

수집된 자료의 분포의 특성은 산술평균, 중위수, 최빈치 그리고 분산도를 나타내는 분산과 표준편차를 통해서 대략적으로 알 수 있다. 하지만 중심화 경향과 분산도에 대한 정보만으로 분포의 특성을 정확히 알 수 없다. 보다 정확한 분포의 특성을 알기 위해서는 분포의 비대칭의 정도를 나타내는 왜도(Skewness)와 도수곡선의 뾰족함의 정도를 나타내는 첨도(Kurtosis)를 통해 보다 정확한 분포의 특성을 설명할 수 있다.

1) 왜도(Skewness)

확률 분포의 비대칭 정도를 나타내 주는 측도로는 Person의 왜도, 사분위수 왜도, 삼차중심 적률왜도로 세 가지 방법이다. 일반적으로 쓰이는 삼차중심 적률왜도만을 설명하기로 한다. [그림 1-1]은 분포 특성에 대한 평균, 중위수, 최빈값의 관계와 왜도를 나타낸 것이다.

▶ 삼차중심 적률왜도

편차의 세제곱합의 평균을 표준편차의 세제곱으로 나누어 구한 값이 삼차중심 적률왜도(Third moment relative skewness)로 가장 많이 이용되는 방법이다.

$$\alpha_3 = \frac{\sum_{i=1}^{n}(x_i - \bar{x})^3/n}{s^3} \quad \text{식 [1-6]}$$

<표 1-3> 왜도 평가방법

평가 방법		
양의 왜도($\alpha_3 > 0$)	음의 왜도($\alpha_3 < 0$)	영($\alpha_3 = 0$)
각 측정치들은 평균보다 좌측에 더 많이 분포	각 측정치들은 평균보다 우측에 더 많이 분포	측정치들이 양쪽으로 균등하게 분포

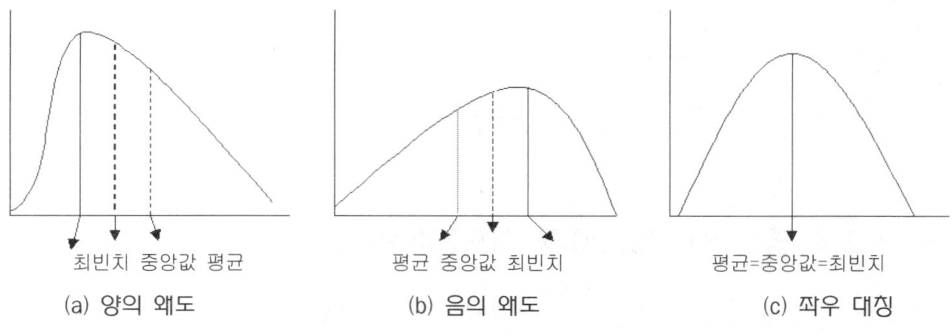

[그림 1-1] 대칭 및 비대칭 분포의 평균, 중위수, 최빈값의 관계

2) 첨도(Kurtosis)

첨도는 분포의 뾰족한 정도를 나타내 주는 통계량이다. 이는 1906년 Karl Pearson에 의해 처음 소개된 개념으로 평균에 관한 사차적률을 평균에 관한

이차적률의 제곱으로 나누어 준 값이다.

$$\blacktriangleright\ \alpha_4 = \frac{n\sum_{i=1}^{n}(x-\overline{x})^4}{(\sum_{i=1}^{n}(x-\overline{x})^2)^2} \quad \cdots\cdots \text{식 [1-7]}$$

<표1-4> 첨도평가 방법

평가 방법		
$(\alpha_4 = 0)$	$(\alpha_4 > 0)$	$(\alpha_4 < 0)$
정규 분포 모양	정규 분포보다 뾰족	정규 분포보다 완만한 분포

1.3 프로그램의 실행과 해설

1.3.1 분석 상황

고객관계관리 전략을 수립하기 위해 1차·2차 자료를 수집하였다. 자료를 수집하고 나면 가장 먼저 하는 작업이 데이터의 입력이다. 데이터 입력과정에서 오류가 발생하기도 한다. 다음의 시나리오는 데이터 입력의 정확성과 데이터 분포와 응답자의 일반적 특성을 파악하고자 한다. 고객관계관리 전략수립의 한 요인이라 할 수 있는 기업의 고객지향성에 대한 정규분포의 일반적 가정을 빈도분석을 이용해 검토하여 보자.

1.3.2 빈도분석의 실행

SPSSWIN14.0에서 빈도분석을 실행하기 위해서는 다음과 같은 절차를 이용한다.

① SPSSWIN14.0 프로그램을 이용해서 자료의 분포상태 및 자료 코딩의 정확성 여부를 확인하기 위해서는 파일메뉴(F)에서 [그림1-2]와 같이 통계분석(A)메뉴를 선택한다.

② [그림 1-2]의 기술통계(D)에서 빈도분석(F)을 선택한다.

③ 빈도분석(F)을 선택하면 [그림 1-3]과 같은 대화상자가 나타난다.

④ [그림 1-3]에서 분석하고자 하는 [고객지향성1]을 선택한다.

⑤ [그림 1-3]은 왼쪽 부분의 변수상자와 오른쪽 부분의 변수선택상자 그리고 아랫부분은 빈도분석에서 사용할 수 있는 통계량(S), 도표(C), 출력 형식(F)으로 구성되어 있다. 각각의 옵션을 선택하면 옵션을 지정할 수 있는 대화상자가 나타난다.

⑥ [그림 1-3]에서 통계량(S), 도표(C), 출력형식(F)을 지정한다. 이에 대한 대화상자는 [그림 1-4], [그림 1-5], [그림 1-6]과 같다.

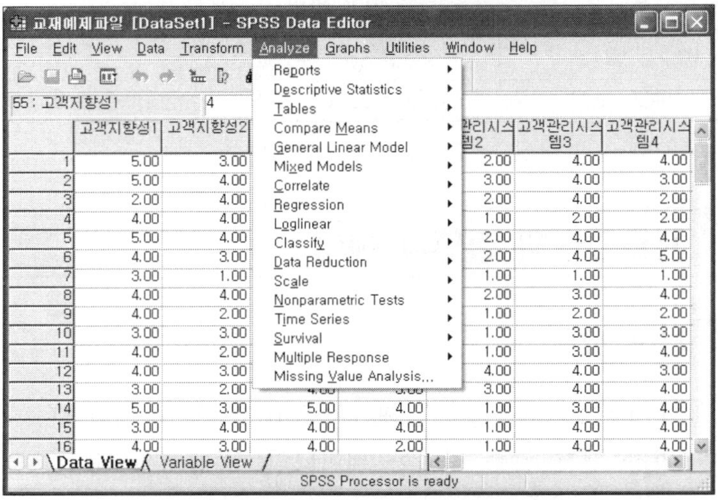

[그림 1-2] 통계분석 대화상자

➠ 1. 빈도분석 대화상자

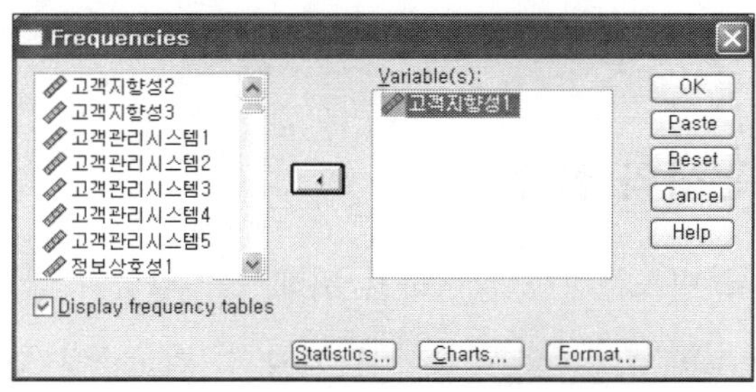

[그림 1-3] 빈도분석 대화상자

빈도분석 대화상자에서 통계량(S), 도표(C), 출력형식(F)을 지정한다.

2. 통계량 지정 대화상자

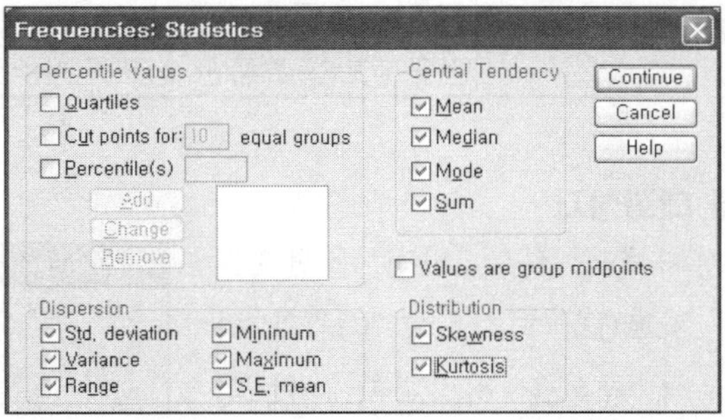

[그림 1-4] 통계량 지정 대화상자

통계량 지정 대화상자는 크게 4가지로 분류되어 있다. 퍼센트 옵션, 분산도 옵션, 중심화경향 옵션, 데이터 분포 옵션으로 구성되어 있다. 평균(M), 중앙값(d), 최빈치(o), 합계(S), 표준편차(t), 분산(V), 범위(R), 첨도(K), 왜도(S) 분포를 대화상자처럼 지정한다. 단, 사용자가 사용하지 않는 통계량은 지정하지 않아도 된다. 그리고 계속 버튼을 누른다.

<표 1-5> 통계량의 옵션 의미

옵 션	설 명
백분위수(Percentile)	집단으로 정렬된 데이터를 특정 퍼센트의 형태로 표시한다. 하나만을 선택할 수 있다.
1. 사분위수(Q)	사분위수로 25번째, 50번째, 75번째 비율로 출력
2. N분위수(U)	집단을 동일한 비율로 나누며 기본값은 10이다.
3. 백분위수(P)	사용자 정의 비율값
산포도(Dispersion)	자료의 흩어진 정도를 나타낸다.
1. 표준편차(T)	자료의 표준편차 값
2. 분산(V)	자료의 분산값
3. 범위(N)	자료의 최대값과 최소치의 차이 값
4. 최소값(I)	최소값
5. 최대값(X)	최대값
6. 평균의 표준오차(E)	표준오차 값
중심화 경향(Central Tendency)	정규 분포상의 특성을 표시
1. 평균(M)	산술평균
2. 중앙치(o)	중앙값
3. 최빈값(d)	최빈치
4. 합계(S)	합계

분 포	
1. 왜도(W)	정규분포의 평균과 분산을 중심으로 자료의 비대칭 정도를 나타내 주는 값
2. 첨도(K)	정규분포의 뾰족한 정도를 나타내 주는 값

➡ 3. 도표 지정 대화상자

도표 지정 대화상자에서 차트 지정 옵션으로 바 차트(B), 파이 차트(P), 히스토그램(H)과 하위 옵션인 정규분석 곡선을 지정한다. 챠트의 유형이 파이챠트(P)인 경우에는 챠트값 중 빈도(F)와 퍼센트(c)를 지정할 수 있다. 그리고 계속 버튼(C)을 누른다.

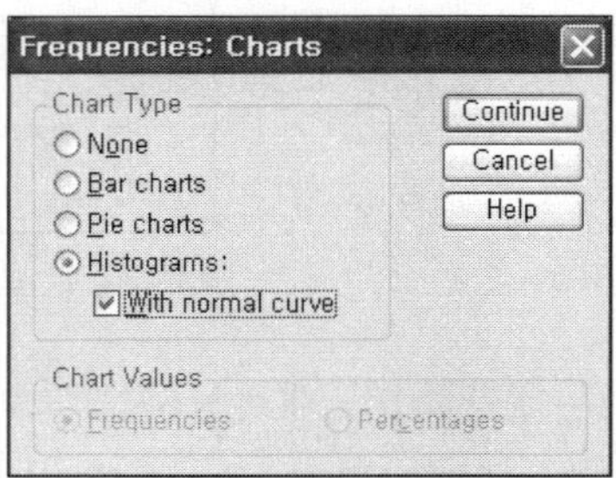

[그림 1-5] 차트 지정 대화상자

<표 1-6> 도표 지정 옵션

옵 션	설 명
차트 유형	하나를 선택
없음(o)	도표를 지정하지 않는다.
막대도표(B)	막대도표를 지정
원형도표(P)	원형도표를 지정
히스토그램(H)	히스토그램 지정
출력 값 지정	도표에 나타내는 값 지정
빈도수(F)	자료의 빈도수로 표시
퍼센트(c)	자료의 백분율로 표시

➡ 4. 출력형식 지정 대화상자

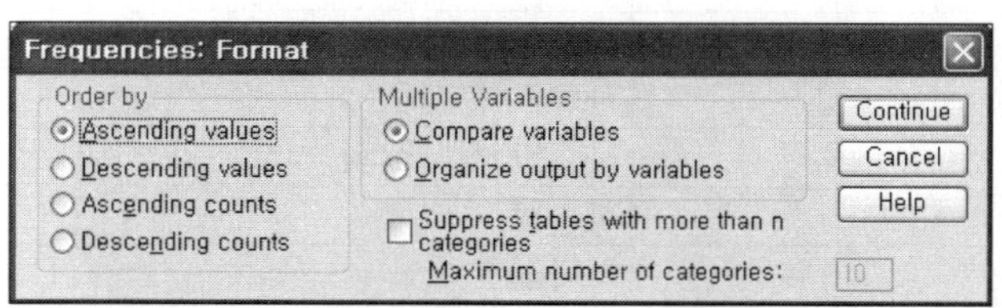

[그림 1-6] 출력형식 지정 대화상자

출력형식 지정 대화상자에 정렬방식과 변수비교 방식으로 구성되어 있다. 오름차순(A)을 지정하고 변수 비교(C)를 지정한 후 계속버튼을 선택하면 [그림 3-7]과 같은 분석결과 화면이 열리게 된다.

<표 1-7> 출력형식 지정 옵션

옵 션	설 명
출력 순서	다음 중 하나를 선택
변수값 오름차순(A)	변수값을 오름차순으로 정렬
변수값 내림차순(D)	변수값을 내림차순으로 정렬
빈도값 오름차순(e)	빈도값을 오름차순으로 정렬
빈도값 내림차순(n)	빈도값을 내림차순으로 정렬

➠ 5. Syntax 명령문 대화상자

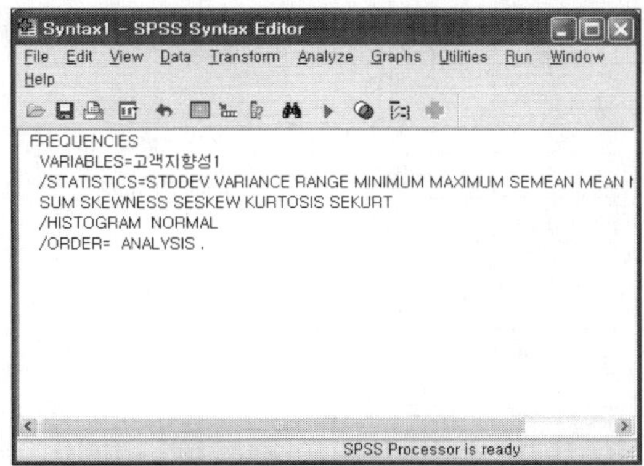

[그림 1-7] Syntax 대화상자

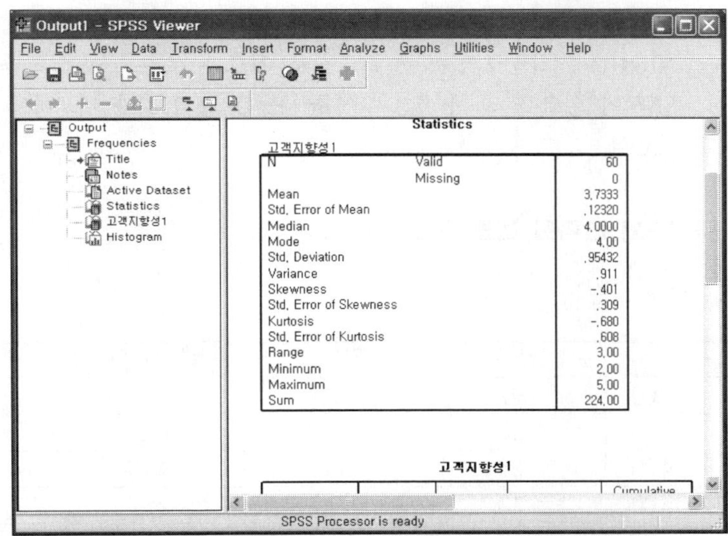

[그림 1-8] 빈도분석의 결과 출력 화면

1.3.3 분석 결과의 해석

[분석 결과 1-1] 빈도분석의 통계량

사례수	유효표본수	60
	결측치	0
평균		3.7333
평균 표준오차		.12320
중앙값		4.0000
최빈치		4.00
표준편차		.95432
분산		.911
왜도		-.401
왜도 표준오차		.309
첨도		-.680
첨도 표준오차		.608
범위		3.00
최소값		2.00
최대값		5.00
합계		224.00

해설 유효 표본수는 60, 결측치는 0, 중심화 경향 관측인 평균 3.733, 중앙값 4.000, 최빈치 4.000이고 분산도를 나타내는 분산과 표준편차는 각각 0.911과 0.954이며 범위는 3.00으로 나타났다. 왜도와 첨도는 -0.401과 -0.680로 정규분포의 평균의 중심을 자료가 우측에 분포(왼쪽 꼬리 모양)되어 있음을 알 수 있다. 이를 [분석결과 1-3]과 비교하여 검토하기 바란다.

[분석 결과 1-2] 만족의 빈도 분포

고객지향성

		빈도	퍼센트	유효 퍼센트	누적 퍼센트
스케일	2.00	8	13.3	13.3	13.3
	3.00	13	21.7	21.7	35.0
	4.00	26	43.3	43.3	78.3
	5.00	13	21.7	21.7	100.0
	Total	60	100.0	100.0	

해설●➡ [분석결과1-2]는 두 가지로 분석할 수 있다. 첫째, 데이터 입력의 정확성 여부이다. 스케일 분포 현황을 보면 스케일의 값이 "2"에서 "5"까지 분포되어 있다. 고객지향성은 5점 리컷트 스케일을 이용하여 측정하였다. 스케일 분포 중 "1" 값이 없는 것은 설문에 응답한 응답자중에는 "1"에 응답한 사람이 없다는 것을 의미한다. 반면, 스케일 분포 현황분포에 "6" 또는 기타의 숫자가 분포되어 있다면 설문에 없는 값이 입력된 것이므로 데이터 입력과정에서 잘못 입력한 것으로 분석할 수 있다. 데이터 입력 정확성 여부의 판단은 데이터 입력이 완료되고 연구목적을 달성하기 위한 분석을 실시하기 전에 먼저 실시하는 것이 바람직하다.
둘째, 기업의 고객지향성에 대한 자료의 분포 특성을 보면 매우 그렇다(21.73%), 그렇다(43.3%), 보통이다(21.7%), 그렇지 않다(13.3%), 전혀 그렇지 않다(0%)로 분석되었다. 설문에 응답한 응답자들은 자사의 기업정책이 대부분 고객지향적 관점에서 이루어지고 있다고 판단하는 것으로 분석할 수 있다.

[분석 결과 1-3] 히스토그램

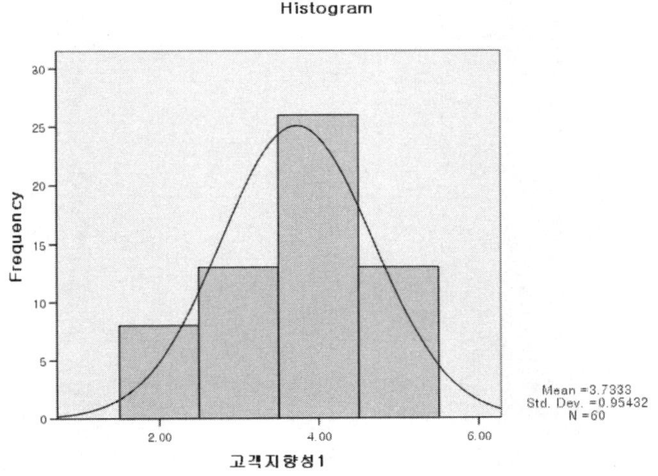

해설●➡ [분석결과 1-1]과 비교 검토하면, 고객지향성 히스토그램의 결과는 표준편차(std.Dev) 0.954, 평균(Mean) 3.733, 사례수(N) 60으로 나타나고 있다. 히스토그램에서 보면 평균을 중심으로 거의 모든 자료가 오른쪽에 분포되어 있는 것을 볼 수 있다. 즉, 분포의 모양은 왼쪽 꼬리 모양 분포를 하고 있다. 이는 [분석결과 1-1]의 왜도와 첨도의 통계량에서도 음의 값으로 분석되고 있다.

기술분석(Descriptive Analysis)

2.1 사용 목적

기술분석(Descriptive analysis)은 빈도분석(Frequency analysis)에서 산출되는 모든 통계량 대신에 필요한 통계량만을 산출하고자 할 때 사용한다. 변수의 수가 적은 경우에는 빈도분석에 의해 분석을 하는 경우 문제가 없으나 변수의 수가 많은 경우 빈도분석을 이용하여 분포특성을 파악하게 되면 여러 가지 통계량을 모두 산출함으로 불필요한 시간 낭비와 분석결과가 많아진다. 즉, 필요한 통계량만을 산출하고자 할 때 기술분석을 사용한다.

빈도분석(Frequency analysis)은 이산적 변수만을 다루는데 반해 기술분석은 등간 척도 이상으로 측정된 연속형 변수값의 특성을 파악할 때 사용한다. 또한 기술분석을 이용하면 변수값의 표준화 점수(Z값)도 산출하여 군집분석(Cluster analysis)과 같은 통계 기법에 응용할 수 있다.

2.2 프로그램의 실행과 해설

2.2.1 분석 상황

고객지향성1에 대한 요약 통계량을 산출하여 분포의 가정을 검토하여 보자.

2.2.2 기술분석의 실행

SPSSWIN14.0에서 기술 분석을 실행하기 위해서는 다음과 같은 절차를 이용한다.

① 파일 메뉴(F)에서 통계 기법(A)을 선택한 다음 기술통계(e)를 선택한다.

② [그림 2-1]의 기술통계(e)에서 기술분석(D)을 선택한다.

③ 기술분석(D)을 선택하면 [그림 2-2]와 같은 대화상자가 나타난다.

④ [그림 2-2]에서 분석하고자 하는 변수(고객지향성1)를 선택한다.

⑤ [그림 2-2]는 왼쪽 부분의 변수상자와 오른쪽 부분의 변수 선택상자 그리고 옵션(O)으로 구성되어 있다. 옵션을 선택하면 [그림 2-3]과 같은 대화상자가 나타난다.

⑥ [그림 2-3]에서 옵션을 지정하고, 계속 버튼(C)을 선택한다.

[그림 2-1] 통계분석 대화상자

➠ 1. 기술분석 변수지정

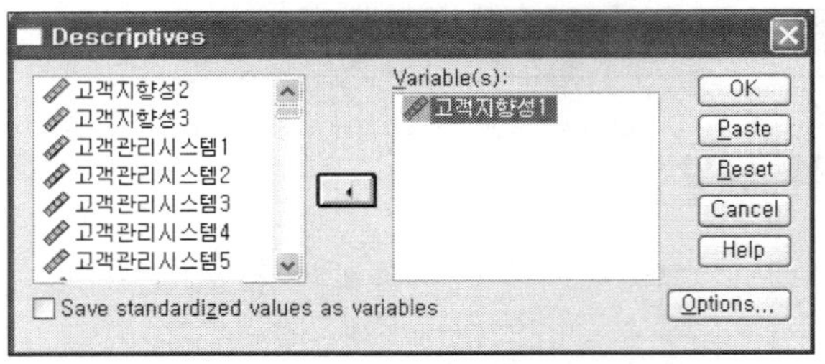

[그림 2-2] 기술분석 대화상자

기술분석 대화상자에서 필요한 옵션(O)을 지정한다.

➡ 2. 옵션 지정 대화상자

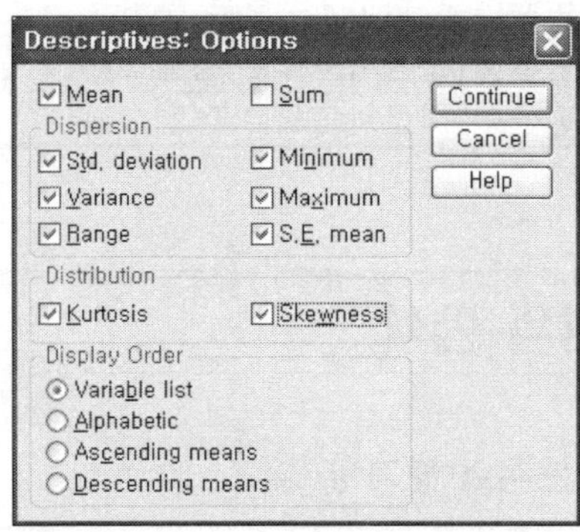

[그림 2-3] 옵션 지정 대화상자

옵션 지정 대화상자는 크게 5가지로 분류되어 있다. 평균(M), 합계(S), 분산도(Dispersion), 분포(D), 출력형식(Display Order)으로 구성되어 있다. 퍼센트 옵션, 분산도 옵션, 중심화경향 옵션, 데이터 분포 옵션으로 구성되어 있다. 빈도분석의 경우처럼 연구목적에 필요한 옵션만을 지정한다. 옵션 지정 대화상자에서 중심화 경향을 나타내는 평균을 지정하고 분산도에서는 표준편차, 분산, 최소/최대를 지정하고 계속 버튼을 누른 다음 확인 버튼을 선택한다.

<표 2-1> 기술분석 옵션

옵 션	설 명
평균(M)	산술평균(기본설정)
합계(S)	변수들의 합
산포도	다음 중 하나를 선택
표준편차(t)	표준편차(기본설정)
분산(V)	분산
범위(R)	범위
최소값(n)	최소값(기본 설정)
최대값(x)	최대값(기본 설정)
평균의 표준 오차(E)	평균의 표준 오차
분 포	
왜도(w)	정규분포의 평균을 중심을 중심으로 자료가 치우친 정도를 나타냄
첨도(K)	정규분포의 뾰족함 정도를 나타냄
출력 순서	다음 중 하나를 선택

변수목록(b)	변수명을 출력(기본설정)
알파벳 순서(A)	변수명을 알파벳순으로 출력
평균 오름차순(c)	평균이 오름차순으로 정렬 출력
평균 내림차순(D)	평균이 내림차순으로 정렬 출력

2.3 분석 결과의 해석

[분석 결과 2-1] 기술분석의 통계량

	사례 수	범위	최소	최대	평균		표준편차	분산	왜도		첨도	
	통계량	통계량	통계량	통계량	통계량	표준오차	통계량	통계량	통계량	표준오차	통계량	표준오차
고객지향성1	60	3.00	2.00	5.00	3.7333	.12320	.95432	.911	-.401	.309	-.680	.608
유효 사례수	60											

해설 ● ➡ 설문응답 범위를 매우 그렇다(5), 그렇다(4), 보통이다(3), 그렇지 않다(2), 매우 그렇지 않다(1)인 5점 리컷트 스케일을 이용하여 기업의 고객지향성에 대해 직원들에게 설문조사한 결과를 분석하면 전체 평균이 3.733이고 분산도를 나타내는 분산과 표준편차는 각각 0.911과 0.954인 것으로 분석되었다. 왜도와 첨도는 -0.401과 -0,680으로 나타났다.

평균분석(Mean Table)

3.1 평균분석의 목적

평균분석은 하나 이상의 집단변수로 이루어진 독립변수와 종속변수에 대한 하위집단의 평균과 표준편차를 산출할 때 사용된다. 추가적으로 집단간 평균차의 유의성 검정을 위한 일원분산분석을 이용할 수 있다. 산출되는 통계량은 빈도분석에서 얻을 수 있는 일반적인 통계량들이다. 예를 들면, 연령계층별(30대, 40대, 50대)로 월 평균 소비 지출액 규모가 통계적으로 유의한 차이가 있는 지를 분석하고자 할 때 사용할 수 있다. 또는 아파트 평수와 전략소비량과의 관련성을 분석하고자 할 때 사용한다.

3.2 평균분석을 위한 설문서

♠ 평균분석을 위한 설문 문항의 예 ♠

1. 귀사는 CRM을 구현하고 있습니까? 1) 예 ( ) 2) 아니오 ( )
2. 귀사의 매출액 규모는 얼마입니까? ( ) 억원
3. 귀하의 담당 업무는 무엇입니까?
   1) 총무 ( ) 2) 영업 ( )
   3) 고객관리부 ( ) 3) 전산부 ( )

3.3 프로그램의 실행과 해설

3.3.1 분석 상황

IT 기술의 급속한 발달은 기업의 경영정책에도 많은 변화를 가져 왔다. 고객 데이터베이스를 구축함으로 보다 효과적으로 고객관계관리 업무를 수행할 수 있게 되었다. CRM 전략을 실시한 기업은 경영성과가 많이 향상되었다고 한다. 과연 CRM 전략 구현이 기업 경영성과와 관련이 있는 지를 CRM 전략 구현 기업과 CRM 전략을 구현하지 않는 기업을 대상으로 CRM 구현과 CRM 성과와의 관련성을 분석하여 보자.

3.3.2 평균분석의 실행

SPSSWIN14.0에서 평균분석(Compare Means)을 실행하기 위해서는 다음과 같은 절차를 이용한다.

① 먼저 집단 간 평균차이를 검증하고자 하는 CRM성과를 [그림 3-1]과 같이 변환한다. 새로운 변수를 만드는 과정은 제1부 제7장을 참고하기 바란다. 새로운 변수를 만들지 않고 측정 문항을 그대로 이용하여 분석할 수 도 있다.

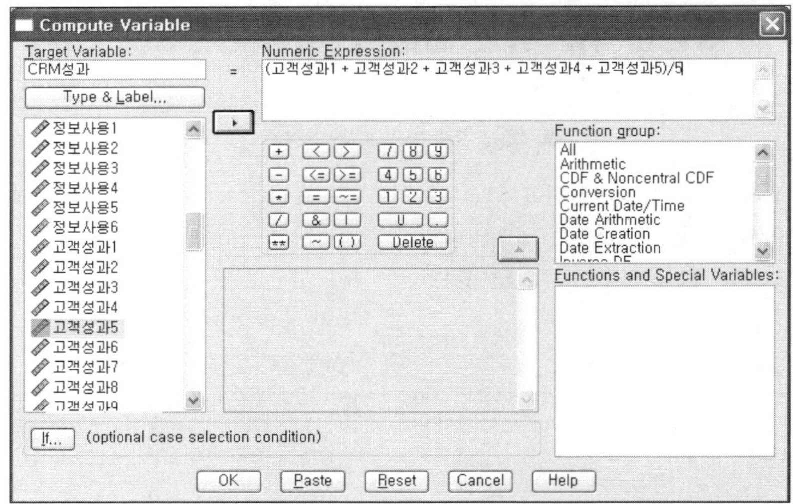

[그림 3-1] CRM성과변수 변환 대화상자

② 파일 메뉴(F)에서 통계 기법(A)을 선택한 다음, 평균 비교(M : Compare Means)를 선택한다.

③ 평균(M)을 선택하면 [그림 3-3]과 같은 대화상자가 나타난다. 종속변수(CRM성과)와 독립변수(CRM활용)를 지정한다.

④ [그림 3-3]는 왼쪽 부분의 변수상자와 오른쪽 부분의 종속변수(D)와 독립변수(I)를 지정할 수 있는 부분 그리고 옵션 부분으로 구성되어 있다. 하나의 종속변수와 하나 이상의 집단구분 독립변수와 평균과 표준편차의 차이를 차례로 분석하는 경우에는 단계별 분석Layer]부분에서 [이전]과 [다음]을 이용하여 독립변수를 선택한다. 옵션을 선택하면 [그림 3-4]와 같은 대화상자가 나타난다.

⑤ [그림 3-4]에서 옵션을 지정하고, 계속 버튼(C)을 선택한다. 분석에 필요한 통계량을 지정한 후 [▶] 버튼을 누르면 지정된 통계량은 왼쪽에서 오른쪽으로 이동한다. 예에서는 옵션으로 지정되어 있는 평균, 사례수, 표준편차와 최소, 최대값을 사용한다.

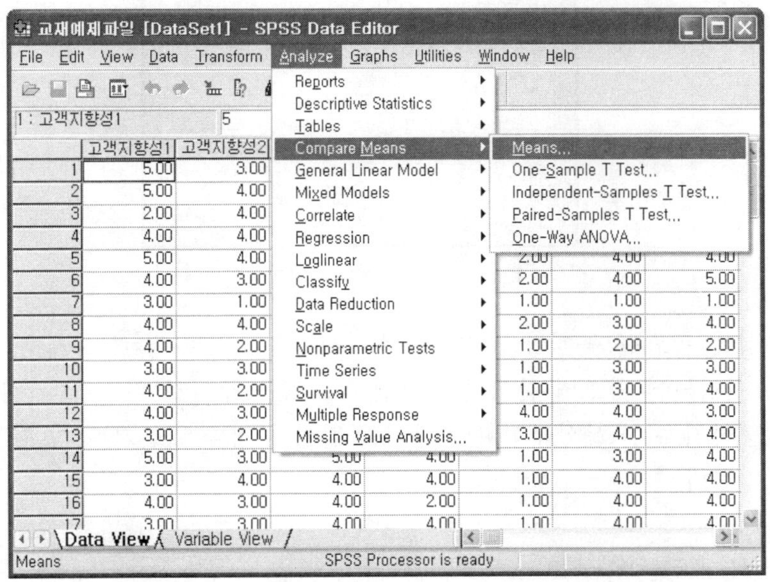

[그림 3-2] 통계분석 대화상자

➠ 1. 평균분석 변수지정

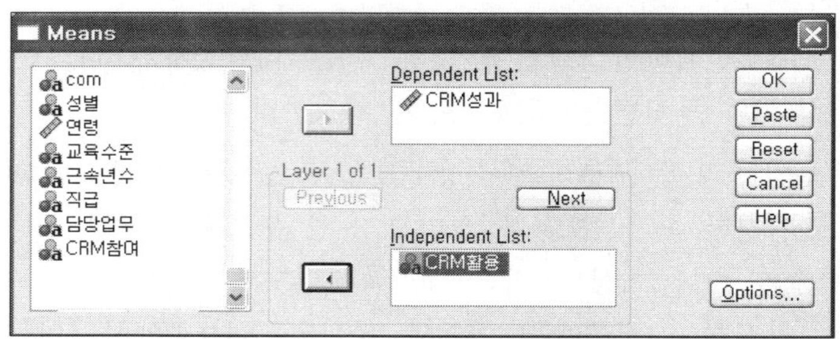

[그림 3-3] 변수지정 대화상자

➠ 2. 통계량 지정

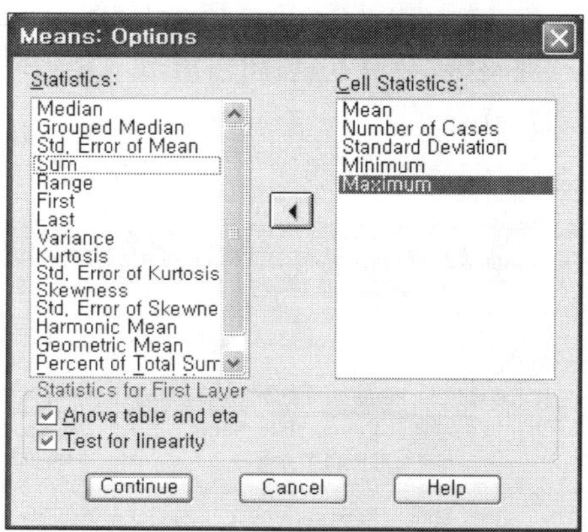

[그림 3-4] 옵션지정 대화상자

분석에 필요한 통계량을 지정한다. 기본 옵션으로 평균, 사례수, 표준편차가 지정되어 있으며 분석에 필요한 통계량을 추가로 지정한다. 집단차이를 검증하기 위한 분산분석과 분산의 동질성 검정을 위한 선형성 검정 옵션을 지정한다.

<표 3-1> 평균분석의 옵션

옵 션	설 명
평균	평균값(기본 설정)
평균 표준오차	평균의 표준 오차
중앙값	자료의 중앙값

표준편차	표준편차(기본설정)
분산	분산
범위	범위
최소값	최소값
최대값	최대값
왜도	자료의 분포 특성
첨도	정규 분포의 뾰족함 정도를 표시
조하평균	조하평균
합계 백분율	합계의 백분율 표시
사례수 백분율	사례수의 백분율 표시
단계별 분석 통계치	모두 선택 가능
분산분석표(A)	집단간의 평균 차이 검정
선형성 검정(T)	선형성 검정

3.4 분석 결과의 해석

[분석 결과 3-1] 평균분석의 사례 요약표

	사례수					
	분석에 포함된 사례수		분석에서 제외된 사례수		전체	
	사례수	퍼센트	사례수	퍼센트	사례수	퍼센트
CRM성과 * CRM활용	60	100.0%	0	.0%	60	100.0%

해설 집단간 평균과 표준편차를 알아보기 위해 투입된 변수의 사례수를 보여주고 있다. 분석에 포함된 전체 사례수는 60개이며 분석에서 제외된 사례수는 없는 것으로 나타났다.

[분석 결과 3-2] 평균분석의 통계량

CRM활용	평균	사례수	표준편차	최소	최대
1	3.3927	55	.82549	1.60	6.00
2	2.4000	3	.00000	2.40	2.40
전체	3.3300	60	.82159	1.60	6.00

해설 CRM 시스템 구현 활용에 대한 기업의 경영성과 차이를 분석하면 CRM 성과의 집단간 평균과 표준 편차에 대한 통계량을 산출하고 있다. CRM

성과에 대한 집단별 평균값은 CRM 시스템 구현집단은 3.392이고 CRM 시스템을 구현하지 않는 집단은 2.400인 것으로 되었다.

[분석 결과 3-3] 집단간 평균 차이 분산분석표

			제곱합	자유도	평균제제곱	F	Sig.
CRM성과 * CRM활용	집단간	(조합)	3.029	2	1.514	2.346	.105
	집단내		36.797	57	.646		
	전체		39.826	59			

해설 ●➡ CRM 성과에 대한 집단별 차이가 있는지에 대한 평균차이 분석결과를 산출하고 있다. 분석 결과는 CRM 시스템 구현 기업의 성과는 CRM 시스템을 구현하지 않는 기업의 경영성과와는 차이가 있는 것으로 분석되었다.

[분석 결과 3-4] 관련성 분석

	Eta	Eta Squared
CRM성과 * CRM활용	.276	.076

해설 ●➡ eta 계수는 CRM성과와 CRM활용과의 관련성 정도를 나타내며, 상관관계와 유사한 개념이다. 분석결과 eta 계수가 0.276으로 CRM성과와 CRM 활용과는 관련성이 있는 것으로 나타났다.

교차분석(Crosstabs Analysis)

4.1 사용 목적

교차분석(Crosstabs Analysis)은 명목 자료 또는 서열 척도 자료를 이용하여 측정된 두 변수간의 관련성을 분석하기 위한 통계 기법이며 비모수 통계 기법에 속한다. 교차분석을 통하여 작성되는 상황표(Contingency table)는 표본의 빈도 분포 상태를 작성하는데 널리 이용되다. 또한 교차분석의 행과 열에 기록되는 통계량은 자료의 분포 특성에 따라 의사결정에 필요한 정보를 얻는 데도 이용된다. 교차분석에는 종속변수와 독립변수를 구분하지 않고 특정 변수를 행과 열에 위치하여 분석한다. 예를 들면 학력수준과 결혼시기가 어느 정도 관련성이 있는 지를 분석하는 것이다.

4.2 분석을 위한 설문서

♠ 교차분석의 설문 문항 예 ♠

1.귀사의 CRM 도입 수준은 어느 정도입니까?
1) 도입단계　2) 구축단계　3) 활용단계　4) 통합단계
2. 귀사의 년 매출액 규모는 어느 정도입니까?
1) 5,000억 이상(　) 2) 4,000억 이상 ~ 5,000억 미만 (　)
3) 3,000억 이상 ~ 4,000억 미만 4) 2,000억 이상 ~ 3,000억 미만(　)
* CRM 도입 수준과 매출액 규모의 관련성을 분석하기 위한 설문지의 예

4.3 기본 원리

교차분석의 기본원리는 수집된 자료를 크게 두 개의 요인에 의해 작성하는 상황표(Contingency table)를 이용한다. 상황표는 한 요인을 열로 하고 다른 요인을 행으로 하여 각 경우에 해당하는 기대도수와 관측도수를 해당되는 칸에 기록하여 만든다. 교차분석은 조사대상의 표본으로부터 기대할 수 있는 기대도수와 실제 조사를 통해 얻어낸 결과인 관측도수간의 차이를 검정하는데 이용된다.

따라서 상황표에 사용된 두 요인의 기대도수와 관측도수간의 관련성이 있는지 또는 독립인지를 검정하는 분석을 독립성검정(test of independence)이라 한다. 교차분석에서 이용되는 통계량은 기대도수와 관측도수간의 차이에 의해서 계산되는 χ^2-통계량을 이용한다. 즉, 상황표는 행의 범주의 수가 r, 열의 범주의 수가 c일 때, χ^2-통계량의 자유도는 (c-1)×(r-1)을 이용하여 두 변수간의 관련성을 검정한다.

4.3.1 가설 검정

두 변수간의 관련성 또는 독립성을 검정하는 교차분석에서는 두 변수간 관련성이 없다는 귀무가설과 두 변수간 적어도 어느 하나는 다르다는 대립가설을 설정하여 검정한다. <표 4-1>의 예를 통해서 설명하면, 올해의 기업 매출액 규모에 따라 다음 해 CRM 시스템을 구현할 것인지를 알아보고자 한다. 즉, 기업 매출액 규모가 CRM 시스템 구현에 영향을 미치는지를 알아보고자 한다.

- 귀무가설(H0) : CRM 시스템 구현과 기업 매출액 규모와는 관련성이 없다.
- 대립가설(H1) : CRM 시스템 구현과 기업 매출액 규모와는 관련성이 있다.

여기서 귀무가설은 CRM 시스템 구현과 관계없이 다음 해의 기업 경영성과는 올해의 성과와 동일하다는 것을 의미하고, 대립가설은 CRM 시스템 구현에 따라 기업의 경영성과는 다르다는 것을 의미한다.

<표 4-1> CRM 시스템 구현과 매출액 관계

매출액 / CRM구현	50억 이상	40억 이상 50억 미만	40억 미만	합 계
예	28	36	11	75
아니오	22	44	9	75
합 계	50	80	20	150

- 귀무가설 : $H_0 : P_1 = P_2 = P_3$
- 대립가설 : $H_1 : P_1 \neq P_2 \neq P_3$

4.3.2 통계량 산출

교차분석에서 이용하는 통계량 다음과 같이 식 [4-1]을 사용한다. <표 4-1>을 이용해서 기대도수와 χ^2-통계량 및 자유도를 구하면 다음과 같다.

□ 기대도수(E) = (열의 합*행의 합)/총합 ························ 식 [4-1]

□ χ^2(chi-square) = $\sum_i \sum_j \frac{[O_{ij} - E_{ij}]^2}{E_{ij}}$ ························ 식 [4-2]

0_{ij} : 관측도수 E_{ij} : 기대도수

□ 자유도$(df) = (c-1)(r-1)$

행 : 3, 열 : 2, 자유도 (3-1)(2-1)=2

1) 기대 도수

① 50억 이상(CRM 시스템 구현)=(50*75)/150=25개 기업

② 50억 이상(CRM 시스템 미 구현) =(50*75)/150=25개 기업

③ 40억 이상 50억 미만(CRM 시스템 구현)=(80*75)/150=40개 기업

④ 40억 이상 50억 미만(CRM 시스템 미 구현)=(80*75)/150=40개 기업

⑤ 40억 미만(CRM 시스템 구현)=(20*75)/150=10개 기업

⑥ 40억 미만(CRM 시스템 미 구현)=(20*75)/150=10개 기업

2) χ^2-통계량 계산

$$\chi^2 = (28-25)^2/25 + (36-40)^2/40 + (11-10)^2/10 + (22-25)^2/25 + (44-40)^2/40 + (9-10)^2/10 = 0.36 + 0.40 + 0.10 + 0.36 + 0.40 + 0.10 = 1.72$$

χ^2=1.72

3) 자유도

자유도(df)=(3-1)×(2-1)=2

매출액 / CRM구현	50억 이상	40억 이상 50억 미만	40억 미만	합계
예	28(25)	36(40)	11(10)	75
아니오	22(25)	44(40)	9(10)	75
합 계	50	80	20	150

※ 괄호 안은 기대 도수

4) 검정 통계량 산출

자유도를 고려하여 부록의 표 [6]으로부터 검정 통계량 $\chi^2(df=2, \alpha=0.05) = 5.991$이고 분석결과의 χ^2=1.72이므로 기각값 보다 작으므로 귀무가설을 기각하지 못한다. 분석 결과의 의미는 기업의 매출액과 CRM 시스템 구현과는 관련과는 관련성이 없다는 것을 의미한다. 하지만 실무 경제에서는 CRM 시스템 구현을 통한 고객관계관리는 기업 경영성과에 많은 영향을 미치고 있다.

5) 카이스퀘어 분포(χ^2-분포)

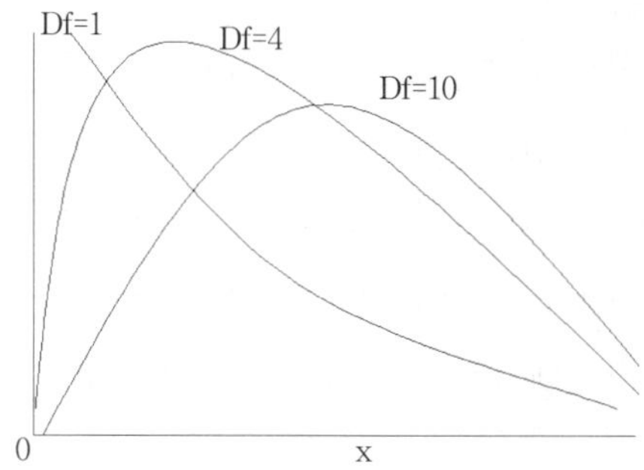

[그림 4-1] 자유도를 고려한 카이제곱 분포

4.3.3 결과 해석

교차분석 결과 χ^2(chi-square) 값이 검정 통계량 χ^2-통계량 값보다 크면 클수록 기대 도수와 관찰 도수간의 차이가 크다는 것을 의미한다. 따라서 이는 두 변수간 상호 관련성이 높다는 것을 의미한다. 즉, 두 변수간 상호 독립적이라는 귀무가설을 기각하고 상호 관련성이 있다는 대립가설(연구가설)을 채택한다. 분석 결과에서는 χ^2-값이 검정 통계량 χ^2-값보다 작으므로 기업 매출액 규모와 CRM 시스템 구현과는 관련성이 없다는 것을 의미한다.

4.4 프로그램의 실행과 해설

4.4.1 분석 상황

설문에 응답한 기업의 직원들을 대상으로 과연 현재 직급(1. 사원, 2. 대리, 3. 과장, 4.차/부장)과 근속년수와 어떠한 관련성이 있는지를 알아보고자 한다. 교차분석을 이용하여 직급과 근속년수에 대한 관련성 여부를 분석하여 보자.

4.4.2 교차분석의 실행

SPSSWIN14.0에서 교차분석(C)을 실행하기 위해서는 다음과 같은 절차를 이용한다.

① 파일 메뉴(F)에서 통계 기법(A)을 선택한 다음 교차분석(C)을 선택한다.

② [그림 4-2]의 교차분석(C)을 선택하면 [그림 4-3]과 같은 대화상자가 나타난다.

③ [그림 4-3]에서 행(근속년수)과 열(직급)에 분석할 변수를 선택하고 푸시 버튼(▶)을 누른다.

④ [그림 4-3]은 왼쪽부분의 변수상자와 오른쪽 부분의 행(O)과 열(C)에 변수를 지정할 수 있는 부분으로 되어 있다. 그리고 아랫부분은 통계량(S), 셀(C), 출력형식(F)으로 구성되어 있다. 하나 이상의 변수들 간의 차이 검정을 하기 위해서는 단계별 분석[Layer]부분에서 [이전]과 [다음]을 이용하여 변수를 지정한다.

⑤ [그림 4-3]에서 통계량(S), 셀(C), 출력 형식(F), 그리고 정확한 검정(X)에 옵션을 지정한다. 이에 대한 대화상자는 각각 [그림 4-4], [그림 4-5], [그림 4-6] 그리고 [그림 4-7]과 같다. 이를 구체적으로 설명하면 다음과 같다.

➠ 1. 통계기법 지정 대화상자

파일메뉴(F)의 통계분석(A)을 선택하여 [그림 4-1]과 같이 교차분석(Crosstabs)을 선택한다.

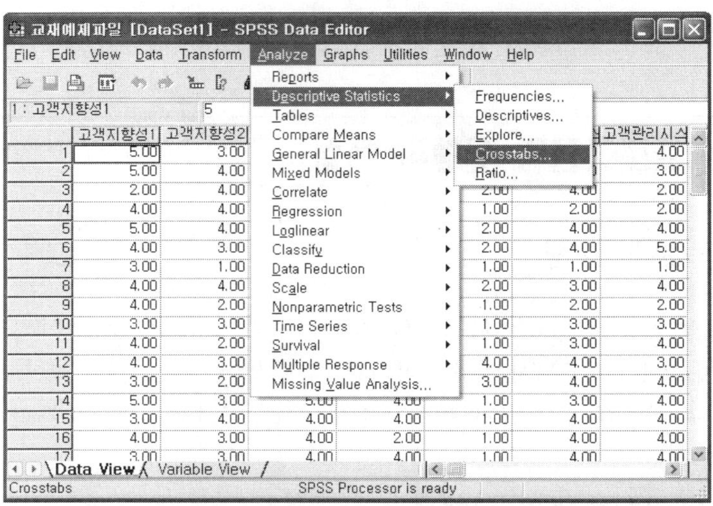

[그림 4-2] 통계분석 지정 대화상자

➠ 2. 교차분석 대화상자

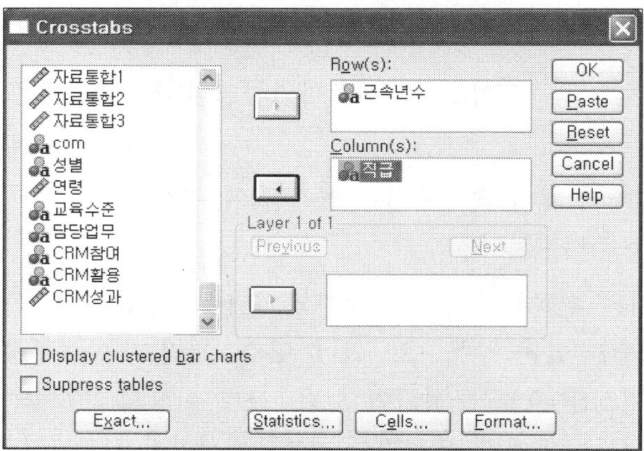

[그림 4-3] 교차분석 대화상자

교차분석 대화상자에서 분석에 필요한 통계량인 정확한 검정(x), 통계량(S), 셀(e), 출력형식(F) 등을 차례로 지정한다.

➠ 3. 통계량 지정 대화상자

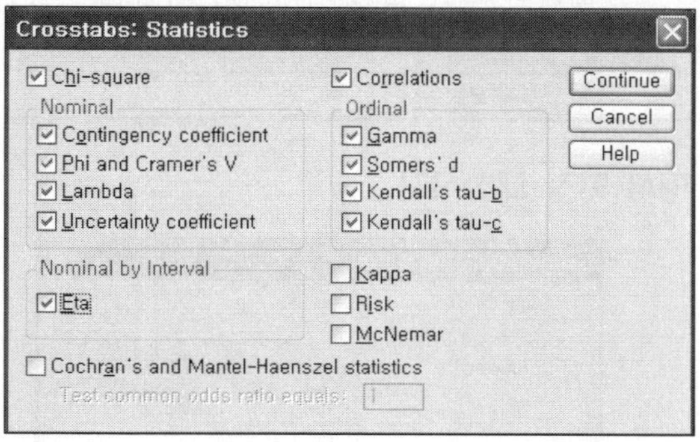

[그림 4-4] 통계량 지정 대화상자

통계량 지정 대화상자는 두 가지 옵션으로 구성되어 있으며 분석에 사용된 변수의 형태에 따라 명목(Nominal) 또는 서열(Ordinal) 옵션을 지정한다. 교차분석의 기본 통계량은 χ^2-통계량과 상관관계이다.

<표 4-2> 통계량 지정 옵션

옵 션	설 명
카이제곱(h)	Pearson, 우도비 및 Fisher의 정확한 검정, 선형 대 선형 결합과 관련된 χ^2 값을 제시
상관관계(r)	Pearson 및 Spearman 상관계수를 제시
카파(K)	Cohen의 카파값을 제시
위험도(I)	상대적 위험률(단, 2*2에서만 계산)
McNemar(M)	이산형 변수에 대한 비모수 검정으로 χ^2분포를 사용, 응답 변화 확인
명목 척도	다음중 하나를 이상을 선택할 수 있다.
우발성 계수(O)	우발성 계수, $C=\sqrt{\frac{\Phi^2}{(1+\Phi^2)}}$
파이 및 Cramer의 V	크레이머의 $V=\sqrt{\Phi^2/(q-1)}=\sqrt{\chi^2/n(q-1)}$
람다(L)	대칭 및 비대칭 람다
불확실성 계수(U)	대칭 및 비대칭 불확실성 계수
서열 척도	다음 중 하나 이상을 선택할 수 있다.
감마(G)	무작위로 예측했을 때 다른 변수를 예측할 때 줄일 수 있는

	오류의 비를 계산 값으로 측정, 교차분석표의 대각선상의 빈도가 집중되어 있는 경우에는 값은 1이 된다.
소머스의 D(S)	종속변수만 일치하고 독립변수는 일치하지 않는 경우를 포함하여 비율을 계산한다.
켄달의 타우-b(b)	행렬의 수가 같을 때 +1에서 -1의 값을 갖는다.
켄달의 타우-c(c)	행렬의 수가 달라도 +1에서 -1의 값을 갖는다.
등간 척도	
에타(E)	두 변수의 관련성을 계산

4. 셀 표시 형식 지정 대화상자

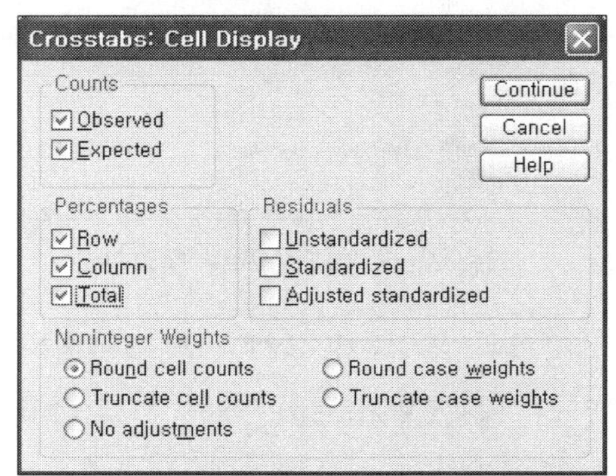

[그림 4-5] 셀 표시 형식 지정 대화상자

셀 표시 형식 지정 대화상자에서 관측도수(O)와 기대도수(E) 그리고 행과 열에 대한 표시 형식을 지정한 후 계속 버튼(C)을 누른다.

<표 4-3> 셀 표시 형식 옵션

	옵 션	설 명
빈 도	관측도수(O)	실제 관측된 자료도수
	기대도수(E)	기대 빈도
퍼센트	행(R)	각 행에 대한 백분율
	열(C)	각 열에 대한 백분율
	전체(R)	
잔 차	표준화하지 않음(U)	관측빈도-기대빈도의 값
	표준화(S)	표준화 잔차
	수정된 표준화(A)	조정된 표준화 잔차

➠ 5. 출력형식 지정 대화상자

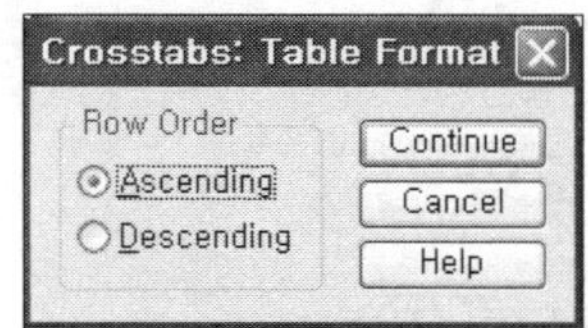

[그림 4-6] 출력형식 지정 대화상자

출력형식 지정 대화상자에서 오름차순(A) 또는 내림차순(D)으로 출력형식을 지정한 후 계속 버튼(C)을 누른다.

<표 4-4> 출력형식 옵션

옵 션	설 명
행의 순서	
▪ 오름차순(A)	오름차순 정렬
▪ 내림차순(D)	내림차순 정렬

➠ 6. 정확한 검정 대화상자

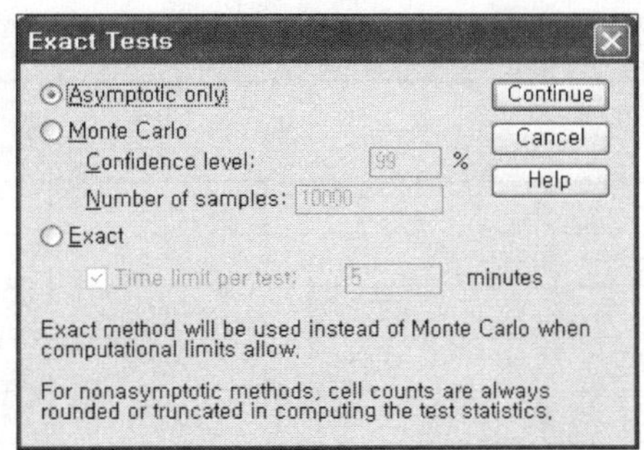

[그림 4-7] 정확한 검정 대화상자

정확한 검정 대화상자에서 점근적 검정을 선택한 후 계속 버튼(C)을 누른다.

<표 4-5> 정확한 검정 옵션

옵 션	설 명
▪ 점근적 검정(A)	점근 유의성 확률의 값을 의미
▪ 몬테카를로(M) - 신뢰 수준 - 표본의 수	몬테카를로 유의성 확률값을 의미
▪ 정확성(E)	반복회수 시간 지정

4.5 분석 결과의 해석

4.5.1 분석 사례수 요약

[분석 결과4-1] 분석 사례수의 요약

	사례수					
	유효 사례수		결측치		전체	
	사례수	퍼센트	사례수	퍼센트	사례수	퍼센트
근속년수 * 직급	60	100.0%	0	.0%	60	100.0%

해설●➡ 분석에 투입된 사례수에 대한 요약표가 제시되어 있다. 분석에 사용된 사례수는 60개이며 결측치는 없는 것으로 나타나고 있다.

4.5.2 근속년수와 직급 기대도수와 관측도수 상황표

[분석 결과 4-2] 근속년수와 직급 상황표

			직급			Total
			1	2	3	
근속년수	1	관측도수	3	0	0	3
		기대도수	1.7	.4	.9	3.0
		근속년수 %	100.0%	.0%	.0%	100.0%
		직급 %	9.1%	.0%	.0%	5.0%
		전체 %	5.0%	.0%	.0%	5.0%
	2	관측도수	19	5	0	24
		기대도수	13.2	2.8	7.2	24.0
		근속년수 %	79.2%	20.8%	.0%	100.0%
		직급 %	57.6%	71.4%	.0%	40.0%
		전체 %	31.7%	8.3%	.0%	40.0%
	3	관측도수	9	2	8	19
		기대도수	10.5	2.2	5.7	19.0
		근속년수 %	47.4%	10.5%	42.1%	100.0%
		직급 %	27.3%	28.6%	44.4%	31.7%
		전체 %	15.0%	3.3%	13.3%	31.7%
	4	관측도수	2	0	10	12
		기대도수	6.6	1.4	3.6	12.0

	근속년수 %	16.7%	.0%	83.3%	100.0%
	직급 %	6.1%	.0%	55.6%	20.0%
	전체 %	3.3%	.0%	16.7%	20.0%
전체	관측도수	33	7	18	60
	기대도수	33.0	7.0	18.0	60.0
	근속년수 %	55.0%	11.7%	30.0%	100.0%
	직급 %	100.0%	100.0%	100.0%	100.0%
	전체 %	55.0%	11.7%	30.0%	100.0%

해설●➡ 교차표의 셀 안에 나타난 수치들은 각각 첫 번째는 관측도수, 두 번째는 기대도수, 세 번째는 행 백분율, 네 번째는 열의 백분율을 나타낸다. 마지막은 전체 백분율을 표시한 것이다. 상황표에서 보면 사원인 경우 근속년수가 1년 이하이고, 대리인 경우 근속년수가 5년 이하, 과장인 경우 10년이하, 차/부장인 경우에는 10년 이상 근속한 사원들로 나타났다. 근속년수와 직급은 관련성이 매우 높다고 할 수 있다.

[분석 결과 4-3] χ^2-검정

	값	df	점근 유의수준(양측검정)
Pearson χ^2	90.899	9	.000
우도비	54.811	9	.000
유효 사례수	60		

해설●➡ 직급과 근속년수의 관련성을 검정한 분석 결과를 보면, 피어슨 χ^2 값은 90.899이며, 자유도는 (4-1)*(4-1)=9이며, 유의도는 0.048(p>0.05)이다. 직급과 근속년수는 관련성이 있음을 알 수 있다.

신뢰성 분석(Reliability Analysis)

5.1 기본 개념

신뢰성(Reliability)이란 안정성(stability), 일관성(consistency), 정확성(accuracy), 예측가능성(predictability) 등으로 표현될 수 있는 개념이다. 신뢰성을 검정하기 위해서는 등간 척도 이상의 척도와 이항척도이어야 하며 명목척도로 측정된 문항에 대해서는 사실상 신뢰성을 평가하지 않는다. 일반적으로 신뢰성분석이란 연구자가 측정하고자 하는 개념을 얼마나 정교하게 만들어 측정하였는가를 평가하기 위한 분석도구이다.

신뢰성을 정의하는 방법은 측정의 어떤 측면을 강조하느냐에 따라 다음 세 가지 접근방법으로 나누어 볼 수 있다.

첫째, 동일한 개념에 대하여 동등한 복수의 측정도구를 사용하여 반복 측정하였을 경우 동일하거나 비슷한 결과를 얻을 수 있는 정도로 정의할 수 있다.

둘째, 측정에 있어 측정 오차(error of measurement)가 얼마나 존재, 즉 측정도구에 측정오차가 상대적으로 얼마나 있는가? 또는 없는가 하는 것으로 정의할 수 있다. 따라서 신뢰성이 낮다는 것은 측정하고자 하는 개념 이외의 오차를 많이 포함하고 있다는 것을 의미한다. 측정에 있어 측정 오차는 측정도구(설문 문항)와 측정 대상자(응답자)에서 발생한다.

셋째, 측정도구가 측정하려고 하는 속성을 얼마나 정확하게 측정했느냐 하는 것으로 정의할 수 있다.

5.2 신뢰성 이론

신뢰성을 이론적으로 설명하는 방법은 수집된 자료의 분산을 이용하여 설명할 수 있다. 즉 측정 대상의 측정 결과가 x_t인 경우, 여기에는 참성분(x_∞ : true component)과 오차성분(x_ϵ : error component)으로 구성된다. 따라서 오차성분이 클수록 신뢰성은 낮으며 오차성분이 작을수록 신뢰성은 높아지게 된다. 이를 수식으로 표현하면 식 [5-1]과 같이 나타낼 수 있다.

$$X_t = X_\infty + X_\epsilon \qquad \text{식 [5-1]}$$

여기서 x_∞ : 참성분, x_ϵ : 오차성분

이를 통계의 원리에 의해 측정치 x_t들의 분산값은 식 [5-2]와 같이 표현할 수 있다.

$$V_t = V_\infty + V_\epsilon \qquad \text{식 [5-2]}$$

여기서 V_∞ : 참성분, V_ϵ : 오차성분

이론적으로 신뢰성은 다음과 같이 식 [5-3]과 [5-4]로 정의된다. 첫째, 신뢰성은 측정을 통하여 얻은 전체분산(V_t)에 대한 참분산(V_∞)의 비율이다.

$$R_{tt} = \frac{V_\infty}{V_t} \qquad \text{식 [5-3]}$$

둘째, 신뢰성은 측정을 통하여 얻은 전체분산(V_t)에 대한 오차분산(V_ϵ)의 비율을 1에서 뺀 것이다.

$$R_{tt} = 1 - \frac{V_\epsilon}{V_t} = \frac{(V_t - V_\epsilon)}{V_t} \qquad \text{식 [5-4]}$$

여기서 R_{tt} : 신뢰성 계수 V_t : 총분산 , V_ϵ : 오차분산, V_∞ : 참분산

5.3 Crobach's α의 의의

신뢰성을 측정하는 방법에는 재검사법(test-retest method), 평행양식법(parallel-forms technique), 반분법(split-half method) 그리고 내적 일관성(internal consistency relia bility)으로 구분된다. 이 중에서 가장 보편적으로 사용되는 신뢰성 평가 방법은 측정 항목간의 평균적인 관계를 고려한 내적 일관성 방법이다. 내적 일관성은 Crobach's α 계수를 이용하여 측정 항목의 신뢰성을 평가한다. Crobach's α의 이용 공식은 측정 항목이 표준화된 경우와 측정 항목이 표준화되지 않은 경우로 나누어 표현할 수 있다.

5.3.1 측정 항목이 표준화된 경우

측정 항목이 표준화된 경우에는 측정 항목간의 평균 상관 관계를 이용하여 평가한다. 이를 수식으로 표현하면 식 [5-5]와 같다.

$$\text{Crobach's } \alpha = \frac{kr}{1+(k-1)r} \quad \cdots\cdots \text{식 [5-5]}$$

여기서 k : 측정항목의 수

r : 항목들간의 평균상관관계

5.3.2 측정 항목이 표준화되지 않은 경우

표준화되지 않은 경우에는 평균-공분산을 이용하여 평가한다. 이를 수식으로 나타내면 식 [5-6]과 같다.

$0 < \text{Crobach's } \alpha < 1$

$$\text{Crobach's}\alpha = \frac{kcov/var}{1+(k-1)cov/var} \quad \cdots\cdots \text{식 [5-6]}$$

여기서 k : 측정 항목의 수

cov : 항목들간의 평균 공분산

var : 항목들의 분산

5.4 신뢰성을 증가시키는 방법

신뢰성을 평가하고 나면 특정 개념의 측정치 중에서 신뢰성을 저하시키는 항목들이 있다. 이런 경우 신뢰성을 저하시키는 항목을 제외시킴으로서 신뢰성을 높일 수 있게 된다. 신뢰성을 높이는 방법으로는 다음과 같은 방법들이 있다.

첫째, 측정 도구의 모호성을 제거한다. 즉, 응답자마다 상이하게 응답을 할 수 있는 문항을 제거한다. 둘째, 측정 문항의 항목수를 늘린다. 셋째, 조사 대상자가 잘 모르거나 전혀 관심이 없는 측정 문항은 제외한다. 넷째, 동일한 질문이나 유사한 질문을 2회 이상 실시한다. 다섯째, 선행 연구에서 사용된 측정도구를 이용한다. 일반적으로 신뢰성의 최종 결과 해석은 탐험적 연구에서는 신뢰성이 0.6 이상, 확증 연구에서는 신뢰성이 0.7 이상이며 측정치들의 신뢰성이 확보되었다고 평가한다[2].

5.5 분석 프로그램의 실행과 해설

5.5.1 분석 상황

CRM 전략의 성공적 실행은 고객정보 데이터베이스의 효율적 구축과 기업 구성원들이 고객정보를 이용하여 고객관리를 어떻게 하느냐에 달려 있다. 구성원들이 고객정보를 이용하기 위해서는 고객 관련 정보에 쉽게 접근할 수 있어야 한다. 국내 유통업체인 모 기업에서는 구성원들의 고객 정보접근성을 알아보기 위하여 5점 리컷트 척도를 이용하여 4개의 문항으로 정보접근성 개념을 측정하였다. 측정한 4개의 문항이 정보접근성의 의미를 정확하게 반영하고 있는지를 분석하여 보자. 사용된 문항은 정보접근1, 정보접근2. 정보접근3, 정보접근4를 이용하고 있다.

2) Nunnally, J. ,Psychometric Methods 3th, New York : McGraw-Hill Book Co., 1978.

5.5.2 신뢰성 분석의 실행

SPSSWIN14.0에서 신뢰성 분석을 실행하기 위해서는 다음과 같은 절차를 이용한다.

① 파일 메뉴(F)의 통계 기법(A)을 선택한 다음 [그림 5-1]과 같이 스케일(a)을 선택한다.

② [그림 5-1]의 신뢰성 분석(R)을 선택하면 [그림 5-2]와 같은 대화상자가 나타난다.

③ [그림 5-2]에서 클릭&드롭(Click&Drop)을 이용해서 정보접근1, 정보접근2. 정보접근3, 정보접근4를 선택한 다음 푸시 버튼(▶)을 누른다.

④ [그림 5-2]는 왼쪽 부분의 변수상자와 오른쪽 부분의 분석할 변수를 선택할 문항상자로 구성되어 있다. 그리고 아랫부분은 모델(M)과 통계량(S) 지정 옵션을 이용할 수 있도록 되어 있다.

⑤ [그림 5-2]에서 문항의 신뢰성을 평가할 수 있는 모델(M)과 통계량(S)옵션을 선택하면 [그림 5-3]과 같은 통계량 옵션 대화상자가 나타난다. 여기서 분석에 필요한 통계량을 지정한다. 이를 구체적으로 설명하면 다음과 같다.

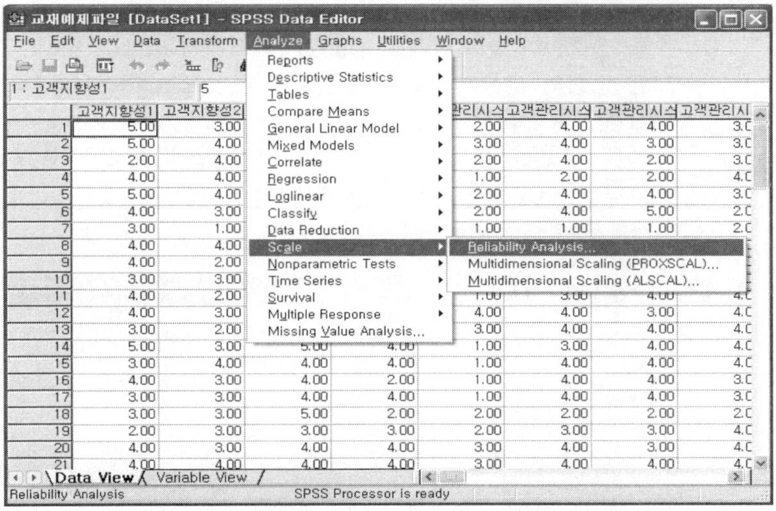

[그림 5-1] 통계분석 대화상자

➠ 1. 신뢰성 분석 대화상자

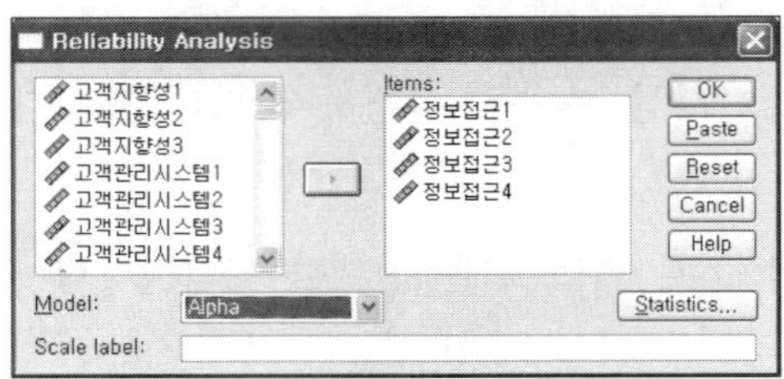

[그림 5-2] 신뢰성 분석 대화상자

신뢰성 분석 대화상자에서 분석할 측정 문항을 선택하고 푸시 버튼을 누른다. 분석모델은 <표 5-1>에 제시되어 있는 모델 중 연구목적에 적합한 모델을 선택한다. 기본 모델은 "알파"로 지정되어 있다.

<표 5-1> 모델 옵션

모델 옵션	설 명
알파	문항간의 상관관계를 기초로 하여 내적 일관성을 평가한다. 자료가 표준화된 경우에는 평균 상관관계를 이용하여 신뢰성 계수 α를 계산하고, 자료가 표준화되지 않은 경우에는 공분산을 이용한다. 기본 옵션으로 설정되어 있다. 또한 Kuder-Richardson 20 (KR20) 계수와 동일하다.
반분계수(n)	반분신뢰성계수는 표본을 분할하여 신뢰성 계수를 구한다.
Guttman	Guttman이 제시한 최소한의 가정으로 추정할 수 있는 65의 신뢰성계수를 산출한다. 신뢰성계는 lambda 1에서부터 lambda 6으로 표현된다.
Parallel	모든 문항의 분산과 잔차분산이 동일한 것으로 가정하며 최우추정 신뢰성계수를 산출한다.
Strict Parallel	Parallel 모델과 유사하며, 모든 항목의 평균과 분산이 동일한 것으로 가정한다. 최우추정 신뢰성계수를 산출한다.

➠ **2. 통계량 지정 대화상자**

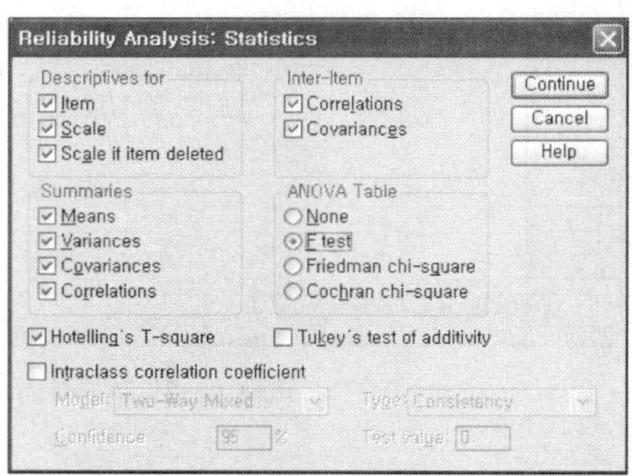

[그림 5-3] 통계량 지정 대화상자

통계량 지정 대화상자에서 기술 통계량, 문항간 통계량, 요약, ANOVA 표의 F-검정을 선택한다. 대화상자의 옵션처럼 지정한다.

<표 5-2> 통계량 옵션

옵 션	설 명
기술 통계량	
• 문항(I)	문항의 평균과 표준편차
• 척도(S)	측정개념의 평균, 표준편차, 분산
• 문항 제거시 척도(a)	특정 문항이 제거되는 경우의 요약 통계량 산출
문항간	
• 상관관계(l)	항목간 상관관계 행렬
• 공분산(e)	항목간 공분산 행렬
요 약	
• 평균(M)	특정 문항의 평균에 대한 요약 통계량
• 분산(V)	특정 문항의 분산에 대한 요약 통계량
• 공분산(o)	문항간 공분산에 대한 요약 통계량
• 상관관계(r)	문항간 상관관계에 대한 요약 통계량
분산분석표	
• 없음(N)	기본설정
• F-검정(F)	분산분석표의 산출
• Friedman χ^2 검정(d)	프리드만의χ^2 및 켄달의 부합치 계수 산출, 측정치가 서열척도인 경우 사용
• Cochran χ^2 검정(h)	이항척도자료의 비율변화 검정인 Cochran Q 검정
• Hotelling의 T- 제곱(q)	모든 문항의 평균이 동일하다는 귀무가설을 검정
• Tukey-검정(k)	문항간에 상호작용이 없다는 가정 하에의 검정

5.6 분석 결과의 해설

[분석 결과 5-1] 분석 사례 수

		사례수	%
사례수	유효 사례수	60	100.0
	제외된 사례수(a)	0	.0
	전체	60	100.0

a 문항 제거는 Listwise 방식

신뢰성 분석을 사용된 사례 수는 60이며 결측치는 없는 것으로 나타났다.

[분석결과 5-2] 신뢰성 분석의 기술 통계량

	평균	표준편차	사례수
정보접근1	2.8500	1.05485	60
정보접근2	2.6500	1.13234	60
정보접근3	2.8333	.86684	60
정보접근4	3.3833	.78312	60

정보접근성 개념을 측정하기 위해 이용한 문항의 평균과 표준편차, 사례 수이다.

[분석결과 5-3] 공분산 및 상관관계행렬

	상관관계 행렬			
	정보접근1	정보접근2	정보접근3	정보접근4
정보접근1	1.000			
정보접근2	.750	1.000		
정보접근3	.602	.596	1.000	
정보접근4	.338	.555	.520	1.000
	공분산 행렬			
	정보접근1	정보접근2	정보접근3	정보접근4
정보접근1	1.113			
정보접근2	.896	1.282		
정보접근3	.551	.585	.751	
정보접근4	.279	.492	.353	.613

분석에 사용된 문항들간의 공분산과 상관관계는 비교적 높은 것으로 나타나고 있다. 문항들 간의 상관관계가 높다는 것은 연구자가 측정하고자 하는 개념의 의미를 정확하게 반영하였다는 것을 의미한다. 반면, 문항들 간의 상관관계가 낮게 분석되는 경우에는 여러 가지 원인이 있을 수 있다. 원인은 측정도구(설문 문항)와 측정 대상자(응답자)에서 발생할 수 있다. 이는 첫째, 연구자가 측정하고자 하는 개념의 의미를 정확하게 반영하지 못해서 발생하는 오차이다. 둘째, 응답자가 설문문항을 정확히 읽지 않고 무성의하게 응답하는 경우 발생하는 오차이다. 개선방안은 설문문항의 내용을 수정하여 다시 측정하거나 표본의 수를 증가시키는 것이다.

[분석결과 5-4] 항목간 통계량

	평균	최소	최대	범위	최대/최소	분산	문항수
문항간 평균	2.929	2.650	3.383	.733	1.277	.100	4
문항간 분산	.940	.613	1.282	.669	2.091	.096	4
문항간 공분산	.526	.279	.896	.617	3.213	.042	4
문항간 상관관계	.560	.338	.750	.412	2.222	.016	4

분석에 이용된 문항간 기본적 통계량이 제시되어 있다.

[분석결과 5-5] 전체 신뢰성 계수 통계량

	특정 문항 제거시 평균	특정 문항 제거시 분산	관련문항 상관관계	문항간 상관관계	특정 문항 제거시 Cronbach's α
정보접근1	8.8667	5.507	.697	.624	.779
정보접근2	9.0667	4.843	.792	.668	.733
정보접근3	8.8833	6.342	.682	.480	.789
정보접근4	8.3333	7.209	.535	.403	.845

[분석결과 5-5]는 중요한 의미를 담고 있다. 설문서의 데이터를 입력하고 본 분석에 들어가기 전 각 측정 개념에 대한 내적일관성, 안정성, 신뢰성 분석을 하게 된다. 분석결과 신뢰성 계수인 Cronbach's α계수가 0.6이하인 경우에는 각 문항이 측정 개념의 의미를 정확히 반영하지 못하고 있는 것으로 분석되기 때문에 모든 문항을 이용해서 연구목적을 위한 개념(정보접근성)으로 변환해서 사용할 수 없게 된다. 신뢰성 계수가 낮다고 하여 개념을 연구모델에서 제외시킬 수는 없다. 이런 경우 특정 문항을 제거함으로써 신뢰성계수를 증가시킬 수 있다. [분석결과 5-5] 분석결과를 보면, 정보접근4 문항을 제거하였을 경우 신뢰성 계수가 0.845인 반면, 정보접근2 문항을 제거하였을 경우에는 신뢰성 계수가 0.733으로 낮아지게 된다. 이런 경우 신뢰성 계수를 증가시키는 정보접근4 문항을 제거시킴으로써 전체적인 신뢰성 계수를 증가시킬 수 있는 것이다. 주의할 점은 신뢰성 계수가 0.7이상인 경우에는 문항의 제거 검토를 하지 않아도 무방하다(Nunnally, 1978). 신뢰성 분석에 포함된 각 문항들이 제거되었을 때 나머지 문항들의 평균의 합, 분산, 특정문항과 다른 문항의 합과의 상관계수, 해당 문항을 종속변수로 하고 나머지 문항을 독립변수로 하는 다중 회귀분석의 결정계수(R^2) 및 신뢰성계수를 나타낸다. [분석 결과 5-5]는

문항별 신뢰성에 어떠한 영향을 미치는가를 분석하기 위해 반드시 필요한 분석 결과이다.

[분석결과 5-6] 분산분석표

		제곱합	df	평균제곱	F-값	Sig
집단간		148.546	59	2.518		
집단내	회귀(SSR)	17.979	3	5.993	14.477	.000
	잔차(SSE)	73.271	177	.414		
	합계(SST)	91.250	180	.507		
전체		239.796	239	1.003		
Grand Mean = 2.9292						

해설 각 문항을 집단으로 하여 각 표본의 수만큼 반복 측정한 분산분석의 결과이다. 측정에 대한 귀무가설은 "각 문항들의 평균은 같다"이며, 대립가설은 "각 문항들의 평균은 같지 않다" 이다. 분석 결과에서는 F-값이 14,477이고 유의수준 p=0.00이므로 평균에 대한 귀무가설이 기각되며, 측정 문항간에 측정치의 평균이 다르다는 것을 알 수 있다.

[분석결과 5-7] 신뢰성 계수와 Hotelling T-제곱

Cronbach's Alpha	표준화된 문항을 이용한 Cronbach's α			문항수
.836	.836			4
Hotelling's T-Squared				
Hotelling's T-Squared	F-값	df1	df2	Sig
48.186	15,511	3	57	.000

해설 Hotelling T-제곱을 보면 모든 문항간의 평균이 같다는 귀무가설은 기각되고 모든 문항간의 평균이 다르다는 연구가설(대립가설)이 채택됨을 알 수 있다. 4개 문항 전체에 대한 신뢰성계수를 나타내고 있다. 신뢰성계수 Cronbach's α는 0.836이며, 문항들을 표준화시킨 신뢰성계수는 0.836이다. 보통 신뢰성계수가 0.6 이상이면 신뢰성이 있다고 볼 수 있으며, 전체항목을 하나의 척도로 종합하여 다른 분석에 이용할 수 있다.

요인분석(Factor Analysis)

6.1 요인분석의 의의

요인분석(factor analysis)은 질문 문항, 변수 또는 측정대상들 간의 상관관계를 고려해서 이들 측정치 사이에 공유하는 구조를 파악해 내는 기법이다. 이를 통해 연구자에게 측정문항(개념)의 형태로 주어진 많은 수의 정보를 분석이 용이하도록 적은 수의 요인(개념)으로 제시해 주는 분석 방법이다. 요인분석은 자료 및 변수의 감축 기법으로 변수가 독립변수/종속변수인가를 구분하지 않는다. 요인분석은 구체적인 사용 목적은 다음과 같다.

첫째, 자료의 요약이다. 즉, 여러 개의 측정 문항들을 몇 개 동질적인 집단으로 묶음으로써 자료의 복잡성을 줄이고 몇 개의 요인으로 자료를 요약하는데 이용된다. 둘째, 불필요한 변수들을 제거한다. 특정 요인에 동질적인 집단으로 묶이지 않는 변수를 제거한다. 다시말해서 문항들간의 관련성이 적은 문항을 제거한다. 셋째, 변수의 구조 파악이다. 변수들내에 존재하는 상호 독립적인 특성을 파악해 낸다. 넷째, 측정도구의 타당성을 평가한다. 특정 개념을 측정하기 위해 복수 문항의 측정치를 사용하였다면, 측정치들간에는 높은 상관관계가 존재하여야 한다. 문항들 간의 관련성을 토대로 측정한 변수들이 동일한 요인으로 묶이는지를 확인함으로써 측정 도구의 타당성을 평가한다. 다섯째, 추가적인 분석에 요인 점수를 이용한다. 후에 기술하게 되는 회귀분석, 판별분석, 군집분석 등에서 요인 점수를 추가 분석에 이용할 수 있다.

6.2 요인분석의 단계

요인분석의 수행 단계는 [그림 6-1]에서 볼 수 있는 것처럼 7단계로 구성할 수 있다.

요인분석의 제1단계는 연구 문제의 설정이다. 이 단계에서는 연구에 사용된 변수의 형태(등간, 비율척도)가 무엇이며, 연구에 포함된 변수의 수는 몇 개인지 그리고 표본의 수는 충분한지를 결정하는 단계이다. 요인분석을 수행하기 위한 표본의 수는 50개 이상이며, 일반적으로 측정변수의 4~5배가 필요하다.

자료원 : Joseph F.Hair, Jr.Rolph E. Anderson Ronald.E. Tatham Willam C. Black Multivariate Data Andysis with Reading Third Edition, p 227.

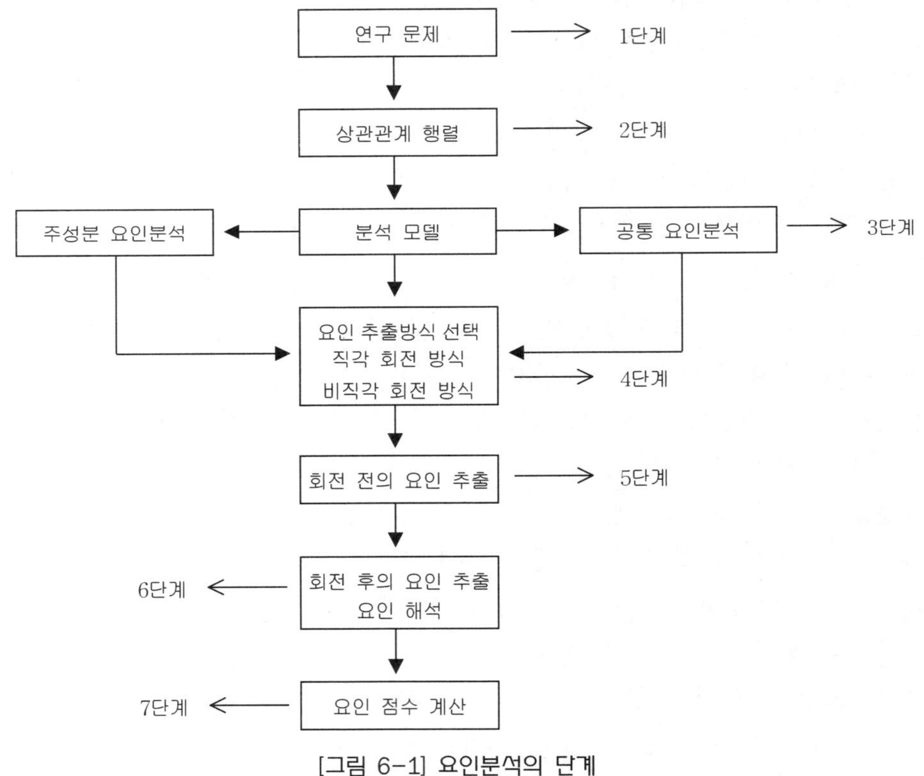

[그림 6-1] 요인분석의 단계

제2단계는 연구의 목적에 따른 R-type 또는 Q-type을 이용한 상관관계 행렬의 계산이다. 연구의 목적이 변수들 간의 특성을 파악하기 위한 것이라면 R-type를 이용하고, 연구목적이 많은 수의 대상들을 보다 적고 상이한 집단으로 분류한다면 Q-type을 이용한다. 상관관계 행렬을 산출함으로써 변수들 간의 상호관련성을 파악한다.

제3단계는 요인을 추출하기 위한 분석모델을 결정하는 단계이다. 요인을 추출하기 위한 방법에는 주성분요인분석(principle component analysis)과 공통요인분석(common factor analysis)이 있다.

제4단계는 요인회전 방식을 결정하는 단계이다. 회전 방식에는 직각 회전(Orthogonal rotation)과 비직각 회전(Oblique rotation) 방식이 있다.

제5단계는 최초의 요인의 추출단계이다.

제6단계는 추출요인에 대한 해석단계이다.

마지막 제7단계는 추후 분석에 이용할 수 있는 요인 점수의 계산과 분석결과를 저장하는 단계이다.

6.3 상관관계 행렬의 검토

요인분석을 수행하기 위해서는 측정변수들 간의 상관관계를 고려하여 계산된 상관관계 매트릭스를 검토하여야 한다. 요인분석의 목적이 측정변수들간의 관련성이 동질적이거나 유사한 집단으로 묶는 것이므로 어느 한 특정 변수는 유사한 다른 변수와 높은 상관관계를 가져야 한다.

변수들 간의 상관관계가 높다는 것은 하나의 요인으로 나타난다는 것을 의미하고, 측정변수들간의 상관관계가 낮다는 것은 하나의 요인으로 묶이지 않는다는 것을 의미한다. 따라서 상관관계 매트릭스에 나타나는 상관계수는 측정개념별로 다르게 나타나야만 연구 목적에 맞는 요인해(factor solution)를 찾을 수 있게 된다. 예를 들면 신뢰(Trust)와 만족(Satisfaction) 개념을 측정하기 위해서 각각 5개 문항을 이용해서 측정하였다면, 신뢰(Trust) 개념을 측정하고 있는 5개의 문항은 상호 관련성이 높아야 하고 만족(Satisfaction) 개념을 측정하고 있는 문항들과는 상호 관련성이 적어야 한다.

6.4 요인분석 모델

연구자들이 요인해(factor solution)를 얻기 위해 이용할 수 있는 요인분석 모델은 주성분 요인분석(principle component analysis)과 공통 요인분석(common factor analysis)이 있다. 이 두 가지 방법은 폭넓게 사용되지만 (1) 요인분석을 수행하는 연구자의 목적과 (2) 측정변수의 분산에 대한 사전 지식의 정도에 따라 적절한 방법을 선택할 수 있다.

따라서 연구 목적에 맞는 적절한 요인분석 방법을 선택하기 위해서는 분산의 개념을 이해해야만 한다. 측정된 변수의 값의 분산은 공통분산, 고유분산, 오차분산으로 구성되어 있다. 전체 분산 중 분석에 이용하는 분산의 형태에 따라 요인분석 모델이 다르게 적용된다.

6.4.1 주성분 요인분석(Principle Component Analysis)

주성분 요인분석은 변수가 가지는 공통분산, 고유분산, 오차분산을 모두 분석에 포함시킨 총 분산에 기초하여 요인을 추출하는 방법이다. 따라서 대각선 분산은 항상 "1"이 된다. 측정된 변수들의 집합에 있는 분산을 가능한 많이 설명할 수 있는 최소한의 요인의 집합을 이용하여 예측하거나 고유분산과 오차분산이 적을 때 사용하는 방법이다.

6.4.2 공통 요인분석(Common Factor Analysis)

공통 요인분석은 측정 변수가 가지는 고유 분산과 오차 분산을 제외한 다른 변수들과 공유되어 있는 공통분산(Common Variance)에 기초하여 요인을 추출하는 방식이다. 이 방법은 변수들의 집합에 내재되어 있는 고유분산 또는 오차분산에 대한 사전지식이 없는 경우 사용한다.

6.4.3 요인분석의 주요 개념

요인분석 결과를 해석하는데 사용되는 주요 개념을 알아보면 다음과 같다.

1) 요인 적재량(Factor Loading)

각 요인이 각 변수와 얼마나 잘 맞아 들어가는가, 즉 상관관계 방향과 강도가 어느 정도인가를 나타내는 척도이다. 요인적재량은 표본의 수에 따라 다소 차이가 있으나 보통 ±0.3 이상이면 다소 유의적이고 ±0.5 이상이면 매우 유의적으로 본다. 요인 적재량의 공식을 수식으로 나타내면 식 [6-1]과 같다.

$$\alpha_{kr} = \rho(F_r, x_k) \quad \cdots\cdots \text{식 [6-1]}$$

여기서 α: 문항(속성) k에 대한 r 번째 공통요인의 적재량
x : k번째 문항
F : r번째 요인

2) 커뮤낼러티(Communality)

각 변수의 전체 변량 중에서 추출된 요인에 의해 설명될 수 있는 공통분산의 비율, 즉, 한 변수와 다른 모든 변수가 공유하는 분산의 양을 의미하며, 커뮤낼러티는 요인적재량을 제곱하여 구한다. 이를 수식으로 나타내면 식 [6-2]와 같이 표현할 수 있다.

$$C_k^2 = \sum_{r=1}^{R} \alpha_{kr}^2 \quad \cdots\cdots \text{식 [6-2]}$$

여기서 C : 문항(속성) k의 커뮤낼러티
α: 속성 k에 대한 r번째 공통 요인의 적재량
x_1의 커뮤낼러티= 요인1 + 요인2 + 요인3

3) 아이겐값(Eigenvalue)

각 요인이 전체 분산 중에서 설명하는 부분의 크기를 말한다. 즉, 어떤 한 요인에 의해 설명되는 분산의 양을 의미하는 것으로 요인이 변수를 몇 개나 설명하는가를 나타낸다. 아이겐값은 각 요인별로 요인적재량의 값을 제곱해서 산출한다. 이를 수식으로 나타내면 식 [6-3]과 같다.

$$\lambda_k^2 = \sum_{k=1}^{K} \alpha_{kr}^2 \quad \cdots\cdots \text{식 [6-3]}$$

여기서 λ: k번째 요인의 적재값
α: 속성 k에 대한 r번째 공통요인의 적재량
k : 변수의 개수

4) 전체 분산에서의 설명된 부분의 비율(Variance Explained)

전체 분산 중에서 각 요인에 의해 설명되어지는 부분의 양을 나타낸다. 이는 아이겐 값/전체변량*100으로 산출된다.

6.5 요인 회전 방식(Rotation of Factors)

요인분석의 중요한 개념은 요인의 회전이다. 주성분요인 또는 공통요인에 의해 얻어진 최초 요인 행렬은 측정 변수들의 분산을 어느 정도 설명할 수 있으나, 대부분 각 변수들과 요인간의 관계가 명확하게 나타나지 않는다. 회전되지 않은 요인(unrotated factor)은 단순히 자료를 감축시키는 과정으로 요인들의 중요성에 따라 요인을 추출하기 때문에 변수의 형태에 따른 의미 있는 정보를 얻기 어렵다.

첫 번째 추출되는 요인은 거의 모든 변수에 대해 유의적인 요인적재량을 보이지만, 두 번째 요인과 나머지 요인은 설명된 분산을 제외한 나머지 분산을 이용하여 추출되기 때문에 해석하기가 어렵다. 따라서 요인회전의 궁극적인 목적은 요인을 해석하기 쉽고 의미 있는 요인패턴을 갖도록 분산을 재분배시키는 과정이다.

요인을 회전시키는 방법에는 직각회전 방식(orthogonal rotation)과 비직각 회전 방식(oblique rotation)이 있다. 요인회전의 개념을 [그림 6-2]와 [그림 6-3]을 이용해서 알아보자. 우선 [그림6-2]에서 회전전의 변수 X1, X2, X3, X4는 요인 1과 요인 2에 걸쳐 모두 높게 적재되어 있는 것을 볼 수 있다. 하지만 [그림6-3]에서 (a) 직각회전과 (b) 비직각 회전 방식을 이용한 회전 후의 요인을 보면 요인 1에는 X1과 X2가 적재되고 요인 2에는 X3, X4가 적재되는 것을 알 수 있다.

1) 직각 회전(Orthogonal Rotation)

요인들간의 상관관계가 없도록 요인을 회전시키는 방법으로 각 요인간의 각도를 90도로 유지하면서 회전시킨다. 이 방식은 변수들 간의 독립성을 유지시키면서 회전시킨다. 이에는 Varimax 방식과 Quartimax 방식이 있다.

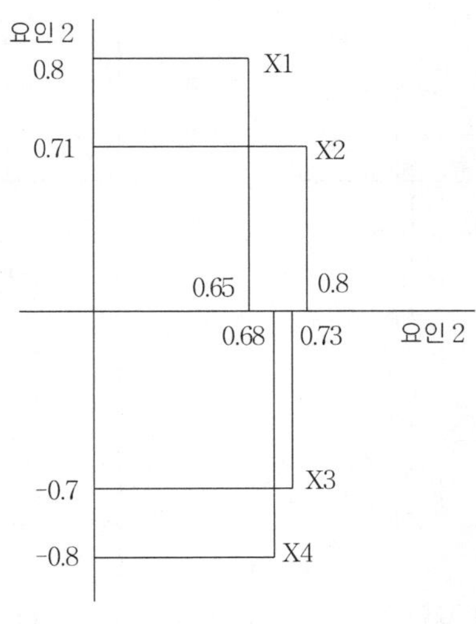

[그림 6-2] 회전 전의 요인

(1) Varimax 방식

요인행렬의 열(column)을 단순화시키는 방식으로 대부분 이 방법을 사용한다. 요인행렬의 각 열에 1 또는 0에 가까운 요인적재량을 보인다. 변수와 요인간의 관계가 명확해지고 해석하기에 용이하기 때문에 단순한 요인구조를 산출할 때 사용한다.

(2) Quartimax 방식

이 방식은 요인행렬의 행(row)을 단순화시키는 방식으로 한 변수가 어떤 요인에 대해 높은 요인적재량을 가지면 다른 요인에 대해서는 낮은 요인적재량을 갖게 한다. 단순한 요인구조를 얻는 데는 문제가 있는 반면, 많은 변수에 대해 문항간 높은 적재량을 갖는 변수들의 일반적 요인을 만들어낼 수 있다.

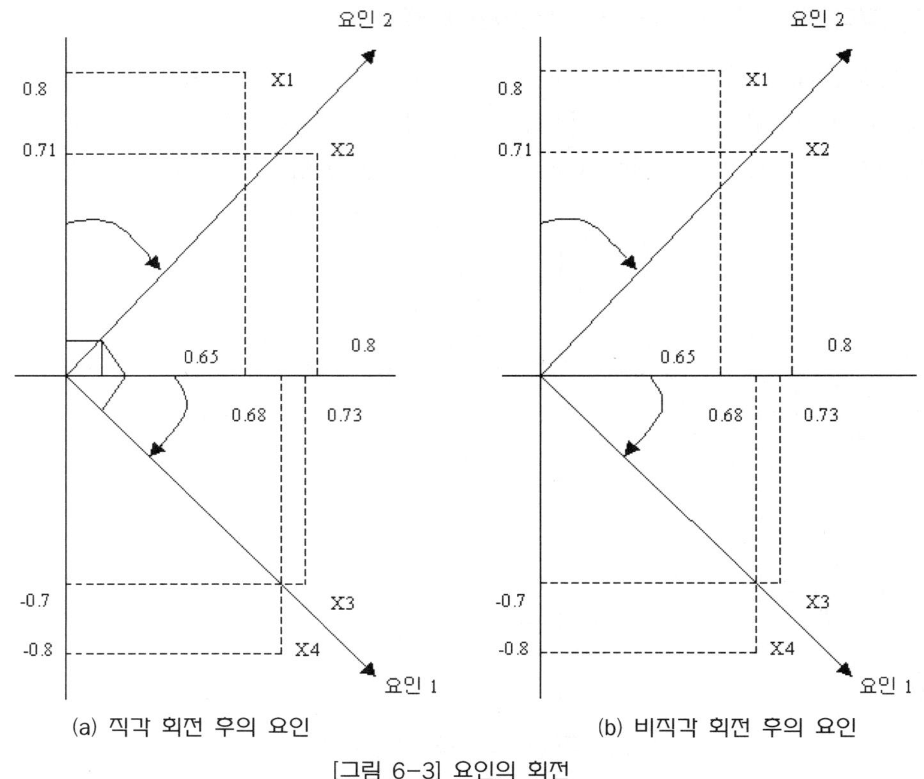

(a) 직각 회전 후의 요인　　　(b) 비직각 회전 후의 요인

[그림 6-3] 요인의 회전

2) 비직각 회전(oblique rotation)

이 방식은 요인들 간의 상관관계가 있을 경우에 사용한다. 요인간의 각도를 90도 이외의 사각을 유지하면서 변수를 회전시키는 방법이다. 요인간의 상관관계를 인정하기 때문에 다소 설득력이 떨어지지만 이론적으로나 경험적인 근거를 가지고 요인구조를 만들어낼 수 있기 때문에 사회현상 분석에 사용할 수 있다.

6.6 추출 요인수의 결정

최초 요인 행렬의 결과를 토대로 몇 개의 요인을 추출할 것인가를 결정한다. 하지만 분석에 사용될 요인의 수를 결정하는 절대적인 기준은 없으며 분석의 목적, 분석의 방법 등에 따라 요인의 수를 결정할 수 있다.

최종 요인의 수를 결정하는 방식에는 아이겐값의 절대치, 스크리 테스트, 최대 분산 퍼센트 등이 이용된다.

1) 아이겐값의 절대치

요인이 설명하는 변량의 크기를 나타내는 아이겐값을 변수의 수를 선택하는 기준으로 이용하는 방법이다. 이 방법을 이용하는 경우 보통 아이겐값이 1 이상 되어야 한다.

2) 스크리 테스트(Scree Test)

가장 중요한 요인에서부터 아이겐값이 하락하다가 급격한 하락에서 완만한 하락으로 추세가 바뀌는 지점에서 요인의 수를 결정하는 방식이다.

3) 최대 분산 퍼센트

연구자가 필요로 하는 분산의 부분만큼을 설명하는 요인의 수를 추출하는 방식이며, 보통 75~85%의 분산 이상을 설명할 수 있도록 요인의 수를 결정한다.

6.7 요인의 해석

최종 요인이 추출되면 추출된 요인들의 공통적인 특성을 고려하여 연구자의 주관적 입장에 따라 요인에 다른 변수명칭을 붙이거나 추가적인 분석을 통하여 요인의 특성을 분석할 수 있다.

6.8 프로그램 실행 및 해설

6.8.1 분석 상황

CRM 시스템 구현성과를 평가하기 위하여 기업의 고객지향성 개념과 서비스 지원 개념을 측정하기 위해 고객지향성1, 고객지향성2, 고객지향성3, 서비스지원1, 서비스지원2, 서비스지원3 문항을 이용하였다. 고객지향성과 서비스 지원 개념을 정확히 측정하였다면 문항간 관련성을 근거(상관관계, 공분산)로 유사한 문항끼리 묶여 하나의 요인으로 분석될 것이다. 요인분석을 이용하여 통계적 타당성을 분석하여 보자.

6.8.2 요인분석의 실행

SPSSWIN14.0에서 요인분석을 실행하기 위해서는 다음과 같은 절차를 이용한다.

① 파일 메뉴(F)에서 통계 기법(A)을 선택한 다음 데이터 감축(D)을 선택한다.

② [그림 6-4]의 데이터 감축(D) 통계 기법에서 요인(F)을 선택하면 [그림 6-5]와 같은 대화상자가 열린다.

③ [그림 6-5]에서 클릭&드롭(Click&Drop)을 이용해서 고객지향성1, 고객지향성2, 고객지향성3, 서비스지원1, 서비스지원2, 서비스지원3까지 선택한 다음 푸시 버튼(▶)을 누른다.

④ [그림6-5]는 왼쪽 부분의 변수상자와 오른쪽 부분의 분석할 변수를 선택할 문항상자로 구성되어 있다. 그리고 아랫부분은 기술통계량(D), 요인추출방식(E), 회전방식(t), 요인점수(S), 옵션(O)을 이용할 수 있도록 되어있다.

⑤ [그림 6-5]에서 기술 통계량 옵션을 지정하면 [그림 6-6]과 같이 기술 통계량 지정 대화상자가 나타난다. 여기서 분석에 필요한 단일변량 통계량(Univariate statistics)과 최초의 해(Initial solution), 상관관계 행렬(Correlation Matrix)을 지정한다.

⑥ [그림 6-5]에서 추출방식을 지정하면 [그림 6-7]과 같이 추출방식 지정 대화상자가 나타난다. 여기서 요인추출방식, 추출기준(아이겐값과 요인수) 그리고 요인회전 수를 지정한다.

⑦ [그림 6-5]에서 회전방식을 지정하면 [그림 6-8]과 같이 회전방식지정 대화상자가 나타난다. 여기서 회전방식을 지정한다. 요인의 회전 방식은 Varimax 방식과 회전 후 요인해(R)를 지정하고 계속 버튼을 누른다.

⑧ [그림 6-5]에서 요인점수를 지정하면 [그림 6-9]와 같이 추가분석에 이용할 값을 지정할 수 있는 대화상자가 나타난다.

⑨ [그림 6-5]에서 옵션을 선택하면 [그림 6-10]과 같이 결측치 옵션과 출력형식 지정 대화상자가 나타난다. 구체적으로 설명하면 다음과 같다.

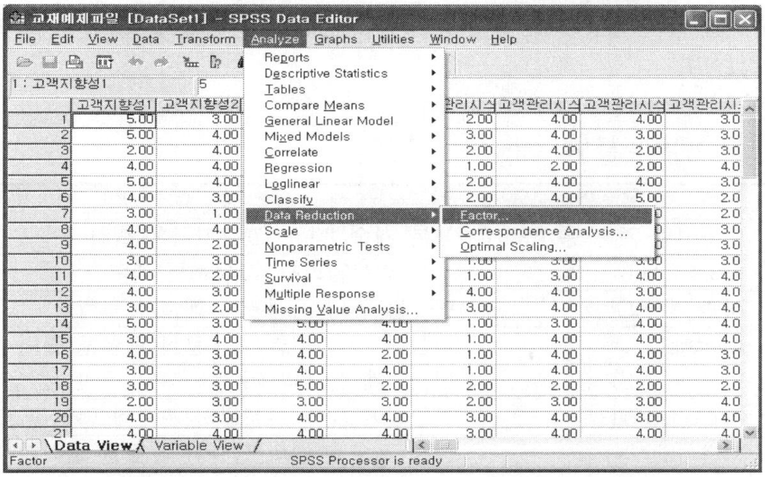

[그림 6-4] 통계분석 대화상자

➠ 1. 요인분석 대화상자

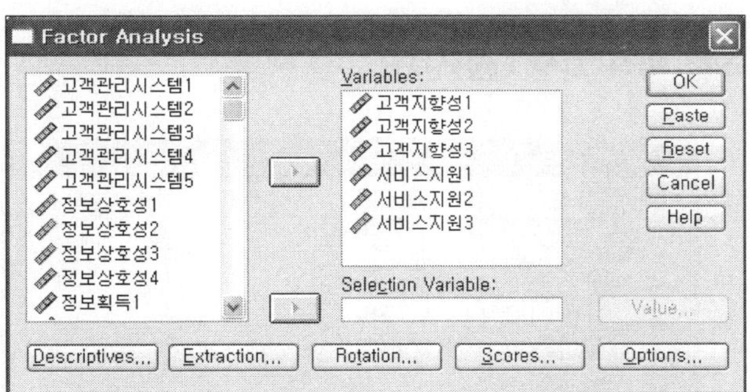

[그림 6-5] 요인분석 대화상자

➠ 2. 기술 통계량 지정 대화상자

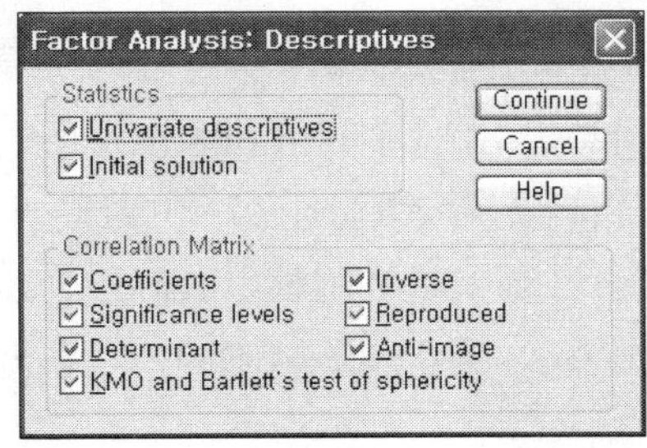

[그림 6-6] 기술 통계량 지정 대화상자

통계량 지정 대화상자에서는 단일해(I)와 상관관계 행렬을 대화상자처럼 지정한다.

<표 6-1> 요인분석 통계량 옵션

	옵 션	설 명
통계량	단일변량 기술 통계량(U)	표본 개수, 평균, 표준편차를 출력
	최초의 해(I)	초기 커뮤넬리티, 고유치를 출력
상관 행렬	상관 계수(C)	변수들 간의 상관관계 행렬을 출력
	Invers(n)	역상관 관계 행렬과 공분산 행렬을 출력
	유의 수준(S)	상관관계 행렬의 계수에 대한 유의수준을 출력
	Reproduced(R)	요인해에 의해 추정된 상관관계 행렬을 출력한다.
	행렬식(D)	상관 계수 행렬의 행렬식의 값을 출력한다.
	Anti-Image(A)	anti-image covariance 행렬과 anti-image correlation
	KMO(K)	전체 자료와 개별 자료의 적합도를 출력, Bartlett의 단위 행렬 검정 결과를 출력한다.

3. 요인 추출 방식 지정 대화상자

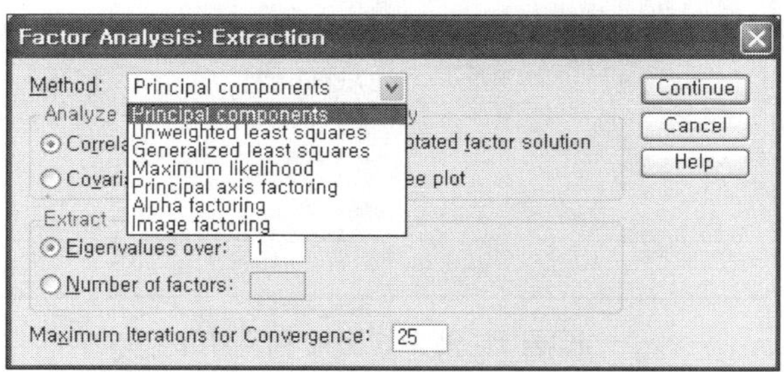

[그림 6-7] 요인 추출 방식 지정 대화상자

요인 추출 방식은 주성분 요인(principal components) 방식으로 지정하고 요인분석에 이용될 상관관계 행렬과 공분산 행렬을 지정한다.

또한 출력형식은 비회전 요인해(unrotated factor solution)과 스크리 도표를 지정하고 계속 버튼을 누른다. 요인 추출해 기준은 기본값으로 아이겐값이 "1"이상인 요인만을 추출하도록 정해져 있다. 하지만 연구자가 연구목적에 따라 아이겐값을 조정하여 요인의 수를 지정할 수 가 있다.

<표 6-2> 요인 추출 방식 지정 옵션

	옵 션	설 명
방법(M)	주성분 요인분석	변수들의 전체분산을 이용해 요인을 추출하는 방식
	비가중 최소제곱법	표본으로부터 관찰된 상관행렬과 요인 형태 행렬로부터 계산된 상관행렬간의 차의 제곱의 합이 최소가 되는 요인추출법
	일반화된 최소제곱법	일반화된 최소 제곱법
	최우추정 요인 추출	최우추정 요인 추출법
	주축 요인 추출	주축 요인 추출
	알파 요인 추출	변수를 분석하여 얻은 결론을 모집단에 일반화시킬 수 있는 추정치를 찾을 때 유용한 방법
	영상 요인 추출	영상요인추출법
분석	상관행렬(R)	변수들 간의 상관관계 행렬
	공분산 행렬(V)	변수들 간의 공분산 행렬
추출기준	아이겐 값 기준(E)	지정한 고유치 이상의 값을 가진 요인만을 추출
	요인수 기준(N)	요인수를 사전에 지정하여 지정된 요인수만큼 출력
출력	비회전 요인 해(F)	비회전 요인해 출력
	스크리 도표(S)	요인의 수를 그래프로 표시
	요인 회전의 최대 반복 회수	최대 반복 회수의 지정

➡ 4. 회전 방식 지정 대화상자

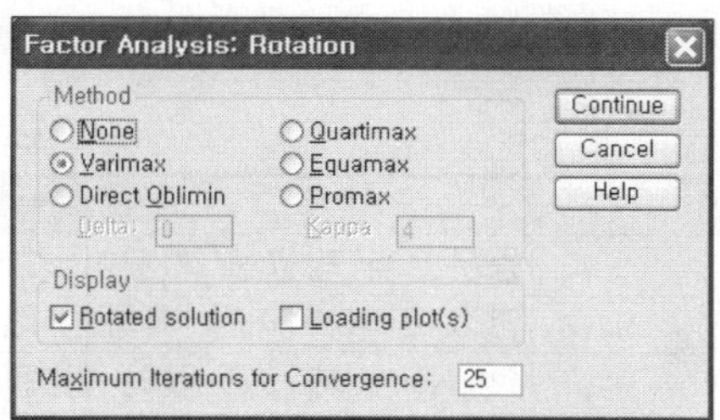

[그림 6-8] 회전 방식 지정 대화상자

<표 6-3> 요인 회전 방식 옵션

옵 션	설 명
방 법	다음 중 한 가지 선택
지정하지 않음(N)	추출된 요인을 회전시키지 않음
베리멕스(V)	각 요인이 서로 독립성을 유지하도록 하는 직각회전 방식, 각 열의 요인적재량을 제곱한 값의 분산이 최대화시켜 각 요인을 설명(기본으로 지정)

쿼티멕스(Q)	직각회전방식, 각 행의 요인적재량이 높은 요인의 수를 최소화시키는 방법
이쿼멕스(E)	직각회전 방식이며 베리멕스와 쿼티멕스의 혼합형
직접 오브리민(O)	사각회전 방식, 변수들간의 상관관계를 인정하는 방식
출 력	
회전 해(R)	회전된 요인의 출력
loading plot(L)	요인별로 적재되는 적재치를 출력
요인회전의 최대 반복 회수	최종 요인해를 찾기 위해 요인회전 반복 회수를 지정

5. 요인 점수 산출 대화상자

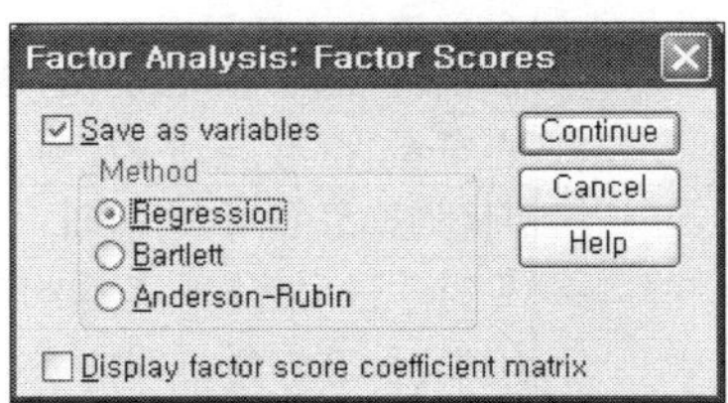

[그림 6-9] 요인 점수 산출 대화상자

추가 분석에 이용할 변수를 만들 요인 점수를 지정한다. 여기서는 회귀(R)를 지정하고 계속 버튼을 누른다. 새로운 변수가 만들어지면 데이터 파일의 맨 마지막 열에 삽입된다.

<표 6-4> 요인 점수 산출 옵션

	옵 션	설 명
변수저장	회귀분석(R)	동분산과 평균을 가지며 개개의 요인값과 추정된 요인값 간의 차이를 제곱한 값이 최소가 되도록 한다.
	Bartlett(B)	요인들의 제곱한 값의 합이 최소가 되도록 한다.
	Anderson-Rubin(A)	무상관관계를 검정하기 위하여 Bartlett값을 수정한다.
	요인 점수 계수 행렬 출력	요인계수 행렬 출력

➠ 6. 결측치 옵션과 출력형식 지정 대화상자

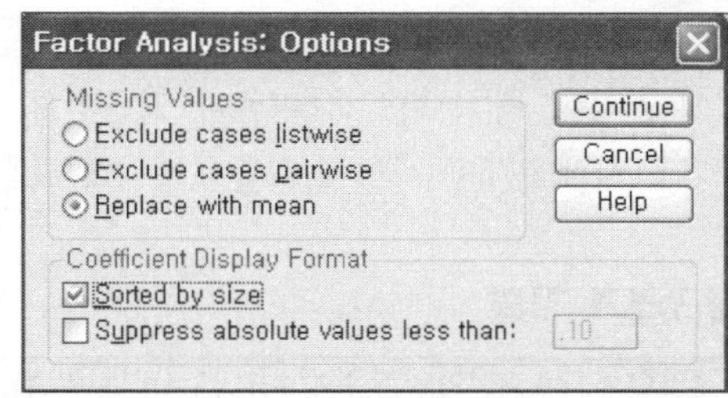

[그림 6-10] 결측치 옵션과 출력형식 지정 대화상자

대화상자처럼 옵션을 지정하고 계속 버튼을 누른다.

<표 6-5> 결측치와 출력 형식 옵션

	옵 션	설 명
결측치	listwise 형태로 결측치 제거(l)	모든 변수에 대해 유효한 사례만을 분석에 사용
	pairwise 형태로 결측치 제거(p)	각 변수의 대응쌍에 유효한 사례만을 분석에 사용
	평균 대체(R)	결측치가 있는 변수는 그 문항의 평균으로 대체
출력형식	loading값 크기순 정렬(S)	크기순으로 정렬 출력
	기준보다 작은 절대값 출력하지 않음(u)	제시된 기준보다 작은 요인 적재치는 제외

6.9 분석 결과 해설

[분석 결과 6-1] 요인분석의 기술 통계량

	평균	표준편차(a)	분석사례수(a)	결측치
고객지향성1	3.7333	.95432	60	0
고객지향성2	3.0167	.72467	60	0
고객지향성3	4.1167	.95831	60	0
서비스지원1	2.7333	1.07146	60	0
서비스지원2	2.6667	1.05230	60	0

서비스지원3	2.9167	.80867	60	0

a 결측치는 평균값으로 대체.

해설●➡ 요인분석에 사용된 각 문항들의 평균과 표준편차 그리고 표본의 개수가 나타나 있다. 사례수가 60개이고 결측치는 0인 것으로 나타나 있다.

[분석 결과 6-2] 상관관계 행렬

		고객지향성1	고객지향성2	고객지향성3	서비스지원1	서비스지원2	서비스지원3
상관관계	고객지향성1	1.000					
	고객지향성2	.276	1.000				
	고객지향성3	.628	.436	1.000			
	서비스지원1	-.286	-.081	-.464	1.000		
	서비스지원2	-.208	.207	-.230	.371	1.000	
	서비스지원3	-.117	.002	-.184	.443	.684	1.000
Sig.	고객지향성1						
	고객지향성2	.016					
	고객지향성3	.000	.000				
	서비스지원1	.013	.268	.000			
	서비스지원2	.055	.056	.039	.002		
	서비스지원3	.186	.493	.080	.000	.000	

해설●➡ 요인분석에 투입된 변수들 간의 상관관계 행렬이다. 분석 결과에서 볼 수 있듯이 기업의 고객지향성을 측정하고 있는 고객지향성1, 고객지향성2, 고객지향성3과 서비스 지원 정도를 측정하고 있는 서비스지원1, 서비스지원2, 서비스지원3은 유사한 문항들은 상호 관련성이 높고, 상호 관련성이 없는 문항끼리는 음의 관계 또는 낮은 관련성을 갖는 것으로 분석되었다. 유의수준($p<0.01$)도 모두 유의한 것으로 나타나고 있다. 요인분석에서 상관관계 행렬을 분석할 때 유의할 점은 측정하고 있는 개념과 관련된 변수들끼리는 높은 상관관계가 있어야 하며 관련되지 않는 변수들끼리는 상관관계가 낮거나 없어야 한다. 만약 모두 변수에서 상관관계가 높게 나타났다면 측정하고자 하는 개념의 조작적 정의가 잘못되거나 측정오류가 생긴 것으로 판단해야 한다.

[분석 결과 6-3] 요인분석의 적합성 점검

KMO의 적합성 점검		.586
Bartlett의 단위행렬 점검	근사 χ^2	114.135
	df	15
	Sig.	.000

해설●➡ Kasier-Meyer-Olkin의 KMO의 통계량은 전체 자료와 개별 자료의 표본 적합도를 평가한다. 일반적으로 표본 적합도의 적용 기준은 0.6 이상이면 요인분석에 적합한 표본으로 판단할 수 있다. 또한 Bartlett의 단위행렬 점검 (Bartlett's Test of Sphericity)은 요인분석에 이용될 변수들의 상관행렬이 단위행렬(Identity matrix)인지 아닌지를 평가한다. 즉, 변수들이 서로 독립적인지 아닌지를 점검한다.

만일 모든 변수들의 관계가 모집단 내에서 독립적이라면 변수들 간의 상관관계는 존재하지 않을 것이며 변수들 간에 상관관계가 없다면 요인분석을 적용할 필요가 없다. Bartlett-점검은 "귀무가설 H0 : 모상관계수 행렬은 단위행렬이다"와 대립가설 H1 : 모상관계수 행렬은 단위행렬이 아니다"를 검정한다. 분석 결과를 보면, 표본 적합도는 0.5를 넘고 Bartlett의 단위행렬 점검 통계량도 유의수준($p<0.01$)에서 유의한 것으로 나타나고 있다. 따라서 분석에 이용된 표본은 요인분석에 적합한 것으로 판단한다.

[분석 결과 6-4] 커뮤넬리티의 점검

	초기요인		추출요인	
	Raw	Rescaled	Raw	Rescaled
고객지향성1	.911	.610	1.000	.669
고객지향성2	.525	.224	1.000	.427
고객지향성3	.918	.758	1.000	.826
서비스지원1	1.148	.701	1.000	.611
서비스지원2	1.107	.924	1.000	.834
서비스지원3	.654	.451	1.000	.690

추출방식 : 주성분요인분석

해설●➡ 커뮤넬리티는 공통분산, 공통성 또는 공통요인분산(Common factor variance)이라고도 하며 커뮤넬리티는 요인들로 설명되어지는 각 문항들의 백분율로 나타낸 것으로 공통분산을 관찰함으로서 요인들에 의해 설명되는 각 문항의 분산의 양을 알 수 있다. 커뮤넬리티는 각 요인의 적재량(loading)의 값을 제곱하여 이를 더한 값이다.
커뮤넬리트는 해당 문항을 요인분석에 포함할 것인지 아니면 제외할 것인지를 결정하는 중요한 판단기준이 된다. 일반적으로 커뮤넬리트가 0.4 이하이면 낮다고 평가하고 분석에서 제외하는 것이 바람직하다. 주의할 점은 이론상으로 꼭 중요한 문항인 경우에는 제외시켜서는 안된다. 분석결과, 문항 고객지향성1의 커뮤넬리트는 0.669이다. 이의 계산 과정을 6.4.3의 식 [6-2]를 [분석결과 6-7]에 적용하여 커뮤넬리트를 계산하면 다음과 같다.

고객지향성1 $= (-0.156)^2 + (0.803)^2 = 0.669$ 이다.

[분석 결과 6-5] 설명된 총분산

	성분	초기 고유값(a)			추출 제곱 적재치			회전 제곱 적재치		
		Total	분산 %	누적 %	전체	분산 %	누적 %	전체	분산 %	누적 %
Raw	1	2.374	45.109	45.109	2.374	45.109	45.109	1.945	36.953	36.953
	2	1.294	24.591	69.700	1.294	24.591	69.700	1.724	32.746	69.700
	3	.685	13.020	82.720						
	4	.444	8.437	91.157						
	5	.287	5.460	96.618						
	6	.178	3.382	100.00						
Rescaled	1	2.374	45.109	45.11	2.476	41.258	41.258	2.068	34.466	34.466
	2	1.294	24.591	69.70	1.582	26.365	67.623	1.989	33.157	67.623
	3	.685	13.020	82.72						
	4	.444	8.437	91.16						
	5	.287	5.460	96.62						
	6	.178	3.382	100.00						

요인 추출 방식 : 주성분 요인 분석
a 공분산 행렬이용 분석시 초기 고유값은 raw와 rescaled 해가 동일.

해설●➡ 추출된 2요인의 고유치는 각각 1요인 2.476, 2요인 1.582로 요인 고유치가 1이상인 요인만이 추출되었다. 고객지향성의 분산비율은 45.109%, 서비스 지원의 분산비율은 24.591%인 것으로 분석되었다.

[분석 결과 6-6] 요인 행렬

	Raw		Rescaled	
	성분		성분	
	1	2	1	2
서비스지원1	.836	.055	.780	.052
고객지향성3	-.706	.509	-.737	.532
서비스지원2	.725	.631	.689	.599
서비스지원3	.522	.423	.645	.523
고객지향성1	-.599	.501	-.627	.525
고객지향성2	-.144	.451	-.198	.623

요인 추출 방식 : 주성분 요인분석

a 2 요인 추출

해설●➡ 요인 회전 전의 요인분석의 결과에는 각 문항이 요인1과 요인2에 혼재되어 나타났다.

[분석 결과 6-7] 회전 후의 요인 결과 및 요인 상관관계 행렬

	Raw		Rescaled	
	성분		성분	
	1	2	1	2
서비스지원2	.961	.032	.913	.031
서비스지원3	.672	-.001	.831	-.001
서비스지원1	.684	-.484	.638	-.452
고객지향성3	-.227	.841	-.237	.877
고객지향성1	-.149	.766	-.156	.803
고객지향성2	.173	.441	.239	.608

요인 추출 방식 : 주성분 요인 방식.

회전방식 : 베리맥스

a 요인 회전 : 3

[분석 결과 6-8] 요인간의 상관관계 행렬

Component	1	2
1	.776	-.630
2	.630	.776

추출방식 : 주성분 요인 분석

회전방식 : 베리맥스

해설 [분석결과 8-7]과 [분석결과 8-8]은 요인분석의 최종결과 분석 부분이다. 회전후의 적재량을 바탕으로 변수를 집단화하여 요인을 해석하게 된다. 분석 결과 2요인으로 추출되고 있으며 이 결과를 가지고 각 변수에 대한 명칭을 부여하고 보고서 작성할 때 이용한다. 분석하는 개념이 2개 이상인 경우에는 요인회전의 초기해 와는 달리 각각의 문항들은 관련 문항들과는 상관관계가 높게 적재되고 나머지 문항에는 낮게 적재된다.

[분석 결과 6-9] 스크리 테스트

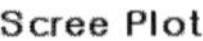

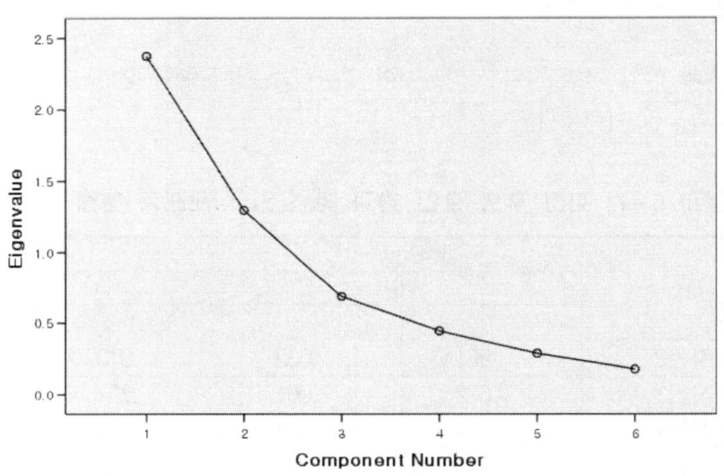

[그림 8-10] Scree Plot

해설 스크리 테스트는 각 요인의 고유치를 Y-축에, 요인의 개수를 X-축으로 표시하여 요인의 수가 증가할수록 고유치는 줄어드는 형태로 보여주며 초기에는 급격히 감소하다가 점점 감소폭이 줄어들게 된다. 스크리 검정을 이용하여 요인의 수를 결정할 수 있다. 분석 결과를 보면 고유치가 2 번째 요인까지는 급격하게 감소하다 3 번째 요인에서 완만하게 감소하고 있다. 추출된 요인이 2요인 것을 알 수 있다.

상관관계 분석(Correlation Analysis)

7.1 사용 목적

상관관계는 서열척도, 등간척도, 비율척도로 측정된 변수들 간의 관련성의 정도를 알아보기 위한 것이다. 즉, 변수의 변화가 다른 변수의 변화와 어느 정도 밀접한 관련성을 갖고 변화하는가를 알아보기 위해서 사용된다. 상관관계는 1차·2차 자료원을 통해서 수집한 자료를 이용해 문항들 간의 신뢰성과 타당성이 입증된 문항을 토대로 분석하게 된다. 상관관계 분석은 회귀분석(Regressing Analysis), 판별분석(Discriminant Analysis) 등의 기본이 되며, 개념간 관련성이 없으면 여타의 다른 분석에서도 의미 있는 통계 분석 결과를 얻을 수 없다.

예를 들면 광고액과 매출액간의 관련성을 알아보거나 소득과 소비지출이 연관성을 갖고 있는지의 여부, 다시말해서 기업에서 광고비 지출을 많이 할수록 매출액이 증가한다거나 소득이 많을수록 소비지출 규모가 증가하는지를 알아보고자 할 때 이용한다.

7.2 기본 원리 및 개념

7.2.1 기본 원리

일반적으로 변수들 간의 관련성의 정도는 특정변수의 분산 중에서 다른 변수와 같이 변화하는 분산(공분산)이 어느 정도 되느냐에 따라 좌우된다. 예를 들어 광고비와 매출액간의 관계를 알고 싶어 수집된 자료를 이용하여 [그림

7-1]과 같은 산포도(scattergram)을 작성하였다고 가정하자. [그림 7-1]을 보면 두 변수는 높은 관련성이 있는 것을 알 수 있다. 즉 광고비 지출액 규모가 증가 할수록 매출액도 함께 증가하는 것을 알 수 있다.

한 변수의 값이 증가할 때 다른 변수의 값도 같이 커지는 경향을 보일 때 두 변수 간에는 양(positive)의 상관관계가 있다고 하고, 반대로 한 변수의 값이 증가할 때 다른 변수의 값이 감소하면 두 변수는 음(negative)의 상관관계가 있다고 한다. 두 변수간의 상관관계의 강도를 나타내 주는 것을 상관계수(correlation coefficient; r)라 하며, 상관계수는 두 변수들간의 관계의 정도를 측정하는 지표로서, $-1 \leqq r \leqq 1$ 사이의 값을 갖는다.

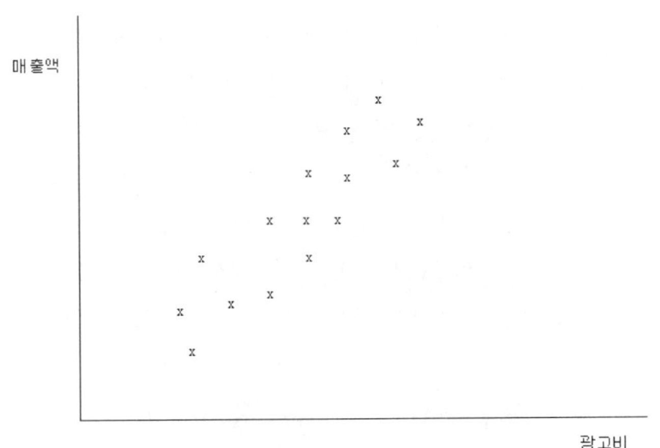

[그림7-1] 광고비와 매출액과의 관계

상관계수의 개념을 보다 쉽게 이해하기 위해 [그림 7-2]로 설명하면 다음과 같다. [그림 7-2]는 상관계수의 값과 두 변수간의 관계를 산포도를 이용하여 시각적으로 보여준다. 그림에서 볼 수 있듯이 (a)와 (b)는 한 변수(X)의 값이 증가됨에 따라 다른 변수(Y)도 규칙적으로 증가되어 두 변수의 관계는 하나의 직선으로 나타나고 있으며, 이는 두 변수의 상관계수가 매우 높아 $-1 \leqq r \leqq 1$의 상관계수를 갖는 경우이다. 반면에 (c)와 (d)는 약한 양의 상관관계와 음의 상관관계를 보여준다. 즉 한 변수(X)가 변화함에 따라 다른 변수(Y)가 어느 정도 관련성을 갖고 있는 경우이다.

그러나 (e)는 두 변수(X, Y)들 간의 관계의 정도는 매우 높으나, 변수들 간의 관계가 선형(linear)이 아니어서 상관계수 0에 가깝게 나타난 경우이다. (f)는 두 변수(X, Y)들 간의 관계를 파악하기 매우 어려우며 이때 상관계수는 거의 0에 가까워진다. 이 두 변수들 간의 관계가 전혀 없는 독립적인 관계임을 의미한다. 일반적으로 두 변수들 간의 상관계수가 0.4 이상이면 두 변수 간에 상관관계가 높다고 하며 0.7 이상을 넘으면 상관관계가 매우 높다고 한다.

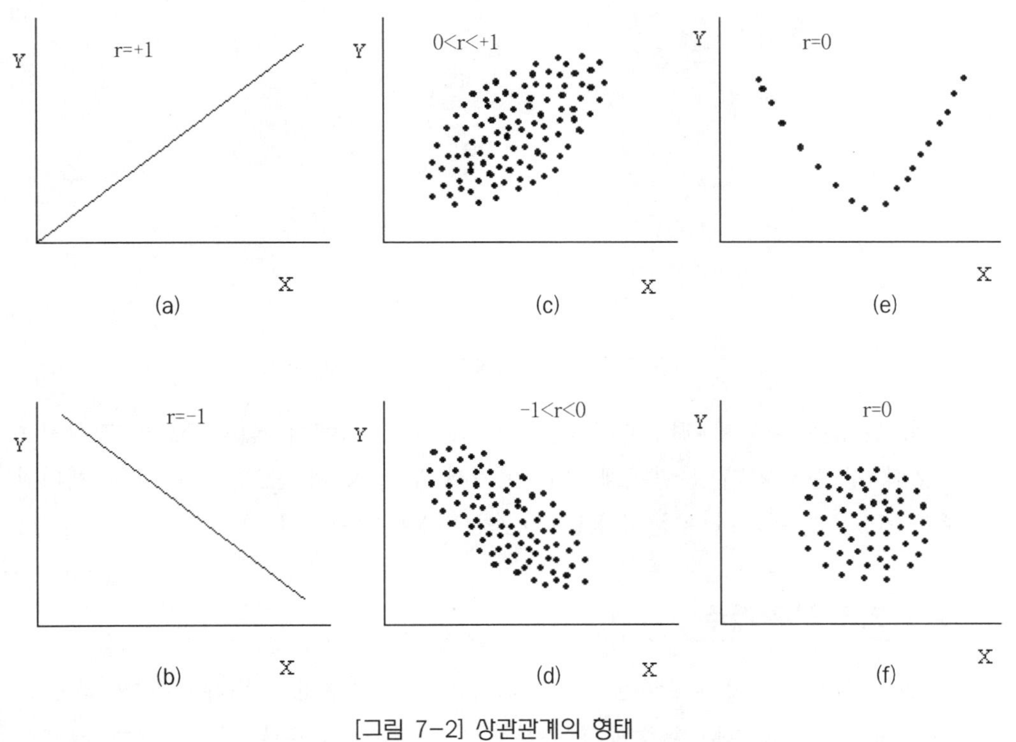

[그림 7-2] 상관관계의 형태

7.2.2 상관관계의 종류

상관계수의 형태는 다음과 같이 몇 가지로 구분할 수 있다.

① 단순상관관계(Simple Correlation) : 두 변수 X와 Y 간의 단순관계를 나타낸다.

② 다중상관관계(Multiple Correlation) : 하나의 변수와 두 변수 이상의 관계를 나타낸다. 예를 들면 X와 Y, Z간의 상호 관련성을 나타낸다.

③ 부분상관관계(Part or Semipartial Correlation) : 두 변수 중 한 변수에서만 제3의 변수의 영향을 제거한 후 두 변수의 상관관계를 측정한다.

④ 편상관관계(Partial Correlation) : 제3의 변수를 통제시킨 상태에서 순수하게 두 변수간의 상관관계를 측정한다. 또한 통제변수의 수가 편상관계수의 차수(order)를 나타낸다.

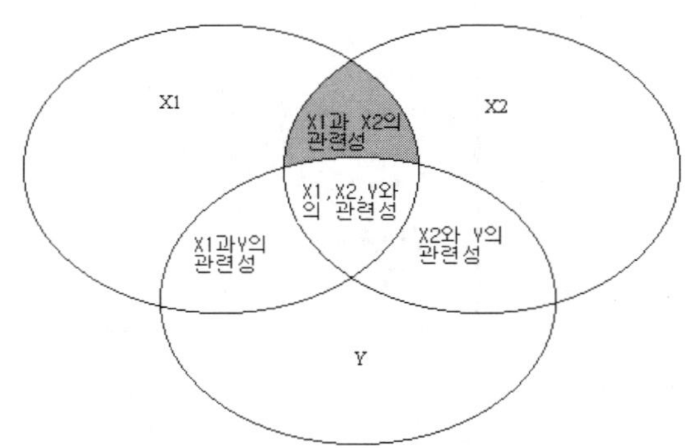

[그림 7-3] 편상관관계(Partial Correlation)

[그림 7-3]을 이용해 편상관관계를 살펴보자. 그림에서 X1과 X2가 겹쳐지는 부분이 두 변수간의 상관관계이다. 여기서 Y와 X1과 X2의 관련성을 제외한 부분 즉, Y를 통제한 부분이 X1과 X2의 편상관계수이다.

7.2.3 상관계수

두 변수간의 관련성을 알아보기 위한 상관계수를 구하기 위해서는 먼저 공분산을 구해야 한다. 두 변수의 확률분포가 결합확률분포를 이룰 때 그 분포의 분산을 측정하는 것이 공분산이며 Cov(X, Y)로 나타낸다. 즉, 확률변수 X_i의 증감과 확률변수 Y_i 증감에 따라 변화하는 $(X_i - \overline{X}) \cdot (Y_i - \overline{Y})$의 기대값을 X와 Y의 공분산이라 한다. 이를 수식으로 나타내면 식 [7-1]과 같다.

$$Cov(X, Y) = E[(X_i - \overline{X}) \cdot (Y_i - \overline{Y})] \quad \text{식 [7-1]}$$

그러나 공분산은 두 변수의 측정단위에 따라서 커다란 차이가 나는 문제점이 있으므로 단순히 $Cov(X, Y)$ 값의 절대적 크기만을 가지고는 관계의 정도를 알 수 없다. 예를 들어 길이를 나타내는 두 변수 X와 Y의 공분산을 구할 때,

그 변수들이 cm로 표시되는 경우보다 m으로 표시되는 경우 공분산의 절대값을 훨씬 작아진다.

이러한 단위의 문제를 해결하기 위하여 두 변수의 상관관계를 알기 원할 때는 공분산 $Cov(X, Y)$를 각 변수의 표준편차 σ_x와 σ_y의 곱으로 나누어 표준화시킨 상관계수(ρ:Rho)를 이용하게 된다. 상관계수(ρ)는 결합확률분포를 이루는 두 확률변수 X와 Y 사이의 직선적인 관계를 측정하는 것으로서 수식으로 나타내면 식 [7-2]와 같이 표현할 수 있다.

$$\rho_{xy} = COV\frac{(X \cdot Y)}{\sigma_x \cdot \sigma_y} = \frac{\sum(x_i - \bar{x}) \cdot (y_i - \bar{y})}{\sqrt{\sum(x_i - \bar{x})^2}\sqrt{\sum(y_i - \bar{y})^2}}, -1 \leqq \rho \leqq 1 \text{ .... 식 [7-2]}$$

상관계수(r)와 변수의 관련성

1.0~0.7(-1.0~-0.7)의 경우: 매우 강한 관련성

0.7~0.4(-0.7~-0.4)의 경우: 상당한 관련성

0.4~0.2(-0.4~-0.2)의 경우: 약간의 관련성

0.2~0.0(-0.2~0.0)의 경우: 관련이 없음

7.2.4 상관계수에 대한 가설 검정

표본상관계수 r은 모상관계수(population correlation coefficient) ρ의 추정에 사용된다. 모상관계수 ρ에 관한 검정에서 표본상관계수 r값과 적절한 한계값을 비교하여 판정하게 된다. 이 가설을 검정하기 위해서는 두 변수가 모두 정규분포를 따른다는 가정이 필요하다. 두 변수 모두 정규분포의 가정을 따른다면 모상관계수 ρ가 0이라는 사실은 다음과 같이 식[7-3]의 t 검정 통계량과 절차를 이용하여 검정한다.

① 귀무가설(H_0) : ρ=0

② 검정 통계량 : r

③ 기각역 (a) $H_1 : \rho > 0 \ r \geq (n-2)$

(b) $H_1 : \rho < r \leq r(n-2)$

(c) $H_1 : \rho \neq |r| \geq r(n-2)$

④ $t = r\sqrt{\dfrac{n-2}{1-r^2}}$ ………………………………………………………………… 식 [7-3]

$df = n-2$

7.2.5 상관계수 해석시 주의할 점

상관관계 분석 결과를 해석할 때는 다음과 같은 점을 주의해서 결과 해석을 하는 것이 바람직하다.

첫째, 상관계수는 모집단의 이론적 관계뿐만 아니라 각 변수의 분산의 크기까지 반영한다.

둘째, 상관계수의 크기보다는 우선적으로 부호의 방향성을 고려하여 변수간의 관계가 정의 관계인지 또는 부의 관계인지에 따라 그 부호가 의미하는 내용을 해석한 다음 관계의 정도를 해석한다.

셋째, 두 변수의 상관계수 r은 한 변수의 크기에 따라 증가하거나 감소하기도 한다. 다른 조건이 같을 경우 한 변수의 분산이 클수록 상관계수의 값은 커진다.

넷째, 상관계수의 크기는 측정문항의 응답척도의 개수가 많을수록 상대적으로 커지고, 적을수록 상대적으로 작아진다.

7.3 프로그램 실행과 해설

7.3.1 분석 상황과 새로운 변수 만들기

1) 분석 상황

국내 A 백화점은 고객관리를 위해 지난해 전략적 CRM 시스템을 도입하고 고객관리 업무를 진행하였다. CRM 시스템 도입 성과를 평가하기 위해 성과지표를 만들고 자료를 조사하였다. CRM 성과에 영향을 미치는 여러 가지 요인 중 고객지향성, 정보사용, 정보통합, 서비스지원 등의 요인에 대한 관계분석을 실시하였다. 여기서 개념들 간의 인과관계를 분석할 때 주의할 점은 분석에 포함된 개념들 간의 관련성으로 인해 제 현상들에 대한 인과관계가 정확히 나타나지 않는 경우가 발생한다. 이런 상황에서는 특정 개념을 통제시킨 상태에서 개념간의 관련성의 정도를 분석하여야 한다. 개념들 간의 정확한 관계분석을 위해 다음과 같은 상황을 분석하여 보자. 첫째, 개념들 간의 단순 상관관계를 분석하여 보고, 둘째, 단순 상관관계에서 다른 개념들과의 관계에 영향을 미치는 개념을 통제한 후 개념들 간의 상관관계를 분석하여 보자. 개념들 간의 관계 분석을 위해서 편상관관계 분석을 이용하여 본다.

2) 새로운 변수 만들기

분석 상황에 제시된 고객관계지향성, 정보사용, 정보통합 그리고 서비스지원은 여러 개의 문항으로 측정하고 있다. 각각의 문항들을 이용해 두 개념간의 관계를 분석하려면 많은 시간과 노력이 필요하게 되면 무엇보다도 분석한 결과를 가지고 사회현상에 적용하는 데는 문제가 따른다. 이러한 문제점을 해결하기 위한 방법이 신뢰성 분석과 요인분석에 의해 검정된 문항을 가지고 여러 개의 측정 문항을 새로운 변수로 만들어 하나의 개념으로 사용하는 것이다. 고객관계지향성의 측정문항인 고객지향성1, 고객지향성2, 고객지향성3, 고객지향성4 등의 문항을 이용하여 새로운 변수로 만드는 방법은 다음과 같은 절차를 이용한다.

① 파일 메뉴(F)에서 변환(T)을 선택한 다음 계산(C)을 선택한다.

② 대상 변수(T)에 "고객지향성"이라고 입력하고 수식 표현식에 (고객지향성1+고객지향성2+고객지향성3+고객지향성4)/4를 입력한다. 이에 대한 자세한 사항은 제1부 제7장을 참고하기 바란다.

③ 수식 표현이 정확하면 확인 버튼을 선택한다.

④ 이를 수식으로 표현하면 다음과 같다.
Compute=(고객지향성1+고객지향성2+고객지향성3+고객지향성4)/4

⑤ 이와 같이 실행하면 자동적으로 "고객관계지향성"변수가 데이터 파일의 맨 마지막 열에 자동으로 만들어진다.

이 예에서 제시하지 않은 개념(정보사용, 정보통합, 서비스지원)은 예제 파일을 이용해서 여러분이 직접 새로운 변수를 만들어 보기 바란다.

7.3.2 단순 상관관계 분석

■ 단순 상관관계 분석의 실행

SPSSWIN14.0에서 단순 상관관계 분석을 실행하기 위해서는 다음 같은 절차를 이용한다.

① 파일 메뉴(F)에서 통계 기법(A)을 선택한 다음 관련성 분석(C)을 선택한다.

② [그림 7-4]의 관련성 분석(C) 통계 기법에서 이변량(B)을 선택한다.

③ 이변량(B)을 선택하면 [그림 7-5]와 같은 대화상자가 나타난다.

④ [그림 7-5]에서 고객관계지향성, 정보사용, 정보통합, 서비스지원을 선택한 다음 푸시 버튼(▶)을 누른다.

⑤ [그림 7-5]는 왼쪽 부분의 변수상자와 오른쪽 부분의 분석할 변수를 선택할 변수상자로 구성되어 있다. 그리고 아랫부분은 상관계수와 유의성 검정 그리고 옵션으로 구성되어 있다.

⑥ [그림 7-5]에서 분석에 사용하고자 하는 상관계수와 유의성 수준을 지정한다. 기본 설정값은 Pearson 통계량이다.

⑦ [그림 7-5]에서 옵션을 지정하면 [그림 7-6]과 같은 출력 통계량 대화상자가 나타난다. 구체적으로 설명하면 다음과 같다.

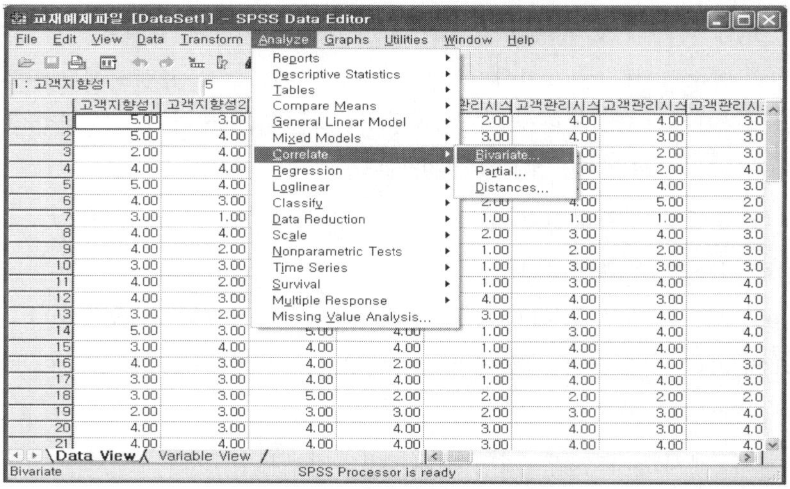

[그림 7-4] 통계분석 대화상자

➠ 1. 단순 상관관계 분석 대화상자

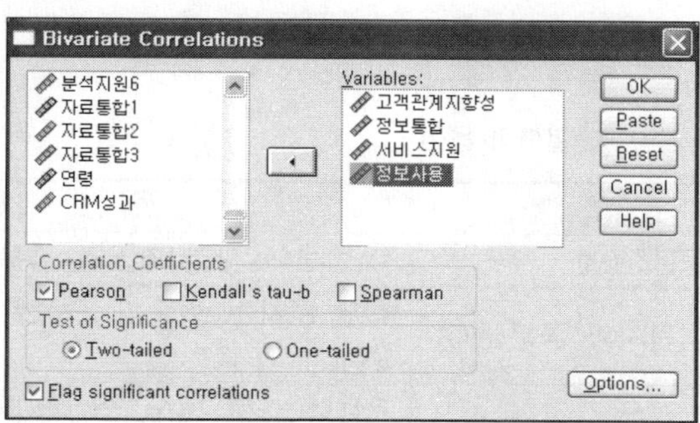

[그림 7-5] 단순 상관관계 분석 대화상자

[그림 7-5] 대화상자에서 고객관계지향성, 정보통합, 정보사용, 서비스지원을 선택한다. 분석에 필요한 상관계수를 대화상자와 같이 지정한다.

<표 7-1> 단순 상관관계 옵션

옵 션	설 명
상관계수	
• Pearson(n)	변수와 변수간의 상관관계를 산출하며 대각선의 값은 항상 "1"이다. 선형성을 측정한다.
• Kendall'Tau(K)	Spearman의 rho이며 순위상관계수를 산출한다.
• Spearman(S)	순위상관계수를 산출한다.
유의성 검정	
• 양측검정(T)	양측검정은 모집단의 특성을 알 수 없는 탐험적 연구에서 사용된다.
• 단측검정(I)	모집단의 특성을 알고 있는 경우에 적합하다.
유의성 표시(F)	변수들간의 유의수준(p<0.01,0.05,0.1)으로 표시해 준다.

➠ 2. 옵션 지정 대화상자

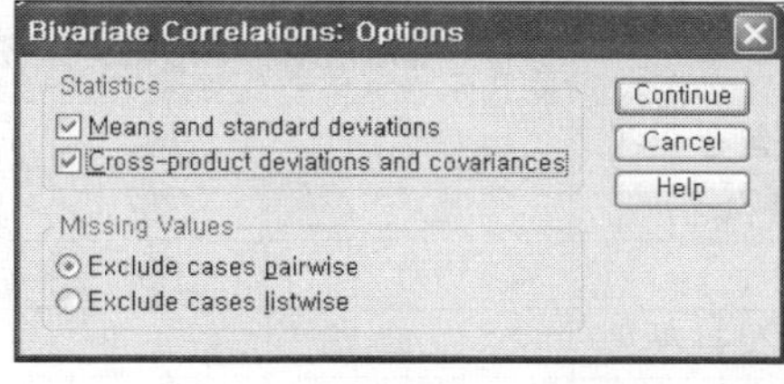

[그림 7-6] 옵션 지정 대화상자

통계량은 평균과 표준편차를 지정하고 결측치 옵션을 지정한 후 계속 버튼을 누른다.

<표 7-2> 산출 통계량 및 결측치 옵션

	옵 션	설 명
통계량	평균과 공분산(M)	각 변수에 대한 평균과 공분산을 출력한다.
	벡터(적률)편차와 공분산(C)	벡터 편차는 변수의 수정된 평균의 곱의 합과 같다.
결측치	pairwise별 제외(p)	분석하는 두 변수 중 하나의 변수에 결측치가 있는 경우 분석에서 제외
	listwise별 제외(l)	결측치가 있는 경우 분석에서 제외

■ 단순 상관관계 분석 결과 해설

[분석 결과 7-1] 개념간 기술 통계량

	평균	표준편차	사례수
고객관계지향성	3.6222	.70635	60
정보통합	3.2333	.46456	60
서비스지원	2.7722	.79426	60
정보사용	3.4958	.90724	60

해설 단순 상관관계를 분석한 개념들의 평균과 표준편차가 나타나 있다. 고객관계지향성의 평균은 3.622이고 표준편차는 0.706이며, 정보통합은 평균 3.233이고 표준편차는 0.464 그리고 서비스지원의 평균은 2.772, 표준편차는 0.794, 정보사용은 평균이 3.495이고 표준편차는 0.907이다. 분석에 사용된 표본수는 60개이다.

[분석 결과 7-2] 개념의 단순 상관계수

		고객관계지향성	정보통합	서비스지원	정보사용
고객관계 지향성	Pearson 상관관계	1	.140	.267(*)	.341(**)
	Sig. (양측검정)		.287	.039	.008
	사례수	60	60	60	60
정보통합	Pearson 상관관계	.140	1	.277(*)	.043
	Sig. (양측검정)	.287		.032	.747
	사례수	60	60	60	60

서비스지원	Pearson 상관관계	.267(*)	.277(*)	1	.370(**)
	Sig. (양측검정)	.039	.032		.004
	사례수	60	60	60	60
정보사용	Pearson 상관관계	.341(**)	.043	.370(**)	1
	Sig. (양측검정)	.008	.747	.004	
	사례수	60	60	60	60

*p< 0.05 (양측검정).

**p< 0.01(양측검정).

해설 ●➡ CRM 성과에 영향을 미치는 고객관계지향성, 정보사용, 정보통합, 서비스지원 개념들 간의 관련성을 분석한 결과, 관계는 양(positive)의 상관관계를 갖는 것으로 나타났다. 유의수준(p<0.05)에서 유의적인 것으로 나타나고 있다.

7.3.2 편상관관계 분석

■ 편상관관계 분석의 실행

SPSSWIN14.0에서 편상관관계 분석을 실행하기 위해서는 다음 같은 절차를 이용한다.

① 파일 메뉴(F)에서 통계 기법(A)을 선택한 다음 관련성 분석(C)을 선택한다.

② [그림 7-7]의 관련성 분석(C) 통계 기법에서 편상관관계(r)를 선택한다.

③ 편상관관계(r)를 선택하면 [그림 7-8]과 같은 대화상자가 나타난다.

④ [그림 7-8]에서 정보사용, 정보통합, 서비스지원을 분석변수에 선택하고 통제변수에 사고객관계지향성을 선택한 다음 푸시 버튼(▶)을 누른다.

⑤ [그림 7-8]은 왼쪽 부분의 변수상자와 오른쪽 부분의 분석할 변수를 선택할 변수상자로 구성되어 있다. 그리고 아랫부분은 상관계수와 유의성 검정 그리고 옵션으로 구성되어 있다.

⑥ [그림 7-8]에서 분석에 사용하고자 하는 상관계수와 유의성 수준을 지정한다. 기본 설정값은 Pearson 통계량이다.

⑦ [그림 7-8]에서 옵션을 지정하면 [그림 7-9와 같은 출력통계량(평균과 표준편차 그리고 편상관관계)을 지정할 수 있는 대화상자가 나타난다. 구체적으로 설명하면 다음과 같다.

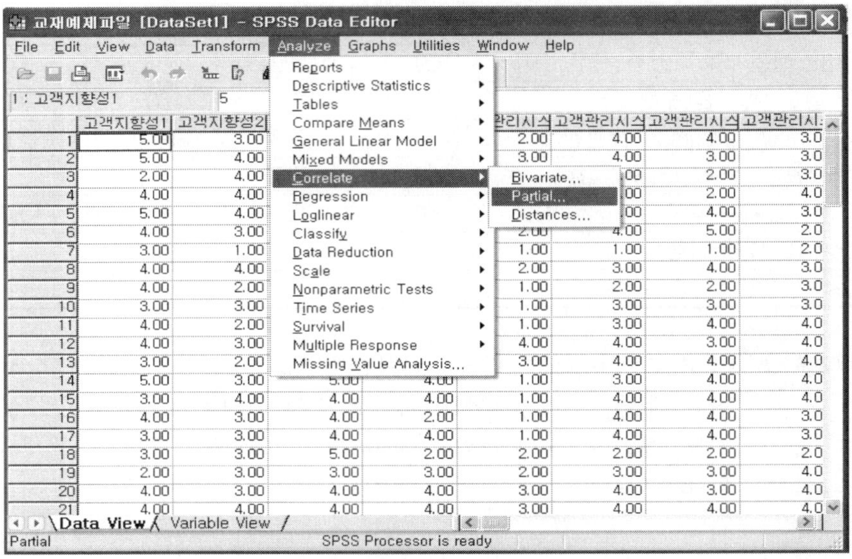

[그림 7-7] 통계분석 대화상자

➠ 1. 편상관관계 대화상자

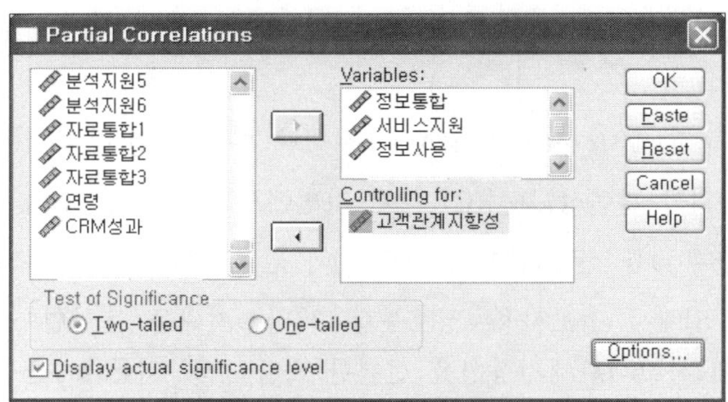

[그림 7-8] 편상관관계 대화상자

편상관관계는 특정 변수(고객관계지향성)를 통제시킨 상태에서 두 변수들 간의 관계를 분석한다. 대화상자와 같이 정보통합, 서비스지원, 정보사용을 지정하고 통제변수에 고객관계지향성을 지정한다.

➠ 2. 편상관관계 옵션 대화상자

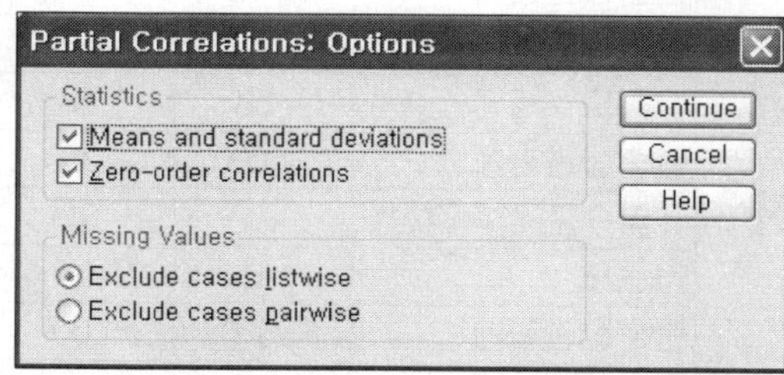

[그림 7-9] 편상관관계 옵션 대화상자

대화상자에서 출력 통계량 옵션에서 평균과 표준편차 그리고 단순상관관계(Zero-order correlations)를 지정하고 계속 버튼을 누른다.

■ 분석 결과의 해설

[분석 결과 7-3] 편상관관계의 기술 통계량

	평균	표준편차	사례수
정보통합	3.2333	.46456	60
서비스지원	2.7722	.79426	60
정보사용	3.4958	.90724	60
고객관계지향성	3.6222	.70635	60

해설●➡ 제 개념에 대한 기술 통계량인 평균과 표준편차가 제시되어 있다.

[분석 결과 7-4] 편상관관계의 단순 상관계수

통제변수	변수	상관관계	정보통합	서비스지원	정보사용	고객관계지향성
-none-(a)	정보통합	단순상관관계	1.000	.277	.043	.140
		유의수준(양측검정)	.	.032	.747	.287
		자유도	0	58	58	58
	서비스지원	단순상관관계	.277	1.000	.370	.267
		유의수준(양측검정)	032	.	.004	.039
		자유도	58	0	58	58
	정보사용	단순상관관계	.043	.370	1.000	.341
		유의수준(양측검정)	.747	.004	.	.008

		자유도	58	58	0	58
	고객관계 지향성	단순상관관계	.140	.267	.341	1.000
		유의수준(양측검정)	.287	.039	.008	.
		자유도	58	58	58	0
고객관계 지향성	정보통합	단순상관관계	1.000	.329	.006	
		유의수준(양측검정)	.	.011	.967	
		자유도	0	57	57	
	서비스지원	단순상관관계	.329	1.000	.308	
		유의수준(양측검정)	.011	.	.018	
		자유도	57	0	57	
	정보사용	단순상관관계	.006	.308	1.000	
		유의수준(양측검정)	.967	.018	.	
		자유도	57	57	0	

a zero-order(Pearson) 상관관계

해설 ●➡ 통제변수 고객관계지향성을 사용했을 경우 각 개념들 간의 단순 상관관계와 편상관관계를 출력한 결과이다. 반면, 고객관계지향성을 통제하였을 경우에는 정보통합과 서비스지원 상관관계가 r=0.277에서 r=0.329로 증가하였고, 정보통합과 정보사용 상관관계가 r=0.043에서 r=0.006으로 감소하였다. 이는 특정 변수(고객관계지향성)의 분산이 다른 변수(정보통합)의 분산과 중복이 되기 때문에 특정 변수(서비스지원)와의 관련성을 설명하지 못하게 한다. 따라서 분석하고자 하는 개념에 영향을 미치는 개념을 통제함으로써 개념간 관련성의 정도를 보다 정확하게 파악할 수 있다.

회귀분석(Regression Analysis)

8.1 사용 목적

회귀분석은 모든 의사 결정문제에 적용할 수 있는 유용한 의존관계 분석기법이다. 가장 일반적인 문제에서부터 복잡한 의사 결정의 문제까지 적용할 수 있는 분석방법이다. 회귀분석의 목적은 변수들 간의 상호관계를 분석하고 특정변수(독립변수)의 변화로부터 다른 변수(종속변수)의 변화를 예측하기 위해 사용된다. 예를 들면, 가계소득, 기업의 투자규모 등에 근거한 국가 경쟁력을 예측한다거나 또는 특정 기업의 마케팅 전략(제품전략, 가격전략, 판촉전략, 유통전략)에 대한 기업의 성과를 예측하는데 사용할 수 있는 예측분석 모델이다.

회귀분석은 변수들 간의 상호 관련성을 분석하는데 있어서 독립변수와 종속변수의 관련성의 강도와 독립변수의 값의 변화에 따른 종속변수의 값의 변화를 예측하는데 분석의 초점을 맞춘다. 분석에 사용되는 척도는 독립변수와 종속변수 모두 등간척도 이상이어야 하며, 만약 독립변수가 명목척도인 경우에는 더미 변수(Dummy Variable)를 이용한 회귀분석을 이용한다.

회귀분석은 독립변수가 하나인 경우 단순 회귀분석(Simple Regression)과 독립변수가 두 개 이상인 다중 회귀분석(Multiple Regression)으로 구분된다.

8.2 기본 원리

8.2.1 단순 회귀분석(Simple Regression Analysis)

1) 기본 모형

단순 회귀분석(simple regression)은 하나의 독립변수와 종속변수와의 관계를 선형관계식으로 표시하며, 다중 회귀분석(Multiple Regression)은 하나 이상의 독립변수와 종속변수와의 관계를 선형관계식으로 나타내며, 수집된 자료를 이용하여 독립변수와 종속변수에 대한 모수(α와 β)를 추정하는 통계 기법이다. 이를 수식으로 표현하면 식 [8-1]과 같다.

$$Y_i = \alpha + \beta X_i + \epsilon_i \quad \text{식 [8-1]}$$

여기서 Y_i : 종속변수
X_i : 독립변수
ϵ_i : 오차항
α, β : 추정할 모수(*parameter*)

여기서 α_i는 회귀선의 절편(intercept)으로 독립변수 X_i의 관찰치에 대한 종속변수 Y_i의 값을 나타내는 수치이며, β_i는 기울기로서 독립변수 X_i가 한 단위 변할 때마다 종속변수 Y_i의 값에 미치는 효과를 나타내는 계수이다. 회귀식은 종속변수의 실제값과 회귀식에 의해서 예측될 수 있는 값의 차이를 최소화하는 선형함수(최소자승법: OLS)를 이용한다. 최소자승법이란 잔차(residual)의 제곱의 합을 최소화시키도록 α_i와 β_i의 추정값을 구하는 방법이다. 여기서 잔차(ϵ_i)는 종속변수의 실제 관찰치인 Y_i와 회귀선에 의한 종속변수의 예측치 $\widehat{Y}_i$간의 차이를 말하며 $\epsilon_i = Y_i - \widehat{Y}_i$ 로 표시된다. 최소자승법은 잔차제곱의 합을 최소화시키는 모수의 추정치 $\widehat{\alpha}_i, \widehat{\beta}_i$을 구하는 방법이므로 다음과 같이 식 [8-2]로 표현될 수 있다.

$$\min \sum_{i=1}^{N} (Y_i - \widehat{Y}_i)^2 \quad \text{식 [8-2]}$$

여기서 $\widehat{Y}_i$는 최소자승법에 의해 추정된 회귀식을 이용하여 계산된 종속변수의 예측값이며 다음과 같이 식 [8-3]으로 표시된다.

$$\widehat{Y}_i = \hat{\alpha} + \hat{\beta}X_i \quad \cdots\cdots \text{식 [8-3]}$$

$\widehat{\alpha_i}, \widehat{\beta_i}$: α, β의 추정치

식 [8-2]와 식 [8-3]을 이용하면 식 [8-4]를 얻을 수 있다.

$$\min \epsilon_i = \sum_{i=1}^{n} [Y_i - (\hat{\alpha} + \hat{\beta}X_i)]^2 \quad \cdots\cdots \text{식 [8-4]}$$

최소 자승법에 의해 추정된 모수인 $\hat{\alpha}$와 $\hat{\beta}$는 다음과 같이 표현될 수 있다.

$$\hat{\alpha} = \overline{Y_i} - \hat{\beta}\overline{X_i}, \quad \hat{\beta} = \frac{\sum x_i Y_i}{\sum x_i^2}$$

2) 기본 가정

회귀분석의 모형은 정규분포를 이루는 두 변수 X_i, Y_i로부터 표본을 추출하여 모회귀식 $Y_i = \alpha + \beta X_i + \epsilon_i$을 추정하는 방법이기에 다음과 같은 기본 가정을 만족하여야 한다. 이 기본 가정은 다중회귀분석에서도 적용된다.

(1) 정규 분포성(Normality)

주어진 각각의 Xi 값에 대해 Yi의 값들은 정규분포를 이루고 그 평균은 모회귀선 $Y_i = \alpha + \beta X_i + \epsilon_i$ 상에 있다. 정규 분포성의 검정은 잔차의 막대그래프(Histogram)를 보아 정규분포를 판단하거나 그래프 대신에 평균(0)을 중심으로 $\pm 1\sigma$, $\pm 2\sigma$, $\pm 3\sigma$사이에 포함되는 잔차의 백분율(%)로 판단할 수 있다. 또한 누적 백분율을 이용하여 표준편차의 누적확률분포와 정규분포의 누적확률분포를 양측으로 산포도로 표시하였을 때 그 형태가 대각선을 따라가는 직선 형태이면 잔차가 정규 분포를 이룬다고 할 수 있다.

(2) 동분산성(Homoscedasticity)

각 X_i값마다 Y_i값들이 이루는 정규분포의 표준편차는 모두 일정하다. 동분

산성에 대한 검정은 표준화된 잔차를 Y-축에, 표준화된 예측치를 X축으로 하여 산포도를 작성하였을 때 그 형태가 평균치 "영"을 중심으로 무작위로 흩어져 있으면, 즉, [그림 8-1]의 (a)의 경우처럼 회귀모형의 동분산성의 가정을 충족한다. 그러나 분포의 형태가 비선형이거나 예측치의 값이 증가함에 따라 증가하면 문제가 된다. 즉, (b)와 같이 비선형이면 비선형 회귀분석의 적용을 고려하여야 하며, (c)와 같이 예측치의 값에 따라 증가하거나 감소하면 가중치를 고려한 회귀분석을 적용하여야 한다.

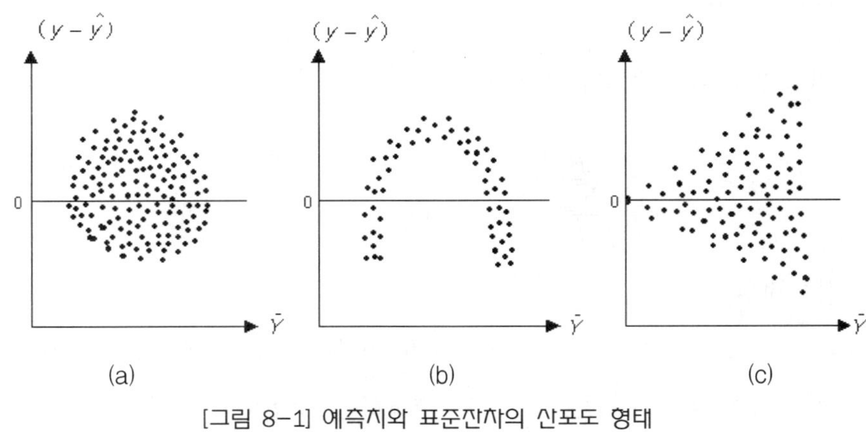

[그림 8-1] 예측치와 표준잔차의 산포도 형태

(3) 독립성(Independence)

각 X_i 값에 대해 Y_i 값들은 상호 독립적이다. 독립성에 대한 점검은 잔차를 Y-축에, 독립변수의 값을 X-축으로 하여 산포도(Scatter plot)를 작성하였을 때 그 분포가 평균 "0"을 중심으로 흩어져 있으면 선형회귀분석의 적용이 가능하다. 그러나 잔차의 분포가 무작위적이 아닌 체계적인 모양을 보이면 선형회귀분석의 적용이 부적합하다.

오차항에 대한 가정이 위배되면 자기상관관계(Autocorrelation) 또는 계열상관(serial correlation)의 문제점이 발생하게 된다. 자기상관관계 또는 계열상관이 존재하는 경우에는 회귀분석 대신에 다른 분석방법(Box-Jenkins 등 자기상관관계를 고려한 모형)을 적용하여야 한다. Durbin-Watson의 D-검정통계량은 이러한 자기상관관계를 측정할 수 있는 통계량으로 잔차가 $\epsilon_i = Y_i - \widehat{Y}_i$ 일 때 검정통계량 D는 식 [8-5]와 같이 나타낼 수 있다.

$$D = \frac{\sum_{t=1}^{N} (\widehat{E_t} - \widehat{E_{t-1}})^2}{\sum_{t=1}^{N} \widehat{E_t^2}} \fallingdotseq 2(1-r) \qquad \text{식 [8-5]}$$

Durbin-Watson 통계량은 독립변수의 수(k)와 유의수준에 따라 하한(Dl)과 상한(Du)의 값을 구하여 검정을 실시한다. D-통계량의 값의 범위는 $0 \leqq D \leqq 4$이다. 오차가 정의 자기상관관계를 가지는 경우 D-통계량의 값은 2보다 작은 값을 갖고, 오차가 부의 자기상관관계를 가지는 경우 D-통계량은 2보다 큰 값을 가진다. 오차항간의 상관관계가 존재하지 않으면 D-통계량은 2에 가까운 값을 가진다.

3) 추정된 회귀식의 유의성 평가

추정된 회귀식의 유의성을 평가하는 방법에는 적합도 검정(goodness of fit test)과 분산분석표(ANOVA Table)를 이용하는 방법이 있다.

(1) 적합도 검정(결정계수의 검정)

추정된 회귀식이 전체적으로 독립변수와 종속변수간의 관계를 얼마나 잘 설명하는지를 검토하여야 한다. 즉, 추정된 회귀식이 종속변수의 변화에 대해 어느 정도의 설명력을 갖는지를 검토하는 것을 적합도 검정이라고 한다. 회귀분석에서 모형의 적합도를 검정하기 위해 결정계수(coefficient of determination; R^2)를 이용한다.

결정계수(R^2)는 독립변수 X_i 변화가 종속변수 Y_i의 변화를 얼마만큼 잘 설명해주는가를 나타내는 지표이다. 결정계수는 0에서 1사이의 값을 가지며, 1에 가까울수록 회귀식의 설명력은 커진다.

결정계수의 의미를 [그림 8-2]를 이용하여 설명하기로 한다. 만약 조사자가 종속변수 값의 변화를 예측함에 있어 독립변수에 관한 정보가 전혀 없다면, 종속변수에 대한 예측은 종속변수 자체의 평균값을 예측치로 이용할 수밖에 없을 것이다. 하지만 독립변수에 관한 자료를 토대로 추정된 회귀식을 이용한다면 종속변수의 평균을 이용하는 것보다 $\hat{Y} - \overline{Y}$ 만큼 예측력을 증가시킬 것이다. 따라서 결정계수는 종속변수 관찰치의 평균을 이용할 때보다 회귀식을 이용하였을 때 종속변수의 예측이 얼마나 향상되었는지를 보여주는 $R^2 = (\hat{Y} - \overline{Y}) / (Y_i - \overline{Y})$의 개념이다.

즉, 결정계수는 총변동 중 회귀식에 의해 설명되는 부분의 비율$(\hat{Y}_i - \overline{Y}) / (Y_i - \overline{Y})$로 정의되며 식 [8-6]과 같이 나타낼 수 있다.

$$R^2 = \frac{\sum(\hat{Y}_i - \overline{Y})^2}{\sum(Y_i - \overline{Y})^2} = 1 - \frac{\sum(Y_i - \hat{Y}_i)^2}{\sum(Y_i - \overline{Y})^2} \quad \cdots\cdots \text{식 [8-6]}$$

$$R^2 = \frac{SSR}{SST} = 1 - \frac{SSE}{SST}$$

이 식에서 $\sum(Y_i - \overline{Y})^2$는 총제곱합(Total Sum of Square : SST), $\sum(Y_i - \hat{Y})^2$는 회귀식에 의해 설명되지 않는 잔차제곱합(sum of squares due to residual errors : SSE), $\sum(\hat{Y}_i - \overline{Y})^2$은 회귀식에 의해 설명되는 회귀제곱합(sum of squares due to regression : SSR)을 의미한다.

(2) 조정결정계수($adj\,R^2$)

결정계수(R^2)의 값은 회귀방정식에 포함되는 독립변수의 수가 증가하면 할수록 증가한다는 단점을 지니고 있다. 이 문제를 해결하기 위해서 조정결정계수($adj\,R^2$)를 이용한다. 조정결정계수는 추가된 독립변수가 설명력이 없거나 통계적으로 유의하지 않다면 결정계수의 값을 증가시키지 않는다. 독립변수의 수가 증가할수록 자유도의 수는 감소한다는 사실에 반영하여 자유도를 고려한 조정결정계수를 이용한다. 이를 수식으로 표현하면 식 [8-7]과 같다.

$$\overline{R^2} = 1 - \frac{\sum(Y_i - \hat{Y}_i)^2/(n-k-1)}{\sum(Y_i - \overline{Y}_i)/(n-1)}, \quad n : \text{표본의 수}, \ k : \text{추정치의 수} \cdots \text{식 [8-7]}$$

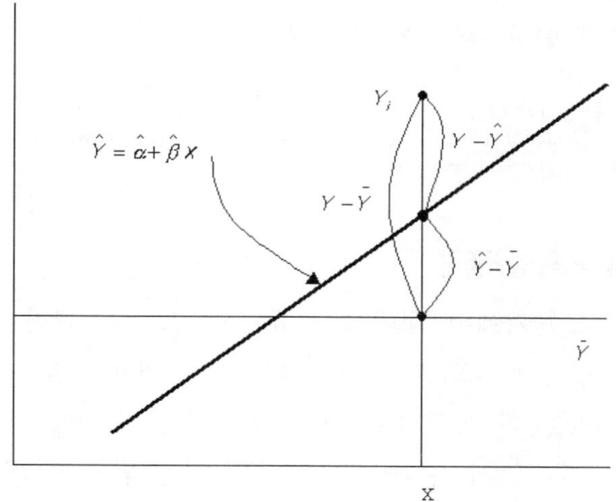

[그림 8-2] 결정계수의 의미

(3) 분산분석표에 의한 평가

회귀식의 적합도를 추정하여 회귀식이 표본의 자료를 어느 정도 정확하게 설명하고 있는지를 알아보았다. 이제 회귀식이 통계적으로 유의한가를 검정하여 보자. 회귀식의 적합성 여부, 즉 주어진 자료에 적합시킨 회귀식이 유의한가는 분산분석(analysis of variance) 검정을 통해 알 수 있다. 회귀식에서 설명 안 되는 부분을 잔차(SSE)라 하고 회귀식에 의해 설명되는 부분을 회귀(SSR)라고 한다.

<표 8-1>에서 평균제곱은 제곱합을 각각 자유도로 나눈 것이다. 통계량 MSR/MSE는 자유도(k,n-k-1,α)의 F분포로 알려져 있다. 회귀식의 평균제곱 MSR이 잔차의 평균제곱 MSE보다 상대적으로 크다면 독립변수와 종속변수의 관계를 설명하는 회귀식은 "유의하다"라고 해석할 수 있다. F-비율은 식 [8-8]과 같이 나타낼 수 있다.

<표 8-1> 회귀방정식의 분산분석표

분산요인	제곱합	자유도	편차제곱평균	F	sig F
회귀	SSR= $\sum(\hat{Y}-\overline{Y})^2$	k	MSR=SSR/k	F=MSR/MSE	F(k, n-k-1, α)
잔차	SSE= $\sum(Y_i-\hat{Y})^2$	n-k-1	MSE=SSE/n-k-1		
총합	SST= $\sum(Y_i-\overline{Y})^2$	n-1			

F-비율=설명된 분산/설명되지 않은 분산

$$= \frac{\sum(\hat{Y}_i - \overline{Y}_i)^2/k}{\sum(Y_i - \overline{Y}_i)/(n-k-1)} \quad \cdots\cdots \text{식 [8-8]}$$

4) 회귀계수의 유의성 평가

회귀식의 유의성 평가에서 회귀식이 유의하다고 평가되면 개별회귀 계수에 대한 유의성을 평가하여야 한다. 즉, 회귀식의 결정계수(R^2)가 높고 F-분산비가 높다고 하더라도 각 독립변수들이 유의하지만 않으면 종속변수에 대한 영향력을 측정할 수 없게 된다. 따라서 최소자승법에 의해 추정된 모수인 $\hat{\alpha}$와 $\hat{\beta}$,가 과연 통계적으로 유의한지를 검정하여야 한다. 모수인 $\hat{\alpha}$와 $\hat{\beta}$는 다음과 같은 가설을 이용하여 추정된 모수에 대해 유의성을 검정한다.

귀무가설$(H_0) : \beta_0 = 0$

대립가설$(H_1) : \beta \neq 0$

가설검정에 사용되는 검정통계량은 다음과 같은 t-통계량이며, 자유도 n-2의 자유도를 갖는 t-분포를 따른다. 이를 수식으로 표현하면 식 [8-9]와 같다.

$$t = \frac{\hat{\beta} - \beta_0}{\sqrt{var(\hat{\beta})}} \sim t(n-2) \quad \cdots\cdots \text{식 [8-9]}$$

여기서 $\hat{\beta}$: 추정된 회귀계수

$\sqrt{(var(\hat{\beta})}$: 추정된 회귀계수의 표준오차

$\left(\sqrt{(var(\hat{\beta})} = \frac{S^2}{\sum(X_i - \overline{X})^2} \right)$

8.2.2 다중 회귀분석(Multiple Regression Analysis)

1) 기본 모형

다중회귀분석(multiple regression)은 2개 이상의 독립변수와 종속변수간의 관계를 분석하는데 이용되는 기법이다. 예를 들면 광고비 지출액, 종업원의 수,

제품 이미지를 독립변수로 하고 매출액을 종속변수로 하여 변수들 간의 관계를 분석한다. 다중회귀분석 모형은 다음과 같이 식 [8-10]으로 나타낼 수 있다.

$$Y_i = \alpha + \beta_1 X_1 + \beta_2 X_2 + \beta_3 X_3 + \epsilon_i \quad \text{식 [8-10]}$$

여기서 Y_i : 매출액 X_1 : 광고비지출
X_2 : 종업원수 X_3 : 제품이미지
$\alpha, \beta_{1,}, \beta_{2,}, \beta_3$: 추정할모수 ϵ_i : 오차항

2) 다중 회귀분석시 유의사항

다중 회귀분석은 둘 이상의 독립변수들이 모형에 포함되므로 단순 회귀분석에서 발생되지 않는 문제들이 대두된다. 이하에서는 이러한 문제들과 관련하여 독립변수의 투입순서결정과 다중 공선성을 다루기로 한다.

① 단계적 변수 투입법(Stepwise Method)

이 방법은 여러 개의 독립변수 중 가장 설명력이 높은 독립변수부터 순서대로 분석에 투입시키는 방법이다. 각 단계마다 어떤 독립변수가 가장 의미 있게 모형의 설명력을 높여 주는지를 F-검정을 이용하여 선별하며, 이러한 과정을 반복하여 유의한 변수만을 모형에 포함시킨다. 이에는 진입 기준에 따라 한 번에 하나씩 진입시키는 FORWARD 방식과 모든 변수를 진입시킨 후 제거 기준에 따라 한 번에 변수 하나씩을 제거하는 Backward 방식이 있다. 단계적 변수 투입법은 독립변수들 간의 높은 상관관계로 인해 다중공선성이 발생하는 경우 사용되는 변수 투입법이다.

② 동시적 변수 투입법(Enter : Simultaneous Method)

모든 독립변수를 모형에 포함시키고 동시에 모든 회귀계수를 추정하는 방법이다. 이 방법에서는 유의성 검정결과 유의하지 않은 변수들은 최종 모형에서 제외된다. 이에는 ENTER 방식이 있다.

③ 다중공선성(Multicollinearity)

다중공선성(Multicollinearity)이란 관련성을 분석하고자 하는 변수들 간의 높은 관련성으로 인해 변수들 간의 진정한 관계정도가 정확히 분석되지 못하는 현상이다. 연구목적과는 전혀 다른 결과가 나타나는 현상으로 허위효과(Spurious effects)와 억압효과(Suppression effects)가 있다. 허위효과(Spurious effects)란 변수 X_i와 Y_i의 관련성 분석에 제 3의 변수 Z_i로 인해 X_i와 Y_i의 가 관련성이 없는데도 불구하고 관련성이 있는 것처럼 분석되는 현상이다. 반면, 억압효과(Suppression effects)란 X_i와 Y_i가 관련성이 높은데도 불구하고 제 3의 변수인 Z_i로 인해 관련성이 없는 것처럼 분석되는 현상을 말한다[3].

만약 독립변수들 사이에 다중공선성이 존재한다면, 추정된 계수가 통계적으로 유의하지 않게 나타날 가능성이 높다. 즉 결정계수(R^2)의 값이 매우 높고, 다중회귀분석모형 전체의 유의성 검정을 위한 F-통계량이 유의하더라도, 추정된 계수 각각에 대한 t-통계량 검정결과 일부 계수들이 유의하지 않아 추정된 모수의 신뢰성이 결여된다.

이러한 결과는 변수들 간의 높은 상관관계로 인해 한 변수의 설명력이 다른 변수에 의해 흡수되기 때문인 것으로 해석될 수 있다. 따라서 연구자는 다중공선성의 발생을 방지하기 위하여, 미리 변수들 간의 상관관계를 검토하여 상관관계가 높은 두 변수들 중 하나를 제거하거나, 단계적 변수투입법(Stepwise Method)이나 위계분석(Hierarchical Analysis)을 사용하여 상관관계가 높은 변수들 중 가장 설명력이 있는 독립변수만을 선정하여 분석에 포함시킨다.

8.3 프로그램 실행과 해설

8.3.1 단순 회귀분석의 실행

1) 분석 상황

CRM 시스템 구현 성과에 영향을 미치는 요인은 여러 가지가 있을 수 있다. 서비스, 제품, 고객정보시스템, 정보사용등이 있을 수 있다. 이중 구성원들이 고객에 관한 정보사용이 CRM 성과에 어떠한 영향을 미치는가를 분석하여 보자. 단순회귀분석을 이용하여 분석하여 보자.

3) Jacob Cohen, Patricia, Cohen(1983), Applied Multiple Regression./Correlation Analysis for the Behavioral Science, Second Edtion, LAWREENCE ERLBAUM ASSOCIATES, PUBLISHERS Hillsdale, New Jerseyl

2) 단순 회귀분석의 실행

SPSSWIN14.0에서 단순 회귀분석을 실행하기 위해서는 다음과 같은 절차를 이용한다.

① 파일 메뉴(F)에서 통계 기법(A)을 선택한 다음 회귀분석(R)을 선택한다.

② [그림 8-3]의 회귀분석(R) 통계 기법에서 선형(L)을 선택한다.

③ 선형(L)을 선택하면 [그림 8-4]와 같은 대화상자가 나타난다.

④ [그림 8-4]의 대화상자에서 종속변수(D)에 "CRM성과"와 독립변수(I)에 "정보사용"을 선택한 다음 푸시 버튼(▶)을 누른다.

⑤ [그림 8-4]는 왼쪽 부분의 변수상자와 오른쪽 부분의 분석할 변수를 선택할 수 있는 변수상자로 구성되어 있다. 그리고 아랫부분은 통계량(S), 도표(l), 통계량 저장(a), 그리고 변수진입 기준 옵션(O)으로 구성되어 있다.

⑥ [그림 8-4]에서 분석에 사용하고자 하는 통계량 지정, 도표지정, 저장방식 지정 그리고 변수 진입 지정 기준 옵션을 지정하면 [그림 8-5], [그림 8-6], [그림 8-7] 그리고 [그림 8-8]과 같은 대화상자가 나타난다. 이를 구체적으로 설명하면 다음과 같다.

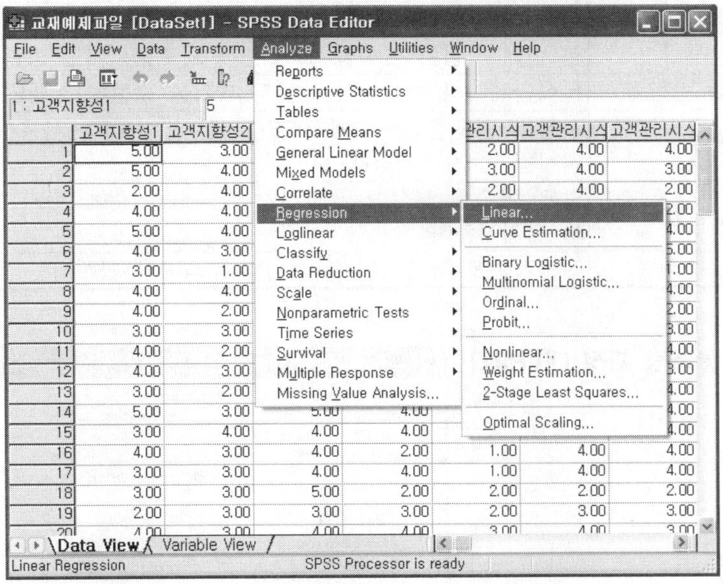

[그림 8-3] 통계분석 대화상자

1. 단순 회귀분석 대화상자

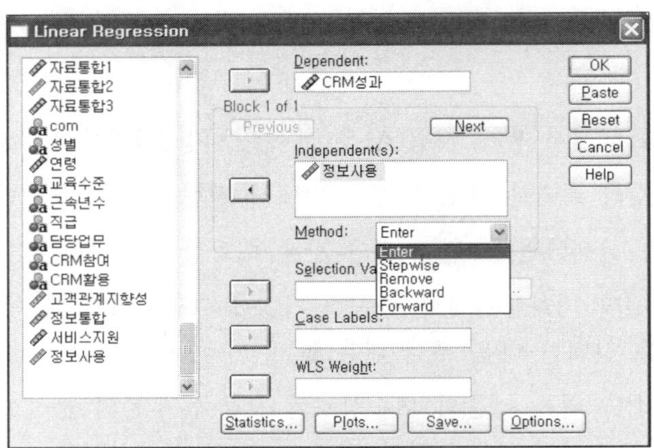

[그림 8-4] 단순 회귀분석의 대화상자

대화상자에서 종속변수(CRM성과)와 독립변수(정보사용)를 지정하고 분석에 필요한 옵션을 선택한다.

<표 8-2> 단순회귀분석 옵션

옵 션	설 명
분석 방법(M)	다음 중에서 하나를 선택할 수 있다.
Enter 방식	한 번에 지정한 변수를 모두 분석에 포함시키는 방법이다.
Stepwise 방식	분석단계마다 변수들의 진입과 제거를 결정하는 방법이다.
Remove 방식	지정한 변수를 한 번에 제거시키는 방법이다. 사용시 반드시 제거시킬 변수를 지정해야 한다.
Backward 방식	모든 변수를 분석에 투입시킨 후 제거기준에 따라 변수를 하나씩 제거시킨다.
Forward 방식	진입기준에 따라 변수를 하나씩 분석에 투입시키는 방법이다.

2. 통계량 지정 대화상자

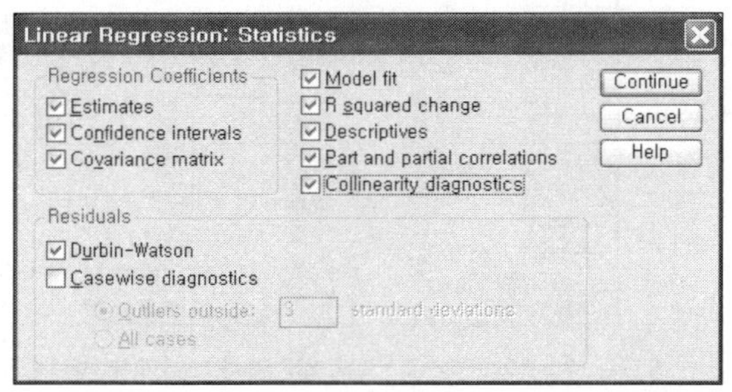

[그림 8-5] 통계량 지정 대화상자

통계량 지정 대화상자에서는 회귀계수, 모델 적합도, R^2 변화율, 기술 통계량, 공선성 진단, Durbin-Watson 등을 지정하고 계속 버튼을 누른다(단, 독립변수가 하나인 경우에는 공선성 진단 옵션은 제외하여도 된다).

<표 8-3> 선형회귀분석 통계량 옵션

	옵 션	설 명
회귀계수	추정값(E)	회귀계수의 추정치를 나타낸다.
	신뢰구간(n)	각각의 비표준 회귀계수에 대한 95% 신뢰구간을 표시한다.
	공분산 행렬(v)	비표준 회귀계수에 대한 분산-공분산 행렬을 표시한다.
	모델적합도(M)	모델의 적합성을 평가하는 통계량을 표시, R^2 , 표준추정오차, 분산분석표를 표시한다.
	R^2 -변화율(s)	분석에 다른 독립변수가 포함될 때마다 R^2의 변화율과 F-변화량을 나타낸다.
	기술통계량(D)	평균, 표준편차, 사례수 등을 표시한다.
	부분 및 편상관계수(P)	zero-order 상관관계, 부분상관관계, 그리고 편상관관계를 표시한다.
	공선성 진단(l)	분산팽창지수 등을 표시한다.
잔차	Dubin-Watson(u)	자기상관관계의 존재 여부를 판단할 수 있는 통계량을 표시한다.
	사례별 진단(C)	사례별 진단

➠ 3. 도표 지정 대화상자

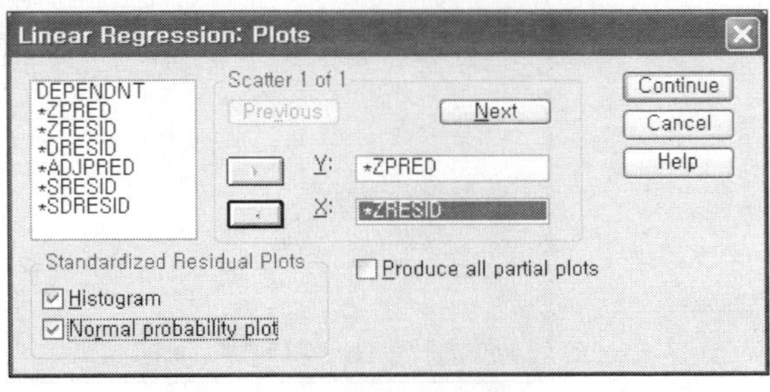

[그림 8-6] 도표 지정 대화상자

도표 지정 대화상자는 종속변수에 대한 잔차도표를 출력하도록 지정한다. Y축에 표준예측치, X축에 표준잔차를 지정하고 계속 버튼을 누른다.

<표 8-4> 단순회귀분석 도표 옵션

	옵 션	설 명
종속변수	*ZPRED	표준예측치(Standardized predicted values)
	*ZRESID	표준잔차(Standardized residuals)
	*DRESID	삭제잔차(Deleted residuals)
	*ADJPRED	조정예측치(Adjusted predicted values)
	*SRESID	스튜던트화된 잔차(Studendtized residuals)
	*SDRESID	스튜던트화된 삭제 잔차 (Studentized deleted residuals)
표준화된 잔차도표	히스토그램(H)	표준잔차의 히스토그램
	정규확률도표(r)	표준잔차의 정규확률(P-P)점도표
	편회귀잔차도표 출력(P)	

➠ 4. 통계량 저장 대화상자

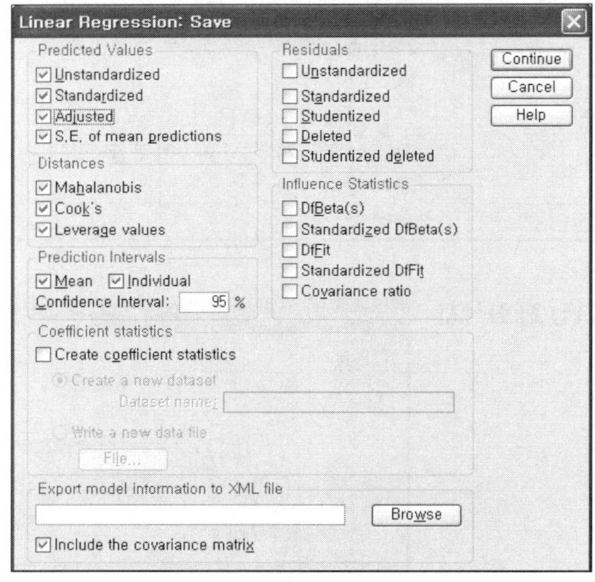

[그림 8-7] 통계량 저장 대화상자

새롭게 만들어진 통계량을 저장할 수 있도록 예측치, 잔차, 거리, 예측구간, 영향통계량 등을 지정하고 계속 버튼을 누른다.

<표 8-5> 통계량 저장 옵션

옵 션	설 명
예측값	다음중 하나 이상을 선택할 수 있다.
비표준화(U)	비표준예측치
표준화(r)	표준예측치
조정된(j)	조정예측치
평균 예측오차(p)	예측치의 표준오차
잔 차	다음중 하나 이상을 선택할 수 있다.
비표준화(n)	비표준잔차
표준화(a)	표준잔차
스튜던트화(S)	스튜던트화된 잔차
삭제된 잔차(D)	삭제잔차
삭제된 스튜던트화 잔차(e)	스튜던트화된 삭제잔차
거 리	
Mahalanobis의 거리(h)	두 집단 사이의 거리를 의미한다.
Cook의 거리(k)	Cook 거리
Leverage 값(g)	레버리지 값
예측 구간	
평균(M)	평균 예측 응답에 대한 예측 구간의 상한과 하한의 경계
개별(I)	단일관찰에 대한 예측 구간의 상한과 하한의 경계
신뢰구간(C)	신뢰구간 기본값은 95%이다.
영향 통계량	
DfBetas(s)(B)	회귀계수의 변화
표준준화된 DfBetas(s)(z)	표준화된 회귀계수의 변화
DfFit(F)	특정 사례를 제외시킬 때의 예측치의 변화
표준화된 DfFit(t)	표준화된 DfFit 의 변화
공분산비율(v)	특정 사례의 제외시 공분산 행렬식과 제외시키지 않은 경우의 공분산 행렬식의 비율을 나타낸다.

➠ 5. 변수진입 기준 지정 대화상자

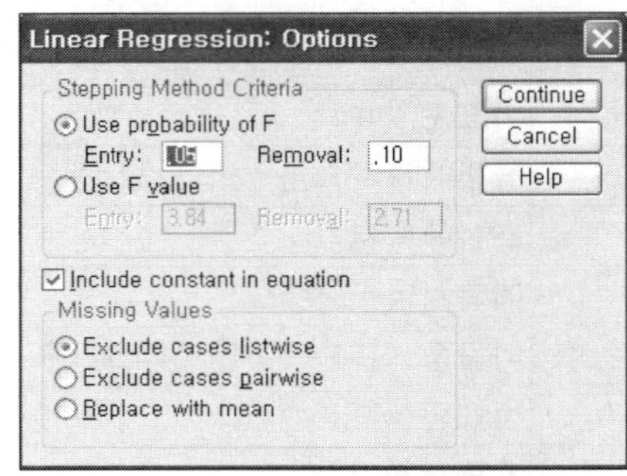

[그림 8-8] 변수진입 기준 지정 대화상자

분석에 투입된 독립변수의 진입 기준을 설정한다. 기본값은 F-확률 0.05로 설정되어 있다.

<표 8-6> 변수진입 기준 지정 옵션

옵 션	설 명
진입기준	다음 중 하나를 선택
F-확률의 사용 진입(E) : 0.5 제거(m) : .10	독립변수의 진입과 제거기준을 F-확률을 사용. 정해진 기준에 적합한 변수는 분석에 투입되지만, 정해진 기준에 맞지 않는 변수는 분석에서 제거한다. PIN확률 및 POUT확률을 사용한다.
F-값의 사용(v) 진입(n) : 제거(a) :	독립변수의 진입과 제거기준을 F-값을 사용. 정해진 기준에 적합한 변수는 분석에 투입되지만, 정해진 기준에 맞지 않는 변수는 분석에서 제거한다. 진입(FIN)값은 3.84 확률, 제거값(FOUT)은 2.71
등식에 상수항 포함	회귀모델에 상수항을 포함한다.
결측치	
Listwise 결측치 제외(l)	유효한 사례만을 분석에 포함한다(기본설정)
Pairwise 결측치제외(p)	각각의 상관계수를 계산할 때 사용하는 두 변수의 값이 모두 유효하면 해당 변수의 상관계수의 계산에 포함한다.
평균대체(R)	결측치가 있는 경우 해당 변수의 평균값으로 대체해 분석에 이용한다.

3) 단순 회귀분석의 분석 결과 해설

① 기술적 통계량과 상관관계 그리고 변수의 진입

[분석 결과 8-1] 단순회귀분석의 기술 통계량

	평균	표준편차	사례수
CRM성과	3.3300	.82159	60
정보사용	3.4958	.90724	60

해설 종속변수 CRM 성과와 독립변수 정보사용에 대한 단순회귀분석의 결과이다. 정보사용과 CRM 성과의 평균은 3.3300 과 3.4958이고 표준편차는 0.82159와 0.90724로 나타나 있다.

[분석 결과 8-2] 단순회귀분석의 상관관계

		CRM성과	정보사용
피어슨 상관관계	CRM성과	1.000	.050
	정보사용	.050	1.000
Sig.	CRM성과	.	.353
	정보사용	.353	.
사례수	CRM성과	60	60
	정보사용	60	60

해설 정보사용과 CRM 성과에 대한 단순상관관계를 나타낸 것이다. 두 변수의 상관관계는 $r=0.050$이며 유의수준 $p<0.05$에서 비유의적인 것으로 나타나 있다. 두 변수간 상관관계가 비유의적인 결과는 첫째, 측정도구 문제, 둘째, 설문 응답에 대한 문제로 분석할 수 있다. 보다 구체적인 내용은 제5장 신뢰성 분석을 참고하기 바란다. 회귀분석을 실시하는 경우, 먼저 분석에 투입된 변수들 간의 단순상관관계를 분석하여야 한다. 변수들 간에 상관관계가 없다면 회귀분석을 실시하여도 원하는 분석 결과를 얻을 수 없다.

[분석 결과 8-3] 독립변수의 진입과 제거

모델	진입변수	제거변수	진입방법
1	정보사용(a)	.	Enter

a 진입변수.

b 종속변수 : CRM성과

해설 ●➡ 단순 회귀분석을 실시하기 위해 Enter 방식을 지정하였다. 종속변수 CRM 성과를 설명하기 위해 독립변수 정보사용이 분석에 투입되고 제거된 변수는 없음을 나타낸다.

② 모형의 적합도 분석

[분석 결과 8-4] 모델의 요약

모델	R	R^2	$adj\,R^2$	추정치의 표준오차	변화 통계량					Durbin-Watson
					R^2변화율	F 변화율	df1	df2	유의수준F-값 변화율	
1	.050(a)	.002	-.015	.82763	.002	.143	1	58	.706	1.786

a 독립변수 : (상수항) 정보사용

b 종속변수 : CRM성과

해설 ●➡ 회귀분석을 실시하고 변수들 간의 상관관계 분석이 끝나면 우선, 모형의 적합도 여부를 분석하여야 한다. 모형의 적합도 검정에는 결정계수(R^2)와 분산분석표를 이용한다.
CRM 성과에 영향을 미치는 요인을 정보사용을 독립변수로 한 단순회귀분석의 결과이다. 모형의 적합도 검정 통계량인 R^2=0.02로 나타나고 있으며, F-변화율 0.142로 나타났다. df1은 독립변수(k개)의 자유도로 1이며 df2는 표본수-독립변수-1(n-k-1)로 58이 된다. F-변화율의 유의수준(p<0.01)이 비유의적인 것으로 나타나고 있다. 즉, CRM 성과에 정보사용이 영향을 주지 않는다는 것을 의미한다.

[분석 결과 8-5] 분산분석표

모델		제곱합	df	평균제곱	F-값	Sig.
1	회귀	.098	1	.098	.143	.706(a)
	잔차	39.728	58	.685		
	총합	39.826	59			

a 독립변수 : (상수항), 정보사용

b 종속변수 : CRM성과

해설 ●➡ 모형의 적합도를 평가하는 두 번째 방법은 분산분석표(ANOVA)를 이용하는 것이다. 분산분석표에 의한 평가는 자유도가 k와 (n-k-1)인 F-분포에 의해서 검정한다. 표본으로부터 자료에 의해 설명되는 회귀(SSR)는 0.093이고 잔차(SSE)는 39.728이며 총합(SST)는 39.826이다. F-비율은 0.143이고 유의수준 p<0.01에서 비유의적인 것으로 나타나나고 있다.

③ 개별변수의 유의수준 평가

[분석 결과 8-6] 개별변수의 유의성

모델		비표준화계수		표준화계수	t-값	Sig.	B의 95% 신뢰구간		상관관계			공선통계량	
		B	표준오차	Beta			하한	상한	Zero-order	Partial	Part	Tolerance	VIF
1	(상수항)	3.173	.429		7.401	.000	2.315	4.031					
	정보사용	.045	.119	.050	.378	.706	-.193	.283	.050	.050	.050	1.000	1.000

a 종속변수 : CRM성과

해설 ●➡ 모형이 회귀분석의 기본 가정을 충족한다고 하더라도 종속변수에 영향을 미치는 개별변수(독립변수)가 통계적으로 유의하지 않으면 독립변수에 의한 종속변수의 변화정도를 설명할 수 없게 된다. 따라서 모형의 적합도 검정이 끝나면 개별 독립변수의 유의성을 평가하여야 한다. 개별변수의 유의성을 평가한 분석 결과이다. 정보사용 기울기에 대한 추정치는 0.045 이며 기울기의 표준 오차는 0.119이다. 따라서 개별 변수의 유의성 검정 통계량 $t=\frac{\hat{\beta}-\beta_0}{\sqrt{var(\hat{\beta})}} \sim t(n-2)$을 이용하면 t-value=(0.045-0)/0.119=0.378임을 알 수 있다. 따라서 독립변수 정보사용은 CRM 성과 변화를 설명하지 못하는 것을 알 수 있다. 개별변수의 베타계수를 해석하는데 유의할 점은 분석에 사용하고 있는 변수의 측정단위에 따라 표본회귀계수의 값은 변한다. 따라서 표준화되지 않은 회귀계수 b의 크기만으로 그 변수의 중요성을 평가하지 못한다. 측정단위가 다른 경우에는 표준화 Beta계수를 사용하여 그 중요성을 평가한다. 단순상관관계, 부분상관계수, 편상관계수가 모두 동일한 것은 분석에 투입된 변수가 단일변수이기 때문에 단순상관계수와 동일한 값이다. 다중공선성을 진단하는 통계량인 공선성 허용치(Tolerance)와 분산확대지수(VIF)가 1.000 것은 독립변수가 단일변수이기 때문이다. 공선성이 전혀 없다는 것을 의미한다.

④ 잔차의 분석

[분석 결과 8-7] 잔차의 분석

	최소	최대	평균	표준편차	사례수
예측치	3.2178	3.3864	3.3300	.04077	60
표준 예측치	-2.751	1.382	.000	1.000	60
예측 표준오차	.107	.315	.144	.046	60
조정 예측치	3.2479	3.4063	3.3347	.04185	60
잔차	-1.69648	2.69228	.00000	.82058	60

a 종속변수 : CRM성과

해설 종속변수에 대한 잔차 분석의 결과이다. 예측치, 잔차, 표준화된 예측치, 표준화된 잔차의 최소값, 최대값, 평균 그리고 표준편차를 보여 주고 있다.

⑤ 잔차도표의 분석

[분석 결과 10-8] 히스토그램

종속변수 : CRM 상과

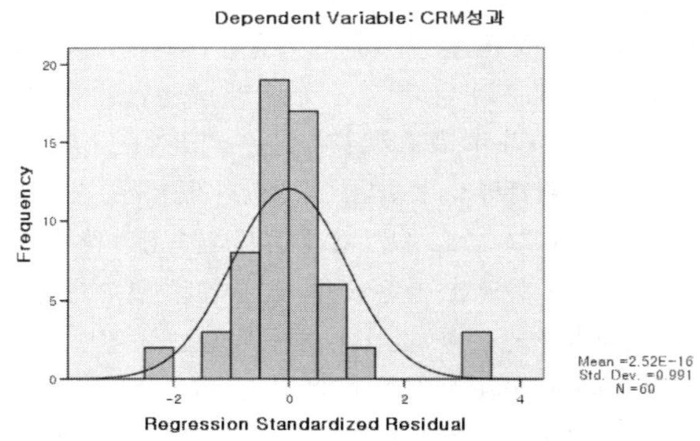

해설 표준화된 잔차의 히스토그램을 보아 정규 분포인지를 점검한다. 실제 관측치와 기대 빈도수로 얻은 결과를 비교하여 정규 분포를 이루는지를 점검한다. 분석 결과에서는 잔차가 정규분포를 이루고 있다.

[분석 결과 10-9] 회귀 표준화 잔차의 정규 P-P도표

회귀 표준화 잔차의 정규 P-P 도표/종속변수 : CRM 성과

Normal P-P Plot of Regression Standardized Residual
Dependent Variable: CRM성과
Expected Cum Prob
Observed Cum Prob
0.0
0.2
0.4
0.6
0.8
1.0

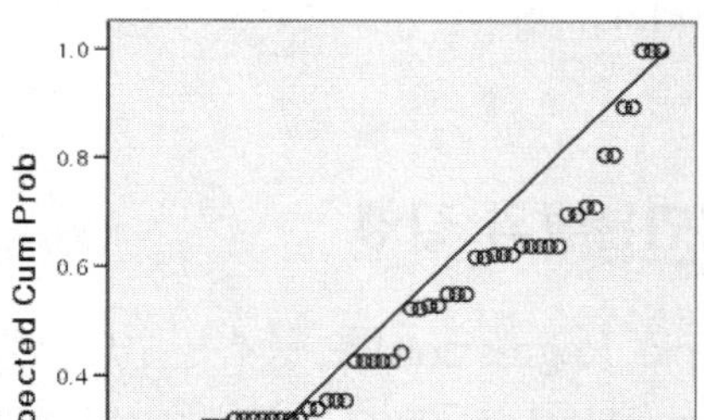

해설 정규산포도는 수집한 표본이 정규분포로부터 추출되었다면, 정규산포도는 원점을 통과하여 대각선을 따라가는 직선 형태를 보여야 한다. 분석 결과의 정규산포도를 보면 수집된 표본들이 대각선으로부터 많이 벗어나기에 잔차가 정규분포를 이룬다고 할 수 있다.

[분석 결과 10-10] 동분산성 점검

Scatterplot/종속변수 : CRM 성과

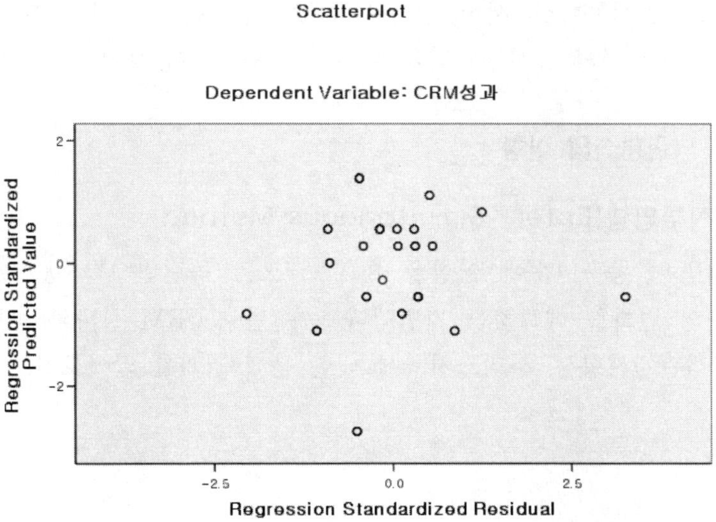

Scatterplot
Dependent Variable: CRM성과
Regression Standardized Predicted Value
Regression Standardized Residual
2
0
-2
-2.5
0.0
2.5

해설 ● ➡ 표준화된 잔차를 X-축, 표준화된 예측치를 Y-축으로 산점도를 작성하였을 때, 그 형태가 평균값 "0"을 중심으로 같은 크기로 무작위적으로 흩어져 있으면 회귀모형의 가정인 동분산성을 만족시킨다고 볼 수 있다. 분석 결과에서는 회귀모형의 동분산성을 만족한다고 볼 수 있다.

8.3.2 다중 회귀분석의 실행

다중 회귀분석(Multiple Regression)은 종속변수의 변화방향을 예측하는데 이용되는 독립변수의 수가 2개 이상인 경우이다. 사용방법은 앞에서 설명한 단순회귀분석 방법과 별다른 차이가 없다. 회귀분석의 대화상자 중 [그림 8-10]에서 분석 방식을 지정하여 주면 된다. 다만, 다중회귀분석의 사용시 주의할 점은 독립변수의 수가 2개 이상이므로 개별 변수들 간의 상관관계로 인해 발생하는 다중공선성과 독립변수의 진입방식을 고려하여야 한다. 다중 회귀분석은 동시투입법(Enter Method)에 의한 방식을 설명한다. 독립변수들 간의 상관관계가 높은 경우에는 기술되어 있는 방식에 따라 단계별투입법(Stepwise Method)을 이용해 분석해 보기 바란다.

1) 분석 상황

다음의 상황은 종속변수 1개와 독립변수 3개의 다중회귀분석이다. 정보사용, 기업의 고객관계지향성, 서비스지원이 CRM 성과에 어떠한 영향을 미치는 가를 다중 회귀분석의 동시투입법을 이용하여 분석하여 보자.

2) 다중 회귀분석의 실행

(1) 동시투입법(Enter : Simultaneous Method)

동시투입법은 종속변수에 영향을 미치는 모든 독립변수를 동시에 투입시켜 종속변수의 변화를 예측하는 기법이다. 종속변수 CRM 성과와 독립변수 정보사용, 고객관계지향성, 서비스지원에 대한 분석 결과를 알아보자.

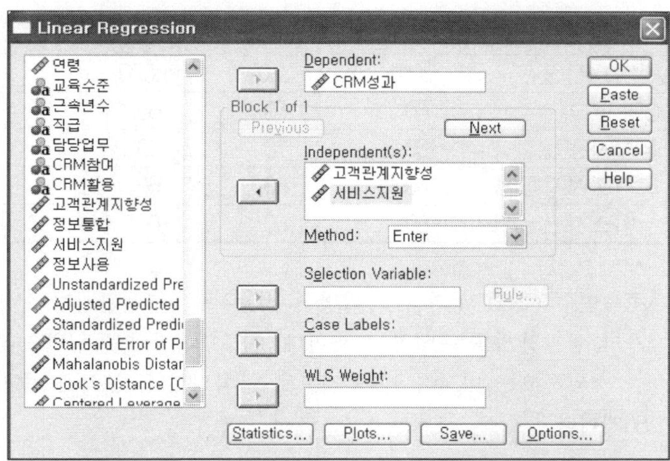

[그림 8-10] 분석방법 지정 대화상자.

(1) 기술통계량과 상관관계 그리고 변수의 진입과 제거

[분석 결과 8-11] 동시투입법의 기술통계량

	평균	표준편차	사례수
CRM성과	3.3300	.82159	60
정보사용	3.4958	.90724	60
고객관계지향성	3.6222	.70635	60
서비스지원	2.7722	.79426	60

해설 ●➡ Enter 방식에 의한 종속변수와 독립변수들의 평균과 표준편차에 대한 분석 결과이다. 평균을 보면 CRM성과, 정보사용, 고객관계지향성, 서비스지원이 각각 3.3300, 3.4958, 3.6222, 2.7722이며, 표준편차는 각각 0.82159, 0.9072, 0.7063, 0.7942로 분석되었다.

[분석 결과 8-12] 상관관계

		CRM성과	정보사용	고객관계지향성	서비스지원
Pearson 상관관계	CRM성과	1.000			
	정보사용	.050	1.000		
	고객관계지향성	.273	.341	1.000	
	서비스지원	.387	.370	.267	1.000
Sig.	CRM성과	.	.353	.017	.001
	정보사용	.353	.	.004	.002

	고객관계지향성	.017	.004	.	.020
	서비스지원	.001	.002	.020	.
사례수	CRM성과	60	60	60	60
	정보사용	60	60	60	60
	고객관계지향성	60	60	60	60
	서비스지원	60	60	60	60

해설 종속변수 CRM 성과와 독립변수 정보사용, 고객관계지향성, 서비스지원 간의 상관간계를 분석한 결과이다. CRM 성과와 독립변수와의 정보사용을 제외하고는 비교적 높은 것으로 분석되었다. 분석에 사용된 사례수는 60개이다.

[분석 결과 8-13] 변수의 진입과 제거

모델	진입변수	제거변수	진입방법
1	서비스지원, 고객관계지향성, 정보사용(a)	.	Enter

a 진입변수

b 종속변수 : CRM성과

해설 동시투입법(Enter: Simultaneous Method)은 독립변수의 중요성에 관계없이 모든 변수를 한꺼번에 투입하여 종속변수의 변화를 예측한다. 종속변수의 변화를 예측하기 위해 모든 변수를 투입한 것을 알 수 있다.

(2) 모형의 적합도 분석

[분석 결과 8-14] 모델의 통계량 요약표

모델	R	R^2	$adj\,R^2$	추정치의 표준오차	변화 통계량					Durbin-Watson
					R^2변화율	F-값 변화율	df1	df2	Sig. F-값 변화율	
1	.560(a)	.314	.277	.69869	.314	8.528	3	56	.000	2.433

a 독립변수 : (상수항), 서비스지원, 고객관계지향성, 정보사용

b 종속변수 : CRM성과

해설 종속변수 만족도를 설명하기 위해 정보사용, 고객관계지향성, 서비스지원을 동시에 투입함으로써 종속변수의 설명력은 R^2 = 0.314로 나타났다. 새로운 독립변수가 투입될 때마다 R^2의 변화율은 0.314이고, F-비율의

변화율은 8.526로 나타나고 있다. 회귀식의 자유도는 df1 4이며 df2는 사례수에서 추정하여할 모수인 4를 뺀 56이 된다. 또한 오차항간의 상관관계를 검정하는 Durbin-Waston test의 경우 2.433로 나타났다.

[분석 결과 8-15] 동시투입법 분산분석표

모델		제곱합	df	평균제곱	F-값	Sig.
1	회귀	12.489	3	4.163	8.528	.000(a)
	잔차	27.337	56	.488		
	전체	39.826	59			

a 독립변수 : (상수항), 서비스지원, 고객관계지향성, 정보사용

b 종속변수 : CRM성과

해설 분산분석표를 보면 회귀식의 자유도는 독립변수의 수와 같은 3이며 잔차의 자유도는 565이다. 회귀식에 의해서 설명되는 분산은 12.489이며 잔차의 경우 27.337로 나타나고 있다. 이를 각각의 자유도로 나눈 평균제곱은 설명된 분산이 4.163이며 평균제곱 잔차는 0.488로서 설명된 분산이 훨씬 크게 나타나고 있다. 유의수준 $p<0.01$에서 모델은 설명력이 있는 것으로 판단한다.

(3) 개별 변수의 유의성 평가

[분석 결과 8-16] 개별변수의 유의성 평가

모델		비표준화 계수		표준화 계수	t-값	Sig.	B의 95% 신뢰구간		상관관계			공선성통계량	
		B	표준오차	Beta			하한	상한	Zero-order	Partial	Part	Tolerance	VIF
1	(상수항)	.143	.753		.190	.850	-1.652	1.366					
	정보사용	.107	.112	.118	.955	.344	-.118	.332	.050	.127	.106	.800	1.250
	고객관계 지향성	.435	.139	.374	3.136	.003	.157	.713	.273	.386	.347	.861	1.162
	서비스지원	.549	.125	.531	4.396	.000	.299	.799	.387	.507	.487	.841	1.189

a 종속변수 : CRM성과

해설 개별 변수들에 대한 유의성을 분석한 결과이다. 비표준화 계수는 정보사용0.107, 고객관계지향성 0.435, 서비스 지원 0.549이다. 각각의 표준화 B-계수는 정보사용 0.118, 고객관계지향성 0.374, 서비스지원 0.531로 나타나고 있다. 따라서 도출된 회귀식은 CRM 성과=0.143+0.107*정보사용+0.435 * 고객관계지향성+0.549 * 서비스지원이 된다. 각각의 독립변수의

통계적 유의성을 판단하기 위해서는 t-값을 이용한다. t-값이 클수록 유의성이 높아지는데 분석 결과를 보면 서비스지원과 고객관계지향성이 높게 분석되었다.

[분석 결과 8-17] 상관계수

모델			서비스지원	고객관계지향성	정보사용
1	상관관계	서비스지원	1.000		
		고객관계지향성	.161	1.000	
		정보사용	.308	.271	1.000
	공분산	서비스지원	.016		
		고객관계지향성	.003	.019	
		정보사용	.004	.004	.013

a 종속변수 : CRM성과

해설●➡ 종속변수에 대한 각 독립변수들 간의 상관계수와 공분산이 나타나 있다.

(4) 공선선 분석

[분석결과 8-18] 공선선 진단

모델	차원	고유치	공선조건지수	분산비율			
				(상수항)	정보사용	고객관계지향성	서비스지원
1	1	3.859	1.000	.00	.00	.00	.00
	2	.101	6.195	.00	.15	.02	.39
	3	.030	11.269	.01	.67	.54	.09
	4	.011	19.134	.99	.17	.43	.51

a 종속변수 : CRM성과

해설●➡ 데이터 행렬에 대한 공선성 여부를 검정하는 데는 고유치(Eigenvalue)와 공선조건지수(Condition Index) 그리고 분산비율(Variance Proportions)을 이용한다. 고유치(Eigenvalue)를 보면 첫 번째 독립변수의 고유치는 3.859이고 두 번째 독립변수의 고유치는 0.101로 급격하게 감소하고 있는 것으로 나타나고 있다. 공선조건지수(Condition Index)의 값도 1.0보다 훨씬 큰 값을 갖는 것으로 나타났다. 따라서 분석 결과 분석에 이용된 변수들 간에는 다중공선성이 존재하는 것으로 판단할 수 있다.

단계별 투입법(Stepwise Method) 사용시 주의할 점

① 이론에 근거한 변수의 선정

독립변수들 간의 높은 관련성으로 인해 다중공선성(multicollinearity)이 발생하면 종속변수와 독립변수간의 정확한 인과관계 검증을 할 수 없게 된다. 이런 경우 통계분석의 결과에만 의존하기 보다는 변수들 간의 이론적 근거에 의해 변수를 선정하는 것이 바람직하다.

② R^2와 F-값 변화율의 검토

동시투입법은 연구자의 의도와는 상관없이 정해진 기준(F-값)에 의해서 변수를 선정하여 인과관계를 규명하게 된다. 변수가 분석에 포함될 때 마다 R2와 F-값은 변하게 된다. 즉 이론적 모형과는 관계없이 종속변수와 관련성 이 높은 변수를 분석에 투입하게 된다. R^2와 F-값은 독립변수의 수가 증가할수록 증가하게 되어 있다. 따라서 분석에 포함되지 않은 변수가 연구모형에 중요한 변수라면 연구자가 이론에 입각하여 변수를 분석할 필요가 있다.

★ 다중 공선성 진단 통계량★

1. 분산확대지수(VIF; Variance inflation factor)

분산확대지수는 $(X'X)^{-1}$행렬의 대각선상의 값들이다. 분산확대지수는 개별 독립변수를 종속변수로 하고 다른 나머지 변수들을 독립변수로 하여 구한 다중결정계수(R^2)로부터 계산된 $(1-R^2)^{-1}$의 값이다. 따라서 VIF의 값이 크면 클수록 다중공선성이 있는 것으로 의심할 수 있다.

2. 고유치(Eigenvalue:λ)

독립변수들 간에 다중공선성이 존재하지 않으면 고유치는 모두 1.0에 가까운 값을 갖는다. 그러나 만일 n개의 독립변수 중 r개의 변수들이 높은 상관관계에 있다면 이들 변수들에 관련된 고유치 값은 변수의 개수인 r개까지 취할 수 있다. 따라서 독립변수들 사이에 다중공선성이 존재한다면 첫 번째 고유치 값이 매우 크게 나타나고, 다음 번째 고유치의 값들이 현저하게 떨어진다.

3. 공선조건지수(Condition Index)

공선조건지수는 X'X 행렬의 고유치의 최대값과 최소값의 비율(λmax /λmin)을 나타내는 $\sqrt{(\lambda_{max}/\lambda_{min})}$으로 나타낼 수 있다. 이 비율은 독립변수들이 상호독립적인 경우 1.0에 가까운 값을 나타내므로 이 비율 1.0과 비교하여 다중공선성의 여부를 판단한다. 따라서 이 비율의 값이 클수록 다중공선성이 의심된다.

4. 다중공선 허용치(Tolerance)

다중공선 허용치란 독립변수들 간의 다중상관관계를 나타내는 통계량으로 (1-R^2)로 표시된다. R^2는 i번째 독립변수를 종속변수로 했을 때 i번째 독립변수가 다른 독립변수들과의 상관계수이다. 변수들간의 다중공선성이 존재하는 경우 다중공선허용치의 값은 작게 나타나고 회귀계수의 표준 오차는 커지게 된다. 해당 변수가 회귀식에 포함되면 t-값 이나 F-값은 작아지게 된다.

(6) 잔차의 분석

[분석 결과 8-18] 잔차 분석

	최소	최대	평균	표준편차	사례수
예측치	2.5664	4.0507	3.3300	.46008	60
잔차	-1.24550	2.43357	.00000	.68070	60
표준 예측치	-1.660	1.566	.000	1.000	60
표준 잔차	-1.783	3.483	.000	.974	60

a 종속변수 : CRM성과

해설 ● ➡ 종속변수에 대한 잔차 통계량에 대한 분석 결과이다. 예측치를 기준으로 최소값, 최대값, 표준편차 그리고 사례수가 나타나 있다.

(6) 잔차도표의 분석

[분석 결과 8-19] 도표 검정

종속변수 : CRM 성과

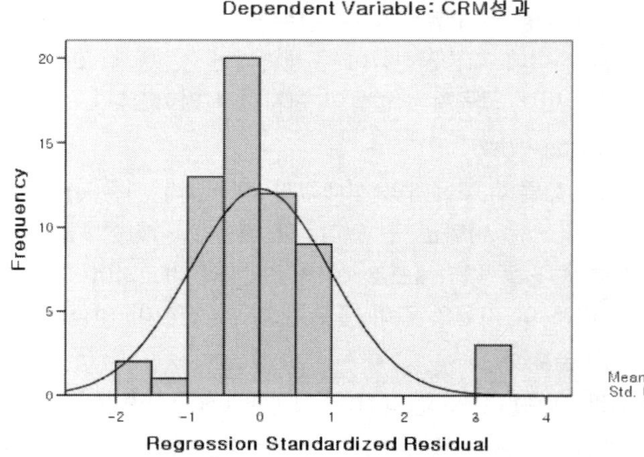

해설●➡ 표준화된 잔차의 히스토그램을 보아 정규분포인지를 점검한다. 실제 관측치와 기대빈도수로 얻은 결과를 비교하여 정규분포를 이루는지를 점검한다. 분석 결과에서는 잔차가 정규분포를 이루고 있다고는 볼 수 있다.

[분석 결과 8-20]

회귀 표준화 잔차의 정규 P-P도/종속변수 : CRM 성과

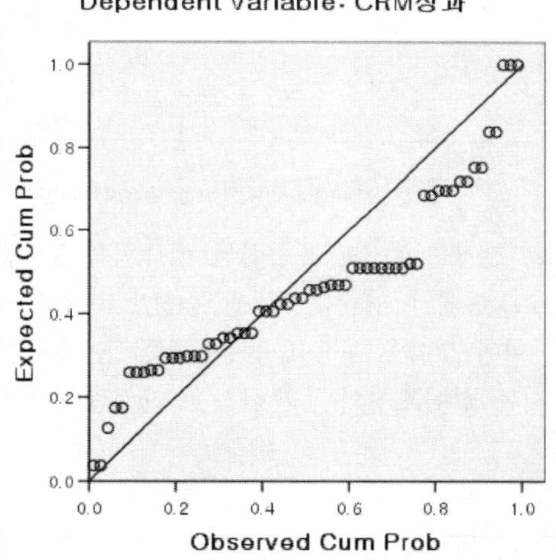

해설●➡ 정규산포도는 수집한 표본이 정규분포로부터 추출되었다면, 정규산포도는 원점을 통과하여 대각선을 따라가는 직선형태를 보여야 한다. 분석 결과의 정규산포도를 보면 수집된 표본들이 대각선으로부터 많이 벗어나지 않기에 잔차가 정규분포를 이룬다고 할 수 있다.

[분석 결과 8-21]

Scatterplot/종속변수 : CRM 성과

Scatterplot

Dependent Variable: CRM성과

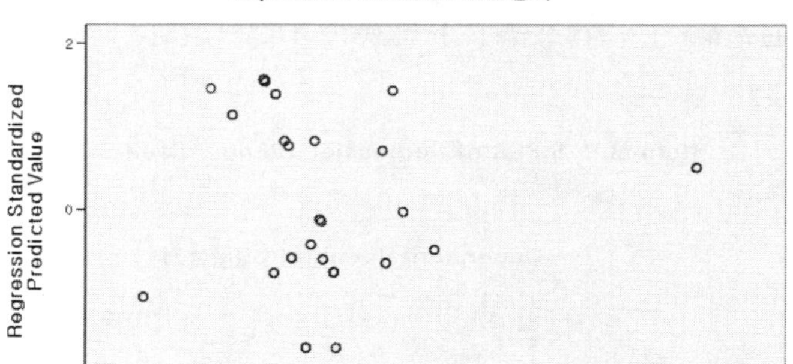

Regression Standardized Residual

해설●➡ 표준화된 잔차를 X-축, 표준화된 예측치를 Y-축으로 산점도를 작성하였을 때, 그 형태가 평균값 "0"을 중심으로 같은 크기로 무작위로 흩어져 있으면 회귀모형의 가정인 동분산성을 만족시킨다고 볼 수 있다. 분석 결과에서는 회귀모형의 동분산성을 만족한다고 볼 수 있다.

8.4 더미변수를 이용한 회귀분석

회귀분석 모형에 명목척도로 측정된 독립변수가 있을 경우 더미변수(Dummy Variable)를 이용하여 분석한다. 명목척도란 관찰 대상을 범주로 구분하기 위하여 숫자를 사용한다. 명목척도로 측정된 변수를 이용하여 더미변수를 만들 때는 0과 1의 숫자를 이용하여 더미변수를 만든다. 즉, 기준집단은 0을 부여하고 비교대상이 되는 집단은 1을 부여한다. 더미변수(가변수)의 수는 명목자료의 집단 (n-1)개의 더미변수가 필요하다.

분석방법은 회귀분석과 동일하다. 더미변수를 이용한 회귀분석을 실시할 때 주의할 점은 첫째, 기준집단(참고 집단)의 선정이다. 둘째, 더미변수의 회귀계수의 의미이다. 각 회귀계수는 비교대상과의 차이를 의미한다. 따라서 집단 간의 평균의 차이를 검정하기 위한 분산분석(ANOVA)과 동일한 의미를 갖는다.

8.4.1 더미변수(가변수)를 만드는 방법

더미변수를 만드는 방법은 다음과 같은 예를 통해서 자세히 알아보자. 예를 들어, CRM 시스템을 업무에 적용하는 기업, IT를 업무에 적용하는 기업 그리고 CRM과 IT 모두 적용하지 않는 기업으로 구분한다면 더미변수는 (n-1)인 2개가 필요하다. 여기서 CRM 시스템을 업무에 적용하는 기업을 기준집단으로 하고, IT를 업무에 적용하는 기업과 CRM과 IT를 모두를 적용하지 않는 집단과의 CRM 성과 차이를 비교하는 더미변수를 만들어 보자.

(기준집단 : 0, 비교집단 : 1 로 코딩)

	더미변수	
	dum1	dum2
CRM 적용기업	0	0
IT 적용기업	1	0
CRM과 IT 모두 적용하지 않는 기업	0	1

더미변수화의 프로그램의 예는 다음과 같다.

```
IF (CRM적용 EQ 1) dum1=0
IF (CRM적용 EQ 1) dum2=0
IF (CRM적용 EQ 2) dum1=1
IF (CRM적용 EQ 2) dum2=0
IF (CRM적용 EQ 3) dum1=0
IF (CRM적용 EQ 3) dum2=1
```

SPSSWIN14.0에서 더미변수(가변수)를 만드는 방법은 프로그램을 이용하는 방법과 Syntax 창을 이용하는 방법이 있다.

1) SPSSWIN14.0 프로그램을 이용한 더미변수 만들기

SPSSWIN14.0에서 더미변수를 만들기 위해서는 다음과 같은 절차를 따른다.

① 파일 메뉴(F)에서 변환(T)을 선택한다.

② 계산(C)을 선택한다.

③ [그림 8-11]과 같이 대상 변수(T)에 더미변수(DUM1)를 표시한다.

④ [그림 8-11]의 수치 표현(E) "0"이라고 입력한다.

⑤ [그림 8-11]에서 조건(I)을 선택하면 [그림 8-12]와 같은 대화상자가 나타난다.

⑥ [그림 8-12]에서 ● 조건에 만족하는 사례 포함(I)을 선택한다.

⑦ 더미변수로 만들고자 하는 변수 CRM활용을 선택하고 대화상자(CRM활용)와 같이 입력한다.

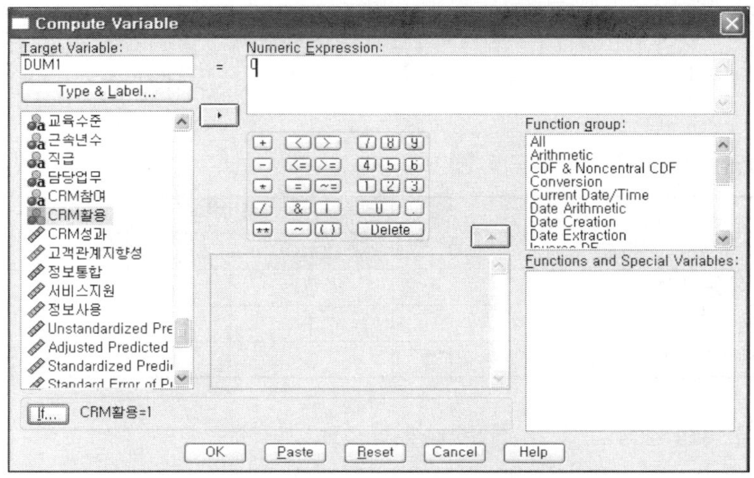

[그림 8-11] 더미변수 정의 대화상자

⑧ 계속 버튼(C)을 선택하고 확인 버튼을 누른다.

⑨ 더미변수를 모두 만들 때까지 ③에서부터 ⑧까지의 과정을 계속 반복한다.

⑩ 더미변수를 만들고 나면 더미변수에 변수유형을 정의할 수 있다.

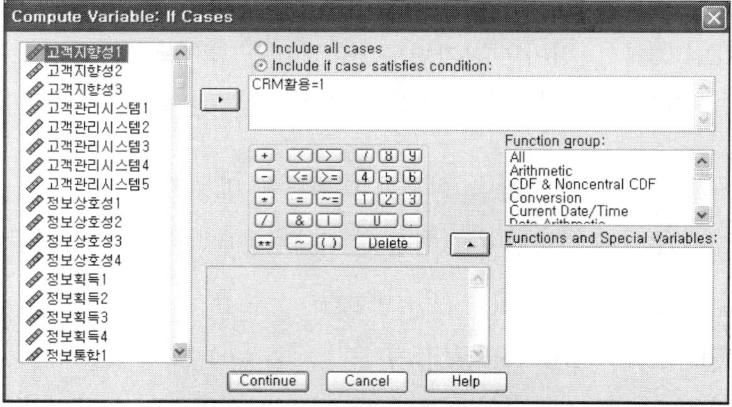

[그림 8-12] 조건정의 대화상자

2) Syntax 창을 이용한 더미변수 만들기

SPSSWIN14.0의 프로그램을 이용해서 더미변수를 만드는 방법은 단계별 과정이 매우 복잡하다. 이러한 과정의 번거로움을 해결할 수 있는 방법이 SPSSWIN14.0의 신텍스 창(Syntax windows)을 이용하는 것이다.

SPSSWIN14.0의 프로그램 이용 과정 중 ①서부터 ⑦까지 입력한 후 [그림 8-11]의 대화상자에서 Paste 버튼을 선택하면 [그림 8-13]과 같은 신텍스 창(Syntax Windows)이 나타난다.

신텍스 창을 이용하는 방법은 다음과 같다.

① Syntax1-SPSS Syntax Editor 대화상자가 열리면 다음과 같은 프로그램이 있는 것을 확인할 수 있다.

IF (CRM활용=1) dum1 = 0

EXECUTE.

② 프로그램을 모두 작성하기 보다는 편집(E)의 복사기능을 이용하여 편집하는 것이 수월하다.

③ 프로그램의 작성이 완료되면 실행(Run)은 신텍스 창의 메뉴 바에서 실행(Run) 버튼을 선택하여 실행한다.

신텍스 창 실행시 주의사항

① 편집기능을 이용하여 구문 편집	② 명령문의 범위 설정
③ 실행 버튼 선택	④ 데이터 창 확인

④ 실행(Run)이 완료되면 Dum1, Dum2가 데이터 파일의 맨 마지막 열에 자동으로 생성된다.

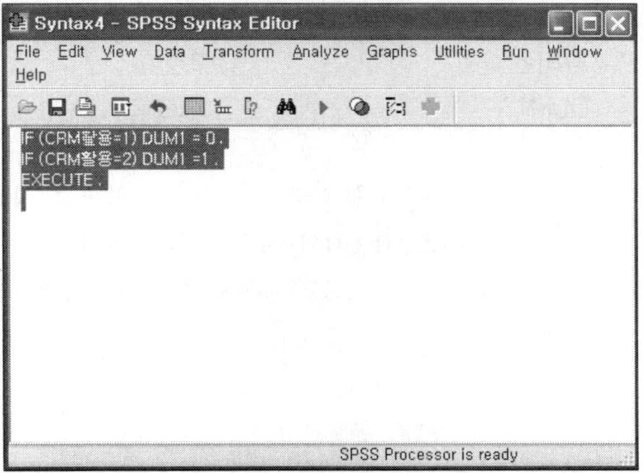

[그림 8-13] 신텍스 창(Syntax Windows)

8.4.2 더미변수를 이용한 회귀분석의 실행

1) 분석 상황

기업 IT 시스템 구현은 경영성과에도 지대한 영향을 미치고 있다. 금융, 유통 관련 업체들은 앞 다투어 업무의 전산화를 실현하고 있다. 고객관리 데이터베이스 구축은 기존 고객을 보다 효율적으로 관리·유지할 수 있고 미래의 새로운 고객 창출에도 유용한 자료가 되기 때문이다. 다시 말해 CRM 시스템 구현은 기업 성과에 직접적인 영향을 미친다고 할 수 있다. 과연 CRM 시스템 활용에 따라 기업성과 차이가 있는지를 분석하여 보자.

2) 더미변수를 이용한 회귀분석의 실행

SPSSWIN14.0에서 더미변수를 이용한 다중회귀분석을 실행시키는 방법은 8.1.1의 단순회귀분석 방법과 동일하다.

3) 분석 결과의 해석

(1) 기술적 통계량과 상관관계 그리고 변수의 진입

[분석 결과 8-31] 더미변수의 기술통계량

	평균	표준편차	사례수
CRM성과	3.3300	.82159	60
정보사용	3.4958	.90724	60
고객관계지향성	3.6222	.70635	60
서비스지원	2.7722	.79426	60
DUM1	.3333	.47538	60

해설 ●➡ 종속변수 CRM 성과와 독립변수 정보사용, 고객관계지향성, 서비스지원, DUM1(CRM 시스템 활용)에 대한 기술 통계량 분석 결과이다. DUM1의 평균은 0.333이고 표준편차는 0.4753으로 분석되었다.

[분석 결과 8-32] 더미변수를 이용한 다중 회귀분석의 상관관계

		CRM성과	정보사용	고객관계 지향성	서비스지원	DUM1
피어슨 상관관계	CRM성과	1.000				
	정보사용	.050	1.000			
	고객관계지향성	.273	.341	1.000		
	서비스지원	.387	.370	.267	1.000	
	DUM1	.104	.095	.241	.125	1.000
Sig.	CRM성과	.	.353	.017	.001	.214
	정보사용	.353	.	.004	.002	.235
	고객관계지향성	.017	.004	.	.020	.032
	서비스지원	.001	.002	.020	.	.171
	DUM1	.214	.235	.032	.171	.
사례수	CRM성과	60	60	60	60	60
	정보사용	60	60	60	60	60
	고객관계지향성	60	60	60	60	60
	서비스지원	60	60	60	60	60
	DUM1	60	60	60	60	60

해설 ●➡ 종속변수 CRM 성과와 독립변수 정보사용, 고객관계지향성, 서비스 지원, 더비변수(DUM1)에 대한 단순상관관계 분석 결과이다.

[분석 결과 8-34] 독립변수의 진입과 제거

모델	진입변수	제거변수	진입방법
1	DUM1, 정보사용, 고객관계지향성, 서비스지원(a)	.	Enter

a 진입변수

b 종속변수 : CRM성과

해설 ●➡ 더미변수를 이용한 다중회귀분석을 실시하기 위해 Enter 방식을 지정하였다. 종속변수인 CRM 성과를 설명하기 위해 독립변수 정보사용, 고객관계지향성, 서비스지원, 더미변수(DUM1)가 분석에 투입되고 제거된 변수는 없음을 나타낸다.

(2) 모형의 적합도 분석

단순 회귀분석과 동일하게 모형의 적합도 검정에는 결정계수(R2)와 분산분석표를 이용한다.

[분석 결과 8-35] 분석모델의 요약

모델	R	R^2	$adj\,R^2$	추정치 표준오차	변화율 통계량					Durbin-Watson
					R^2 변화율	F-값 변화율	df1	df2	Sig.F-값 변화율	
1	.564(a)	.318	.268	.70270	.318	6.413	4	55	.000	2.430

a 독립변수 : (상수항), DUM1, 정보사용, 고객관계지향성, 서비스지원

b 종속변수 : CRM성과

해설 CRM 성과를 종속변수로 하고 정보사용, 고객관계지향성, 서비스지원, 더미변수(DUM1)를 독립변수로 한 다중 회귀분석의 결과이다. 모형의 적합도 검정 통계량인 R^2=0.318로 나타나고 있으며, F-변화율 6. 413로 나타났다. df1은 독립변수(k개)의 자유도로 4이고 df2는 (n-k-1)로 55이다. F-변화율의 유의수준($p<0.01$)이 유의적인 것으로 나타나고 있다.

[분석 결과 8-36] 분산분석표

모델		제곱합	df	평균제곱	F-값	Sig.
1	회귀	12.668	4	3.167	6.413	.000(a)
	잔차	27.158	55	.494		
	전체	39.826	59			

a 독립변수 : (상수항), DUM1, 정보사용, 고객관계지향성, 서비스지원

b 종속변수 : CRM성과

해설 모형의 적합도를 평가하는 두 번째 방법은 분산분석표(ANOVA)를 이용하는 것이다. 분산분석표에 의한 평가는 자유도가 k와 (n-k-1)인 F-분포에 의해서 검정한다. 표본으로부터 자료에 의해 설명되는 회귀(SSR)는 12.668이고 잔차(SSE)는 39.826이며 총합(SST)는 39.826이다. F-값은 6.413이고 유의수준 $p<0.01$에서 유의적인 것으로 나타나고 있다.

(3) 개별변수의 유의 수준 평가

[분석 결과 8-37] 개별변수의 유의성

모델		비표준화 계수		표준화 계수	t-값	Sig.	B의 95% 신뢰구간		상관관계			공선성 통계량	
		B	표준오차	Beta			하한	상한	Zero-order	Partial	Part	Tolerance	VIF
1	(상수항)	.331	.819		.404	.688	1.973	1.311					
	정보 사용	.113	.113	.124	.995	.324	.114	.339	.050	.133	.111	.794	1.259
	고객 관계 지향성	.458	.145	.394	3.168	.003	.168	.747	.273	.393	.353	.803	1.245
	서비스 지원	.566	.129	.547	4.398	.000	.308	.824	.387	.510	.490	.801	1.248
	DUM1	.122	.203	.071	.602	.550	.285	.529	.104	.081	.067	.897	1.114

a 종속변수 : CRM성과

해설 ● ➡ 모형이 회귀분석의 기본가정을 충족한다고 하더라도 종속변수에 영향을 미치는 개별변수(독립변수)가 통계적으로 유의하지 않으면 독립변수에 의한 종속변수의 변화정도를 설명할 수 없게 된다. 따라서 모형의 적합도 검정이 끝나면 개별 독립변수의 유의성을 평가하여야 한다. 개별변수의 유의성을 평가한 분석 결과이다. CRM 시스템 활용여부(DUM1)의 추정치는 β = 0.122이고 유의수준은 $p<0.05$ 수준에서 비유의적인 것으로 분석되었다. 개별변수의 유의성 판단은 검정 통계량 $t=\frac{\hat{\beta}-\beta_0}{\sqrt{var(\hat{\beta})}} \sim t(n-2)$을 이용한다. CRM 시스템 활용(DUM1)의 유의성은 t-value=(0.122−0) / 0.203 = 0.602임을 알 수 있다. 집단간 CRM 시스템 활용 여부에 따라 기업의 경영성과에 차이 없다는 것을 의미한다.

로지스틱 회귀분석 (Logistic Regression Analysis)

9.1 사용 목적

로지스틱 회귀분석(Logistic Regression)은 독립변수 X_i의 변화에 따라 종속변수 Y_i의 특정한 변화 형태 및 미래사건 발생 확률을 예측하는데 유용한 기법이다. 로지스틱 회귀분석은 독립변수가 등간척도 이상이고 종속변수는 2분형 명목척도로 이루어져 있다. 로지스틱 회귀분석은 단순 회귀분석(Simple Regression)·다중회귀분석(Multiple Regression)과 유사한 통계기법이다. 회귀분석에서는 독립변수와 종속변수가 모두 등간척도 또는 비율척도로 측정된 개념을 사용한다. 독립변수가 명목척도(집단구분)로 측정된 경우에는 더미변수(Dummy variable)를 이용하여 독립변수와 종속변수의 인과관계(Causal relationship)를 분석한다. 로지스틱 회귀분석은 등간척도 이상의 독립변수와 명목척도(집단구분)로 측정된 종속변수와의 관계를 규명하는 차원에서 판별분석(Discriminant Analysis)과도 유사한 기법이다. 판변분석(Discriminant Analysis)에서는 독립변수(등간척도) X_i에 따라 종속변수(명목척도) Y_i을 2개 또는 3개의 집단으로 분류하는데 이용된다. 반면, 로지스틱 회귀분석은 집단구분이 아닌 독립변수 X_i에 따라 종속변수 Y_i의 미래 발생확률을 예측하는데 있다. 예를 들면, 기업의 도산 위기를 예측하기 위하여 자기자본비율, 매출액, 부채비율, 주가 등의 지표를 이용하여 분석하는 경우를 들 수 있다. 백화점 고객관리부에서 고객유치를 위한 목적으로 내점고객을 대상으로 월별 구매액, 백화점 이미지, 방문회수, DM발송회수 등을 이용하여 단순 거래고객과 장기 거래 가능 고객을 예측하고자 할 때 사용한다.

9.2 기본 가정

로지스틱 회귀분석은 독립변수와 종속변수의 관계분석에 대한 모집단 분포 가정이 필요로 하지 않는다. 판별분석은 모집단의 다변량 정규분포(multivariate normality distribution) 와 분산-공분산(variance-covariance)행렬 가정을 필요로 하지만 로지스틱 회귀분석(Logistic Regression)에서는 필요로 하지 않는다. 로지스틱 회귀분석의 종속변수는 이산확률분포(discrete probability distribution)의 가정을 따른다. 이산확률변수의 오차항은 정규분포 대신에 이항분포를 따른다. 수집된 자료가 다변량 정규분포와 등분산성 가정을 충족하면 판별분석을 이용하는 것이 바람직하다. 로지스틱 회귀분석에서도 독립변수들 간의 다중공선성(multicollinearity)이 존재하기 때문에 표준오차와 예측 확률의 편차가 커지게 된다. 종속변수가 연속형 자료(예를 들면 인사고과 평점, 매출액, 고객불평지수 등)이면 회귀분석을 이용한다.

로지스틱 회귀분석은 단순히 집단 구분을 하는 것이 아니라 미래 발생 가능 확률을 예측하여 집단을 구분하는 분석방법이다. 따라서 사건의 발생확률은 0과 1사이의 값을 갖는다. 분석 예측 기준 확률 값은 0.5를 기준으로 하며 예측 확률이 0.5보다 크면 사건이 발생하며 0.5보다 작으면 사건은 발생하지 않는다. [그림 9-1]은 로지스틱 회귀분석과 회귀분석에 대한 독립변수와 종속변수의 관계를 나타낸 것이다. [그림 9-1]에서 로지스틱 회귀분석은 독립변수와 종속변수와의 관계가 S 곡선의 관계를 나타내나 회귀분석에서는 선형관계를 나타낸다.

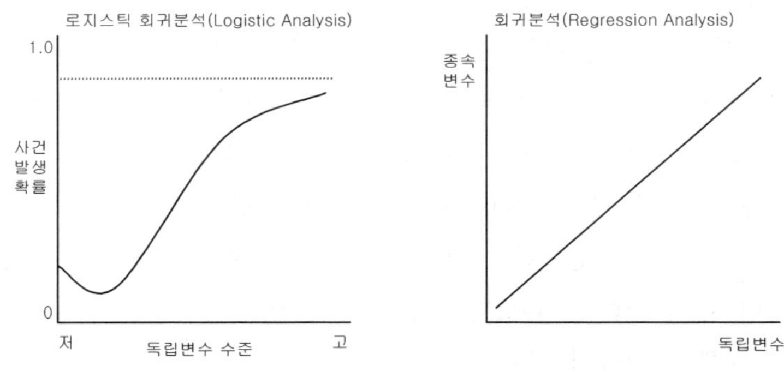

[그림 9-1] 종속변수와 독립변수의 관계가정

9.3 검정 통계량

1. 로지스틱 계수(logistic coefficient)

로지스틱 계수란 독립변수의 예측력과 관련하여 회귀계수와 판별계수와 유사한 개념이다. 계수의 값은 사건이 발생할 확률과 사건이 발생하지 않을 확률을 비교하여 계산하게 된다.

식으로 나타내면 [수식 9-1]과 같다.

$$\frac{\text{사건이 발생할 확률}}{\text{사건이 발생하지 않을 확률}} = e_0^{B_0 + B_1X_1 + B_2X_2 + \cdots + B_n} \quad \text{[수식 9-1]}$$

여기서 $B_0, B_2, \cdots, B_n$은 추정계수 이다.

계수 값의 해석은 (+) 방향이면 예측 확률을 증가시키는 반면 (-) 방향이면 예측 확률을 감소시킨다.

2. 추정모델의 적합도 검정

로지스틱 회귀분석을 실시한 후 독립변수와 종속변수의 관계를 규명하게 된다. 모델의 적합성을 평가하기 위한 통계량에는 우도값(-2 Log likelihood)을 이용한다. 우도값(-2 Log likelihood)은 다중회귀분석에서의 잔차 제곱합과 유사하다. 추정모델의 적합도가 높은 모델은 우도값(-2 Log likelihood; -2LL) 값이 작을 것이다. 우도값은 0과 1 사이의 값을 가진다.

3. 개별변수의 유의성 검정

다중회귀분석에서는 개별 독립변수의 유의성을 평가하기 위해서 t-값을 사용한다. 로지스틱 회귀분석에서는 개별 독립변수의 유의성을 평가하기 위해서 Wald-통계량을 이용한다.

9.3. 프로그램 실행과 해설

9.3.1 로지스틱 회귀분석의 실행

1) 분석 상황

국내 모 백화점에서는 고객관계관리 차원에서 내점 고객을 대상으로 지속인 거래를 유지할 수 있는 고객집단을 예측하려고 한다. 내점 고객을 대상으로 월 구매액, 방문회수, 백화점 이미지 평점, DM 발송회수 등을 기준으로 장기 거래 고객의 수를 예측하고자 한다. 로지스틱 회귀분석을 이용하여 분석하여 보자.

2) 로지스틱 회귀분석의 실행

SPSSWIN14.0에서 로지스틱 회귀분석을 실행하기 위해서는 다음과 같은 절차를 이용한다.

① 파일 메뉴(F)에서 통계 기법(A)을 선택한 다음 회귀분석(R)을 선택한다.

② [그림 9-2]의 회귀분석(R) 통계 기법에서 이변량 로지스틱(g)을 선택한다.

③ 선형(g)을 선택하면 [그림 9-3]과 같은 대화상자가 나타난다.

④ [그림 9-3]의 대화상자에서 종속변수(D)에 "고객"과 공변량(C)에 "월 구매액, 방문회수, 백화점 이미지, DM 발송회수"를 선택한 다음 푸시 버튼(▶)을 누른다.

⑤ [그림 9-3]은 왼쪽 부분의 변수상자와 오른쪽 부분의 분석할 변수를 선택할 수 있는 변수상자로 구성되어 있다. 그리고 아랫부분은 범주형(g), 통계량 저장(S), 그리고 옵션(O)으로 구성되어 있다.

⑥ [그림 9-3]에서 분석에 사용하고자 하는 범주형(g), 저장(S), 옵션(O)을 지정하면 [그림 9-4], [그림 9-5], [그림 9-6] 그리고 [그림 9-7]과 같은 대화상자가 나타난다. 이를 구체적으로 설명하면 다음과 같다.

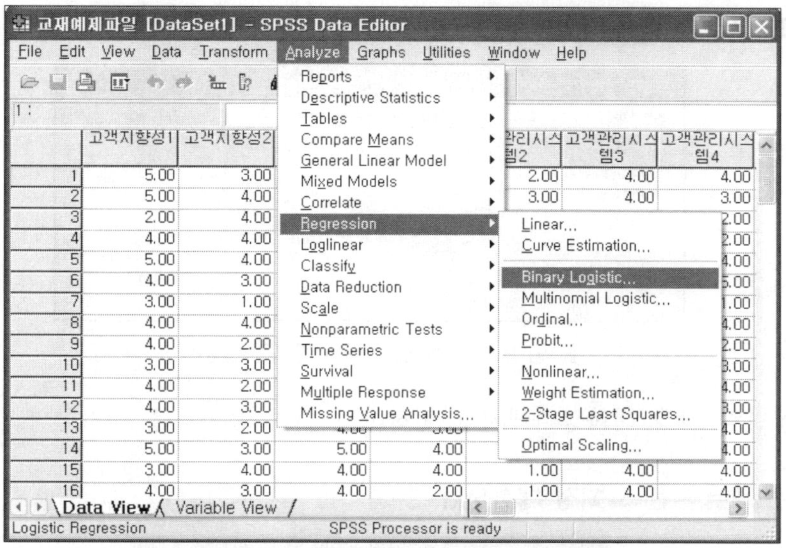

[그림 9-2] 통계분석 대화상자

➠ 1. 로지스틱 회귀분석 대화상자

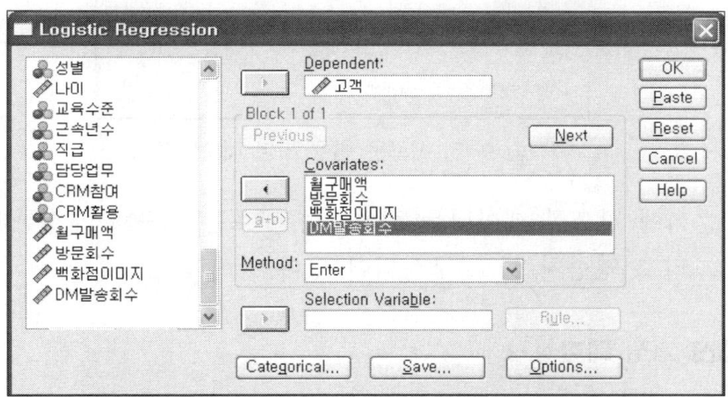

[그림 9-3] 로지스틱 회귀분석의 대화상자

대화상자에서 종속변수(고객)와 공변량(월구매액, 방문회수, 백화점이미지, DM발송회수)을 지정하고 분석에 필요한 옵션을 선택한다.

2. 공변량 지정 대화상자

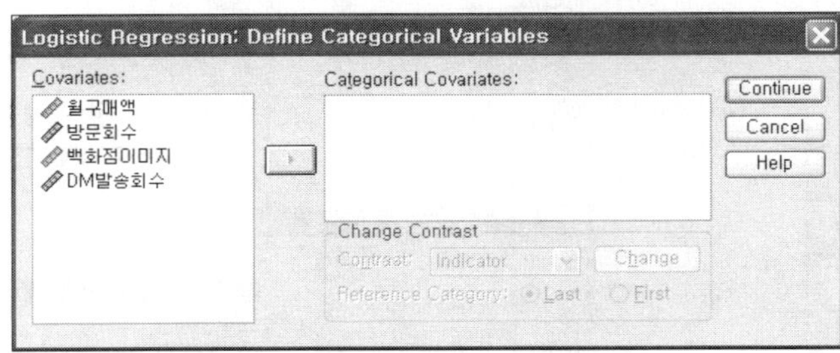

[그림 9-4] 공변량 변수 지정 대화상자

공변량 지정 대화상자에서 대비하고자 하는 공변량을 지정한다.

3. 새로운 변수 지정 대화상자

[그림 9-5] 새로운 변수 지정 대화상자

추가 분석에 필요한 데이터를 생성하여 새로운 변수로 지정한다. 예측치와 잔차 그리고 영향치 들로 구성되어 있다.

4. 옵션 지정 대화상자

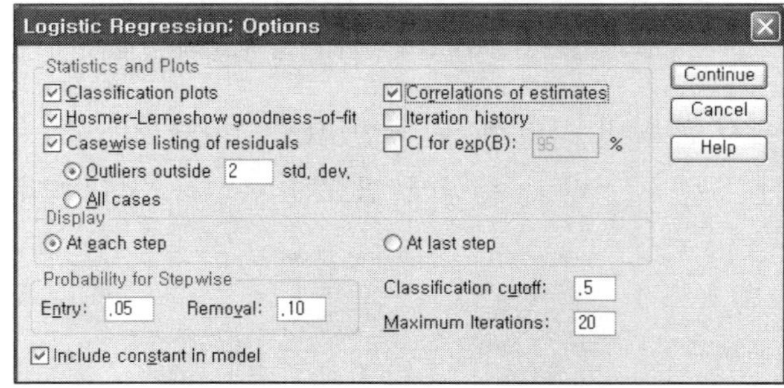

[그림 9-6] 옵션 지정 대화상자

분석에 필요한 통계량과 도표를 지정한다. 변수 진입단계 확률을 연구자가 임의로 지정할 수 있다.

3) 로지스틱 회귀분석의 결과 해설

(1) 기술적 통계량과 상관관계 그리고 변수의 진입

[분석 결과 9-1] 로지스틱 회귀분석 사례요약

비가중 케이스		사례수	퍼센트
선택 케이스	분석에 포함	60	100.0
	결측 케이스	0	.0
	전체	60	100.0
비선택 케이스		0	.0
전체		60	100.0

a 가중 케이스를 사용하는 경우 전체 케이스 수의 분류표를 참조

해설●➡ 분석에 포함된 케이스의 요약 표를 나타낸 것이다. 분석에 포함된 케이스는 60개이고 결측 케이스는 없는 것으로 나타났다.

[분석 결과 9-2] 종속변수 코딩

원래 값	내부 변환 값
1.00	0
2.00	1

해설●➡ 로지스틱 회귀분석에서는 범주형 자료로 측정된 종속변수를 분석하기 위해 이변량 확류변수로 변환한다. 집단구분은 “0”과 “1”의 값을 갖는 변수로 변환한다. 자료 분석을 위하여 변환된 값이 제시되어 있다. 1로 처리된 고객은 자료분석을 위한 “0”으로 2로 처리된 고객은 “1”로 변환되었다.

[분석 결과 9-3] 블록 시장 : 0

	관측		예측		
			고객		정확한 퍼센트
			1.00	2.00	
Step 0	고객	1.00	43	0	100.0
		2.00	17	0	.0

	전체 퍼센트			71.7

a 상수항은 모델에 포함

b 절단 기준은 0.500

해설 ● [분석결과 9-3]에서 로지스틱 회귀분석의 첫 단계는 모든 케이스들을 분석에 포함시킨다. 분류의 정확성은 기준값인 0.5이다. 전체 케이스를 대상으로 분류한 결과를 보면 장기거래고객집단(1)이 43개이고 단속거래고객 집단(2)이 17개로 분류되어 전체 분류 정확성은 71.7%이다.

[분석결과 9-4A] 분석에 포함된 변수

		B	S.E.	Wald	df	Sig.	Exp(B)
단계 0	상수항	-.928	.286	10.492	1	.001	.395

[분석결과 9-4B] 분석에서 제외된 변수

			점수	df	Sig.
단계 0	변수	월구매액	10.928	1	.001
		방문회수	3.309	1	.069
		백화점이미지	7.082	1	.008
		DM발송회수	5.659	1	.017
	전체 통계량		22.270	4	.000

해설 ● [분석결과 9-4A]는 집단분류에 영향을 미치는 독립변수는 포함시키지 않고 상수항만을 분석에 포함시키고 있다. [분석결과 9-4B]는 분석에 포함되지 않은 변수에 대한 유의성을 제시하고 있다.

[분석결과 9-5A] 모델계수의 옴니버스 검정

		χ^2	df	Sig.
Step 1	Step	38.944	4	.000
	Block	38.944	4	.000
	Model	38.944	4	.000

[분석결과 9-5B] 모델 요약 통계량

Step	-2 Log likelihood	Cox &Snell R^2	Nagelkerke R^2
1	32.585(a)	.477	.686

a 모수추정치가 0.001보다 작게 변함으로 반복회수 9에서 모수 추정을 종료

해설 ● ➡ [분석결과 9-5A]의 모델 계수의 검정 통계량을 보면 단계 1의 χ^2-값과 유의도가 제시되어 있다. 분석결과, 독립변수를 분석에 포함시킨 단계 1의 χ^2-값이 38.944로 제시되어 있다. [분석결과 9-5B]는 모형의 전반적인 적합도를 나타낸다. 단계 1의 -2LL 우도 값은 32.585로 제시되어 있다. [분석결과 9-5A]와 [분석결과 9-5B]를 이용해서 독립변수를 고려하지 않고 상수항만으로 구성된 -2LL 우도 함수는 단계 1의 χ^2-값과 단계 1의 -2LL 우도 함수의 합으로 추산할 수 있다. 이다. 따라서 상수항만을 고려한 -2LL 우도 함수값은 38.944 + 32.585 = 71.529임을 알 수 있다. 모델의 적합도는 최초의 Null 모델(-2LL=71.529)보다 독립변수를 고려한 추정모델(-2LL=32.585)이 더 높아 졌다는 것을 알 수 있다.

[분석결과 9-6] 분류표(a)

	관측		예측		
			고객		Percentage Correct
			1.00	2.00	
단계 1	고객	1.00	40	3	93.0
		2.00	2	15	88.2
	전체 퍼센트				91.7

a 절단기준은 0.500

해설 ● ➡ [분석결과 9-6]은 관측 데이터의 분류 수준을 제시한 것이다. 1 집단에 속할 데이터 43 개 중 40개가 정확히 분류되었고 2 집단에 속할 데이터 17개 중 15개가 정확하게 분류되었다. 분류 정확도는 91.7%를 나타낸다.

[분석결과 9-7] 분석에 포함된 변수

	변수	B	S.E.	Wald	df	Sig.	Exp(B)
Step 1(a)	월구매액	-.165	.058	8.001	1	.005	.848
	방문회수	-.243	.144	2.855	1	.091	.784
	백화점이미지	.307	.117	6.916	1	.009	1.360
	DM발송회수	-.965	.348	7.677	1	.006	.381
	상수항	17.493	7.112	6.050	1	.014	39564794.776

a 단계 1 진입변수: 월구매액, 방문회수, 백화점이미지, DM발송회수.

해설 ● ➡ [분석결과 9-7]은 추정모형에 모든 독립변수가 포함되었을 경우, 집단구분에 유의적인 영향을 미치는 변수의 중요도를 나타낸 것이다. B 계수의 방향성에 따라 집단구분의 기준이 된다. B-계수가 (+)이고 변수의 값이 클수록 내부 변환값이 1인 집단으로 분류되고 B-계수가 (-)이고 변수의 클수록 내부 변환값이 0인 집단으로 분류될 가능성이 커진다. 집단구분에 있어 월구매액, 방문회수, DM 발송회수가 많을수록 "장기거래 고객 집단"으로 분류될 확률이 커진다고 할 수 있다.

[분석결과 9-8] 상관관계 행렬

		상수항	월구매액	방문회수	백화점이미지	DM발송회수
단계 1	상수항	1.000				
	월구매액	-.962	1.000			
	방문회수	-.518	.460	1.000		
	백화점이미지	.598	-.649	-.835	1.000	-.733
	DM발송회수	-.967	.962	.550	-.733	1.000

해설 ●➡ 분석에 투입된 독립변수들 간의 상관관계를 제시한 것이다.

T-검정(T-test)

10.1 사용 목적

현실 사회에서 우리는 종종 성별 용돈 지출액 차이를 비교하게 된다. 예를 들면, 남성의 용돈 지출액과 여성의 용돈 지출액을 비교하는 경우가 종종 있다. 이 경우 "남성과 여성의 용돈 지출액의 차이를 통계적으로 어떻게 평가할 것인가"라는 문제에 직면하게 된다. 이와 같은 상황을 검정하기 위한 분석방법이 집단간 차이 검정, 즉 남성과 여성의 용돈 차이 검정을 위한 가장 간편한 방법이 T-검정이다.

두 표본간의 평균차이 검정을 위해서는 T-검정을 사용하고, 두 집단 간의 평균이 통계적으로 유의한 차이가 있는 지를 검정하기 위해서는 독립표본 T-검정(Independent Samples T-test) 또는 대응 표본 T-검정(Paired-Samples T-test)을 사용한다. 하지만 T-검정은 두 집단 간의 평균차이를 검정할 뿐 세 집단 이상인 경우에는 분산분석을 통해 검정한다.

10.2 기본 원리

두 집단간 차이를 검정하기 위해서 수집된 자료의 분산과 전체분산, 즉 두 표본을 합한 전체 집단의 분산을 이용하여 평균차이를 검정한다. 하지만 집단간 모집단의 분산을 알고 있는 경우와 모르는 경우에는 다른 공식을 이용하여 집단간 평균차이를 검정한다. t-값을 계산하는 공식을 수식으로 나타내면 식 [10-1]과 식 [10-2]와 같이 표현할 수 있다. 두 모집단의 분산이 동질적인 경우에 이용되는 분산은 합동분산(pooled variance)이다.

■ **두 모집단의 분산이 다를 때**

$$T = \frac{\overline{X_1} - \overline{X_2}}{\sqrt{\frac{S_p^2}{n_1} + \frac{S_p^2}{n_2}}} \qquad S_1^2 = \frac{\sum(X_i - \overline{X_1})^2}{n_1 - 1}$$ ………………………………… 식 [10-1]

■ 두 모집단의 분산이 동일할 때

$$T = \frac{\overline{X_1} - \overline{X_2}}{\sqrt{\frac{S_p^2}{n_1} + \frac{S_p^2}{n_2}}} \qquad S_p^2 = \frac{(n_1 - 1)S_1^2 + (n_2 - 1)S_2^2}{n_1 + n_2 - 2}$$ ……………………… 식 [10-2]

자유도 : $n_1 + n_2 - 2$

10.3 프로그램의 실행과 해설

10.3.1 분석 상황

T-검정에서는 세 가지 상황을 분석한다.

첫째, CRM 성과 측정치인 고객유지율의 모집단과 표본의 평균차이를 표본 T-검정을 이용하여 분석한다.

둘째, CRM 시스템 구현은 기업의 경영성과에 커다란 영향을 미친다고 한다. 그러나 CRM 전략 실행은 여러 가지 문제점으로 인해 경영성과가 가시적으로 나타나기도 하지만 실패로 끝나는 경우도 비일비재하다. 과연 CRM 시스템 구현이 기업의 경영성과로 이어진다고 할 수 있는가? CRM 시스템을 업무에 활용하고 있는 집단과 그렇지 못한 기업으로 구분하여 CRM 성과의 평균차이를 검증하여 보자. CRM 성과는 고객성과1, 고객성과2, 고객성과3, 고객성과4, 고객성과5 등의 문항을 이용하여 [CRM 성과] 변수를 만들어 사용한다. 새로운 변수를 만드는 방법은 제 2 부 제4장을 참고하기 바란다.

셋째, CRM 성과 개념을 측정하고 있는 문항은 재무관점과 고객관점으로 분리되어 있다. 재무적 관점의 측정치인 "고객성과1"과 고객관점의 측정치인 "고객성과2"를 재무관점과 고객관점의 평균 차이를 분석한다.

10.3.2 표본 T-검정(One-Sample T-test)

표본 T-검정은 수집된 표본의 평균과 모집단 평균의 차이를 검정하는데 이용된다. 예를 들어 한국 대학생들의 평균 IQ가 130이라고 가정할 때, 어느 대학의 경영학과 학생들의 IQ가 150이라면 경영학과 학생들의 IQ가 한국 대학생들의 평균 IQ보다 높다고 할 수 있는가? 이 문제에 대한 정확한 해답을 얻기 위해서는 통계적 방법이 필요하다. 이러한 상황에서 이용할 수 있는 통계 분석 기법이 표본 T-검정이다. 표본 T-검정은 표본의 평균을 검정하기 위해서 모집단의 가상적 평균(예를 들어 IQ 150)을 이용한다.

1) 표본 T-검정 프로그램의 실행

SPSSWIN14.0에서 표본 T-검정을 실행하기 위해서는 다음과 같은 절차를 이용한다.

① 파일 메뉴(F)에서 통계 기법(A)을 선택한 다음 평균 비교(M)를 선택한다.

② [그림 10-1]의 평균 비교(M)에서 표본 T-검정(S)을 선택한다.

③ 표본 T-검정(S)을 선택하면 [그림 10-2]와 같은 대화상자가 나타난다.

④ [그림 10-2]에 분석할 문항(고객성과1)을 선택한 다음 푸시 버튼(▶)을 누른다.

⑤ [그림 10-2]는 왼쪽 부분의 변수상자와 오른쪽 부분의 분석할 변수지정 변수(T) 그리고 옵션 부분으로 구성되어 있다. 예에서는 모집단 평균값을 "0"으로 하였다.

⑥ [그림 10-2]에서 옵션을 지정하면 [그림 10-3]과 같은 대화상자에 신뢰구간을 지정하고 계속 버튼(C)을 누른다. 이를 구체적으로 설명하면 다음과 같다.

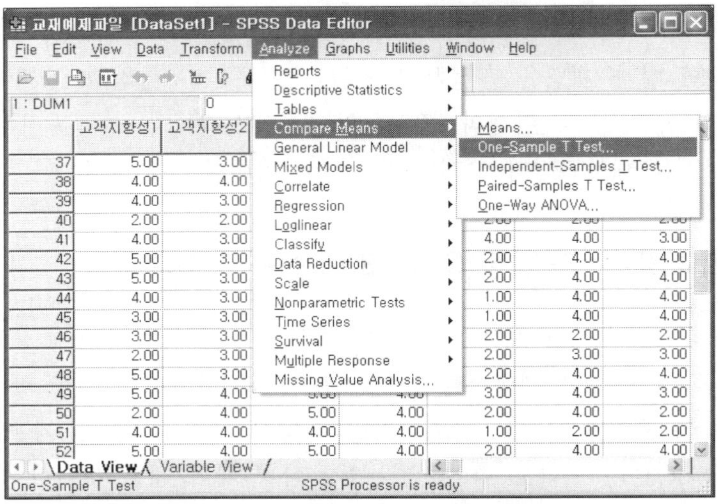

[그림 10-1] 통계분석 대화상자

➠ 1. 표본 T-검정 대화상자

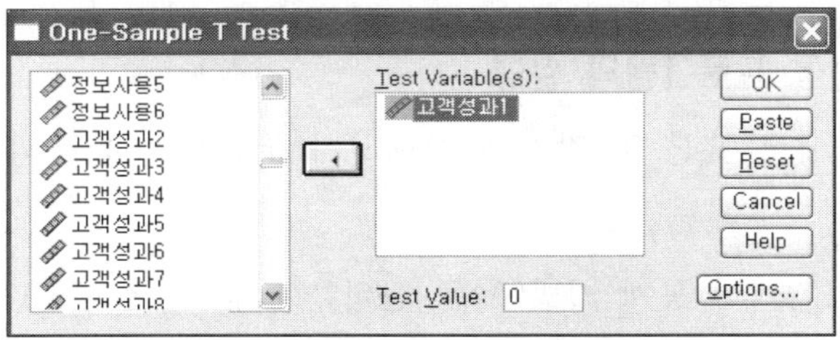

[그림 10-2] 표본 T-검정 대화상자

표본 T-검정 대화상자에서 분석할 문항(고객성과1) 선택하고 모집단의 평균값(Test Value)을 지정한다. 가상적 평균값의 지정은 분석표본의 대상에 따라 달라질 수 있다. 연구자가 분석목적에 따라 모집단 평균값을 찾아내서 지정하면 된다.

➠ 2. 표본 T-검정 옵션 대화상자

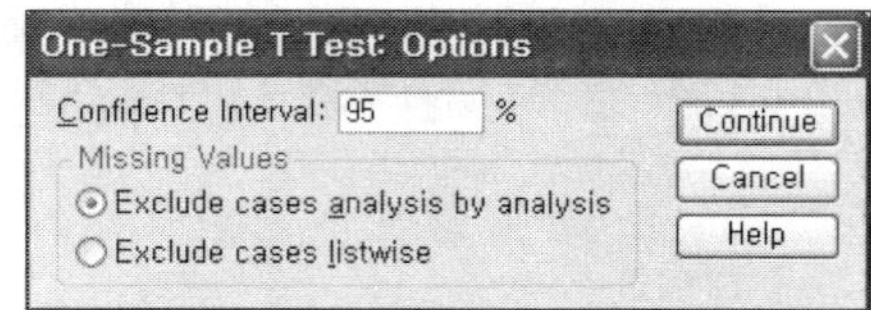

[그림 10-3] 표본 T-검정 옵션 대화상자

대화상자에서 신뢰구간과 결측치에 대한 옵션을 지정하고 계속 버튼을 누른다.

2) 분석 결과의 해설

[분석 결과 10-1] T-검정 기술통계량

	사례수	평균	표준편차	평균 표준오차
고객성과1	60	3.4000	.76358	.09858

해설 ●➡ 고객성과1에 평균 차이 분석 결과이다. 평균 3.4000, 표준편차 0.76358, 평균 표준오차 0.09858로 나타났다.

[분석 결과 10-2] 표본 T-검정

	모집단 평균값(Test Value = 0)					
	t-값	df	Sig	평균차이	차이검정의 95% 신뢰구간	
					하한	상한
고객성과1	34.491	59	.000	3.40000	3.2027	3.5973

해설 ●➡ 모집단 평균과 고객성과1의 평균차이를 분석한 결과를 보면, t-값이 34.491이고 자유도는 59, 신뢰구간 95%수준에 가상적 평균과의 차이는 유의적인 것으로 나타났다.

10.3.3 독립 표본 T-검정

1) 독립 표본 T-검정 프로그램의 실행

SPSSWIN14.0에서 독립표본 T-검정을 실행하기 위해서는 다음과 같은 절차를 이용한다.

① 파일 메뉴(F)에서 통계 기법(A)을 선택한 다음 평균 비교(M)를 선택한다.

② [그림 10-4]의 평균 비교(M)에서 독립표본 T-검정(T)을 선택한다.

③ 독립표본T-검정(T)을 선택하면 [그림 10-5]와 같은 대화상자가 나타난다.

④ [그림 10-5]에 분석할 변수(CRM 성과, CRM 활용여부)를 차례로 선택한 다음 푸시 버튼(▶)을 누른다.

⑤ [그림 10-5]는 왼쪽부분의 변수상자와 오른쪽 부분의 검정변수(T)와 집단변수(G) 그리고 집단 정의(D) 및 옵션 부분으로 구성되어 있다. 집단 정의(D)와 옵션을 선택하면 [그림 10-6]과 [그림 10-7]과 같은 대화상자가 나타난다.

⑥ [그림 10-6]에서 집단을 정의한다. 집단변수는 반드시 정의되어야 한다. 이 예는 두 집단이므로 Group1에 1, Group2에 2를 입력하고 계속 버튼(C)을 누른다.

⑦ [그림 10-7]에서 신뢰구간을 정하고 계속 버튼(C)을 누른다. 기본값은 95%로 정해져 있다. 이를 구체적으로 설명하면 다음과 같다.

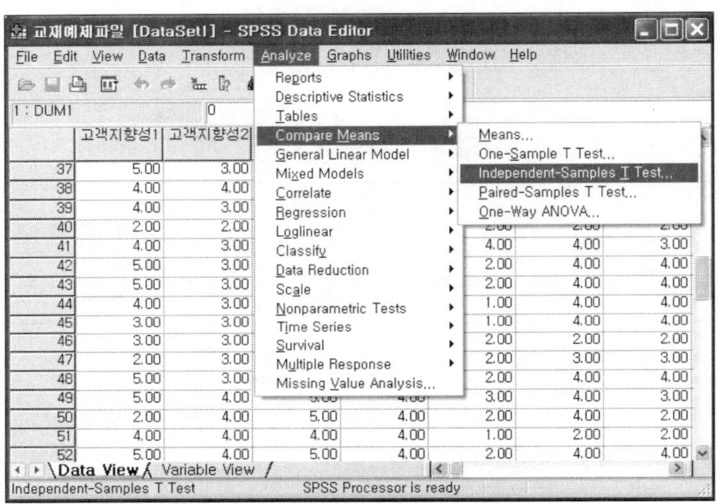

[그림 10-4] 통계분석 대화상자

1. 독립표본 T-검정 대화상자

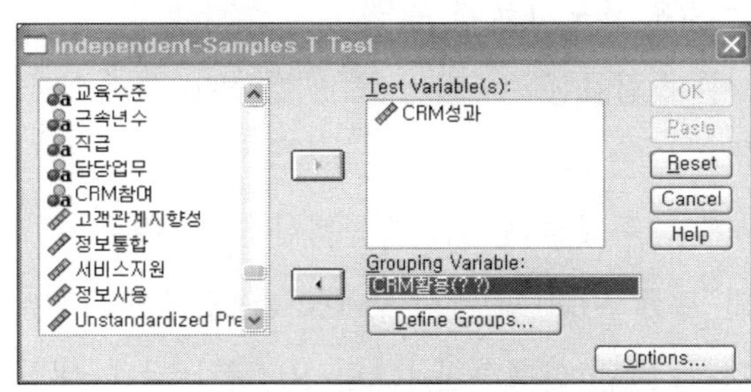

[그림 10-5] 독립 표본 T-검정 대화상자

대화상자와 같이 분석할 변수를 검정변수에 CRM 성과, 집단구분변수에 CRM 활용여부를 지정한다.

➠ 2. 집단정의 대화상자

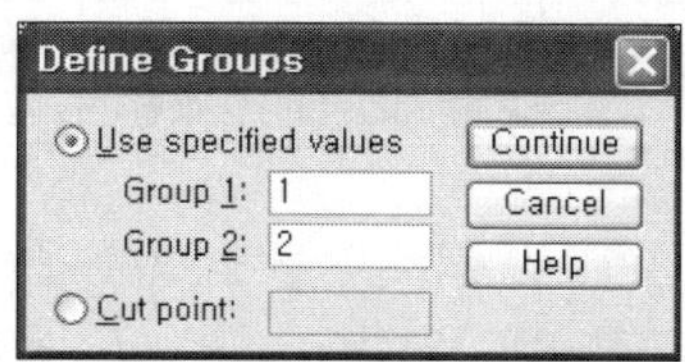

[그림 10-6] 집단정의 대화상자

집단정의 버튼을 선택한 후 분석에 이용할 변수(CRM 활용여부)가 두 집단이므로 집단1과 집단2를 대화상자처럼 기입한다.

➠ 3. 신뢰구간정의 대화상자

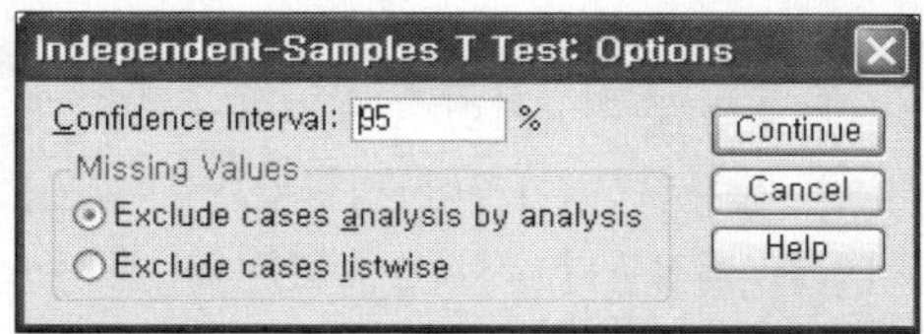

[그림 10-7] 신뢰구간정의 대화상자

신뢰구간은 기본적으로 95%로 설정되어 있으며 사용자가 변경할 수 있다. 하지만 일반적인 기준은 90%, 95%, 99%이다.

2) 분석 결과의 해설

[분석 결과 10-3] 집단 평균차이 검정 기술통계량

	CRM활용	사례수	평균	표준편차	평균표준오차
CRM성과	1	40	3.3900	.86166	.13624
	2	20	3.2100	.74119	.16574

해설 ●➡ 만족도에 따른 집단 평균 차이에 대한 기술 통계량이다. CRM 시스템 활용 기업의 평균은 3.3900이고, 표준편차는 0.86166, CRM 시스템 활용하지 않는 집단의 평균은 3.2100이고 표준 편차는 각각 0.74119로 나타났다.

[분석 결과 10-4] 독립표본 검정

		분산의 동질성 검정 Levene's 통계량		평균의 동질성 T-검정						
		F-값	Sig.	t-값	df	Sig.	평균 차이	표준오차 차이	차이의 95% 신뢰구간 하한	차이의 95% 신뢰구간 상한
CRM 성과	등분산성	1.261	.266	.798	58	.428	.18000	.22570	-.27179	.63179
	이분산성			.839	43.645	.406	.18000	.21455	-.25249	.61249

해설 독립표본 T-검정을 분석하기 전에 먼저 분석해야 하는 것이 분산의 동질성여부를 분석하여야 한다. 분산의 동질성여부의 검정 통계량은 Levene의 통계량을 이용한다. 즉 검정가설은 "귀무가설 H0 : 두 모집단의 분산은 동일하다. 대립가설(연구가설) H1 : 두 모집단의 분산은 다르다"를 검정한다. 만약 F-값의 유의수준이 기각역에 있으면 등분산성 가정이 위배되므로 개별분산(Unequal)을 이용하여 집단간 평균차이를 검정하고 F-값의 유의수준이 채택역에 있으며 등분산성 가정이 성립함으로 합동분산(Equal)을 이용하여 집단간 평균차이를 검정한다.

독립표본 T-검정은 합동분산을 이용하는 경우와 개별분산을 이용하는 경우에 따라 집단간 평균차이 검정결과가 다르게 나타날 수 있다. 분석결과를 보면, 등분산성 가정이 성립함으로 합동분산(Equal)을 이용하여 집단간 차이를 검정한다. t-값은 0.798이고, 자유도는 58 그리고 유의수준은 0.428로 유의수준 p=0.05에서 비유의적인 것으로 나타났다. 교재의 예에서는 CRM 시스템 구현과 CRM 시스템 활용 여부와는 집단간 평균차이가 없는 것으로 분석되었다.

10.3.4 대응 표본 T-검정

1) 대응 표본 T-검정 프로그램의 실행

SPSSWIN14.0에서 대응표본(Paired-Samples) T-검정을 실행하기 위해서는 다음과 같은 절차를 이용한다.

① 파일 메뉴(F)에서 통계 기법(A)을 선택한 다음 평균 비교(M)를 선택한다.

② [그림 10-8]의 평균 비교(M)에서 대응표본 T-검정(P)을 선택한다.

③ 대응표본T-검정(P)을 선택하면 [그림 10-9]와 같은 대화상자가 나타난다.

④ [그림 10-9]에 분석할 문항인 재무관점(고객성과1)과 고객관점(고객성과2)을 차례로 선택한 다음 푸시 버튼(▶)을 누른다.

⑤ [그림 10-9]는 왼쪽부분의 변수상자와 오른쪽 부분의 대응변수(V)와 아랫부분의 선택변수(Variable1, Variable2) 및 옵션(O)으로 구성되어 있다. 선택한 변수가 대응관계로 나타난다. 옵션(O)을 지정하면 [그림 10-10]과 같은 대화상자가 나타난다.

⑥ [그림 10-9]에서 변수를 지정한 후 확인 버튼(OK)을 누른다. 이를 구체적으로 설명하면 다음과 같다.

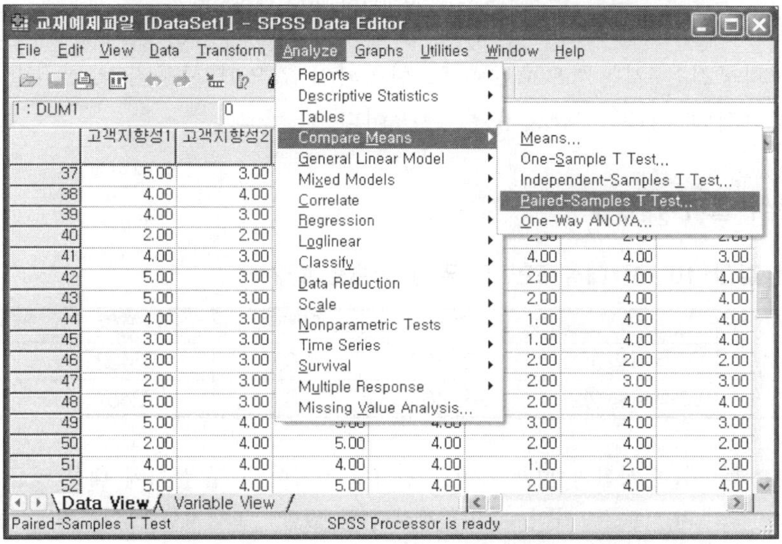

[그림 10-8] 통계분석 대화상자

➡ 1. 대응표본 T-검정 대화상자

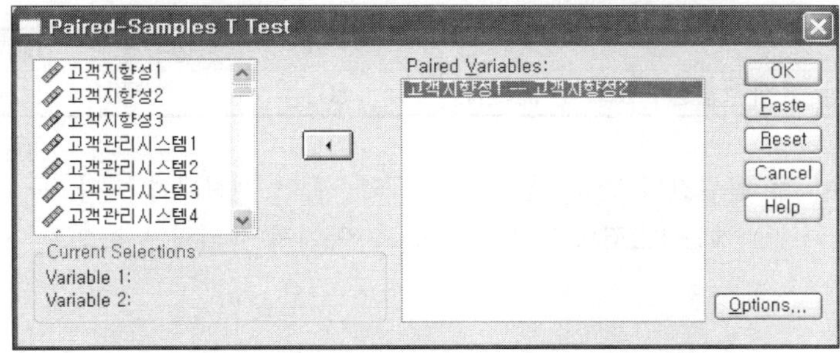

[그림 10-9] 대응 표본 T-검정 대화상자

[그림 10-9]에서 고객지향성1을 Variable1, 고객지향성2를 Variable2에 입력하고 푸시버튼을 선택하면 대응표본 상자로 이동한다.

➠ 2. 신뢰구간 지정 대화상자

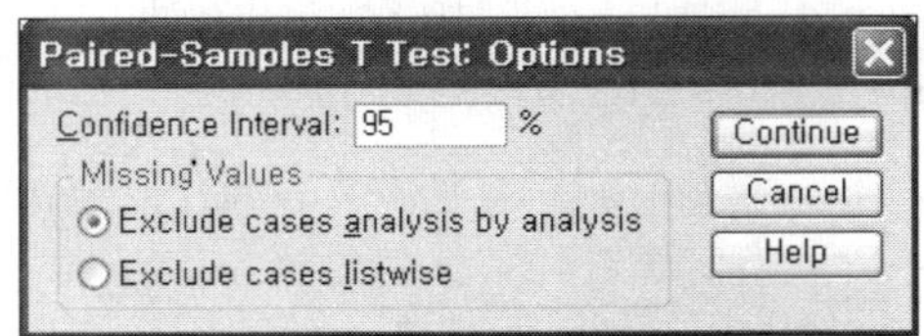

[그림 10-10] 신뢰구간 지정 대화상자

신뢰구간은 기본적으로 95%로 설정되어 있으며 사용자가 변경할 수 있다. 일반적인 기준은 90%, 95%, 99%이다.

2) 분석 결과의 해설

[분석 결과 10-5] 대응표본 T-검정 기술통계량

		평균	사례수	표준편차	평균 표준오차
Pair 1	고객지향성1	3.7333	60	.95432	.12320
	고객지향성2	3.0167	60	.72467	.09355

해설●➡ 두 문항간의 평균 차이를 검정한 결과이다. 두 문항에 대한 평균, 표준편차, 표준오차의 값이 제시되어 있다. 고객지향성1의 통계량은 평균 3.7333, 표준편차 0.95432이고 고객지향성2는 평균 3.0167, 표준편차 0.72467인 것으로 분석되었다.

[분석 결과 10-6] 두 변수간의 상관관계

		사례수	상관관계	Sig.
Pair 1	고객지향성1 &고객지향성2	60	.276	.033

해설●➡ 두 문항간의 단순상관관계와 유의수준이 제시되어 있다. 두 문항간의 상관관계는 0.276으로 유의수준 $p<0.05$에서 유의적인 것으로 나타났다.

[분석 결과 10-7] 대응표본 T-검정

		대응표본차이					t-값	df	Sig.
		평균	표준편차	평균 표준오차	차이에 대한 95% 신뢰구간				
					하한	상한			
Pair 1	고객지향성1 - 고객지향성2	.71667	1.02662	.13254	.45146	.98187	5.407	59	.000

해설●➡ 두 문항간의 평균차이를 분석한 결과이다. t-값은 두 문항간의 평균의 차를 표준오차평균으로 나눈 값이다. 자유도 59에서 t-값이 5.407로 유의수준 $p<0.05$에서 비유의적인 것으로 나타났다. 즉, 두 문항간의 평균차이가 있는 것으로 분석되었다. 다시 말해서 재무관점과 고객관점에 대한 응답비율이 다르다른 것을 알 수 있다.

분산분석(Analysis of Variance)

11.1 사용 목적

분산분석(Analysis of Variance : ANOVA)은 메트릭 자료(등간척도 또는 비율척도)로 측정된 종속변수와 두 개 이상의 집단을 가진 명목척도(집단 구분변수)로 측정된 독립변수의 평균 차이를 검정하는데 이용하는 분석방법이다. 분산분석은 집단간 평균이 동일하다는 귀무가설을 검정하는데 사용된다.

분산분석의 종류는 명목척도로 측정된 독립변수가 하나인 일원 분산분석(One-Way ANOVA)과 독립변수가 두 개인 다원 분산분석(General Linear Model)으로 구분된다. 분석하고자 하는 독립변수의 수에 따라 일원 분산분석과 다원 분산분석을 적용한다.

11.2 기본 원리

분산분석의 기본 원리는 종속변수의 변화가 어떠한 원인(독립변수)에 의해서 일어나는지를 설명하는 것이다. 분산분석을 이용하기 위해서는 각 표본들이 정규집단으로부터 나온 것이며 "각 모집단은 동일한 분산(σ^2)을 갖는다"는 것을 기본 가정으로 한다. 분산분석의 기본 원리를 보다 쉽게 설명하기 위해서 다음의 예를 통해 살펴보자. 국내 모 백화점은 CRM 전략 도입 후 직원들에게 세 가지 교육방법으로 교육시킨 후 교육효과를 비교하여 가장 좋은 교육방법을 채택하기로 하였다. 세 가지 교육 방법은 다음과 같다.

- 교육방법 1 : 고객관계관리(CRM) 이론 교육만을 실시한다.
- 교육방법 2 : 고객관계관리(CRM)이론과 컴퓨터 교육을 병행하여 실시한다.
- 교육방법 3 : 고객관계관리(CRM)이론과 컴퓨터 교육 그리고 실습을 병행하여 실시한다.

교육 기간이 끝난 후 교육 방법에 따라 임의로 각 집단별로 4명씩 12명을 뽑아 종업원들의 교육방법에 대한 시험 성적을 얻은 결과는 <표 11-1>과 같다.

<표 11-1> 교육 실시 후 평가 결과

표본	강의 방법		
	교육 방법 1	교육 방법 2	교육 방법 3
1	20	25	26
2	17	19	24
3	21	23	22
4	18	25	24
합계	76	92	96
평균	19	23	24
표본수	4	4	4
전체평균		22	

11.2.1 가설 설정

분산분석은 종속변수에 대한 독립변수의 집단간 평균차이를 검정하기 위해서 사용된다. 집단간 평균차이를 검정하기 위한 귀무가설(null hypothesis)과 대립가설(alternative hypothesis)은 다음과 같이 설정할 수 있다.

$H_0 : \mu_1 = \mu_2 = \mu_3$ 교육방법에는 차이가 없다.

$H_1 : \mu_1 \neq \mu_2 \neq \mu_3$ 교육방법 중 적어도 하나는 차이가 있다.

가설 검정은 모든 집단의 평균이 동일한지를 비교한다. 즉, 교육방법에 따른 교육효과가 같은지를 비교한다. 만약 세 가지 교육 방법의 의한 교육 효과에 유의적인 차이가 없다면 귀무가설을 채택하게 되고, 교육 방법에 따른 교육효과가 유의적인 차이가 있다면 대립가설을 채택하게 된다.

11.2.2 검정 통계량의 계산

분산분석에서는 가설검정을 위해 F-통계량을 이용한다. F-통계량은 집단간 분산을 집단 내 분산으로 나누어서 구하게 된다. 검정통계량을 계산하는 과정을 설명하면 다음과 같다.

1) 집단 내 분산

집단 내 분산(within group variation; sum of squares within groups)은 각 집단의 개별 자료의 값들이 각 집단의 평균값을 중심으로 각 집단 내의 자료들이 우연적인 오차에 의해서 어떻게 흩어져 있는가를 나타낸다. 집단 내 분산은 종속변수의 총분산 중 독립변수에 의해 설명되지 않는 분산을 말한다. 이를 수식으로 나타내면 식 [11-1]이며 <표 11-2>는 집단 내 분산의 계산과정이다.

$$SSW = \sum_{i=1}^{k}\sum_{j=1}^{n}(y_{ij} - \overline{y_i})^2 \quad \cdots\cdots \text{식 [11-1]}$$

여기서 y_{ij} : i번째 집단의 j번째의 자료

$\overline{y_i}$: i번째 집단의 평균

<표 11-2> 집단 내 분산

	강의방법		
	교육방법1 $(y_{1i} - \overline{y_1})^2$	교육방법2 $(y_{2i} - \overline{y_2})^2$	교육방법3 $(y_{3i} - \overline{y_3})^2$
	$(20-19)^2 = 1$ $(17-19)^2 = 4$ $(21-19)^2 = 4$ $(18-19)^2 = 1$	$(25-23)^2 = 4$ $(19-23)^2 = 16$ $(23-23)^2 = 0$ $(25-23)^2 = 4$	$(26-24)^2 = 1$ $(24-24)^2 = 4$ $(22-24)^2 = 4$ $(24-24)^2 = 1$
편차제곱의 합	10	24	8

$\star SSW = \sum_{i=1}^{k}\sum_{j=1}^{n}(y_{ij} - \overline{y_i})^2$ =10 + 24 + 8 = 42

2) 집단간 분산

집단간 분산(within group variation; sum of squares between groups)은 각 집단의 평균이 전체평균을 중심으로 어떻게 흩어져 있는가를 나타낸다. 집단간 분산은 종속변수의 총분산 중 독립변수에 의해 설명되는 분산을 말한다. 집단 내 분산에 비해 집단간 분산의 비율이 크다는 의미는 종속변수에 대한 집단간 평균의 차이가 있다는 것을 의미한다. 이를 수식으로 나타내면 식 [11-2]와 같다.

$$SSB = \sum_{i=1}^{k} n_i(\overline{y_i} - \overline{\overline{y}})^2 \quad \text{식 [11-2]}$$

여기서 ni : i번째 집단의 표본수

$\overline{y_i}$: i번째 집단의 평균

$\overline{\overline{y}}$: 전체 평균

<표 11-3> 집단간 분산

	강의방법		
	교육방법 1 $(y_{.1} - \overline{\overline{y}})^2$	교육방법 2 $(y_{.2} - \overline{\overline{y}})^2$	교육방법 3 $(y_{.3} - \overline{\overline{y}})^2$
	$(19-22)^2 = 9$ $(19-22)^2 = 9$ $(19-22)^2 = 9$ $(19-22)^2 = 9$	$(23-22)^2 = 1$ $(23-22)^2 = 1$ $(23-22)^2 = 1$ $(23-22)^2 = 1$	$(24-22)^2 = 4$ $(24-22)^2 = 4$ $(24-22)^2 = 4$ $(24-22)^2 = 4$
편차제곱의 합	4×9=36	4×1=4	4×4=16

$*SSB = \sum_{i=1}^{k} n_i(\overline{y_i} - \overline{\overline{y}})^2 = 36 + 4 + 16 = 56$

3) 총분산

총분산(total sum of squares)은 각 자료들이 전체평균으로부터 흩어진 정도를 나타낸다. 이를 수식으로 나타내면 식 [11-3]과 같다.

$$SST = \sum_{i=1}^{k}\sum_{j=1}^{n}(y_{ij} - \overline{\overline{y}})^2 \quad \text{식 [11-3]}$$

또한 총분산은 집단간 분산에 집단 내 분산을 더한 값이다.

* SST=SSB+SSW

<표 11-4> 총분산

	강의 방법		
	교육 방법 1 $(y_{ij}-\bar{\bar{y}})^2$	교육 방법 2 $(y_{ij}-\bar{\bar{y}})^2$	교육 방법 3 $(y_{ij}-\bar{\bar{y}})^2$
	$(20-22)^2=4$ $(17-22)^2=25$ $(21-22)^2=1$ $(18-22)^2=16$	$(25-22)^2=9$ $(19-22)^2=9$ $(23-22)^2=1$ $(25-22)^2=9$	$(26-22)^2=16$ $(24-22)^2=4$ $(22-22)^2=0$ $(24-22)^2=4$
편차제곱의 합	46	28	24

$*SST=\sum_{i=1}^{k}\sum_{j=1}^{n}(y_{ij}-\bar{\bar{y}})^2$ = 46 + 28 + 24 = 98

* 총분산(SST) = 집단 내 분산(SSW) + 집단간 분산(SSB)

SST(98) = SSW(42) + SSB(56)

4) 제곱합의 평균과 자유도

집단간 분산과 집단 내 분산이 구해지면 집단간의 평균 차이를 검정할 수 있다. 분산분석에서 집단간 평균차이가 유의적이기 위해서는 집단간 분산의 비율이 집단 내 분산의 비율보다 상대적으로 커야한다. 집단 내 분산과 집단간 분산을 각각의 자유도로 나누면 식 [11-5]와 [11-6]과 같이 나타낼 수 있다.

■ **집단간 평균 제곱합(mean squares between groups)**

$$MSB=\frac{SSB}{(k-1)}$$ ······ 식 [11-5]

■ **집단 내 평균제곱(mean squares within groups)**

$$MSW=\frac{SSW}{N-k}$$ ······ 식 [11-6]

5) F-검정 통계량

분산분석에서는 집단간 분산과 집단 내 분산의 상대적 비율을 나타내는 F-통계량을 이용하여 집단간 평균차이 검정을 한다. F-통계량을 수식으로 나타내면 식 [11-7]과 같다. 위와 같은 계산과정을 분산분석표로 나타내면 <표 11-5>과 같다.

$$F_{ratio} = \frac{\text{집단간분산}}{\text{집단내분산}} = \frac{\frac{SST}{k-1}}{\frac{SSE}{N-k}} = \frac{MSR}{MSW} \quad \cdots\cdots \text{식 [11-7]}$$

<표 11-5> 분산분석표

분산의 원천	제곱합	자유도	평균제곱합	F-비율
집단간 분산	SSB	k-1	MSB=SSB/k-1	F = MSB/MSW
집단 내 분산	SSW	N-k	MSW=SSW/N-k	
합 계	SST	N-1		

* k는 집단의 수, N은 전체 표본수

<표 11-6> 분산분석표

분산의 원천	제곱합	자유도	평균제곱합	F-비율
집단간 분산	SSB=56	k-1=2	MSB=56/2=28	F = MSB/MSW = 28/4.666 = 6.00
집단 내 분산	SSW=42	N-k=9	MSW=42/9=4.66	
합 계	SST=98	N-1=11		

11.2.3 가설 검정의 기각 및 채택

집단간 차이에 대한 가설검정은 분산분석표를 이용한다. 분산분석표를 이용하여 계산된 F-통계량과 비교하기 위한 임계치를 설정한다. F-통계량은 자유도 (k-1)과 (N-k)의 F-분포를 따르며 분산분석표에서 계산된 F-값과 F-분포표에서 분자의 자유도 (k-1)과 분모의 자유도 (N-k)의 F-통계량의 값을 비교하여 가설의 채택/기각 여부를 결정한다. 즉 [부록 7]의 F-분포표에서 유의수준 α=0.05, 분자의 자유도 2와 분모의 자유도 9를 찾아보면 임계치는 4.26임을 알 수 있다. 만약 F-통계량이 채택역 안에 있다면 귀무가설을 채택하고, 기각역 안에 있으면 대립가설을 채택한다. 본 예제에서는 교육방법에 따른 교육효과가 차이가 없다는 귀무가설을 기각하고 대립가설을 채택한다.

가설 검정의 순서를 정리하면 다음과 같다.

(1) 가설의 설정

$H_0 : \mu_1 = \mu_2 = \mu_3$ 교육방법에는 차이가 없다

$H_1 : \mu_1 \neq \mu_2 \neq \mu_3$ 교육방법 중 적어도 하나는 차이가 있다.

(2) 유의수준의 선택

α=0.01 , 0.05, 0.1 중에서 하나를 선택

(3) 검정통계량의 계산

$$Fratio = \frac{\text{집단간분산}}{\text{집단내분산}} = \frac{\frac{SSB}{k-1}}{\frac{SSW}{N-k}} = \frac{MSB}{MSW} \sim F(df_{1,} df_2)$$

F-값 = 28/4.88=6.0> 4.26 $F_{(\alpha=0.05,\ df_1=2,\ df_2=9)}$

(4) 기각역의 설정과 검정 통계치의 계산

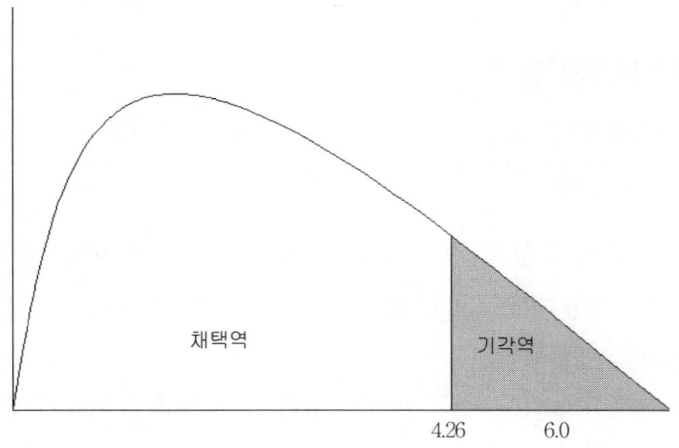

[그림 11-1] F-분포

11.2.4 사후검정

분산분석의 결과 집단간 평균이 동일하다는 귀무가설이 기각되었다고 하더라도 집단간 평균이 모두 다르다는 것은 아니다. 집단간 평균차이가 어느 집단에서 발생하는지를 규명하고 그 평균차이가 무엇을 의미하는지를 설명하여야 한다. 귀무가설이 기각되었다고 하여 모든 집단들간에 통계적으로 유의적인 차이가 있다고는 말할 수 없다. 왜냐하면 집단중 하나의 집단만이라도 다른 집단과 그 평균이 차이가 있다면 귀무가설은 기각된다. 따라서 집단간 평균차이에 대한 귀무가설이 기각되었다고 하더라도 반드시 어느 집단들간의 평균차이가 발생했는지를 확인하는 사후검정을 실시해야 한다.

11.3 프로그램의 실행과 해석

11.3.1 일원 분산분석(One-Way ANOVA)

1) 분석 상황

기업이 CRM 시스템을 도입하게 되면 어느 특정 부서에서만 CRM시스템을 업무에 적용하는 것이 아니라 모든 부서에서 CRM 시스템을 업무에 적용하게 된다. CRM 시스템을 업무에 적용하고 있는 부서별 CRM 성과차이를 분석하여 보자. 독립변수는 담당업무, 종속변수는 CRM 성과가 된다.

2) 일원 분산분석의 실행

SPSSWIN14.0에서 분산분석을 실행하기 위해서는 다음과 같은 절차를 이용한다.

① 파일 메뉴(F)에서 통계 기법(A)을 선택한 다음 평균 비교(M)를 선택한다.

② [그림 11-2]의 평균 비교(M) 통계 기법에서 일원 분산분석(One-Way ANOVA)을 선택한다.

③ 일원 분산분석(ONE-WAY ANOVA)을 선택하면 [그림 11-3]와 같은 대화상자가 나타난다.

④ [그림 11-3]의 대화상자에서 종속변수(d)에 CRM성과와 요인(독립변수)(F)

에 담당업무를 선택한 다음 푸시 버튼(▶)을 누른다.

⑤ [그림 11-3]는 왼쪽부분의 변수상자와 오른쪽 부분의 분석할 변수를 선택할 변수상자로 구성되어 있다. 그리고 아랫부분은 대비(C), 사후검정(H), 그리고 통계량에 대한 옵션(O)으로 구성되어 있다.

⑥ [그림 11-3]에서 분석에 사용하고자 하는 대비(C), 사후검정(H), 통계량에 대한 옵션(O)을 지정하면 [그림 11-4], [그림 11-5], [그림 11-6]와 같은 대화상자가 나타난다. 이를 구체적으로 설명하면 다음과 같다.

[그림 11-2] 통계분석 대화상자

➠ 1. 일원 분산분석 대화상자

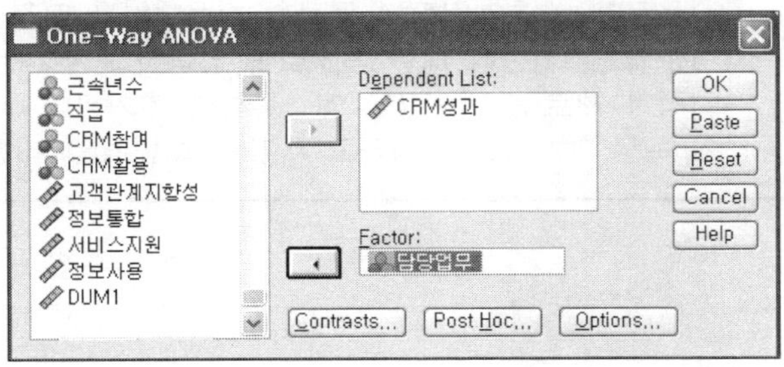

[그림 11-3] 일원 분산분석 대화상자

대화상자에서 분석에 이용할 종속변수 CRM성과와 요인(독립변수)에 담당 업무를 선택하여 지정한다.

➠ 2. 일원 분산분석 대비 대화상자

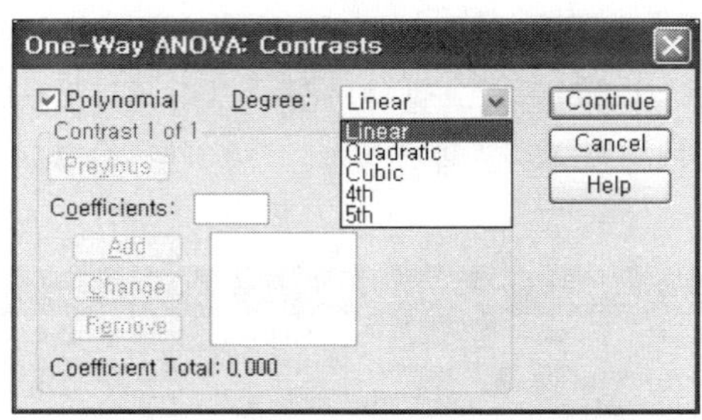

[그림 11-4] 일원 분산분석 대비 대화상자

대비 대화상자에서는 다항식과 1차, 2차식 중 하나를 지정한다. 그리고 사전 대비에 사용할 계수값을 지정한다. 기본 옵션으로 지정한다.

<표 11-7> 일원 분산분석 대비 옵션

옵션	설명
다항식(P)	집단간 자승합을 추세성분으로 분할한다. 독립변수의 집단에 따른 종속변수의 차이를 분석한다. 다음 중 하나를 선택할 수 있다.
• 1차(Linear)	1차 다항식
• 2차(Quadratic)	2차 다항식
• 3차(Cubic)	3차 다항식
• 4차	4차 다항식
• 5차	5차 다항식
계수(o)	사용자가 t-통계량으로 검정할 사전대비를 지정할 수 있다. 독립변수의 각 집단에 대한 계수값을 입력하고 추가(A) 버튼을 누른다. 각각의 새로운 계수값은 계수목록에 추가된다. 제거(R)와 변경(C)은 해당 계수값을 선택하고 제거(R)와 변경(C) 버튼을 선택한다.

➠ 3. 일원 분산분석 사후검정 대화상자

One-Way ANOVA: Post Hoc Multiple Comparisons

Equal Variances Assumed

☐ LSD ☐ S-N-K ☐ Waller-Duncan
☑ Bonferroni ☑ Tukey Type I/Type II Error Ratio: 100
☐ Sidak ☐ Tukey's-b ☐ Dunnett
☑ Scheffe ☑ Duncan Control Category: Last
☐ R-E-G-W F ☐ Hochberg's GT2 Test
☐ R-E-G-W Q ☐ Gabriel ◉ 2-sided ○ < Control ○ > Control

Equal Variances Not Assumed

☐ Tamhane's T2 ☐ Dunnett's T3 ☐ Games-Howell ☐ Dunnett's C

Significance level: .05

Continue Cancel Help

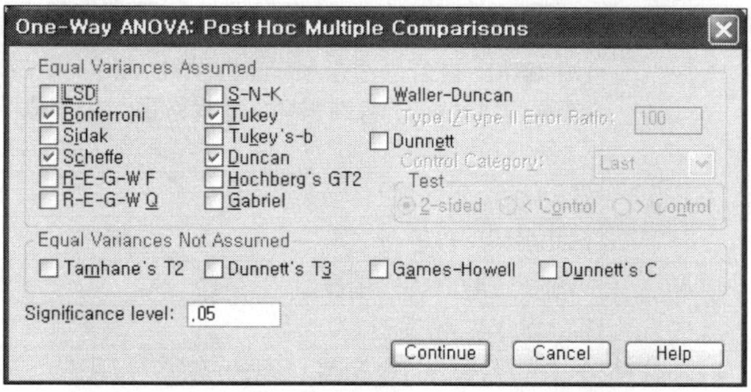

[그림 11-5] 일원 분산분석 사후검정 대화상자

대화상자에서 사후검성을 실시하기 위해 Scheffe, Tukey, Ducan을 지정하고 계속 버튼을 누른다. 연구자가 연구목적에 맞는 사후 검정 통계량을 지정하여 사용한다.

<표 11-8> 일원 분산분석 사후검정 옵션

옵 션	설 명
등분산성을 가정함	집단간의 평균차이를 검정한 후 ,집단 중 어느 집단에서 평균차이가 발생하는지를 검정해야 한다. 집단간 쌍별 다중비교는 각 집단의 평균차이를 검정한다. 다음 중 하나 이상을 지정할 수 있다. 일반적으로 사용되는 사후검정방법은 Ducan의 통계량을 이용한다. 행렬에서의 별표(*)는 유의수준 0.05에서의 각 집단간 평균차이가 유의적임을 나타낸다.
• LSD(L)	이 방법은 일종의 t-통계량으로 다른 방법에 비해 오류를 통제하는데 유용한 검정방법이다.
• Bonferroni(B)	이는 LSD를 수정한 방법이다.
• Sidak(i)	Sidak의 다중비교
• Scheffe(c)	모든 비교에 하나의 범위 값을 사용, 이 방법은 집단간 평균이 모든 선형조합을 점검할 수 있는 방법이지만 집단 상호 비교를 위한 것은 아니다.
• R-E-G-W의 F(R)	Ryan-Einot-Gabriel-Welsch의 F 검정
• R-E-G-W의 Q(Q)	Ryan-Einot-Gabriel-Welsch의 범위검정
• S-N-K(S)	Turkey의 HSD와는 달리 표본의 부분집합들의 귀무가설을 검정할 때 사용하며 표본범위가 작아지기 때문에 임계치도 작아진다.
• Tukey(u)	Turkey의 HSD-검정은 쌍별 사후 다중비교 방법 중 보수적

	인 일종오류를 통제하는 방법이며 기각력은 다른 방법에 비해 다소 떨어진다.
• Tukey(k)의 b	Tukey(k)의 b 검정 방법
• Ducan(D)	Ducan의 검정통계량은 집단간의 표본의 크기가 서로 다른 경우 Turkey의 통계량의 복잡함을 피하기 위해 서로 다른 값을 사용한다.
• Hochberg의 GT2(H)	Hochberg의 GT2
• Gabriel(G)	Gabriel의 등분산
• Waller-Ducan(W)	Waller-Ducan의 등분산
• Dunnett(e)	Dunnett의 등분산
등분산성을 가정하지 않음	등분산성을 가정하지 않는 경우 사용할 수 있는 방법이며 하나 이상을 선택할 수 있다.
• Tamhane의 T2(m)	Tamhane의 T2(M)
• Dunnett의 T3(3)	Dunnett의 T3(3)
• Games-Howell(a)	Games-Howell(A)
• Dunnett의 C(u)	Dunnett의 C(U)

4. 일원 분산분석 통계량 옵션 대화상자

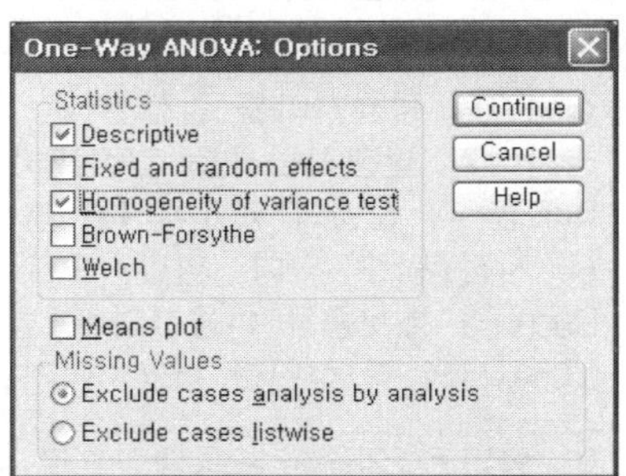

[그림 11-6] 일원 분산분석 통계량 옵션 대화상자

분산분석에 필요한 통계량은 기술통계량과 분산의 동질성 검정과 결측치를 지정하고 계속버튼을 지정한다.

<표 11-9> 통계량 옵션

옵 션	설 명
통계량	
• 기술통계량(D)	사례의 수, 평균, 표준편차, 평균의 표준오차, 최소값, 최대값, 종속변수 또는 집단의 95% 신뢰구간을 산출한다.

• 분산의 동질성(H)	Levene의 통계량을 산출한다.
• Fixed and Random effedts(F)	모수요인과 변량 효과 검증
결측치	
• 분석별 결측치 제외	분석에 포함된 종속변수 또는 독립변수에 결측치가 있는 사례는 분석에서 제외한다.
• listwise 결측치 제외	종속변수 또는 독립변수에 결측치가 있는 사례는 분석에서 제외한다.

3) 분석 결과

[분석 결과 11-1] 기술통계량

	N	평균	표준편차	표준오차	평균에 대한 95% 신뢰구간		최소	최대
					하한	상한		
1	2	4.0000	.00000	.00000	4.0000	4.0000	4.00	4.00
2	9	3.2000	.88882	.29627	2.5168	3.8832	1.60	4.40
3	27	3.0963	.46862	.09019	2.9109	3.2817	1.60	3.80
4	22	3.6091	1.05916	.22581	3.1395	4.0787	2.40	6.00
Total	60	3.3300	.82159	.10607	3.1178	3.5422	1.60	6.00

해설 CRM 시스템을 업무에 적용하고 있는 부서별 CRM 성과에 대한 기술통계분석 결과이다. 집단의 수는 4집단이며 각 집단별로 사례수와 평균, 표준편차, 그리고 평균의 표준오차 등이 주어져 있다.

[분석 결과 11-2] 분산의 동질성 검정

Levene의 통계량	df1	df2	Sig.
2.053	3	56	.117

해설 분석에 사용된 모집단의 분산이 동일하다는 가설을 검정하는데 Levene의 통계량을 이용한다. Levene-통계량의 확률이 2.053으로 유의수준 $p<0.05$에서 모집단의 분산이 동일하다는 귀무가설을 기각할 수 없다. 따라서 분석에 사용된 표본의 모집단 분산은 동일하다고 할 수 있다.

[분석 결과 11-3] 분산분석표

			제곱합	df	평균제곱	F	Sig.
집단간 그룹	(조합)		4.238	3	1.413	2.223	.096
	선형 항목	비가중치	.322	1	.322	.507	.479
		가중치	.569	1	.569	.896	.348
		편차	3.669	2	1.834	2.887	.064
집단내 그룹			35.588	56	.635		
전체			39.826	59			

해설●➡ 분산분석 결과에는 자유도(df1,df2), 평균제곱, F-값 그리고 유의수준이 주어져 있다. F-값은 2.223이고 유의수준($p<0.1$)은 0.096이므로 4집단간의 성과의 차이는 통계적으로 유의하다는 결론을 내릴 수 있다. 이는 "집단간 성과차이가 없다"는 귀무가설을 기각하고,"집단간 성과차이는 다르다"라는 대립가설을 채택한다.

[분석 결과 11-4] 사후검정(다중비교)

	(I)담당 업무	(J)담당 업무	평균차 (I-J)	표준 오차	Sig.	95% 신뢰구간 하한	95% 신뢰구간 상한
Tukey HSD	1	2	.80000	.62318	.577	-.8501	2.4501
		3	.90370	.58420	.417	-.6432	2.4506
		4	.39091	.58876	.910	-1.1681	1.9499
	2	1	-.80000	.62318	.577	-2.4501	.8501
		3	.10370	.30683	.987	-.7088	.9162
		4	-.40909	.31543	.569	-1.2443	.4261
	3	1	-.90370	.58420	.417	-2.4506	.6432
		2	-.10370	.30683	.987	-.9162	.7088
		4	-.51279	.22896	.125	-1.1191	.0935
	4	1	-.39091	.58876	.910	-1.9499	1.1681
		2	.40909	.31543	.569	-.4261	1.2443
		3	.51279	.22896	.125	-.0935	1.1191
Scheffe	1	2	.80000	.62318	.651	-.9963	2.5963
		3	.90370	.58420	.500	-.7802	2.5876
		4	.39091	.58876	.931	-1.3061	2.0879
	2	1	-.80000	.62318	.651	-2.5963	.9963
		3	.10370	.30683	.990	-.7807	.9881
		4	-.40909	.31543	.643	-1.3183	.5001
	3	1	-.90370	.58420	.500	-2.5876	.7802

		2	-.10370	.30683	.990	-.9881	.7807
		4	-.51279	.22896	.183	-1.1728	.1472
	4	1	-.39091	.58876	.931	-2.0879	1.3061
		2	.40909	.31543	.643	-.5001	1.3183
		3	.51279	.22896	.183	-.1472	1.1728
Bonferroni	1	2	.80000	.62318	1.000	-.9045	2.5045
		3	.90370	.58420	.765	-.6942	2.5016
		4	.39091	.58876	1.000	-1.2195	2.0013
	2	1	-.80000	.62318	1.000	-2.5045	.9045
		3	.10370	.30683	1.000	-.7356	.9430
		4	-.40909	.31543	1.000	-1.2719	.4537
	3	1	-.90370	.58420	.765	-2.5016	.6942
		2	-.10370	.30683	1.000	-.9430	.7356
		4	-.51279	.22896	.175	-1.1391	.1135
	4	1	-.39091	.58876	1.000	-2.0013	1.2195
		2	.40909	.31543	1.000	-.4537	1.2719
		3	.51279	.22896	.175	-.1135	1.1391

해설 부서별 CRM 시스템 업무 적용에 따른 CRM 성과의 부서별 평균차이가 구체적으로 어느 부서들 사이에서 발생했는지를 검정한 결과이다. 부서별 유의적인 차이가 있는 경우에는 표에서의 별표(*)로 표시된다. 분석 결과 CRM 시스템 업무적용에 따른 부서별 CRM 성과의 평균차이는 유의수준 $p<0.1$에서 통계적으로 차이가 없는 것으로 나타났다.

[분석 결과 11-5] 동질적인 하위집단

	담당업무	사례수	하위집단 α = .05
			1
Tukey HSD(a,b)	3	27	3.0963
	2	9	3.2000
	4	22	3.6091
	1	2	4.0000
	Sig.		.229
Duncan(a,b)	3	27	3.0963
	2	9	3.2000
	4	22	3.6091
	1	2	4.0000
	Sig.		.083
Scheffe(a,b)	3	27	3.0963

	2	9	3.2000
	4	22	3.6091
	1	2	4.0000
	Sig.		.306

해설 ● ➡ 동질적인 하위 집단에 대한 평균값이 제시되어 있다.

11.3.2 다원 분산분석

GLM(General Linear Model) 분석방법은 단순 팩토리얼 분산분석보다 더 많은 분석방법을 제공한다. GLM 방식은 일원 분산분석에서 지정해야만 하는 사후검정까지도 동시에 분석할 수 있다.

GLM 모델은 다원 분산분석과 회귀분석을 동시에 분석할 수 있다. GLM모델은 일변량 분산분석과 다변량 분산분석 모델로 구성되어 있다. GLM 모델에서는 제곱합(sum of squares)을 이용하여 분석한다. 다양한 표준 모델에서는 F-통계량을 계산하기 위해서 일반적으로 제곱합을 사용하지만 GLM 모델에서는 제 Ⅲ 유형 제곱합이 기본적으로 사용된다. 다원 분산분석은 두 개 이상의 명목척도로 측정된 독립변수와 하나의 메트릭 자료로 측정된 종속변수의 평균 차이를 검정하는데 이용된다.

1) 분석 상황

CRM 도입 성과를 부서별 , CRM 활용 여부에 따라 집단간 평균차이를 검증하였다. 종속변수는 CRM 성과이고 독립변수는 담당업무와 CRM 활용 여부이다. 이를 다원 분산분석을 이용하여 분석하여 보자.

2) 다원 분산분석의 실행

SPSSWIN14.0에서 다원 분산분석을 실행하기 위해서는 다음과 같은 절차를 이용한다.

① 파일 메뉴(F)에서 통계 기법(A)을 선택한 다음 일반 선형 모델(G)을 선택한다.

② [그림 11-7]의 일반 선형 모델(G) 통계 기법에서 GLM-일변량(U)을 선택한다.

③ GLM-일변량(U)을 선택하면 [그림 11-8]과 같은 대화상자가 나타난다.

④ [그림 11-8]의 대화상자에서 종속변수(D)에 [CRM 성과], 모수 요인(F)에 [담당업무와 CRM 활용]을 선택한 다음 푸시 버튼(▶)을 누른다.

⑤ [그림 11-8]은 왼쪽 부분의 변수 상자와 오른쪽 부분의 분석할 변수를 선택할 변수상자로 구성되어 있다. 그리고 맨 왼쪽 부분은 모델(M), 대비(C), 도표(t), 사후검정(H), 그리고 변수 저장(S)과 통계량에 대한 옵션(O)으로 구성되어 있다.

⑥ [그림 11-8]에서 분석에 사용하고자 하는 모델(M), 대비(C), 도표(t), 사후검정(H), 그리고 변수 저장(S)과 통계량에 대한 옵션(O)을 지정하면 [그림 11-9], [그림 11-10], [그림 11-11], [그림 11-12], [그림 11-13], [그림 11-14]와 같은 대화상자가 나타난다. 이를 구체적으로 설명하면 다음과 같다.

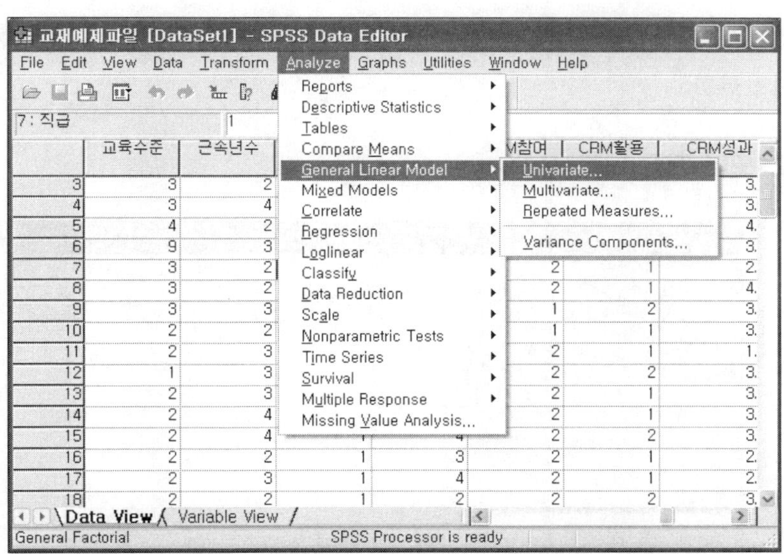

[그림 11-7] 통계분석 대화상자

➠ 1. GLM-일반요인 대화상자

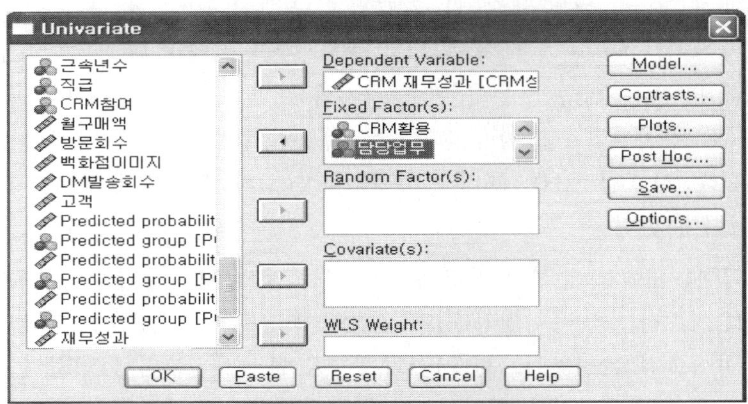

[그림 11-8] GLM-일변량 대화상자

대화상자에서 종속변수 CRM 성과와 모수요인에 담당업무와 CRM 활용을 지정한다.

➠ 2. 모델 지정 대화상자

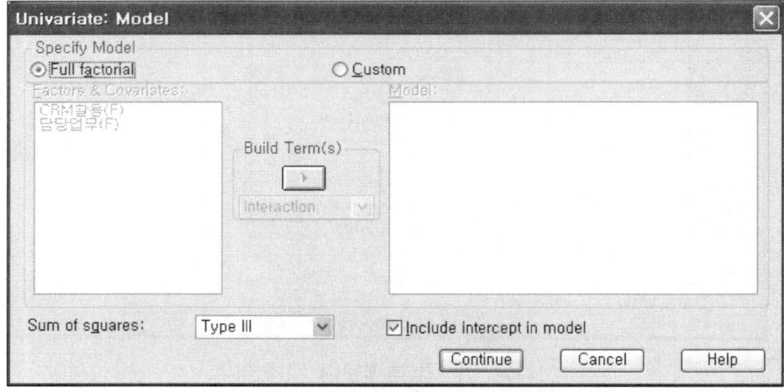

[그림 11-9] 모델 지정 대화상자

모델 지정 대화상자에서 완전요인모형(a)과 사용자정의(C) 중에서 완전요인모형, 제곱합에서 제 III 유형을 지정하고 모델에 절편포함(I)을 제외하고 계속버튼을 지정한다.

<표 11-10> 모델 지정 옵션

옵 션	설 명
완전요인 모델(a)	완전요인모델을 지정하면 주효과, 공변량 효과와 요인 대 요인의 상호작용을 검정할 수 있다.
사용자정의(C)	사용자정의를 지정하면 사용자가 원하는 상호작용 효과를 검정할 수 있다.
• 요인(F)	분석에 포함되는 독립변수들이 지정된다.
• 분석 항목 지정	사용자 정의(Custom)를 선택하면 연구목적에 맞는 주요효과와 상호작용 옵션을 선택할 수 있다.
상호작용	분석에 포함된 변수들에 대한 상호작용 효과를 검정한다.
• 주효과	분석에 포함된 변수들에 대한 주 효과를 검정한다.
• 2원 배치	지정한 변수의 2원 상호작용을 검정
• 3원 배치	지정한 변수의 3원 상호작용을 검정
• 4원 배치	지정한 변수의 4원 상호작용을 검정
• 5원 배치	지정한 변수의 5원 상호작용을 검정
모 델(M)	사용자 정의(C)를 선택한 후 주 효과와 독립변수들 간의 상호작용을 분석할 수 있는 변수를 지정한다.
• 제곱합(Q)	가장 일반적으로 사용되는 방법 TypeIII이다.
Type I	Type I 모형을 산출한다.
Type II	Type II 모형을 산출한다.
Type III	Type III 모형을 산출한다. 기본으로 설정되어 있다.
Type V	Type V 모형을 산출한다.
모형에 기울기 포함(I)	모형에 기울기를 포함하여 계산한다.

3. 대비 지정 대화상자

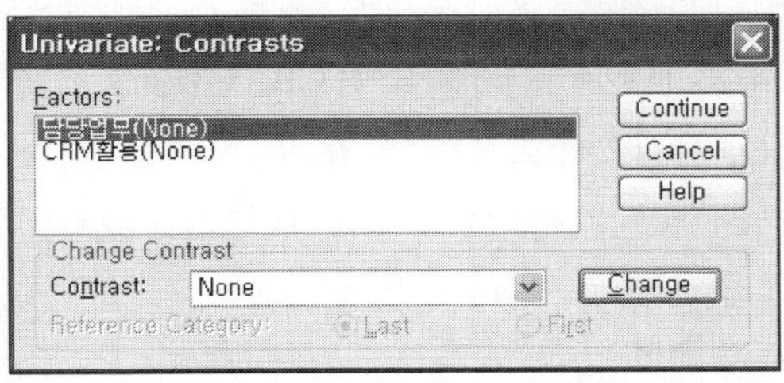

[그림 11-10] 대비 지정 대화상자

[그림 11-8]의 대비지정옵션에서 각 요인의 대비방법을 지정한다. 대비 바꾸기 버튼(▼)을 선택한 후 <표 11-11>에서 설명한 것 중 하나를 선택한다. 모수요인의 변수를 선택한 수 변경(C) 버튼을 선택하면 대비방법이 지정한 형태로 바뀌게 된다. 지정한 후 계속 버튼을 누른다.

<표 11-11> 대비 지정 옵션

옵 션	설 명
대비 바꾸기(Contrasts change)	각 요인에 대한 편차를 대비한다. 다음 중 하나를 지정할 수 있다.
• 지정하지 않음	지정하지 않는다.
• 편차	집단의 전체평균과 각 요인의 평균을 비교한다.
• 단순	지정된 요인의 평균과 각 요인의 평균을 비교한다. 통제집단이 있는 경우 유용한 대비방법이다.
• 차이	이전 요인의 평균과 각 요인의 평균을 비교한다.
• Helmert	나중 요인의 평균과 각 요인의 평균을 비교한다.
• 반복	나중 요인의 평균과 각 요인의 평균을 비교한다.
• 다항	1차 효과, 2차 효과, 3차 효과 등을 비교한다.

➠ 4. 도표 지정 대화상자

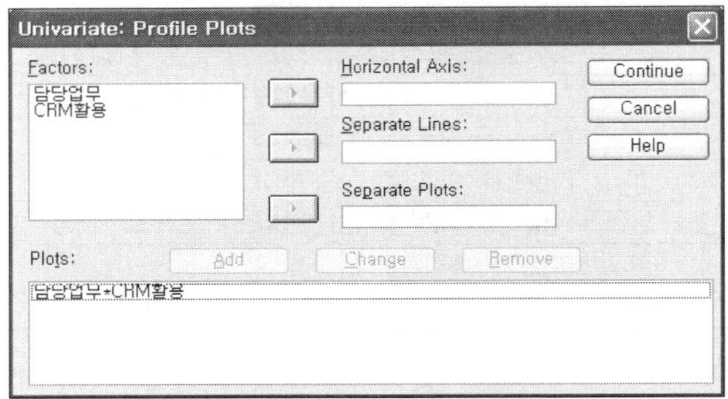

[그림 11-11] 도표 지정 대화상자

도표 지정 대화상자에서는 수평축에 CRM활용를 지정하고 선 구분 변수에 담당업무를 지정한다. 상호작용 도표의 지정은 추가(A) 버튼을 선택하면 대화상자처럼 변수가 지정된다. 계속 버튼을 선택한다.

<표 11-10> 도표 지정 옵션

옵 션	설 명
요인(F)	요인에 대한 종속변수의 추정 주변평균이 표시된다.
• 수평축 변수(S)	분석에 포함된 독립변수 지정
• 선 구분 변수(S)	분석에 포함된 독립변수 지정
• 도표 구분 변수(P)	분석에 포함된 독립변수 지정
도표(T)	분석에 포함된 독립변수들의 상호작용 도표 작성

➠ 5. 사후검정 지정 대화상자

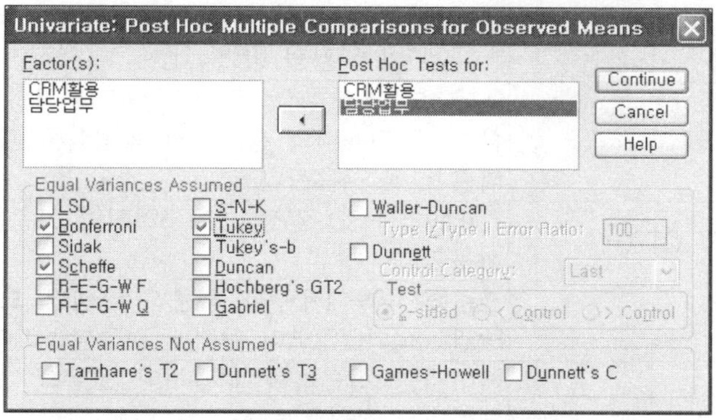

[그림 11-12] 사후검정 지정 대화상자

사후검정 지정은 Bonferroni, Tukey, Scheffe, Ducan을 지정한다.

<표 11-13> 사후검정 지정 옵션

옵 션	설 명
• 요인	분석에 포함된 모수 요인이 표시된다.
• 요인의 사후검정	사후검정을 할 모수 요인을 지정한다.
등분산성을 가정함	집단간의 평균차이를 검정한 후 ,집단 중 어느 집단에서 평균차이가 발생하는지를 검정해야 한다. 집단간 쌍별다중비교는 각 집단의 평균차이를 검정한다. 다음 중 하나 이상을 지정할 수 있다. 일반적으로 사용되는 사후검정 방법은 Ducan의 통계량을 이용한다. 여기서는 모수 요인에 대해서만 사후검정을 실시한다.
• LSD(L)	이 방법은 일종의 t-통계량으로 다른 방법에 비해 일종 오류를 통제하는데 유용한 검정방법이다.
• Bonferroni(B)	스튜던트 t-통계량을 이용한다. 다중비교 요인에 대한 유의수준을 조정한다.
• Sidak(i)	Bonferroni의 검정방법과 유사한 다중비교 방법이다.
• Scheffe(c)	모든 비교에 하나의 범위 값을 사용, 이 방법은 집단간 평균이 모든 선형조합을 점검할 수 있는 방법이지만 집단 상호 비교를 위한 것은 아니다.
• R-E-G-W의 F(R)	Ryan-Einot-Gabriel-Welsch의 F 검정
• R-E-G-W의 Q(Q)	Ryan-Einot-Gabriel-Welsch의 의 범위 검정
• S-N-K(S)	Turkey의 HSD와는 달리 표본의 부분집합들의 귀무가설을 검정할 때 사용하며 표본 범위가 작아지기 때문에 임계치도 작아진다.

• Tukey(T)	Turkey의 HSD-검정은 쌍별사후다중비교방법 중 보수적인 일종오류를 통제하는 방법이며 기각력은 다른 방법에 비해 다소 떨어진다.
• Tukey(k)의 b	Tukey(k)의 b 검정 방법
• Ducan(D)	Ducan의 검정통계량은 집단간의 표본의 크기가 서로 다른 경우 Turkey의 통계량의 복잡함을 피하기 위해 서로 다른 값을 사용한다.
• Hochberg의 GT2(H)	Turkey의 HSD 검정과 유사하지만 표준화된 최대계수를 사용한다.
• Gabriel(G)	표준화된 최대계수를 사용하며 셀의 크기가 다른 경우 Hochberg의GT2보다 뛰어난 검정방법이다.
• Waller-Ducan(W)	베이지안 접근법을 이용하며 표본의 크기가 다를때는 표본의 조화평균을 사용한다.
• Dunnett(e)	Dunnett의 등분산
등분산성을 가정하지 않음	등분산성을 가정하지 않는 경우 사용할 수 있는 방법이며 하나 이상을 선택할 수 있다.

• Tamhane의 T2(m)	Tamhane의 T2(M)
• Dunnett의 T3(3)	Dunnett의 T3(3)
• Games-Howell(a)	Games-Howell(A)
• Dunnett의 C(u)	Dunnett의 C(U)

6. 새로운 변수 생성 지정 대화상자

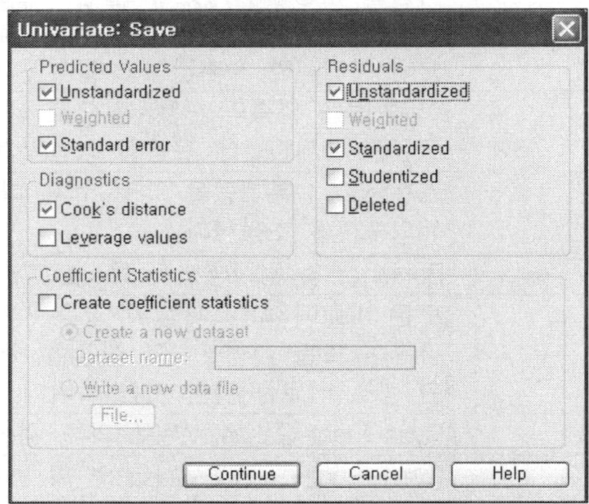

[그림 11-13] 새로운 변수 생성 지정 대화상자

대화상자처럼 새로운 통계량 옵션을 지정한다.

<표 11-14> 새로운 변수 생성 지정 옵션

옵 션	설 명
예측치	각 사례에 대한 모형 예측치로서 다음 중 하나 이상을 지정할 수 있다.
• 비표준화(U)	비표준화 예측치
• 가중치(e)	가중 예측치
• 표준오차(t)	예측치의 표준오차
진단	다음 중 하나 이상을 지정할 수 있다.
• Cook의 거리(k)	Cook의 거리
• 레버리지의 값(v)	레버리지의 값
잔차	다음 중 하나 이상을 지정할 수 있다.
• 비표준화 잔차(n)	비표준화 잔차
• 가중치 잔차(g)	가중치 잔차
• 표준화된 잔차(a)	표준화된 잔차
• 스튜던트화 잔차(S)	스튜던트화 잔차
• 삭제된 잔차(D)	삭제된 잔차
새 파일 저장	
• 계수 통계량(f) 파일(L)	모수 추정치에 대한 분산-공분산 행렬을 포함하는 SPSS 데이터 파일을 저장한다.

➠ 6. 통계량 지정 대화상자

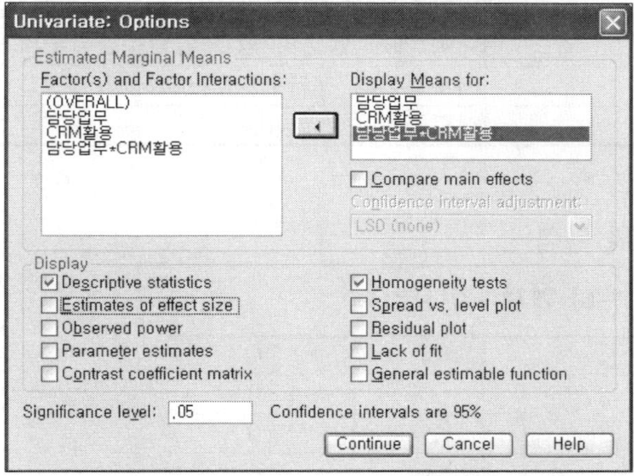

[그림 11-14] 통계량 지정 대화상자

기술통계량과 분산의 동질성 검정 옵션을 지정한다.

<표 11-15> 통계량 지정 옵션

옵 션	설 명
주변평균 추정	
• 요인과 요인상호작용(F)	셀 내의 모집단의 주변평균의 추정치를 구할 경우 요인과 상호작용을 선택한다.
• 요인의 평균 출력(M)	셀 내의 해당요인들에 대한 평균을 출력한다.
출 력	다음 중 하나 이상을 지정할 수 있다.
• 기술통계량(s)	모든 셀 내에 종속변수의 관측된 평균, 표준 편차, 빈도수를 출력한다.
• 효과크기 추정치(E)	각각의 모수 추정치에 대한 $\eta 2$ (eta-square)를 출력한다.
• 관측력(b)	관측치에 근거해 대립가설을 검정할 때 검정력(power of test)을 얻고자 할 때 지정한다.
• 모수 추정치(t)	각 검정에 대한 모수 추정치, 표준오차, t-검정, 신뢰구간 등을 출력한다.
• 대비 계수 행렬(o)	대비 계수 행렬인 L-행렬을 얻고자 할 때 지정한다.
• 분산의 동질성 검정(H)	종속변수에 대한 분산의 동질성 검정에 대한 Levene-통계량을 산출한다.
• 평균 대 산포 도표(p)	데이터에 대한 가정을 점검한다.
• 잔차 도표(R)	종속변수에 대한 관측-예측-표준화 잔차 도표를 출력하며, 동분산성을 검정하는데 유용한 도표이다.
• 적합도 부족(L)	모형에서 종속변수와 독립변수간의 관계가 잘 설명되고 있는지를 알고자 할 때 지정한다.
• 일반 추정 함수(G)	일반추정함수에 근거해서 사용자 가설 검정할 수 있다. 대비 계수 행렬의 행은 일반추정함수의 선형결합이다.
유의수준(v)	사후검정의 유의수준을 조정한다.
신뢰구간 95%	신뢰구간은 95%이다.

2) 분석 결과의 해석

[분석 결과 11-6] 개체-간 요인

		N
담당업무	1	2
	2	9
	3	27
	4	22
CRM활용	1	28
	2	32

해설●➡ 독립변수 담당업무와 CRM 활용에 대한 사례수가 제시되어 있다.

[분석 결과 11-7] 기술통계량

담당업무	CRM활용	평균	표준편차	사례수
1	1	4.0000	.	22
	2	4.0000	.	38
	전체	4.0000	.00000	60
2	1	3.3600	1.22801	32
	2	3.0000	.00000	28
	전체	3.2000	.88882	60
3	1	3.0133	.56804	43
	2	3.1667	.26583	17
	전체	3.0963	.46862	60
4	1	3.9000	1.15950	20
	2	3.4222	1.05093	40
	전체	3.6091	1.05916	60
전체	1	3.3871	.96185	28
	2	3.2526	.73588	32
	전체	3.3300	.82159	60

해설●➡ 종속변수 CRM 성과에 대한 담당업무와 CRM 활용의 평균과 표준편차 그리고 사례수가 제시되어 있다. 집단별 평균과 표준편차가 제시되어 있다. 예를 들어 담당업무가 기획부서의 평균 4.000이며 표본수는 60개 이다. 각각의 독립변수에 대한 평균과 표준편차 그리고 사례수가 제시되어 있으므로 집단별로 서로 관련시켜 의미를 해석한다.

[분석 결과 11-8] 오차 분산의 동질성에 대한 Levene의 검정

F	df1	df2	Sig.
1.936	6	59	.068

여러 집단에서 종속변수의 오차분산이 동일하다는 귀무가설 검정.
a 모형 : Intercept + 담당업무 + CRM활용 + 담당업무 * CRM활용

해설●➡ 종속변수 CRM 활용에 대한 오차분산의 동질성 여부를 검정한 Levene의 검정결과이다. 자유도1(df1)은 독립변수의 집단의 수이며 자유도2(df2)는 사례수이다. 사후만족의 F-값이 1.936이고 유의수준 0.068이므로 $p<0.1$에서 오차분산이 동일하다는 귀무가설이 채택됨을 알 수 있다.

[분석 결과 11-9] 개체-간 효과 검정

종속변수		CRM 성과				
원천		제 III유형 제곱합	df	평균제곱	F	Sig.
모델		671.768(a)	10	67.177	100.590	.000
주효과	담당업무	2.440	3	.813	1.218	.003
	CRM활용	.336	2	.168	.252	.002
상호작용효과	담당업무 * CRM활용	1.752	4	.438	.656	.626
오차		33.392	50	.668		
전체		705.160	60			

a R^2R2 = .953 ($adj\ R^2$ = .943)

해설 부서별 담당업무와 CRM 활용 여부에 따른 종속변수 CRM 성과에 대한 차이검정을 나타낸 결과이다. 수정모형에서 CRM 성과의 F-값은 100.590이고 유의확률이 0.000으로 유의수준 $p<0.05$ 수준에서 유의적이다. 즉, 부서별 담당업무와 CRM 활용 여부에 따라 기업의 경영성과(CRM 성과)는 집단별로 차이가 있다고 할 수 있다. 각 독립변수의 주효과 유의수준을 살펴보면 부서별 담당업무의 F-값은 1.2189, 유의확률 0.03으로 담당업무에 따라 CRM 성과는 집단별 차이가 있는 것으로 분석된다. CRM 활용 여부의 주효과를 보면 F-값은 0.252, 유의확률 0.002로 $p<0.05$ 수준에서 유의적이다. CRM 활용 여부에 따른 CRM 성과는 집단별로 차이가 있는 것으로 분석된다. 담당업무와 CRM 활용의 상호작용 효과를 보면 F=0.438, 유의확률 0.626으로 상호작용 효과가 없는 것으로 분석된다.[그림 11-15]에서도 집단간 상호작용 효과가 없는 것으로 나타나고 있다.

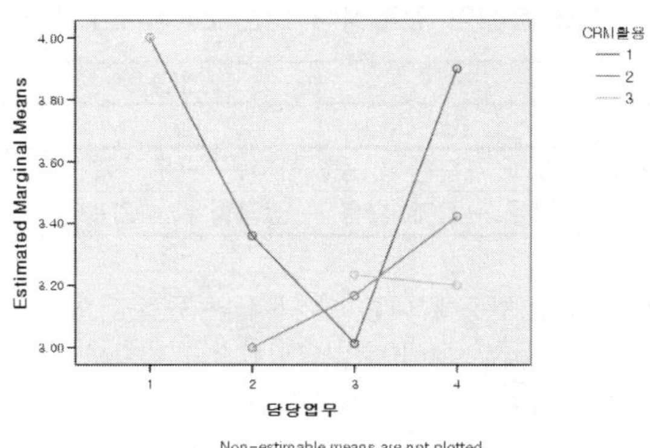

[그림 11-15] CRM 성과의 추정평균-상호작용 효과

[분석 결과 11-10] 담당업무별 CRM성과의 사후검정

	(I)담당 업무	(J)담당 업무	평균차 (I-J)	표준오차	Sig.	95% 신뢰구간	
						하한	상한
Tukey HSD	1	2	.8000	.63884	.597	-.8978	2.4978
		3	.9037	.59887	.440	-.6879	2.4953
		4	.3909	.60355	.916	-1.2131	1.9949
	2	1	-.8000	.63884	.597	-2.4978	.8978
		3	.1037	.31454	.987	-.7322	.9396
		4	-.4091	.32336	.589	-1.2684	.4503
	3	1	-.9037	.59887	.440	-2.4953	.6879
		2	-.1037	.31454	.987	-.9396	.7322
		4	-.5128	.23471	.142	-1.1366	.1110
	4	1	-.3909	.60355	.916	-1.9949	1.2131
		2	.4091	.32336	.589	-.4503	1.2684
		3	.5128	.23471	.142	-.1110	1.1366
Scheffe	1	2	.8000	.63884	.669	-1.0482	2.6482
		3	.9037	.59887	.522	-.8289	2.6363
		4	.3909	.60355	.936	-1.3552	2.1370
	2	1	-.8000	.63884	.669	-2.6482	1.0482
		3	.1037	.31454	.991	-.8063	1.0137
		4	-.4091	.32336	.661	-1.3446	.5264
	3	1	-.9037	.59887	.522	-2.6363	.8289
		2	-.1037	.31454	.991	-1.0137	.8063
		4	-.5128	.23471	.203	-1.1918	.1663
	4	1	-.3909	.60355	.936	-2.1370	1.3552
		2	.4091	.32336	.661	-.5264	1.3446
		3	.5128	.23471	.203	-.1663	1.1918
Bonferroni	1	2	.8000	.63884	1.000	-.9551	2.5551
		3	.9037	.59887	.826	-.7416	2.5490
		4	.3909	.60355	1.000	-1.2672	2.0490
	2	1	-.8000	.63884	1.000	-2.5551	.9551
		3	.1037	.31454	1.000	-.7604	.9679
		4	-.4091	.32336	1.000	-1.2974	.4793
	3	1	-.9037	.59887	.826	-2.5490	.7416
		2	-.1037	.31454	1.000	-.9679	.7604
		4	-.5128	.23471	.202	-1.1576	.1320
	4	1	-.3909	.60355	1.000	-2.0490	1.2672

		2	.4091	.32336	1.000	-.4793	1.2974
		3	.5128	.23471	.202	-.1320	1.1576

평균에 근거한 검정

	담당업무	사례수	하위집단
			1
Tukey HSD	3	27	3.0963
	2	9	3.2000
	4	22	3.6091
	1	2	4.0000
	Sig.		.251
Duncan	3	27	3.0963
	2	9	3.2000
	4	22	3.6091
	1	2	4.0000
	Sig.		.092
Scheffe	3	27	3.0963
	2	9	3.2000
	4	22	3.6091
	1	2	4.0000
	Sig.		.328

해설 [분석결과 11-10]은 담당업무에 대한 CRM 성과의 집단별 평균차이 검증에 대한 사후검증결과를 보여준다. 결과를 분석하면 담당업무에 따라 CRM 성과는 차이가 없는 것으로 분석되고 있다.

[분석 결과 11-11] CRM 활용별 CRM 성과의 평균차이 사후 검정

	(I) CRM 활용	(J)CRM 활용	평균차 (I-J)	표준오차	Sig.	95% 신뢰구간	
						하한	상한
Tukey HSD	1	2	.1345	.23810	.839	-.4406	.7096
		3	.0871	.29720	.954	-.6308	.8050
	2	1	-.1345	.23810	.839	-.7096	.4406
		3	-.0474	.31927	.988	-.8185	.7238
Scheffe	1	2	.1345	.23810	.853	-.4662	.7352
		3	.0871	.29720	.958	-.6627	.8369
	2	1	-.1345	.23810	.853	-.7352	.4662
		3	-.0474	.31927	.989	-.8529	.7581

Bonferroni	1	2	.1345	.23810	1.000	-.4554	.7243
		3	.0871	.29720	1.000	-.6491	.8233
	2	1	-.1345	.23810	1.000	-.7243	.4554
		3	-.0474	.31927	1.000	-.8383	.7435

평균에 근거한 검정

	CRM활용	사례수	하위집단
			1
Tukey HSD	2	19	3.2526
	3	10	3.3000
	1	31	3.3871
	Sig.		.886
Duncan	2	19	3.2526
	3	10	3.3000
	1	31	3.3871
	Sig.		.663
Scheffe	2	19	3.2526
	3	10	3.3000
	1	31	3.3871
	Sig.		.896

해설 ● ➡ [분석결과 11-11]은 CRM 활용 여부에 따른 CRM 성과의 사후검증결과를 보여준다. 결과를 분석하면 부서별 CRM 활용은 CRM 성과의 집단 평균차이가 없는 것으로 나타났다.

공분산분석(Analysis of Covariance)

12.1 사용 목적

분산분석(Analysis of Variance)은 종속변수(등간척도)와 두 개 이상의 실험요소를 가진 독립변수(명목척도)간의 집단간 평균차이를 검정하기 위한 분석인 반면, 공분산분석은 메트릭 자료(등간척도 또는 비율척도)로 측정된 종속변수, 명목 자료로 측정된 독립변수와 메트릭 자료(등간척도 또는 비율척도)로 측정된 독립변수가 포함되었을 때 사용할 수 있는 분석방법이다. 즉, 공분산분석은 메트릭 자료(등간척도 또는 비율척도)로 측정된 독립변수가 종속변수에 미치는 영향을 설명하거나 통제하기 위한 것이다.

메트릭 자료로 측정된 독립변수를 공변량(Covariate)이라 하며 이는 연구자가 통제할 수 없는 변수이다. 연구자들은 가능한 모든 외생변수의 영향을 제거하거나 설명하려고 하지만 너무 많은 수의 공변량은 통계적 효율성을 감소시키는 원인이 된다. 따라서 가장 적절한 공변량의 수는 [표본의 수-(집단의 수 -1)*0.1]의 수보다 작아야 한다. 예를 들어, 표본의 수가 100개이고 집단이 5개인 경우 공변량의 수는 100-(5-1)*0.1=6개보다 작아야 한다.[4)]

12.2 기본 원리

공분산분석은 분산분석의 변형으로서 종속변수에 대한 외생변수들의 효과를

4) Joseph F. Hair, Jr. Rolph E., Anderson Ronald L, Tatham Willam C. Black, Multivariate Data Analysis with Readings, 3th Edition, 1992, p.179.

설명하거나 제거하고자 할 때 적합하다. 공분산분석을 위해서는 외생변수에 대한 메트릭 자료를 얻어야 한다. 외생변수의 영향을 제거하기 위해 특정 변수가 공변량(Covariate)으로 도입되며 공변량을 독립변수로 하고 특정 변수를 종속변수로 한 회귀모델과 유사한 모델을 설정한다.

공분산분석의 특징은 각각의 집단이 종속변수에 대한 공변량의 집단 내 회귀를 나타내는 기울기계수 β가 있다는 것이다. 즉 각 집단에서 회귀분석을 실시하여 공변량의 영향을 제거하고 여기서 얻은 회귀잔차에 대하여 분산분석을 실시한다. 따라서 공분산분석은 회귀분석과 분산분석을 결합시킨 분석방법이다.

공분산분석에서 각 변수간의 관계를 수식으로 표현하면 식 [12-1]과 같다.

$$Y_{ij} = \mu + \alpha_i + \beta X_{ij} + \epsilon_{ij} \quad \text{식 [12-1]}$$

단, $\sum_{k=1}^{n} \alpha_i = 0, \sum_{k=1}^{n} \epsilon_{ij} = 0, Var(\epsilon) = \sigma^2$

Y_{ij} : 종속변수의 관측값

μ: 전체평균

α_{ij}, βX_{ij} : 공변량 효과, ϵ_{ij} : 잔차

X_{ij} : i집단에 속한 j응답자의 공변량관측치

i : 1, 2, 3, • • •, k k는 집단의 수
j: 1, 2, 3, • • •, n n은 집단i의 관측치의 수

■ 공분산분석은 다음과 상황에서 적용되는 분석기법이다.

① 분산분석의 효과를 분명히 검정하기 위하여 메트릭 자료로 측정된 독립변수를 포함, 연구 목적에 적합하지 않은 외생적 영향력(Extraneous variation)을 제거하여 명목척도로 측정된 독립변수의 설명력을 증가시킬 때,

② 실험 대상을 각 실험 요소 그룹에 할당하는 방법이 무작위적이지 못할 때,

③ 왜곡변수(Disturbing Variable)의 효과를 제거할 때,

④ 두 개 이상의 메트릭 자료로 측정된 변수 사이의 관계와 동시에 명목자료로 측정된 독립변수가 미치는 영향력을 파악하고자 하는 경우 공분산분석을 적용한다.

12.3 프로그램의 실행과 해설

12.3.1 분석 상황

기업에서 CRM 시스템을 구축하는 근본적인 목적은 고객정보를 보다 효과적으로 관리하기 위해서이다. 고객정보는 곧 기업의 자산이 된다. CRM 시스템 활용이 기업의 경영성과(고객성과) 향상에 영향을 주지만 이외에도 기업의 경영성과에 영향을 미치는 요인은 무수히 많다. 기업이 고객에게 제공하는 제품관련 부대 서비스만으로도 기업의 경영성과(고객성과)는 달라질 수 있다. 따라서 기업의 고객관계지향성을 통제한 상태에서 CRM 시스템 활용이 기업의 경영성과(고객성과)에 대한 집단간 평균차이를 분석하여 보자. CRM 시스템 활용은 1. CRM 시스템 업무 활용 집단, 2. IT만을 업무 활용 집단, 3. CRM, IT 모두 활용하지 않는 집단으로 구분하고 있다.

12.3.2 공분산분석 프로그램의 실행

SPSSWIN14.0에서 공분산분석을 실행하기 위해서는 다음과 같은 절차를 이용한다.

① 파일 메뉴(F)에서 통계기법(A)을 선택한 다음 일반 선형 모델(G)을 선택한다.

② 일반선형모델(G) 통계기법에서 GLM-일반요인(G)을 선택한다.

③ GLM-일반인(G)을 선택하면 [그림 12-1]과 같은 대화상자가 나타난다.

④ [그림 12-1]의 대화상자에서 종속변수(D)에 CRM성과(고객성과), 모수 요인(F)에 CRM활용 그리고 공변량(C)에 고객관계지향성을 차례로 선택한 다음 푸시 버튼(▶)을 누른다.

⑤ [그림 12-1]은 왼쪽 부분의 변수상자와 오른쪽 부분의 분석할 변수를 지정할 수 있는 변수상자로 구성되어 있다. 그리고 맨 왼쪽 부분은 모델(M), 대비(c), 도표(t), 사후검정(H), 그리고 변수 저장(S)과 통계량에 대한 옵션(O)으로 구성되어 있다.

⑥ [그림 12-1]에서 분석에 사용하고자 하는 모델(M), 대비(c), 도표(t), 사후검정(H), 그리고 변수저장(S)과 통계량에 대한 옵션(O)을 지정하면 [그림

12-2], [그림 12-3], [그림 12-4], [그림 12-5]와 같은 대화상자가 나타난다. 각각의 대화상자에서 분석에 필요한 옵션을 지정한다.

⑦ 옵션 통계량은 분산분석과 동일하다. 이를 구체적으로 설명하면 다음과 같다.

➠ 1. 공분산분석 대화상자

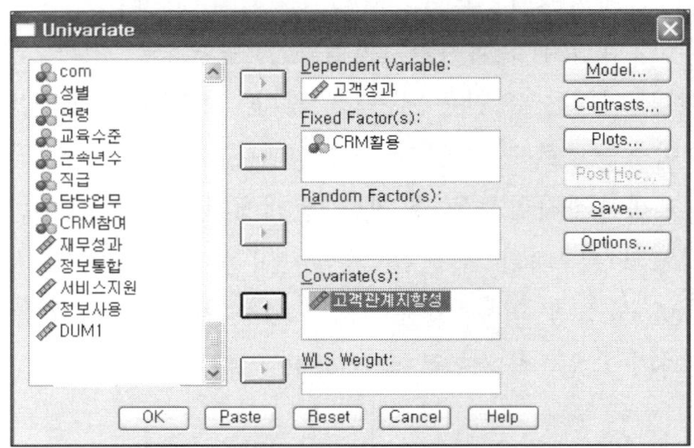

[그림 12-1] 공분산분석 대화상자

대화상자에서 종속변수 CRM성과(고객성과), 모수요인에 CRM활용, 공변량에 고객관계지향성을 지정한다.

➠ 2. 모델 지정 대화상자

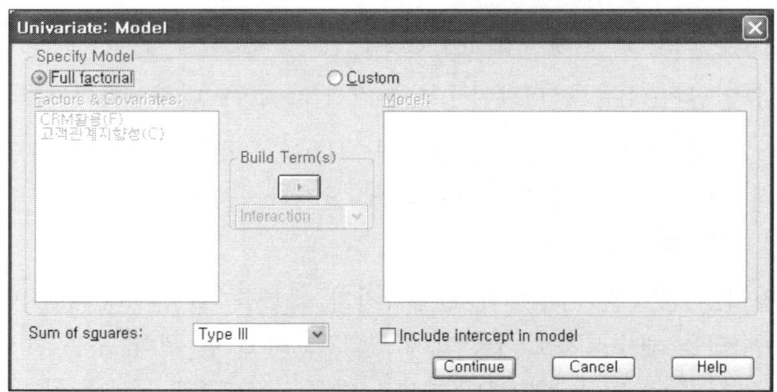

[그림 12-2] 모델 지정 대화상자

모델 지정 대화상자에서 완전요인 모델(a)을 지정한다. 절편은 해제한다.

➠ 3. 대비 지정 대화상자

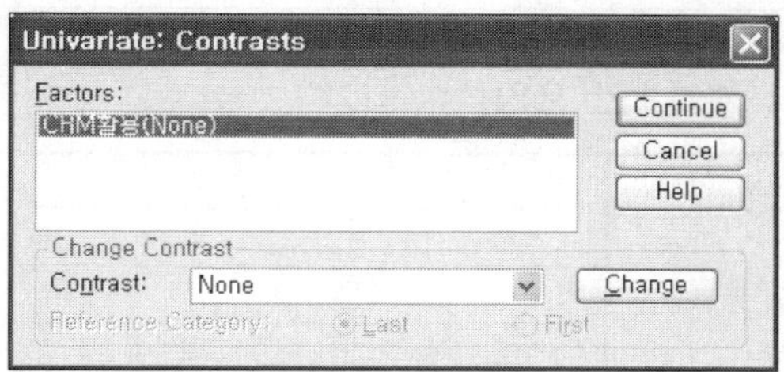

[그림 12-3] 대비 지정 대화상자

대비 지정 대화상자에서 편차대비를 지정한 후 계속 버튼을 누른다.

➠ 4. 통계량 지정 대화상자

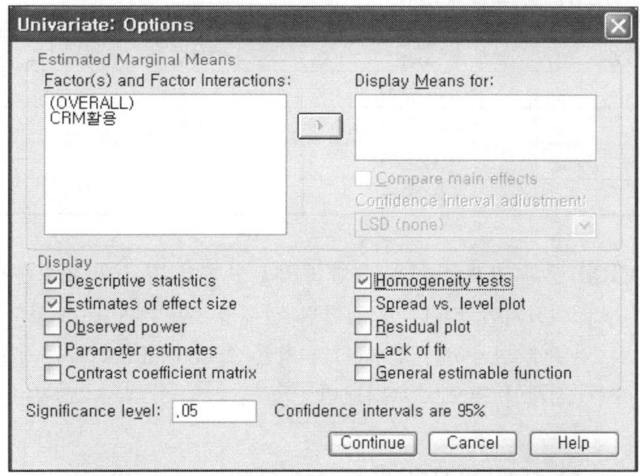

[그림 12-4] 통계량 지정 대화상자

기술통계량, 효과측정, 분산의 동질성 검증 등 분석에 필요한 기본 통계량을 지정한다.

12.4 분석 결과의 해석

[분석 결과 12-1] 개체-간 요인

		사례수
CRM활용	1	29
	2	20
	3	11

해설 ● ➡ CRM 시스템을 업무에 활용하는 집단(1)의 사례수는 29개이고, IT만을 업무에 활용하는 집단(2)은 20개이고, CRM과 IT를 모두 업무에 적용하지 않는 집단(3)은 11개로 나타났다.

[분석 결과 12-2] 기술통계량

CRM활용	평균	표준편차	사례수
1	3.5000	.55097	29
2	3.2375	.44036	20
3	3.2273	.80199	11
전체	3.3625	.57752	60

해설 ● ➡ CRM 성과(고객성과)에 대한 CRM 활용별 평균과 표준편차 그리고 사례수가 제시되어 있다. 각 집단별 전체평균이 제시되어 있다. CRM 시스템을 업무에 적용하는 집단(1)의 평균 3.5000, 표준편차는 0.55097이고 사례수는 29개인 것으로 나타났다.

[분석 결과 12-3] 오차 분산의 동질성에 대한 Levene의 검정

F	df1	df2	Sig.
.801	2	57	.454

여러 집단에서 종속변수의 오차분산이 동일하다는 귀무가설 검정

a 모형 : Intercept+고객관계지향성+CRM활용

해설 ● ➡ CRM 성과(고객성과)에 대한 오차분산의 동질성 여부를 검정한 Levene의 검정통계량이다. 자유도1(df1)은 독립변수의 집단의 수이며 자유도2(df2)는 사례수이다. 종속변수인 CRM 성과(고객성과)는 F-값이 0.801이고 유의수준 0.454이므로 $p<0.05$에서 오차분산이 동일하다는 귀무가설이 채택됨을 알 수 있다.

[분석 결과 12-4] 개체-간 효과 검정

원천	제 III유형 제곱합	df	평균제곱	F-값	Sig.	Partial Eta Squared
모델	682.705(a)	4	170.676	622.377	.000	.978
고객관계지향성	3.259	1	3.259	11.885	.001	.175
CRM활용	9.756	3	3.252	11.859	.000	.388
오차	15.357	56	.274			
전체	698.063	60				

a R^2 = .978 (Adj R^2 = .976)

해설 CRM 활용 집단 그리고 고객관계지향성에 따른 종속변수 CRM 성과(고객성과)의 평균차이를 검정을 한 공분산분석의 결과이다. 수정 모델에서 CRM 성과(고객성과)에 대한 유의확률이 0.00으로 유의수준 $p<0.05$ 수준에서 통계적으로 유의한 것으로 나타나고 있다. 분석 결과, 공변량으로 사용된 고객관계지향성의 추정회귀선은 F-통계량이 170. 676이며 유의수준 $p<0.05$에서 유의적이다. 공변량으로 분석에 투입된 고객관계지향성이 어떤 형태로든 기업의 경영성과(CRM 성과)에 영향을 미친다고 할 수 있다.

제13장 다변량 분산분석 (Multivariate Analysis of Variance)

13.1 사용 목적

분산분석과 동일하게 다변량 분산분석(Multivariate Analysis of Variance : MANOVA)은 집단간의 차이를 검정하는 기법이다. 분산분석은 등간척도로 측정된 하나의 종속변수에 대한 집단간 평균차이 평가를 하는데 사용되는 반면, 다변량 분산분석은 두 개 이상의 종속변수를 고려하여 집단간 차이를 검정하는 것이다. 즉, 다변량 분산분석은 각각의 집단은 두 개 이상의 종속변수를 가진다. 분산분석과 다변량 분산분석 모두 통계적 추론의 절차는 집단간 평균 차이의 통계적 유의성을 평가하는데 사용된다. 분산분석에 있어 검정되는 귀무가설은 집단간평균 차이가 같다는 것을 검정하지만, 다변량 분산분석은 집단간 두 개이상의 종속변수 평균 벡터(vectors)량이 같다는 것을 검정한다.

13.2 기본 원리

다변량 분산분석(MANOVA)은 종속변수들간의 상관관계를 고려하여 집단간 평균차이를 검정한다. 각 변수의 독립된 확률분포를 이용하는 것이 아니라 다수의 변수들이 결합되어 나타나는 결합확률분포(multivariate joint distribution)를 이용한다. 다변량 분산분석의 가정은 다른 다변량 분석 기법들과 마찬가지로 종속변수들의 분포는 다변량 정규분포를 이루고, 종속변수의 분산-공분산 구조는 모두 동일하다는 가정을 한다.

■ ANOVA와 MANOVA의 차이점

[ANOVA의 가설]

H_0 : 모든집단의평균은동일하다.

$H_0 : \mu_1 = \mu_2 = ... = \mu_k$

H_1 : 모든집단의평균은다르다.

$H_1 : \mu_1 \neq \mu_2 \neq .... \neq \mu_k$

[MANOVA의 가설]

H_0 : 모든집단의평균벡터는동일하다.

$$H_0 \quad \begin{matrix} \mu_{11} \\ \mu_{21} \\ \cdot \\ \cdot \\ \cdot \\ \mu_{p1} \end{matrix} = \begin{matrix} \mu_{12} \\ \mu_{22} \\ \cdot \\ \cdot \\ \cdot \\ \mu_{p2} \end{matrix} = \;.\;.\;.\;.\; = \begin{matrix} \mu_{1k} \\ \mu_{2k} \\ \cdot \\ \cdot \\ \cdot \\ \mu_{pk} \end{matrix}$$

H_1 : 모든집단의평균벡터는다르다.

$$H_1 \quad \begin{matrix} \mu_{11} \\ \mu_{21} \\ \cdot \\ \cdot \\ \cdot \\ \mu_{p1} \end{matrix} \neq \begin{matrix} \mu_{12} \\ \mu_{22} \\ \cdot \\ \cdot \\ \cdot \\ \mu_{p2} \end{matrix} \neq \;.\;.\;.\;.\; \neq \begin{matrix} \mu_{1k} \\ \mu_{2k} \\ \cdot \\ \cdot \\ \cdot \\ \mu_{pk} \end{matrix}$$

13.2.1 다변량 분산분석의 절차

다변량 분산분석의 적용 절차는 다음과 같다.

1) 다변량 분산분석 기법의 적용 타당성을 점검

다변량 분산분석 기법을 적용하기 위해서는 먼저 분석기법의 적용가능성 여부를 점검하여야 한다. 적용가능성을 점검하는 방법으로는 첫째, Barlett의 단위행렬검정, 둘째, 주대각성분 요인분석에 이용한다.

2) 가정의 위반 여부를 점검

다변량 분산분석의 적용 타당성이 점검되면 기본 가정을 점검하여야 한다. 기본 가정인 다변량 정규분포성의 점검과 Box'M-통계량을 이용한 분산-공분산 행렬의 동질성 여부를 점검한다.

3) 다변량 분산분석의 통계적 유의성 점검

분석기법의 적용 타당성과 기본 가정의 검토가 완료되면 분석 결과를 해석하는 단계이다. 다변량 분산분석의 결과해석에 이용되는 주요 통계량들은 다음과 같다.

(1) Pillai-Bartlett Trace 통계량

이 통계량은 집단간 분산의 비율을 나타내 주는 집단간 분산을 총분산으로 나눈 값과 같다. Pillai-Bartlett Trace V는 판별함수변량들로서 설명할 수 있는 분산의 비율을 나타내 주는 통계량이다. Pillai-Bartlett Trace V의 통계량이 작을수록 집단간의 평균의 차이를 나타내는 F-통계량의 값은 커진다. 이를 수식으로 나타내면 식 [13-1]과 같다.

▶ Pillai-Bartlett Trace : $V = \sum_{i=1}^{s} \frac{\lambda_1}{1+\lambda_1}$ .... 식 [13-1]

(2) Wilk's Lambda의 통계량

이 통계량은 집단 내 분산의 비율을 나타내 주는 집단 내 분산을 총분산으로 나눈 값과 같다. Wilk's λ는 각 판별함수에서 설명되지 않는 분산의 비율을 나타낸다. 따라서 Wilk's λ의 통계량이 적을수록 집단간의 평균의 차이를 나타내는 F-통계량의 값은 커진다. 이를 수식으로 나타내면 식 [13-2]와 같다.

▶ Wilk's Lambda : $\Lambda = (\Pi) \sum_{i=1}^{s} \frac{\lambda_1}{1+\lambda_1}$ .... 식 [13-2]

(3) Hotelling-Lawley Trace의 통계량

이 통계량은 판별함수의 집단간 분산의 집단 내 분산에 대한 비율의 합을 나타내 주는 통계량이다. Hotelling-Lawley Trace의 통계량이 클수록 집단간의 평균의 차이를 나타내는 F-통계량의 값은 커진다. 이를 수식으로 나타내면 식 [13-3]과 같다.

▶ Hotelling-Lawley Trace : $T = \sum_{i=1}^{s} \lambda_i$ ·· 식 [13-3]

(4) Roy의 최대근(Roy'sLargest Characteristic Root)

이 통계량은 집단간 분산의 총분산에 대한 비율을 나타내 주는 통계량이다. Roy의 통계량이 클수록 집단간의 평균의 차이를 나타내는 F-통계량의 값은 커진다. 이를 수식으로 나타내면 식 [13-4]와 같다.

▶ Roy's 최대근 : $R = \frac{\lambda_{\max}}{1 + \lambda_{\max}}$ ·· 식 [13-4]

4) 사후 점검

다변량 분산분석의 집단간 평균이 동일하다는 귀무가설이 기각되었다고 하더라도 집단간 평균이 모두 다르다는 것은 아니다. 집단간 평균차이가 어느 집단에서 발생하는지에 대한 사후 점검을 실시한다.

13.3 프로그램의 실행과 해석

13.3.1 분석 상황

기업의 CRM 시스템 구현 성과를 평가하기 위하여 다음과 같은 모델을 설정하였다. 종속변수인 CRM 성과는 5점 리컷트 척도로 측정된 재무성과와 고객성과로 설정하였고, 독립변수는 CRM 활용여부와 부서별 업무로 명목척도로 측정된 집단구분변수이다. 집단별 CRM 성과차이가 있는지를 다변량분산분석을 이용하여 분석하여 보자.

13.3.2 다변량 분산분석의 실행

SPSSWIN14.0에서 다변량 분산분석을 실행하기 위해서는 다음과 같은 절차를 이용한다.

① 파일 메뉴(F)에서 통계 기법(A)을 선택한 다음 일반 선형 모델(G)을 선택한다.

② [그림 13-1]의 일반 선형 모델(G) 통계 기법에서 GLM-다변량(M)을 선택한다.

③ GLM-다변량(M)을 선택하면 [그림 13-2]과 같은 대화상자가 나타난다.

④ [그림 13-2]의 대화상자에서 종속변수(D)에 재무성과와 고객성과, 모수 요인(F)에 CRM시스템 활용과 담당업무를 각각 선택한 다음 푸시 버튼(▶)을 누른다.

⑤ [그림 13-2]은 왼쪽 부분의 변수상자와 오른쪽 부분의 분석할 변수를 선택할 변수상자로 구성되어 있다. 그리고 맨 오른쪽 부분은 모델(M), 대비(c), 도표(t), 사후검정(H), 그리고 변수 저장(S)과 통계량에 대한 옵션(O)으로 구성되어 있다.

⑥ [그림 13-2]에서 분석에 사용하고자 하는 모델(M), 대비(c), 도표(t), 사후검정(H), 그리고 변수 저장(S)과 통계량에 대한 옵션(O) 등을 지정하면 [그림 13-3], [그림 13-4], [그림 13-5], [그림 13-6], [그림 13-7], [그림 13-8]과 같은 대화상자가 나타난다. 이를 구체적으로 설명하면 다음과 같다.

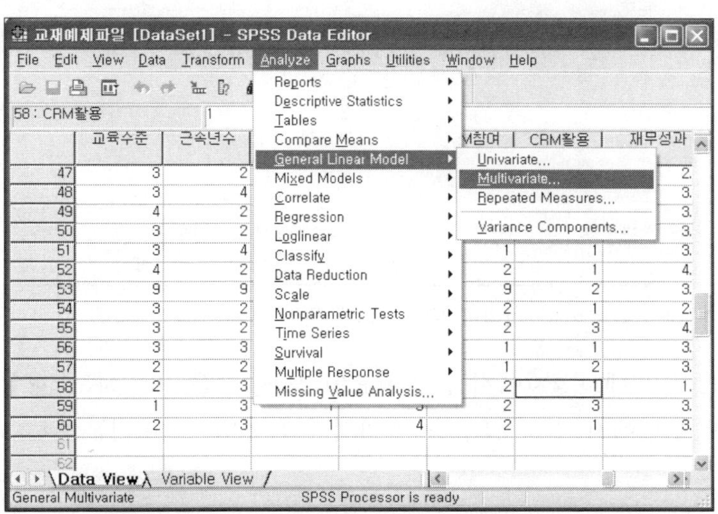

[그림 13-1] 통계분석 대화상자

➠ 1. 다변량 분산분석의 대화상자

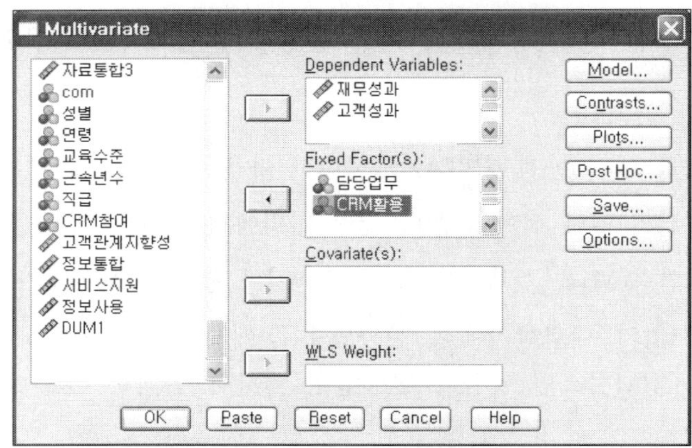

[그림 13-2] 다변량 분산분석의 대화상자

대화상자에서 종속변수에 재무성과와 고객성과를 지정하고 모수요인에 CRM활용과 담당업무를 지정한다.

➠ 2. 모델 지정 대화상자

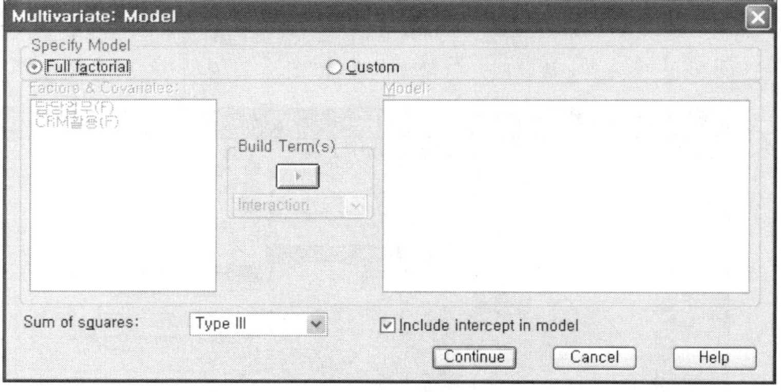

[그림 13-3] 모델 지정 대화상자

모델 지정 대화상자에서는 완전요인 모델(A)을 지정하고 계속 버튼을 누른다. 모델에서 절편 포함을 제외시킨다(선택사항이다).

<표 13-1> 모델 지정 옵션

옵 션	설 명
완전요인 모델(a)	완전요인모델을 지정하면 주효과, 공변량 효과와 요인 대 요인의 상호작용을 검정할 수 있다.
사용자정의(C)	사용자 정의를 지정하면 사용자가 원하는 상호작용이 효과를 검정할 수 있다.
• 요인(F)	분석에 포함되는 독립변수들이 지정된다.
• 분석항목 지정	사용자 정의(Custom)를 선택하면 연구목적에 맞는 주요효과와 상호작용 옵션을 선택할 수 있다.
상호작용	분석에 포함된 변수들에 대한 상호작용 효과를 검정한다.
• 주효과	분석에 포함된 변수들에 대한 주효과를 검정한다.
• 2원 배치	지정한 변수의 2원 상호작용을 검정
• 3원 배치	지정한 변수의 3원 상호작용을 검정
• 4원 배치	지정한 변수의 4원 상호작용을 검정
• 5원 배치	지정한 변수의 5원 상호작용을 검정
모 델(M)	사용자 정의(C)를 선택한 후 주효과와 독립변수들간의 상호작용을 분석할 수 있는 변수를 지정한다.
• 제곱합(Q)	가장 일반적으로 사용되는 방법 TypeIII이다.
Type I	Type I 모형을 산출한다.
Type II	Type II 모형을 산출한다.
Type III	Type III 모형을 산출한다. 기본으로 설정되어 있다.
Type V	Type V 모형을 산출한다.
모형에 기울기포함(I)	모형에 기울기를 포함하여 계산한다.

➠ 3. 대비 지정 대화상자

[그림 13-4] 대비 지정 대화상자

대비 지정 대화상자에서는 편차대비를 지정하고 계속 버튼을 누른다.

<표 13-2> 대비 지정 옵션

옵 션	설 명
대비 바꾸기(Contrasts Change)	각 요인에 대한 편차를 대비한다. 다음 중 하나를 지정할 수 있다.
• 지정하지 않음	지정하지 않는다.
• 편차	집단의 전체평균과 각 요인의 평균을 비교한다.
• 단순	지정된 요인의 평균과 각 요인의 평균을 비교한다. 통제집단이 있는 경우 유용한 대비방법이다.
• 차이	이전 요인의 평균과 각 요인의 평균을 비교한다.
• Helmert	나중 요인의 평균과 각 요인의 평균을 비교한다.
• 반복	나중 요인의 평균과 각 요인의 평균을 비교한다.
• 다항	1차 효과, 2차 효과, 3차 효과 등을 비교한다.
참조 범주	
• 마지막	마지막
• 처음	처음

4. 도표 지정 대화상자

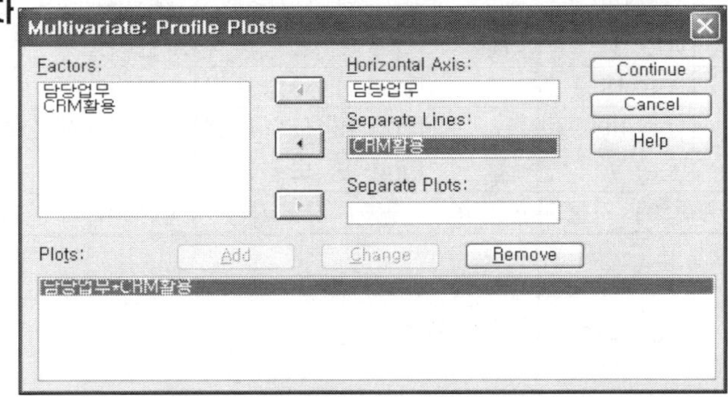

[그림 13-5] 도표 지정 대화상자

독립변수의 추정 주변평균을 이용하여 변수들간의 관계를 도표로 출력한다.

<표 13-3> 도표 지정 옵션

옵 션	설 명
요인(F)	요인에 대한 종속변수의 추정 주변평균이 표시된다.
• 수평축 변수(H)	분석에 포함된 독립변수 지정
• 선 구분 변수(S)	분석에 포함된 독립변수 지정
• 도표 구분 변수(p)	분석에 포함된 독립변수 지정
도표(t)	분석에 포함된 독립변수들의 상호작용 도표 작성

➡ 5. 사후검정 지정 대화상자

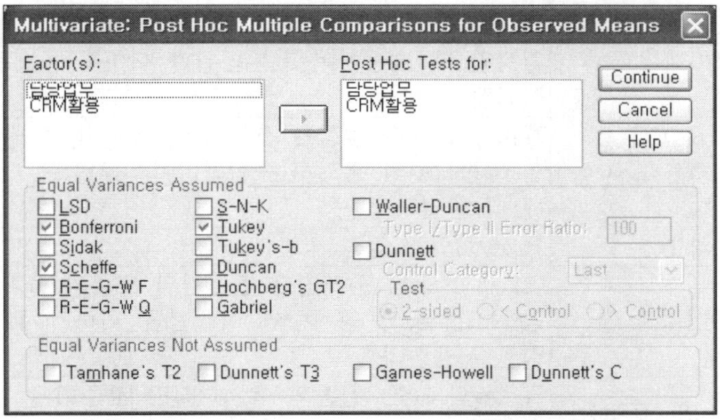

[그림 13-6] 사후검정 지정 대화상자

등분산성 가정에 따라 사후검정 지정 통계량은 달라진다. 모집단 분포의 등분산성을 가정하는 경우 사후검정은 Scheffe, Duncan, Bonferroni, Tukey 등을 지정하고 모집단 분포의 이분산성을 가정하는 경우 Tamhane's T2 등을 지정한다.

<표 13-4> 사후검정 지정 옵션

옵 션	설 명
• 요인	분석에 포함된 모수요인이 표시된다.
• 요인의 사후검정	사후검정을 할 모수요인을 지정한다.
등분산성을 가정함	집단간의 평균차이를 검정한 후 ,집단 중 어느 집단에서 평균차이가 발생하는지를 검정해야 한다. 집단간 쌍별다중비교는 각 집단의 평균차이를 검정한다. 다음 중 하나 이상을 지정할 수 있다. 일반적으로 사용되는 사후검정방법은 Ducan의 통계량을 이용한다. 여기서는 모수요인에 대해서만 사후검정을 실시한다.
• LSD(L)	이 방법은 일종의 t-통계량으로 다른 방법에 비해 일종오류를 통제하는데 유용한 검정방법이다.
• Bonferroni(B)	스튜던트 t-통계량을 이용한다. 다중비교 요인에 대한 유의수준을 조정한다.
• Sidak(i)	Bonferroni의 검정방법과 유사한 다중비교 방법이다.
• Scheffe(c)	모든 비교에 하나의 범위값을 사용, 이 방법은 집단간 평균이 모든 선형조합을 점검할 수 있는 방법이지만 집단 상호비교를 위한 것은 아니다.

• R-E-G-W의 F(R)	Ryan-Einot-Gabriel-Welsch의 F 검정
• R-E-G-W의 Q(Q)	Ryan-Einot-Gabriel-Welsch의 의 범위 검정
• S-N-K(S)	Turkey의 HSD와는 달리 표본의 부분집합들의 귀무가설을 검정할 때 사용하며 표본범위가 작아지기 때문에 임계치도 작아진다.
• Tukey(T)	Turkey의 HSD-검정은 쌍별 사후 다중비교 방법 중 보수적인 일종오류를 통제하는 방법이며 기각력은 다른 방법에 비해 다소 떨어진다.
• Tukey(k)의 b	Tukey(k)의 b 검정 방법
• Ducan(D)	Ducan의 검정 통계량은 집단간의 표본의 크기가 서로 다른 경우 Turkey의 통계량의 복잡함을 피하기 위해 서로 다른 값을 사용한다.
• Hochberg의 GT2(H)	Turkey의 HSD 검정과 유사하지만 표준화된 최대계수를 사용한다.
• Gabriel(G)	표준화된 최대계수를 사용하며 셀의 크기가 다른 경우 Hochberg의GT2보다 뛰어난 검정방법이다.
• Waller-Ducan(W)	베이지안 접근법을 이용하며 표본의 크기가 다를 때는 표본의 조화평균을 사용한다.
• Dunnett(E)	Dunnett의 등분산
등분산성을 가정하지 않음	등분산성을 가정하지 않는 경우 사용할 수 있는 방법이며 하나 이상을 선택할 수 있다.
• Tamhane의 T2(M)	Tamhane의 T2(M)
• Dunnett의 T3(3)	Dunnett의 T3(3)
• Games-Howell(A)	Games-Howell(A)
• Dunnett의 C(U)	Dunnett의 C(U)

➠ 6. 새로운 변수 저장 대화상자

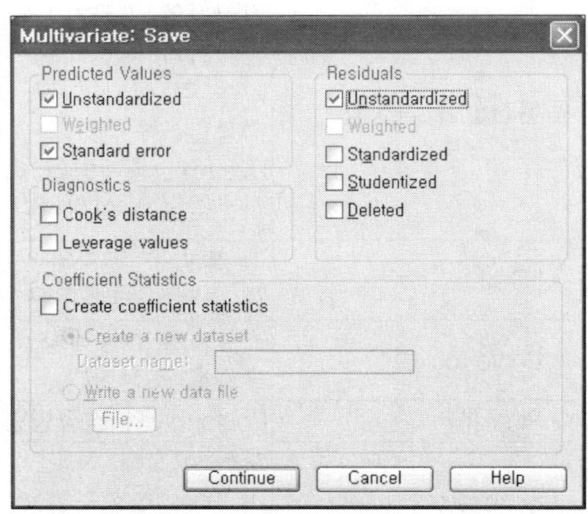

[그림 13-7] 새로운 변수 저장 대화상자

추가분석에서 사용할 새로운 값을 생성하여 저장한다.

<표 13-5> 새로운 변수 생성 지정 옵션

옵 션	설 명
예측치	각 사례에 대한 모형 예측치로서 다음 중 하나 이상을 지정할 수 있다.
• 비표준화(U)	비표준화 예측치
• 가중치(E)	가중 예측치
• 표준오차(T)	예측치의 표준오차
진 단	다음 중 하나 이상을 지정할 수 있다.
• Cook의 거리(K)	Cook의 거리
• 레버리지의 값(V)	레버리지의 값
잔 차	다음 중 하나 이상을 지정할 수 있다.
• 비표준화 잔차(N)	비표준화 잔차
• 가중치 잔차(G)	가중치 잔차
• 표준화된 잔차(A)	표준화된 잔차
• 스튜던트화 잔차(S)	스튜던트화 잔차
• 삭제된 잔차(D)	삭제된 잔차
새 파일 저장	
• 계수통계량(O)/파일(L)	모수 추정치에 대한 분산-공분산 행렬을 포함하는 데이터 파일 저장

➠ 7. 통계량 지정 대화상자

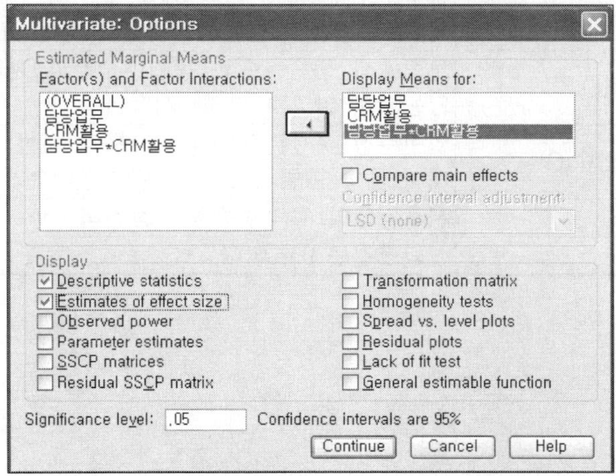

[그림 13-7] 통계량 지정 대화상자

분석에 사용된 표본의 일반 통계량을 지정한다. 기술통계량, 등분산성 가정 검정 통계량 등을 지정한다.

<표 13-6> 통계량 지정 옵션

옵 션	설 명
주변평균 추정	
• 요인과 요인상호작용(F)	셀 내의 모집단의 주변평균의 추정치를 구할 경우 요인과 상호작용을 선택한다.
• 요인의 평균 출력(M)	셀 내의 해당요인들에 대한 평균을 출력한다.
출력	다음 중 하나 이상을 지정할 수 있다.
• 기술통계량(S)	모든 셀 내에 종속변수의 관측된 평균, 표준편차, 빈도수를 출력한다.
• 효과 크기 추정치(E)	각각의 모수 추정치에 대한 η2(eta-square)를 출력한다.
• 관측력(B)	관측치에 근거해 대립가설을 검정할 때 검정력(power of test)을 얻고자 할 때 지정한다.
• 모수 추정치(T)	각 검정에 대한 모수 추정치, 표준오차, t-검정, 신뢰구간 등을 출력한다.
• SSCP 행렬(S)	SSCP 행렬을 산출한다.
• 잔차 SSCP 행렬(C)	잔차 SSCP 행렬을 산출한다.
• 변형 행렬(A)	변형 행렬을 산출한다.
• 분산의 동질성 검정(H)	종속변수에 대한 분산의 동질성 검정에 대한 Levene-통계량을 산출한다. 또한 종속변수의 공분산 행렬의 동질성 검정에 대한 Box'M 통계량이 산출된다.
• 평균 대 산포 도표(P)	데이터에 대한 가정을 점검한다.
• 잔차 도표(R)	종속변수에 대한 관측-예측-표준화 잔차 도표를 출력하며, 동분산성을 검정하는데 유용한 도표이다.
• 적합도 부족(L)	모형에서 종속변수와 독립변수간의 관계가 잘 설명되고 있는지를 알고자 할 때 지정한다.
• 일반 추정 함수(G)	일반추정함수에 근거해서 사용자 가설 검정할 수 있다. 대비 계수 행렬의 행은 일반추정함수의 선형결합이다.
유의수준(V)	사후검정의 유의수준을 조정한다.
신뢰구간 95%	신뢰구간은 95%이다.

13.4 분석 결과의 해석

[분석 결과 13-1] 개체-간 요인

	집단	사례수
담당업무	1	2
	2	9
	3	27
	4	22
CRM활용	1	31
	2	19
	3	10

해설 집단구분 변수인 CRM활용과 담당업무의 사례수가 제시되어 있다. CRM활용여부의 사례수는 CRM 시스템 활용(1) 31개, IT만을 활용(2) 19개, CRM시스템과 IT 모두 활용하지 않음(3)이 10개인 것으로 나타나 있다. 담당업무는 기획부서(1) 2개, 회계/총무(2) 9개, 마케팅(3) 22개, 관리(4) 22개인 것으로 나타났다.

[분석 결과 13-2] 기술 통계량

	담당업무	CRM활용	평균	표준편차	사례수
재무성과	1	1	4.0000	.	1
		3	4.0000	.	1
		전체	4.0000	.00000	2
	2	1	3.3600	1.22801	5
		2	3.0000	.00000	4
		전체	3.2000	.88882	9
	3	1	3.0133	.56804	15
		2	3.1667	.26583	6
		3	3.2333	.34448	6
		전체	3.0963	.46862	27
	4	1	3.9000	1.15950	10
		2	3.4222	1.05093	9
		3	3.2000	.69282	3
		전체	3.6091	1.05916	22
	전체	1	3.3871	.96185	31
		2	3.2526	.73588	19

		3	3.3000	.48305	10
		전체	3.3300	.82159	60
고객성과	1	1	4.0000	.	1
		3	4.0000	.	1
		전체	4.0000	.00000	2
	2	1	3.6000	.85878	5
		2	3.0000	.00000	4
		전체	3.3333	.68465	9
	3	1	3.1000	.61818	15
		2	3.1250	.30619	6
		3	3.6250	.34460	6
		전체	3.2222	.54302	27
	4	1	3.8500	.31623	10
		2	3.1944	.56978	9
		3	3.1667	.57735	3
		전체	3.4886	.55890	22
	전체	1	3.4516	.65961	31
		2	3.1316	.41973	19
		3	3.5250	.46323	10
		전체	3.3625	.57752	60

해설 ● ➡ 종속변수인 CRM 활용 여부와 담당업부별 평균과 표준편차 그리고 집단별 사례수가 제시되어 있다.

[분석 결과 13-3] 공분산 행렬에 대한 Box'M의 동질성 검정

Box's M	46.380
F	2.660
df1	15
df2	3338.924
Sig.	.000

여러 집단에서 종속변수의 관측 공분산행렬이 동일하다는 귀무가설 검정

a 모형 : Intercept + CRM활용 + 담당업무 + CRM활용 * 담당업무

해설 ● ➡ Box'M-통계량은 집단간 종속변수들의 분산-공분산 행렬과 전체 표본의 분산-공분산 행렬의 동질성을 검정하는 통계량이다. Box'M 통계량은 93.986이고 유의확률은 0.076로 $p<0.05$에서 공분산이 동일하다는 귀무가설을 기각할 수 있다. 즉 분산-공분산 행렬이 같지 않다는 것을 의미한다.

[분석 결과 13-4] 다변량 검정

효과		Value	F-값	df	잔차 df	Sig.	Partial Eta Squared
담당업무	Pillai's Trace	.091	.792	6.000	100.000	.578	.045
	Wilks' Lambda	.911	.781(a)	6.000	98.000	.587	.046
	Hotelling's Trace	.096	.770	6.000	96.000	.595	.046
	Roy's Largest Root	.074	1.226(b)	3.000	50.000	.310	.069
CRM 활용	Pillai's Trace	.140	1.880	4.000	100.000	.120	.070
	Wilks' Lambda	.861	1.909(a)	4.000	98.000	.115	.072
	Hotelling's Trace	.161	1.937	4.000	96.000	.111	.075
	Roy's Largest Root	.158	3.945(b)	2.000	50.000	.026	.136
담당업무 * CRM활용	Pillai's Trace	.181	1.241	8.000	100.000	.284	.090
	Wilks' Lambda	.820	1.279(a)	8.000	98.000	.263	.095
	Hotelling's Trace	.219	1.315	8.000	96.000	.245	.099
	Roy's Largest Root	.217	2.709(b)	4.000	50.000	.040	.178

a 정확성 통계량

b 통계량은 유의수준에 근거한 F-값.

c 디자인 : 담당업무 + CRM활용 + 담당업무 * CRM활용

해설 ➡ CRM 활용과 담당업부별 CRM 성과인 재무성과와 고객성과을 분석한 것이다. 여러 가지 검정방법의 명칭을 나타내는데 Pillais's Trace V, Wilks λ, Hotelling Trace, Roy의 F값에 의한 검정방법을 제시하고 있다. Hotelling Trace와 Roy의 F값은 큰 값을 지닐수록, Pillais V와 Wilks λ는 작은 값을 가질수록 집단간의 평균의 차이를 나타내는 F-통계량의 값은 커진다. 단, Hotelling Trace는 두 집단간 차이분석에서 주로 쓰이며 세집단 차이분석에서는 사용하지 않는다. 여기서 주의할 점은 검정방법에 따라 분석 결과가 달라질 수 있다는 것이다. 분석결과를 보면 "모든 집단의 평균 vectors는 동일하다"는 귀무가설(H0)를 기각하고 "모든 집단의 평균 vectors는 동일하지 않다"라는 대립가설(H1)이 채택된다. 따라서 CRM 활용과 담당업무별 CRM 성과는 집단별 평균차이가 있다고 할 수 있다.

[분석 결과 13-5] 개체간 영향 검정

원천	종속변수	제III 유형 제곱근	df	평균 제곱	F-값	Sig.	Partial Eta Squared
모델	재무성과	671.768(a)	10	67.177	100.590	.000	.953
	고객성과	684.536(b)	10	68.454	253.037	.000	.981
담당업무	재무성과	2.440	3	.813	1.218	.313	.068
	고객성과	.715	3	.238	.881	.457	.050
CRM활용	재무성과	.336	2	.168	.252	.778	.010
	고객성과	1.512	2	.756	2.795	.071	.101
담당업무 * CRM활용	재무성과	1.752	4	.438	.656	.626	.050
	고객성과	2.710	4	.677	2.504	.054	.167
잔차	재무성과	33.392	50	.668			
	고객성과	13.526	50	.271			
전체	재무성과	705.160	60				
	고객성과	698.063	60				

a R^2 = .953 (Adj R^2 = .943)

b R^2 = .981 (Adj R^2 = .977)

해설 ➡ CRM 활용 여부와 담당업무별 CRM 성과 차이에 대한 분석결과이다. CRM 성과인 재무성과와 고객성과는 CRM 시스템 활용과 담당업무별로 평균차이가 있다고 볼 수 있다.

[분석 결과 13-6] CRM 성과의 집단별(담당업무) 사후검정

종속변수		(I)담당업무	(J)담당업무	평균차 (I-J)	표준오차	Sig.	95% 신뢰구간 하한	95% 신뢰구간 상한
재무성과	Tukey HSD	1	2	.8000	.63884	.597	-.8978	2.4978
			3	.9037	.59887	.440	-.6879	2.4953
			4	.3909	.60355	.916	-1.2131	1.9949
		2	1	-.8000	.63884	.597	-2.4978	.8978
			3	.1037	.31454	.987	-.7322	.9396
			4	-.4091	.32336	.589	-1.2684	.4503
		3	1	-.9037	.59887	.440	-2.4953	.6879
			2	-.1037	.31454	.987	-.9396	.7322
			4	-.5128	.23471	.142	-1.1366	.1110
		4	1	-.3909	.60355	.916	-1.9949	1.2131
			2	.4091	.32336	.589	-.4503	1.2684
			3	.5128	.23471	.142	-.1110	1.1366

	Scheffe	1	2	.8000	.63884	.669	-1.0482	2.6482
			3	.9037	.59887	.522	-.8289	2.6363
			4	.3909	.60355	.936	-1.3552	2.1370
		2	1	-.8000	.63884	.669	-2.6482	1.0482
			3	.1037	.31454	.991	-.8063	1.0137
			4	-.4091	.32336	.661	-1.3446	.5264
		3	1	-.9037	.59887	.522	-2.6363	.8289
			2	-.1037	.31454	.991	-1.0137	.8063
			4	-.5128	.23471	.203	-1.1918	.1663
		4	1	-.3909	.60355	.936	-2.1370	1.3552
			2	.4091	.32336	.661	-.5264	1.3446
			3	.5128	.23471	.203	-.1663	1.1918
	Bonferroni	1	2	.8000	.63884	1.000	-.9551	2.5551
			3	.9037	.59887	.826	-.7416	2.5490
			4	.3909	.60355	1.000	-1.267	2.0490
		2	1	-.8000	.63884	1.000	-2.555	.9551
			3	.1037	.31454	1.000	-.7604	.9679
			4	-.4091	.32336	1.000	-1.297	.4793
		3	1	-.9037	.59887	.826	-2.549	.7416
			2	-.1037	.31454	1.000	-.9679	.7604
			4	-.5128	.23471	.202	-1.157	.1320
		4	1	-.3909	.60355	1.000	-2.049	1.2672
			2	.4091	.32336	1.000	-.4793	1.2974
			3	.5128	.23471	.202	-.1320	1.1576
고객 성과	Tukey HSD	1	2	.6667	.40660	.366	-.4139	1.7472
			3	.7778	.38116	.187	-.2352	1.7907
			4	.5114	.38414	.548	-.5095	1.5322
		2	1	-.6667	.40660	.366	-1.747	.4139
			3	.1111	.20020	.945	-.4209	.6431
			4	-.1553	.20580	.874	-.7022	.3916
		3	1	-.7778	.38116	.187	-1.790	.2352
			2	-.1111	.20020	.945	-.6431	.4209
			4	-.2664	.14939	.293	-.6634	.1306
		4	1	-.5114	.38414	.548	-1.532	.5095
			2	.1553	.20580	.874	-.3916	.7022
			3	.2664	.14939	.293	-.1306	.6634
	Scheffe	1	2	.6667	.40660	.450	-.5097	1.8430
			3	.7778	.38116	.257	-.3250	1.8805

			4	.5114	.38414	.624	-.6000	1.6227
		2	1	-.6667	.40660	.450	-1.8430	.5097
			3	.1111	.20020	.958	-.4681	.6903
			4	-.1553	.20580	.903	-.7507	.4401
		3	1	-.7778	.38116	.257	-1.8805	.3250
			2	-.1111	.20020	.958	-.6903	.4681
			4	-.2664	.14939	.374	-.6986	.1658
		4	1	-.5114	.38414	.624	-1.622	.6000
			2	.1553	.20580	.903	-.4401	.7507
			3	.2664	.14939	.374	-.1658	.6986
	Bonferroni	1	2	.6667	.40660	.644	-.4504	1.7837
			3	.7778	.38116	.280	-.2694	1.8249
			4	.5114	.38414	1.000	-.5440	1.5667
		2	1	-.6667	.40660	.644	-1.783	.4504
			3	.1111	.20020	1.000	-.4389	.6611
			4	-.1553	.20580	1.000	-.7207	.4101
		3	1	-.7778	.38116	.280	-1.824	.2694
			2	-.1111	.20020	1.000	-.6611	.4389
			4	-.2664	.14939	.484	-.6768	.1440
		4	1	-.5114	.38414	1.000	-1.566	.5440
			2	.1553	.20580	1.000	-.4101	.7207
			3	.2664	.14939	.484	-.1440	.6768

평균에 근거

해설 담당업무별 집단간 성과차이를 검정한 분석결과이다. 분석결과, 모든 통계량의 유의수준이 $p<0.05$ 수준에서 기각되었다. 집단간 CRM성과는 동일하다는 것으로 볼 수 있다.

[분석 결과 11-7] CRM 성과의 집단별(담당업무) 동일집단 분류

	담당업무	사례수	하위집단
			1
Tukey HSD(a,b)	3	27	3.0963
	2	9	3.2000
	4	22	3.6091
	1	2	4.0000
	Sig.		.251
Scheffe(a,b)	3	27	3.0963

2	9	3.2000
4	22	3.6091
1	2	4.0000
Sig.		.328

동일집단군 그룹에 대한 평균.
유형 III 제곱합에 근거
오차항은 평균제곱(오차) = .668.
a 조화평균 표본 크기 = 5.767.
b 유의수준 = .05.

해설●➡ 분석결과, CRM 성과에 대한 집단별 유의적인 차이가 없는 것으로 나타났다.

[분석 결과 13-8] CRM 성과의 집단별(CRM활용) 사후검정

종속변수		(I) CRM활용	(J) CRM활용	평균차 (I-J)	표준오차	Sig.	95% 신뢰구간 상한	95% 신뢰구간 하한
재무성과	Tukey HSD	1	2	.1345	.23810	.839	-.4406	.7096
			3	.0871	.29720	.954	-.6308	.8050
		2	1	-.1345	.23810	.839	-.7096	.4406
			3	-.0474	.31927	.988	-.8185	.7238
		3	1	-.0871	.29720	.954	-.8050	.6308
			2	.0474	.31927	.988	-.7238	.8185
	Scheffe	1	2	.1345	.23810	.853	-.4662	.7352
			3	.0871	.29720	.958	-.6627	.8369
		2	1	-.1345	.23810	.853	-.7352	.4662
			3	-.0474	.31927	.989	-.8529	.7581
		3	1	-.0871	.29720	.958	-.8369	.6627
			2	.0474	.31927	.989	-.7581	.8529
	Bonferroni	1	2	.1345	.23810	1.000	-.4554	.7243
			3	.0871	.29720	1.000	-.6491	.8233
		2	1	-.1345	.23810	1.000	-.7243	.4554
			3	-.0474	.31927	1.000	-.8383	.7435
		3	1	-.0871	.29720	1.000	-.8233	.6491
			2	.0474	.31927	1.000	-.7435	.8383
고객성과	Tukey HSD	1	2	.3200	.15154	.098	-.0460	.6861
			3	-.0734	.18915	.921	-.5303	.3835
		2	1	-.3200	.15154	.098	-.6861	.0460
			3	-.3934	.20320	.139	-.8842	.0974

	3	1	.0734	.18915	.921	-.3835	.5303
		2	.3934	.20320	.139	-.0974	.8842
Scheffe	1	2	.3200	.15154	.118	-.0623	.7024
		3	-.0734	.18915	.928	-.5506	.4038
	2	1	-.3200	.15154	.118	-.7024	.0623
		3	-.3934	.20320	.164	-.9061	.1192
	3	1	.0734	.18915	.928	-.4038	.5506
		2	.3934	.20320	.164	-.1192	.9061
Bonferroni	1	2	.3200	.15154	.119	-.0554	.6954
		3	-.0734	.18915	1.000	-.5420	.3952
	2	1	-.3200	.15154	.119	-.6954	.0554
		3	-.3934	.20320	.176	-.8968	.1100
	3	1	.0734	.18915	1.000	-.3952	.5420
		2	.3934	.20320	.176	-.1100	.8968

Based on observed means.

해설 ➡ CRM 활용 여부별 집단간 성과차이를 검정한 분석결과이다. 분석결과, 모든 통계량의 유의수준이 $p<0.05$ 수준에서 기각되었다. 즉, 집단간 CRM성과는 동일하다는 것으로 볼 수 있다.

[분석 결과 13-9] CRM 성과의 집단별(CRM활용) 동일집단 분류

	CRM활용	사례수	하위집단
			1
Tukey HSD(a,b)	2	19	3.2526
	3	10	3.3000
	1	31	3.3871
	Sig.		.886
Scheffe(a,b)	2	19	3.2526
	3	10	3.3000
	1	31	3.3871
	Sig.		.896

동일집단군 그룹에 대한 평균.
유형 III 제곱합에 근거
오차항은 평균제곱(오차) = .668.

a 조화평균 표본 크기 = 5.767.

b 유의수준 = .05.

해설 ●➡ 분석결과, CRM 성과에 대한 집단별 유의적인 차이가 없는 것으로 나타났다.

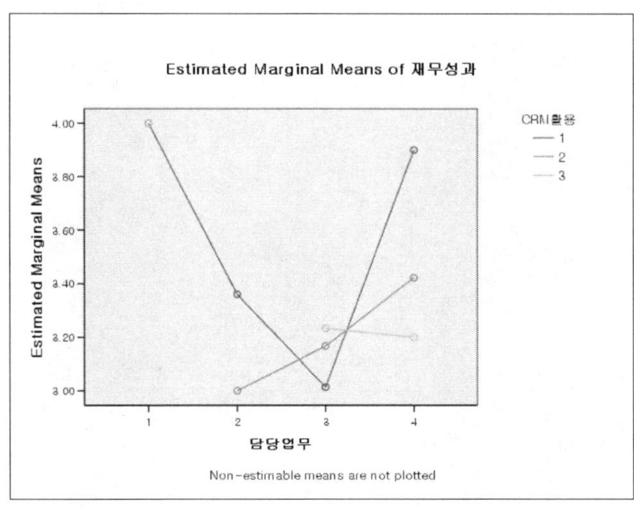

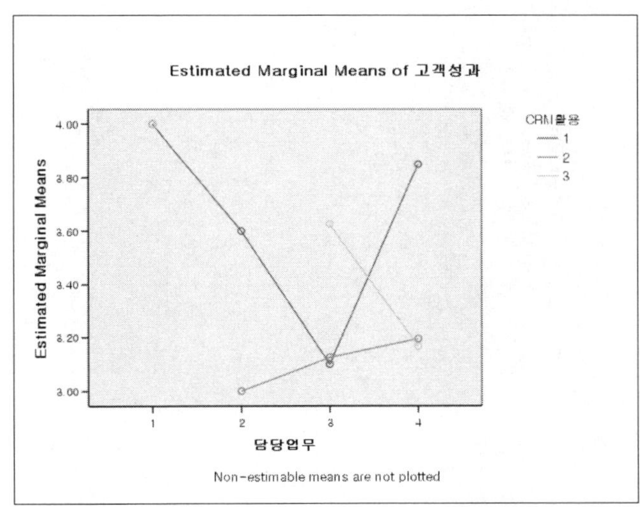

판별분석(Discriminant Analysis)

14.1 사용 목적

우리는 사회 현상을 분석하다 보면 때때로 범주형 자료(명목척도)의 종속변수와 2개 이상의 메트릭 자료(등간척도 또는 비율척도)로 측정된 독립변수에 관련된 문제를 분석하게 된다. 예를 들면 은행에서 고객의 소득과 신용카드 사용에 따라 우량 거래자와 불량 거래자를 구분하거나, 신제품의 성공과 실패, 기업의 도산과 성장의 상황을 예측하게 된다. 판별분석은 범주형 종속변수(우량 거래자와 불량 거래자)와 메트릭 자료인 독립변수(소득과 저축액)를 이용하여 집단을 구분하는데 유용한 통계 분석 방법이다.

대부분 종속변수는 두 집단으로 분류할 수 있으나 분석 상황에 따라 3집단(상, 중, 하) 이상으로 구분하기도 한다. 판별분석은 집단을 구분하는데 있어 영향을 미치는 독립변수가 무엇이고, 독립변수(판별변수)에 의해 분석 대상의 자료를 몇 개의 동질적인 집단으로 세분화하여 집단별 특성을 분석하는데 이용된다.

14.2 기본 원리

판별분석은 집단 구분의 오류를 최소화할 수 있는 2개 이상의 독립변수들 간의 선형결합인 판별함수를 도출해 내는 것이다. 판별함수는 집단 간 분산과 집단 내 분산의 비율을 최대화할 수 있는 선형조합함수이다. 선형조합함수는 집단 간 분산과 집단 내 분산의 비율로 표시된다. 판별분석을 위한 판별함수는 다음과 같은 식 [14-1]로 표현된다.

$$Z = W_1X_1 + W_2X_2 + W_3X_3 + \cdot\cdot\cdot + W_iX_i \quad \text{식 [14-1]}$$

여기서, Z : 판별점수

W_i : i번째 독립변수의 가중치

X_i : i번째 독립변수

[그림 14-1]의 두 집단 판별분석의 예를 통해서 보다 구체적으로 설명하여 보자. 가령 A와 B 두 집단이 있고 이 두 집단의 각각의 구성원을 X1과 X2 두 변수로 측정하였다고 가정하여 보자. 만약 집단 A와 B를 구분하는데 있어 측정변수 X1만을 가지고 집단을 구분하는 경우 C1만큼의 중복이 생기게 된다. 이 중복된 부분의 속한 구성원들은 A집단과 B집단 중 어느 집단에 속하는지를 구분할 수 없게 된다.

이제 측정변수 X2만을 가지고 A와 B집단으로 구분하여 보자. 이 경우에도 C2 만큼이 중복되어 중복된 부분에 속한 구성원들은 A집단과 B집단 중 어느 집단에 속하는지를 구분할 수 없게 된다. 이제 A와 B집단으로 구분하는데 측정변수 X1과 X2를 모두 고려하여 독립변수들 간의 선형결합인 새로운 판별함수(Z)를 만들어 집단을 구분하여 보자. 측정변수 X1과 X2 모두를 모두 고려하는 경우, C3만큼만 중복되게 되어 하나의 측정변수만을 고려한 경우보다 각각의 구성원들이 A집단과 B집단 중 어느 집단에 속하는지를 보다 명확하게 구분할 수 있게 된다.

판별분석은 집단 구분에 있어서 집단 구분의 오류를 최소화 할 수 있는 독립변수들 간의 선형결합인 판별함수를 도출해 내는 것이다. 판별함수에 의해서 얻어진 판별점수(discriminant scores)는 집단간 분산과 집단 내 분산의 비율로 구해진다. 따라서 집단간 분산이 집단 내 분산에 비해서 상대적으로 크다면, 집단구분의 오류를 최소화할 수 있는 판별함수를 도출해 낸 것을 의미한다.

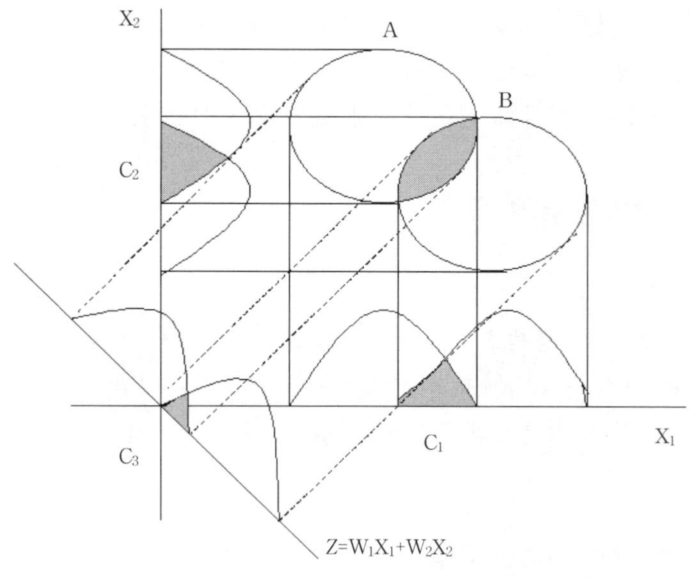

[그림 14-1] 두 집단 판별분석의 예

14.3 기본 가정

판별함수식을 도출하기 위한 기본가정에는 네 가지가 필요하다. 첫째, 다변량 정규분포 즉, 독립변수들의 결합분포는 다변량 정규분포이다. 둘째, 공동 분산 행렬구조, 즉, 모집단에서 각 집단별로 독립변수들의 공분산 구조는 같다. 셋째, 분류 오류의 기회비용은 동일, 즉, 독립변수들의 값 X_i의 관찰치들이 집단 A와 집단 B로 분류하는데 따른 분류 오류의 기회비용은 동일하다. 넷째, 각 집단에 소속될 사전확률은 동일, 즉, 각 집단에 속한 표본의 수가 같을 경우 각 집단에 속할 사전확률은 동일하다.

14.4 판별분석의 적용 절차

판별분석의 적용절차는 크게 3단계로 나누어 구분할 수 있다. (1) 판별함수의 도출, 즉, 연구목적을 달성할 수 있는 종속변수와 독립변수를 선정하여 통계적으로 유의적인 판별함수를 도출하는 단계이다. (2) 판별함수의 타당성 검정,

즉, 판별함수의 예측정확성을 평가할 수 있는 분류 메트릭스를 도출하는 단계이다. (3) 판별함수의 결과 해석이다. 즉, 집단구분에 있어 가장 중요한 독립변수가 무엇인지를 결정하고 판별분석의 결과를 해석한다.

14.4.1 판별함수의 도출

1) 변수의 선택

연구의 목적에 맞는 종속변수와 독립변수를 선택한다. 종속변수와 독립변수의 선택은 전체 대상들을 몇 개의 그룹으로 나누어 분석할 것인가를 결정한다. 독립변수의 선정은 이론상의 모델에 적합한 변수를 선정한다.

2) 표본의 분할

분석의 목적이 현상예측이 목적인 경우에는 두 가지 표본을 사용한다. 하나는 분석표본(Analysis Sample)이고 또 다른 하나는 검정표본(Holdout Sample)이다. 또한 분석표본의 크기는 독립변수의 개수보다 세 배 이상이 되어야 한다. 즉, 종속변수의 그룹 각각의 표본의 크기 중 제일 작은 것이 독립변수의 개수보다 커야 한다.

3) 독립변수의 진입 방법

독립변수를 분석에 포함시키는 방법은 동시포함법(Simultaneous method) 또는 직접선택법(Direct method)이 있으며, 변수 진입 방식에는 단계적 진입법(Stepwise method), 전방진입법(Forward selection), 후방제거법(Backward elimination) 등이 있다.

4) 독립변수의 선정 기준

(1) Wilk's λ의 통계량

구분 오류를 최소화할 수 있는 선형판별함수를 도출할 수 있는 독립변수의 선정 기준은 Wilk's Lambda값이 최소가 되는 변수를 선택한다. 이 통계량의 값은 집단 내 분산/총분산의 값으로 값이 클수록 집단내 분산이 크고 집단간 분산은 작음을 의미한다. 따라서 집단간 차이를 제대로 설명하지 못함을 의미하며, Wilk's λ 값이 작은 변수를 분석에 포함시킬수록 집단 구분의 오류를 최대화시킨다.

(2) Rao의 통계량

독립변수가 추가될 때 Rao's V의 증가분이 최대가 되는 변수를 선택한다.

(3) 마할로비스의 거리

Mahalanobis' distance의 D^2-통계량은 집단의 수가 두 개일 때만 적용하며, 두 집단간의 거리를 가장 크게 하는 변수를 선택하여 주는 방법이다.

(4) 집단간 최대 F-통계량

집단간 최대 F-통계량은 두 집단 간의 Mahalanobis' distance의 D^2를 F-통계량으로 변환하였을 때 집단간 F-값이 최대가 되는 변수를 선택하는 방법이다.

(5) 최소 잔차 분석 R-통계량

이는 두 집단간 Mahalanobis' distance의 D^2에서 다음의 R값 즉, $R=\sum \frac{1}{1+\left(\frac{D_{ij}}{4}\right)}$을 최소로 하는 변수를 선택하는 방법이다.

(6) 직접선택법

이 방법은 연구자가 필요로 하는 변수를 직접 지정하여 분석에 포함시키는 방법이며 동시포함법과 동일한 방법이다.

■ 단계적 변수선택방법에서 고려하여야 할 기준

① 다중공선허용치(Tolerance)

다중공선허용치는 해당 독립변수를 종속변수로 하고 그 변수를 제외한 다른 독립변수 전부를 독립변수로 해 구한 다중결정계수(R^2)의 값을 1.0에서 뺀 값인 $(1-R^2)$이며 허용치가 0에 가까울수록 다중공선성이 높으며, 1에 가까울수록 다중공선성이 낮은 변수로 판단할 수 있다

② 최대반복회수

③ 도출할 수 있는 판별함수의 수

④ 사전확률의 지정

14.4.2 판별함수의 타당성 검정

판별함수의 타당성을 검정하기 위해서는 다음과 같은 방법을 이용한다.

1) 타당성 있는 판별함수의 도출방법

타당성 있는 판별함수를 도출하기 위해서는 분석 표본을 표본분할법 또는 합성표본법으로 구분하여 적용한다.

- 판별함수의 수 = $\min[g-1, p]$
  g : 집단의 수, p : 독립변수의 수

2) 판별함수의 유의성을 점검할 수 있는 통계량

판별함수의 유의성을 점검하기 위해 사용되는 통계량은 다음과 같다.

① 고유치(Eigenvalue : λ) : 집단간 분산의 비율과 집단 내 분산에 대한 비율로 나타낸다.

② 정준상관계수(Canonical correlation coefficient) : 판별득점과 집단 간의 관계 정도를 설명한다.

- Wilk's λ
- 판별력 결정계수 ω^2 - 통계량 : 회귀분석의 다중결정계수와 동일한 의미
- 그룹쌍별 F-비율행렬

③ 독립변수들의 상대적 판별력 평가

④ 판별 결과의 평가

⑤ 판별함수를 이용한 추가적인 대상에 대한 집단 분류 예측

14.5 프로그램의 실행과 해설

14.5.1 분석 상황

국내 금융 및 유통업체들은 고객관리와 경영성과를 개선하기 위해 CRM 시스템을 도입하고 있다. CRM 시스템을 도입하고 있는 기업과 도입하지 않은 기업의 성과차이를 검정하여 보자. CRM 도입여부를 종속변수로 하고 재무성과와 고객성과 그리고 고객관계지향성을 독립변수로 하여 집단을 구분하는 판별함수를 도출하여 보자.

14.5.2 판별분석 프로그램의 실행

SPSSWIN14.0에서 판별분석을 실행하기 위해서는 다음과 같은 절차를 이용한다.

① 파일 메뉴(F)에서 통계 기법(A)을 선택한 다음 분류(y)를 선택한다.

② [그림 14-2]의 대화상자에서 분류(y) 통계 기법에서 판별분석(D)을 선택한다.

③ 판별분석(D)을 선택하면 [그림 14-3]과 같은 대화상자가 나타난다.

④ [그림 14-3]에서 집단변수(CRM 활용)와 독립변수에 재무성과, 고객성과, 고객관계지향성을 선택한 다음, 집단변수의 범위를 지정하기 위해 범위지정(D)을 누르면 [그림 14-4]와 같은 대화상자가 열린다. 여기서 집단 (1)과 집단(2)을 지정한다.

⑤ [그림 14-3]은 왼쪽 부분의 변수상자와 오른쪽 부분의 종속변수(G)와 독립변수(I)를 지정할 수 있는 상자로 구성되어 있다. 그리고 아랫부분은 통계량(S), 분석 방법(M), 분류 방법(C), 출력변수 저장(a) 지정 옵션을 이용할 수 있도록 되어 있다.

⑥ [그림 14-3]에서 판별분석에 필요한 통계량(S) 옵션을 지정하면 기술 통계량, 판별계수, 행렬 등의 통계량을 지정할 수 있는 [그림 14-5]와 같이 통계량 옵션 대화상자가 나타나며, 여기서 분석에 필요한 통계량을 지정한다.

⑦ [그림 14-3]에서 독립변수의 투입방식인 Enter 방식과 Stepwise 방식 중에서 Stepwise 방식을 선택하면 판별함수의 구분오류를 최소화할 수 있는 독립변수 투입 통계량을 지정할 수 있는 단계선택법 지정 옵션(M)인 [그림

14-6]과 같은 대화상자가 나타나며, 여기서 방법과 기준 그리고 출력형식을 지정한다.

⑧ [그림 14-3]에서 분류(C) 옵션을 지정하면 [그림 14-7]과 같은 분류방법 대화상자가 나타난다. 여기서 사전확률, 공분산 행렬, 출력형식을 지정한다.

⑨ [그림 14-3]에서 판별분석 과정에서 생성된 새로운 변수를 저장하기 위해 출력변수 저장(A)을 선택하면 [그림 14-8]과 같은 대화상자가 나타난다. 여기서 저장 방식에 필요한 옵션을 지정한다. 이를 구체적으로 설명하면 다음과 같다.

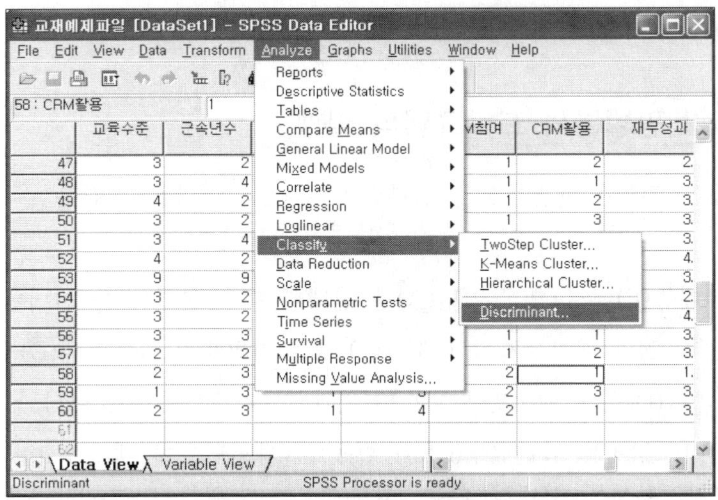

[그림 14-2] 통계분석 대화상자

➠ 1. 판별분석 대화상자

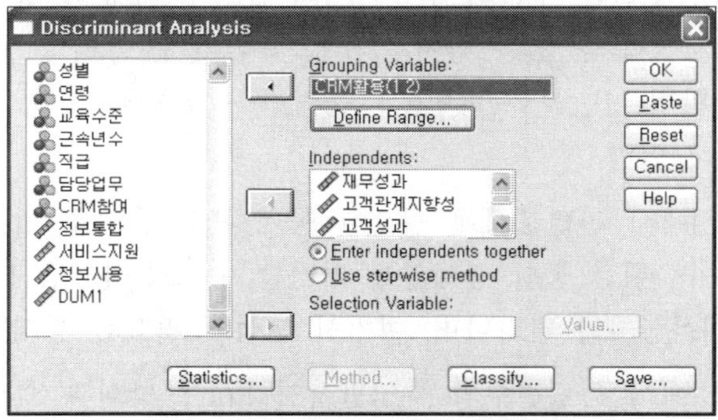

[그림 14-3] 판별분석 대화상자

대화상자에서 종속변수 CRM 활용을 지정 한 후 범위 지정(D) 버튼을 선택하여 범위를 지정한다. 또한 독립변수 재무성과와 고객성과 그리고 고객관계지향성을 지정한다.

<표 14-1> 판별분석 옵션

옵 션	설 명
집단변수(G)	종속변수인 집단변수를 지정한다.
• 범위지정(D)	종속변수의 최소치와 최대치를 지정한다. 예를 들어 집단의 수가 3이면 최소치 1, 최대치는 3이 된다.
독립변수(I)	독립변수를 지정한다.
• Enter 방식	독립변수를 한꺼번에 진입시킨다.
• Stepwise 방식	독립변수를 단계별로 진입시킨다.
선택(L) >>	독립변수 중 한 변수에 대해 지정한 값을 갖는 사례로 판별함수를 도출한다.

➠ 2. 집단 범위 지정 대화상자

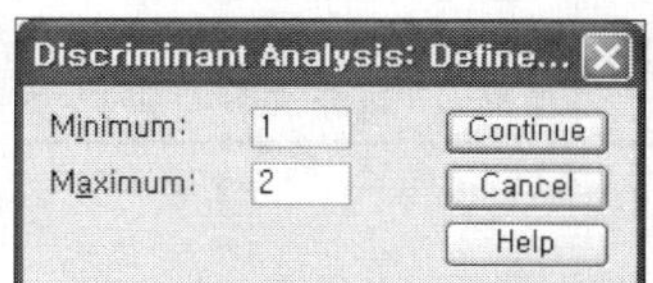

[그림 14-4] 집단 범위 지정 대화상자

지정한 종속변수의 값을 입력한다. 집단의 수가 3개인 경우, 최소값 "1", 최대값 "3"을 입력한다.

➠ 3. 통계량 지정 대화상자

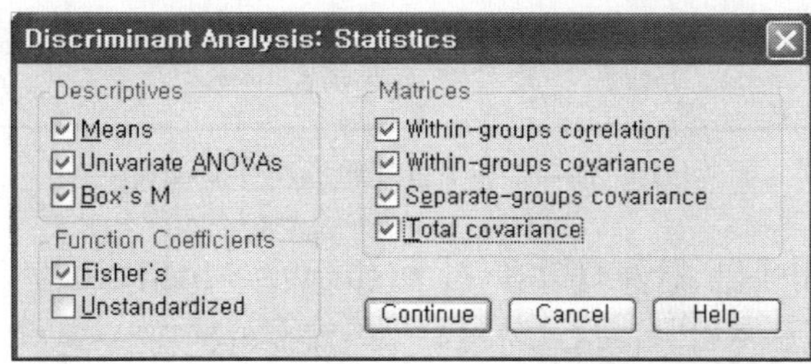

[그림 14-5] 통계량 지정 대화상자

통계량 지정 대화상자에서는 분석에 필요한 기술통계량, 함수의 계수 그리고 행렬 등을 대화상자처럼 지정하고 계속버튼을 누른다.

<표 14-2> 통계량 옵션

옵 션	설 명
기술통계량	
• 평균(M)	모든 독립변수의 각 집단 내의 평균과 표준편차를 산출한다.
• 단일변량 분산분석(A)	분산분석표를 산출한다.
• Box's M 통계량(B)	공분산의 동질성을 검정하는 통계량을 산출한다.
판별계수	
• Fisher의 계수(F)	Fisher의 계수를 이용하여 판별점수를 계산하고 집단을 분류한다.
• 비표준화 계수(U)	비표준화 계수를 이용하여 판별점수를 계산하고 집단을 분류한다.
행 렬	
• 집단 내 상관행렬(r)	집단 내 상관행렬을 산출한다.
• 집단 내 공분산 행렬(v)	집단 내 공분산 행렬을 산출한다.
• 개별-집단 공분산 행렬(e)	개별-집단 공분산 행렬을 산출한다.
• 전체 공분산 행렬(T)	표본 전체에 대한 공분산 행렬을 산출한다.

4. 단계별선택법 지정 대화상자

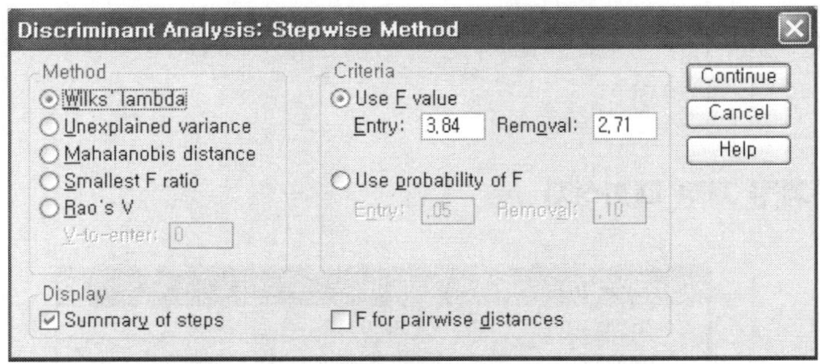

[그림 14-6] 단계별선택법 지정 대화상자

[그림 14-3]에서 단계선택법 사용(stepwise method)을 선택한 후 방법과 기준 그리고 출력 형식을 지정한 후 계속버튼을 누른다.

<표 14-3> 단계별 독립변수 분석방법 옵션

옵 션	설 명
방 법	독립변수의 선정 기준을 설정하는 통계량으로 다음 중 하나를 지정할 수 있다.
• Wilk's 람다(W)	Wilks'Lambda의 통계량이 최소화되게 하는 독립변수를 지정한다.
• 설명되지 않은 분산(U)	설명되지 않는 분산의 합이 최소가 되게 하는 독립변수를 지정한다.
• Mahalanobis's 거리(M)	Mahalanobis's 거리를 최소가 되게 하는 독립변수를 지정한다.
• Rao's V(R)	Rao's V를 증가시키는 독립변수를 지정한다.
기 준	다음 중 하나를 지정할 수 있다.
• F-값 사용(F)	독립변수의 투입과 제거 기준으로 최소 F-비율을 사용한다.
• F-확률 사용(P)	독립변수의 투입과 제거 기준으로 F-확률을 사용한다.
출력 형식	다음 중 하나 이상을 선택할 수 있다.
• 단계별 요약(y)	독립변수의 투입과 제거 단계별로 요약 통계량을 산출한다.
• 대응별 거래에 대한 F-비율(d)	집단의 대응에 대한 F-비율의 행렬을 산출한다.

5. 판별분류 대화상자

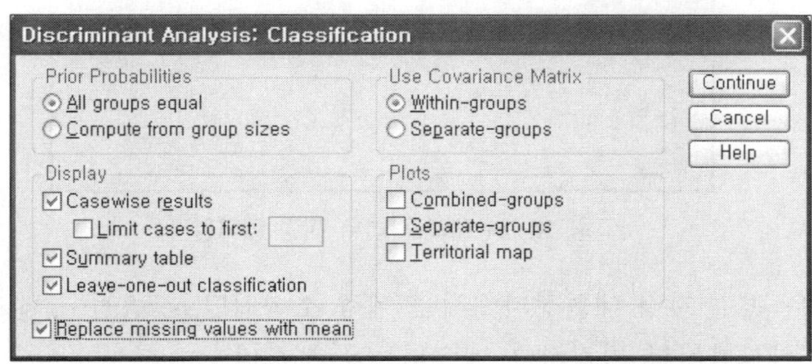

[그림 14-7] 판별분류 지정 대화상자

판별분류 대화상자에서는 사전확률, 도표, 공분산행렬 사용, 그리고 출력형식을 지정하고 계속 버튼을 누른다.

<표 14-4> 판별분석 분류 옵션

옵 션	설 명
사전 확률	다음 중 하나를 선택할 수 있다.
• 모든 집단 동일(A)	모든 집단에 속할 사전확률이 동일하다고 가정한다.
• 집단 크기로 계산(C)	각 집단에 속한 사례의 비율에 따라 사전확률을 계산한다.
출 력	
• 각 사례 결과(e)	각 사례의 결과를 출력한다.
• 요약표(u)	분류 요약표를 산출한다.
• 순차제거복원 분류(v)	순차제거복원 분류한다.
공분산 행렬 사용	다음 중 하나를 선택한다.
• 집단 내(W)	집단 내 공분산 행렬을 사용한다.
• 개별-집단(p)	개별-집단 공분산 행렬을 사용한다.
도 표	다음 중 하나 이상을 지정할 수 있다.
• 결합-집단(o)	결합-집단
• 개별-집단(S)	개별-집단
• 영역도(T)	도표를 각 집단으로 그린다.
결측치를 평균으로 대체(R)	결측치가 있는 경우 해당 변수의 평균값을 대체하여 분석에 이용한다.

➠ 6. 새로운 변수 지정 대화상자

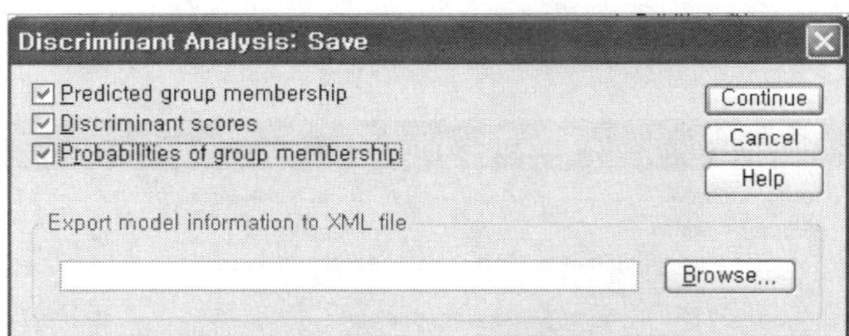

[그림 14-8] 새로운 변수 지정 대화상자

새로운 변수 지정 대화상자에서는 예측 소속집단, 판별점수, 집단 소속확률을 대화상자처럼 지정하고 계속버튼을 누른다.

<표 14-5> 새로운 변수 저장 옵션

옵 션	설 명
• 예측 소속집단(P)	예측된 소속집단을 나타낸다.
• 판별점수(D)	판별함수의 판별점수를 나타낸다.
• 소속집단의 확률(r)	소속집단의 확률을 나타낸다.

14.6 결과 해석

1) 집단간의 통계량

[분석 결과 14-1] 분석 사례에 대한 요약표

비가중치 사례		사례수	퍼센트
유효사례수		60	100.0
제외사례수	결측치 또는 집단 코드의 값을 벗어난 사례	0	.0
	결측 판별변수	0	.0
	결측치 또는 집단 코드의 값을 벗어난 사례와 결측 판별변수	0	.0
	전체	0	.0
전체		60	100.0

해설 종속변수 CRM 활용여부에 대한 사례수와 결측치가 제시되어 있다. 사례수는 60이며 결측치는 0인 것으로 나타났다.

[분석 결과 14-2] 집단 통계량

CRM활용		평균	표준편차	유효사례수(listwise)	
				비가중	가중
1	재무성과	3.3833	.90000	36	36.000
	고객관계지향성	3.7037	.62629	36	36.000
	고객성과	3.4861	.62090	36	36.000
2	재무성과	3.2500	.69845	24	24.000
	고객관계지향성	3.5000	.81056	24	24.000
	고객성과	3.1771	.45730	24	24.000
전체	재무성과	3.3300	.82159	60	60.000
	고객관계지향성	3.6222	.70635	60	60.000
	고객성과	3.3625	.57752	60	60.000

해설 분석 결과, 집단통계량은 이용된 사례수 중에서 1집단에 속하는 사례수는 36이고 2집단에 속하는 사례수는 24개인 것으로 나타나고 있다. 전체 사례수는 60개이다. 각 집단별 독립변수의 평균과 표준편차가 제시되어 있다.

[분석 결과 14-3] 집단 평균의 동질성 검정

	Wilks' Lambda	F	df1	df2	Sig.
재무성과	.994	.375	1	58	.543
고객관계지향성	.980	1.202	1	58	.278
고객성과	.930	4.358	1	58	.041

해설 집단간 평균의 동질성을 검정한 분석 결과이다. Wilks's Lambda는 집단 내의 분산/총분산으로 계산되는데 값이 1에 가까우면 집단간 평균의 차이가 없는 것을 나타내고, Wilks's Lambda의 값이 0에 가까우면 집단간 평균 차이가 있다는 것을 의미한다. 즉 집단간 분산비율이 집단 내 분산비율보다 크다는 것을 나타낸다. 분석 결과의 F-값을 보면 집단간 평균 차이가 있는 독립변수는 고객성과($p<0.05$)인 것으로 나타났다.

[분석 결과 14-4] 집단 내 합동 분산 행렬

		재무성과	고객관계지향성	고객성과
공분산	재무성과	.682	.154	.342
	고객관계지향성	.154	.497	.166
	고객성과	.342	.166	.316
상관관계	재무성과	1.000	.265	.737
	고객관계지향성	.265	1.000	.420
	고객성과	.737	.420	1.000

a 자유도가 58인 공분산 행렬

해설 집단 내 합동 분산행렬에 공분산과 상관관계를 나타내고 있다.

[분석 결과 14-5] 공분산 행렬

CRM활용		재무성과	고객관계지향성	고객성과
1	재무성과	.810	.172	.398
	고객관계지향성	.172	.392	.160
	고객성과	.398	.160	.386
2	재무성과	.488	.128	.256
	고객관계지향성	.128	.657	.176
	고객성과	.256	.176	.209
전체	재무성과	.675	.158	.346
	고객관계지향성	.158	.499	.179
	고객성과	.346	.179	.334

a 자유도가 58인 공분산 행렬

해설●➡ 자유도가 58인 공분산 행렬의 결과 분석이다. 각 집단에 대한 독립변수들의 공분산 값들이 제시되어 있다.

2) 공분산 행렬의 동질성 검정

[분석 결과 14-6A] 공분산 행렬의 동질성 검정을 위한 BOX'S의 검정

CRM활용	순위	자연로그
1	1	-.953
2	1	-1.565
합동분산	1	-1.153

순위와 자연로그 행렬

[분석 결과 14-6B] BOX'S의 검정 통계량

Box's M		2.456
F	근사	2.412
	df1	1
	df2	8988.163
	Sig.	.120

모집단 공분산 행렬이 동일하다는 영가설을 검점

해설●➡ 판별분석에서는 독립변수들이 다변량 정규분포를 지니고 두 집단간의 공분산 행렬이 동일하다고 가정한다. 분산분석이나 t-검정에서 종속변수들이 정규분포를 이루고 두 집단간의 분산이 동일하다는 가정을 확장한 것이라고 볼 수 있다. 두 집단간의 공분산이 동일하다는 가정을 분석한 결과이다.

[분석 결과 14-6A]에 순위와 자연로그 그리고 집단 내 합동 분산값이 제시되어 있다. [분석 결과 14-6B]에서 Box's-M 통계량 2..456이며 자유도를 고려한 F-값은 2.412이다. 그리고 F-값의 유의도는 0.120이므로 두 집단간의 공분산이 동일하다는 귀무가설을 기각할 수 없다. 따라서 두 집단간 공분산이 차이가 있다는 증거가 없으므로 자료는 판별분석에 적합한 자료라고 할 수 있다. 공분산 행렬의 가정은 정규분포가정의 영향을 받으므로 공분산 행렬이 동일하지 않을 경우에는 정규분포가정도 성립되지 않을 가능성이 크다.

3) 판별함수의 도출

(1) 단계별 독립변수의 진입과 제거

[분석 결과 14-7A] 분석에 진입/제거된 변수

단계	진입	Wilks' Lambda							
		통계량	df1	df2	df3	정확성 F			
						통계량	df1	df2	Sig.
1	고객성과	.930	1	1	58.000	4.358	1	58.000	.041

각 단계는 Wilks' Lambda 값이 최소인 변수부터 진입.
a 분석단계의 최대 수는 6.
b 변수 진입 최소 F-값 기준은 3.84.
c 변수 제거 최대 F-값 기준은 2.71.
d F-수준, 허용치 VIN 값 계산.

[분석 결과 14-7B] 분석에 진입/제거된 변수

단계	변수	허용치	제거 F-값
1	고객성과	1.000	4.358

해설 ➡ [분석 결과 14-3]에서 보면 독립변수 중 고객성과의 Wilk's Lambda(0.997)값이 가장 작고 F-값(4.358)이 가장 크며 통계적으로 유의적(p=0.041)이므로 이 변수가 첫 번째 독립변수로 분석에 투입된다. 1단계분석 결과를 [분석 결과 14-7A]에서 보여주고 있다. 독립변수가 하나밖에 투입되지 않았으므로 전체 모델의 F-값은 고객성과의 집단간 평균검정에서 얻는 F-값과 동일하다.

[분석 결과 14-8] 분석에 투입되지 않은 변수

Step		허용치	최소 허용치	진입 F-값	Wilks' Lambda
0	재무성과	1.000	1.000	.375	.994
	고객관계지향성	1.000	1.000	1.202	.980
	고객성과	1.000	1.000	4.358	.930
1	재무성과	.457	.457	1.713	.903
	고객관계지향성	.824	.824	.054	.929

해설 ➡ 판별식에 투입되지 않은 나머지 세 변수들에 관한 사항이 제시되어 있다. 즉 재무성과, 고객관계지향성 등이 분석에 추가적으로 투입했을 때 F-값의 예상변화량을 보여주므로 이들 변수들을 분석에 투입하면 판별

분석의 설명력이 얼마나 개선될 것인가를 알 수 있다. 여기서 분석에 포함되지 않은 재무성과의 F-값이 가장 크므로 다음 단계에서는 이 변수를 추가하여 판별분석을 실시한다.

[분석 결과 14-9A] 윌킨스 λ와 고유값

단계	변수의수	Wilk's λ	df1	df2	df3	정확한 F			
						통계량	df1	df2	sig
1	1	.930	1	1	58	4.358	1	58	0.041

[분석 결과 14-9B] 윌킨스 λ와 고유값

함수	고유값	분산 %	누적 %	정준상관
1	.075(a)	100.0	100.0	.264

a 첫 번째 정준 판별함수가 분석에 사용

해설 [분석결과 14-9A,B]는 정준판별함수를 요약하여 나타낸 표이다. [분석결과 14-9A]는 단계별 Wilk's λ값은 첫 번째 변수의 판별력을 나타낸다. 집단간 평균차이가 있는지를 검정한 통계량이다. 집단간 유의적인 차이가 있는 것으로 나타났다. [분석결과 14-9B]는 첫 번째 정준상관계계수에 대한 요약 통계량이다. 이는 판별점수와 집단의 관계를 나타낸다. 정준상관계수를 제곱하면 (0.264)2 = 0.06으로 판별점수 분산의 약 6. 7%가 세 개의 독립변수들에 의해 설명됨을 의미한다.

[분석 결과 14-10A] 정준판별함수계수

	Function
	1
고객성과	1.780
(상수항)	-5.986

비표준화 계수

해설 표준화된 정준 판별함수가 제시하고 있는데, 이는 독립변수들이 집단을 판별하는데 얼마나 기여하는가를 나타낸다. 분석 결과는 PRO(문제점)가 가장 많이 기여하고 있는 것으로 나타났다.

[분석 결과 14-10B] 함수의 집단 중심점

CRM활용	Function
	1
CRM 시스템 활용집단(1)	.220
CRM 시스템 활용하지 않는 집단(2)	-.330
비표준화 정준 판별함수가 집단평균 계산	

[분석 결과 14-10A]와 [분석 결과 14-10B]에 비표준화된 정준 판별함수의 계수와 함수의 집단 중심점이 제시되어 있다. [분석 결과 14-12A]의 비표준화된 정준 판별함수도 Fisher가 판별함수와 마찬가지로 집단을 구분하는 기준을 찾는데 유용하게 쓰인다. 이를 이용하여 CRM 시스템 활용여부의 판별식은 다음과 같이 표시할 수 있다.

Z = -5.986 + 1.780 * 고객성과

이 함수에 응답자들의 고객성과를 대입하여 CRM 시스템 활용에 대하여 Z-값의 평균을 구한 것이 [분석 결과 14-12B]의 함수의 집단 중심점이다. 따라서 CRM 시스템을 활용하지 않는 집단의 평균판별점수는 -0.330이고 CRM 시스템 활용 집단은 0.220이다. 이 점수를 이용하여 두 집단을 구분하는 경계점(Cutting Score)을 계산하는데 계산식은 다음과 같다.

$$\text{경계점(cutting score)} = \frac{n_2 * Z_1 + n_1 * Z_2}{n_1 + n_2}$$

여기서, n1과 Z1은 집단 1(CRM 시스템 활용집단)이고 n2와 Z2는 집단 2(CRM 시스템을 활용하지 않는 집단)의 표본 크기와 평균 판별점을 나타낸다. 집단 1과 집단 2는 표본의 크기가 각각 36, 24개였고 평균 판별 점수는 각각 0.220과 -0.330이었으므로 경계점은 0.11이다.

$$\text{경계점} = \frac{24 * 0.220 + (36 \ * -0.330)}{60} = 0.11$$

경계점은 각 응답자가 어느 집단에 속할 것인가를 판단하는 기준이 된다. 판별 점수가 경계점보다 크면 응답자는 2집단에 속하고 작으면 1집단에 속하게 된다.

(2) Fisher의 선형판별함수

[분석 결과 14-11A] 분류 통계량

사용된 사례수		880
제외	집단 코드의 범위를 넘거나 결측치 수	0
	판별 변수의 결측치	0
분석 결과 출력에 사용된 사례수		880

[분석 결과 14-11B] 집단의 사전확률

CRM활용	사전확률	분석에 사용된 사례수	
		비가중	가중
1	.500	36	36.000
2	.500	24	24.000
전체	1.000	60	60.000

[분석 결과 14-11C] Fisher의 선형판별함수

	CRM활용	
	1	2
고객성과	11.047	10.068
(상수항)	-19.949	-16.686
Fisher's 선형판별함수		

해설 [분석 결과 14-11A]와 [분석 결과 14-11B] 그리고 [분석 결과 14-11C]에는 판별분석의 사례 요약표와 사전확률, Fisher의 선형판별함수의 결과가 제시되어 있다. [분석 결과 14-13A]는 사례에 대한 분류통계량이 제시되어 있으며 [분석 결과 14-13B]에는 각 사례들이 집단에 소속될 사전확률이 제시되어 있다. [분석 결과 14-13C]는 Fisher의 선형판별함수 판별식을 제시하고 있다. 기업의 고객성과을 이 두 식에 대입하면 응답자들이 집단 1과 집단 2중 어디에 소속되는지를 예측할 수 있다. 즉 Fisher의 선형판별식은 다음과 같이 나타낼 수 있다.

제1판별함수=－19.949＋6.666 * 고객성과

제2판별함수=－16.686 ＋ 6.856 * 고객성과

분류 함수값을 가지고 특정 응답자가 어디에 속하는가를 판단하게 되는데 개별 사례의 해당 변수(고객성과)를 대입했을 때 큰 값을 가지는 쪽이 바로 응답자가 소속되는 집단이다.

* 사전확률

[분석결과 14-12] 분류결과

		CRM활용	예측소속집단		전체
			1	2	
최초	빈도	1	23	13	36
		2	7	17	24
	%	1	63.9	36.1	100.0
		2	29.2	70.8	100.0
교차 타당분류(a)	빈도	1	23	13	36
		2	7	17	24
	%	1	63.9	36.1	100.0
		2	29.2	70.8	100.0
b 정확하게 분류된 집단은 66.7%					
c 정확하게 분류된 교차 타당 분류 66.7%					

해설 [분석 결과 14-12]는 판별식을 이용하여 분석표본에 속하는 각 사례들이 어느 집단에 소속되는 지를 판별한 결과이다. 판별 결과 사례 중 66.7%를 정확하게 판별하였다는 것을 보여주고 있다. 실제 1집단에 속할 사례 36에서 사례 23개는 올바르게 예측하고 있으나 13개는 예측을 잘못하고 있다. 즉 1집단에 속해야 사례가 2집단에 소속되는 것으로 예측하고 있다. 실제 2집단에 속한 24개 사례 중 17개만이 올바르게 예측되고 7개는 잘못 예측되고 있다.

[분석결과 14-13] 사례별 분류결과 통계량

	사례	실제 집단	Highest Group					Second Highest Group			Discriminant Scores
			예측 집단	P (D>d | G=g)		P (G=g | D=d)	마할로비스 제곱	집단	P(G=g | D=d)	중심점에 대한 마할로비스 제곱	함수1
				유의확률	df						
최초	1	1	2(**)	.753	1	.580	.099	1	.420	.749	-.645
	2	1	1	.639	1	.601	.221	2	.399	1.040	.690
	3	1	1	.639	1	.601	.221	2	.399	1.040	.690
	4	2	1(**)	.639	1	.601	.221	2	.399	1.040	.690
	-	-	-	-	-	-	-	-	-	-	-
	56	1	2(**)	.753	1	.580	.099	1	.420	.749	-.645
	57	2	2	.897	1	.520	.017	1	.480	.177	-.200
	58	1	2(**)	.099	1	.743	2.724	1	.257	4.842	-1.980
	59	1	1	.980	1	.541	.001	2	.459	.330	.245

	60	1	1	.360	1	.658	.837	2	.342	2.146	1.135
Cross-validated(a)	1	1	2(**)	.753	1	.585	.099	1	.415	.789	
	2	1	1	.631	1	.598	.230	2	.402	1.026	
	3	1	1	.631	1	.598	.230	2	.402	1.026	
	4	2	1(**)	.638	1	.612	.221	2	.388	1.134	
	–	–	–	–	–	–	–	–	–	–	–
	56	1	2(**)	.753	1	.585	.099	1	.415	.789	
	57	2	2	.893	1	.519	.018	1	.481	.174	
	58	1	2(**)	.087	1	.784	2.928	1	.216	5.507	
	59	1	1	.980	1	.540	.001	2	.460	.325	
	60	1	1	.347	1	.652	.883	2	.348	2.141	

** 잘못된 분류 사례

해설 판별식에 의한 사례별 판별점수와 분류 결과를 나타내고 있다. * 표시는 분류가 잘못된 사례를 표시한다. Highest Group는 판별식에 의해서 속할 확률이 높은 집단을 의미하며, Second Highest Group는 다음으로 높은 집단을 나타낸다.

[분석결과 14-14] 집단별 히스토그램

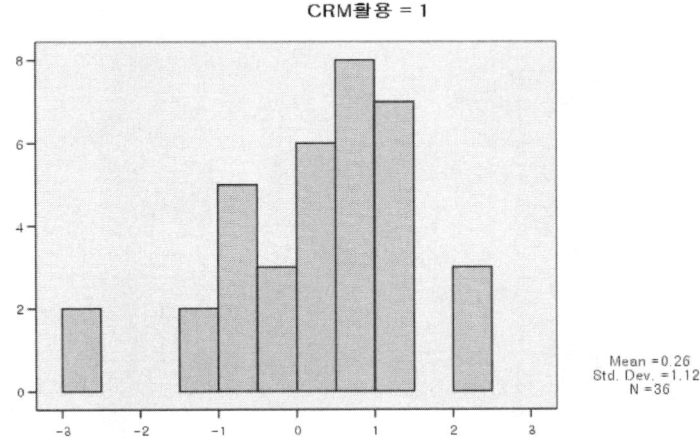

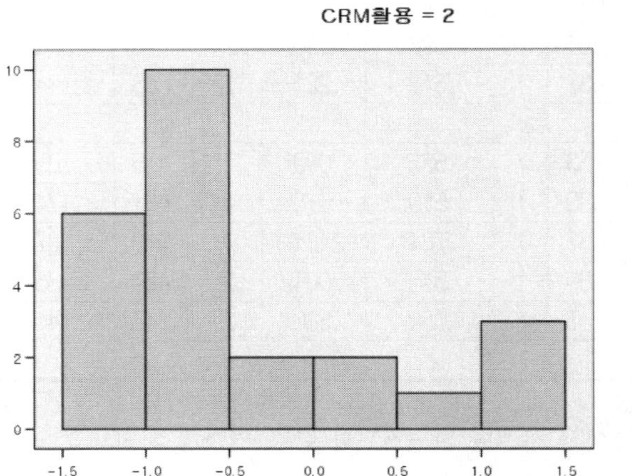

해설●➡ CRM 시스템 활용 집단별 판별점수를 도표화한 것이다.

군집분석(Cluster Analysis)

15.1 사용 목적

어떠한 기준에 의해서 유사한 속성을 가진 대상들을 몇 개의 집단으로 분류하는 경우가 있다. 대상을 분류할 때 가장 일반적으로 사용하는 기준은 인구통계학적 기준을 들 수 있다. 예를 들면 어느 한 지역을 대상으로 남 · 여, 연령별, 학력별, 소득별, 직업별로 유사집단으로 구분하는 것이다.

TV 시청자를 대상으로 TV 프로그램의 종류에 따라 시청자들을 몇 개의 집단으로 구분하는 경우 어떻게 유사 집단으로 구분할 것인가? 소비자들의 선호도에 따라 시장을 몇 개의 동질적인 집단으로 시장세분화를 하고자 하는 경우 어떻게 할 것인가?

조사 담당자는 조사 대상의 형태, 소비자의 행동 등 조사대상의 특성에 따라 몇 개의 동질적인 집단으로 구분함으로서 문제를 해결하는 경우가 있다. 시장세분화 또는 목표시장의 선정과 같은 마케팅 전략의 수립은 특정한 방법론을 필요하게 된다. 이와 같은 필요성은 자연과학(예를 들어 동물, 곤충집단의 분류) 뿐만 아니라 사회과학(심리학적 측면 분석) 전반에 걸쳐 필요한 방법론이다. 집단구분에 적용되는 유용한 통계분석기법이 군집분석이다. 군집분석은 대상들이 지니고 있는 다양한 속성의 유사성을 바탕으로 동질적인 집단으로 묶는 방법으로 다수의 대상을 몇 개의 동질적인 집단으로 구분하여 공통된 속성으로 집단화시키는 방법이다.

15.2 기본 원리

군집분석(Cluster Analysis)은 지금까지 설명했던 분석 방법과는 다른 분석기법이다. 요인분석이나 판별분석처럼 변수들간의 관련성을 분석하기 위해 두 변수의 분산에 기초하여 상호관계를 분석하지만, 군집분석의 기본원리는 두 변수간의 상호 관련성보다는 두 변수의 떨어진 수학적 거리(distance)에 기초한 분석 방법이다. 측정자료가 얼마나 비슷한 값을 갖는지를 수학적 거리로 환산하여 거리가 가까운 대상들을 동일한 집단으로 구분한다.

15.3 군집분석의 적용 절차

15.3.1 변수의 선정

군집분석에 포함될 변수의 선택은 이론적 측면과 개념적 측면을 모두 고려하여야 한다. 변수의 선택은 군집화의 특징을 나타내고 분석의 목적에 적합한 변수를 선택하여야 한다. 선정된 변수는 모두가 동일한 비중으로 유사성평가에 투입된다. 부적절한 변수의 선택은 군집화의 과정에도 영향을 미치게 되어 연구의 목적과 다른 군집을 만들어 내게 된다. 군집분석은 최종결과에 대한 통계적 유의성을 평가할 수 있는 통계량이 없기 때문에 변수의 선택을 주의 깊게 해야 한다.

15.3.2 유사성의 측정 방법

측정 대상들간의 유사성(similarity)은 여러 가지 방법으로 측정할 수 있다. 대상들간의 유사성을 결정하기 위해 각각의 대상들간의 근접성 또는 밀접성으로 측정하거나 대상들간의 수학적 거리 또는 차이로 측정할 수 있다. 거리(distance)를 측정하는 방식에는 다음과 수식들이 이용된다.

1) 유클리디안 거리(Euclidean distance)

군집분석에서 가장 일반적으로 사용되는 유사성의 측정 개념은 유클리디안 거리(Euclidean distance)이다. 유클리디안의 계산 방식은 [그림 15-1]에 잘 나타나 있다. [그림 15-1]과 같이 두 대상이 2차원상의 두 점 (X1, Y1)과 (X2, Y2)라고 하면 두 대상간의 유클리디안 거리는 두 점을 꼭지점으로 하는 직각 삼각형의 빗변의 길이로서 계산할 수 있다. 가장 보편적으로 사용되며, 이를 수식으로 표현하면 식 [15-1]과 같다.

$$Distance = \sqrt{(X_2 - X_1)^2 + (Y_2 - Y_1)^2} \quad \text{식 [15-1]}$$

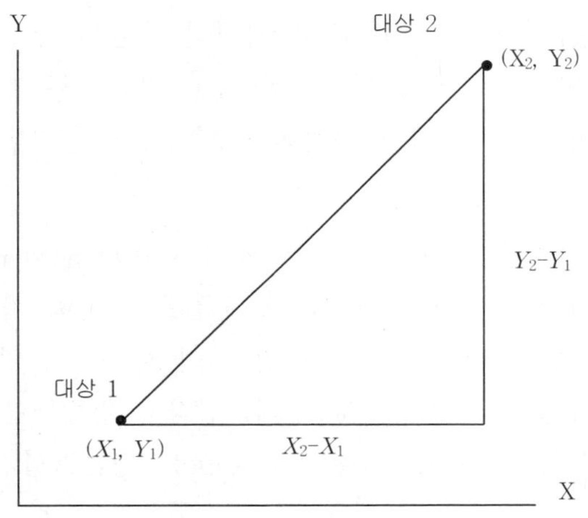

자료원 : Joseph F.Hair, Jr. Rolph E, Anderson Ronald L, Tatham Willam c. Black, Multivariate Data Analy- sis with Readings, 3th Edition, 1992, p.272

[그림 15-1] 유클리디안 거리(이 부분 Photo Shop으로 다시 그려 주세요)

2) 맨해튼 거리, 도시-블록 거리 (Manhattan distance, City-block distance)

맨해튼 거리 개념은 유클리디안 거리와는 달리 두 대상간의 거리 차이의 절대값의 합으로 표현된다. 이를 수식으로 표현하면 식 [15-2]와 같다.

$$Distance(O_1, O_2) = \sum_{i=1} |(X_{1i} - X_{2i})| \quad \text{식 [15-2]}$$

3) 민코우스키 거리(Minkowski distance)

거리를 산정하는 방식으로 함수에 포함된 지수들을 조정해 줌으로써 다양한 방식의 거리를 구해낼 수 있다. 단, 거리의 계산시 변수값을 표준화(표준화하지 않는 경우 변수값의 단위에 따라 상이한 결과를 산출)하여 계산한다. 이를 수식으로 표현하면 식 [15-3]과 같다.

$$Distance(O_1, O_2) = [\sum_{j=1}^{b}(X_{1j} - X_{2j})^{p}]^{1/r} \quad \text{식 [15-3]}$$

15.3.3 군집화의 방법

군집화의 방법은 나무모양 또는 위계구조를 형성해감으로써 군집화를 실시하는 방법인 위계적 군집화(hierarchical method)와 하나의 군집의 중심을 선정하고 정해진 거리보다 작으면 갖은 군집 대상으로 묶어 가는 비위계적 군집화(hierarchical method) 방법이 있다. 가장 일반적으로 사용되는 방법은 위계적 군집화(hierarchical method)이다.

이에는 가까운 대상끼리 순차적으로 군집해 가는 집적적 방법(agglomerative method)과 측정 대상을 하나의 군집으로 생각하고 군집을 세분해 가는 분할적 방법(divisive method)이 있다. 이 장에서는 가장 널리 사용되고 있는 집적적 방법(agglomerative method)을 설명하기로 한다. 집적적 방법에는 단일결합기준(Single linkage), 완전결합기준(complete linkage), 평균결합기준(aver age linkage) 등이 있다.

1) 단일결합기준(Single linkage)

단일결합기준(Single linkage)은 대상들간의 최단거리(minimum distance)를 기준으로 하여 군집을 형성해 나간다. 거리의 차가 가장 짧은 두 대상을 묶어서 하나의 군집을 형성하고, 다음으로 형성된 군집과 거리의 차가 가장 짧은 대상을 군집에 포함시키거나 다른 군집을 형성해 나가는 방법이다. 이러한 과정은 모든 대상들이 군집을 형성할 때까지 반복한다.

2) 완전결합기준(complete linkage)

완전결합기준(complete linkage)은 군집화의 기준이 최단거리(maximum distance)를 기준으로 하여 군집을 형성해 나간다는 것을 제외하고는 단일결합기준과 유사하다. 따라서 군집을 형성해 나가는 과정은 가장 거리가 먼 대상을 기준으로 그 거리의 차가 가장 작은 대상부터 순차적으로 군집에 포함시키는 방법이다.

3) 평균결합기준(average linkage)

평균결합기준(average linkage)은 군집화 기준이 대상간의 평균거리(average distance)를 기준으로 하여 군집을 형성해 나가는 것을 제외하고는 위에서 언급한 두 기준과 유사한 방법이다. 평균결합기준은 대상들간의 극단치(extreme value)를 사용하는 것이 아니라 군집내의 모든 대상을 고려한다는 점에서 앞의 두 방법보다는 합리적이다.

15.4 프로그램의 실행과 해설

15.4.1 분석 상황

고객관리의 효율적 운영과 기업의 경영성과를 향상시키기 위해 CRM 시스템을 구현하고 있는 기업은 주기적으로 CRM 시스템 구현 성과를 평가하게 된다. 기업의 경영성과에 영향을 미치는 요소는 무수히 많지만 CRM 성과 요소 중 고객관련성과와 재무관련성과를 분류하여 측정하고자 한다. 즉, 고객관련성과에는 어떠한 요인이 있고, 재무관련성과에는 어떠한 요인이 있는지를 분석하고자 한다. 분석에 이용된 문항은 (1) 고객성과1, (2) 고객성과2, (3) 고객성과3, (4) 고객성과4, (5) 고객성과5, (6) 고객성과6, (7) 고객성과7, (8) 고객성과8, (9) 고객성과9, (10) 고객성과10, (11) 고객성과11, (12) 고객성과12, (13) 고객성과13, (14) 고객성과14를 사용하였다. 분석의 방법은 지정한 변수(Variables)에 의한 방식과 사례(Cases)에 의한 군집화 과정으로 구분하여 분석하여 보자.

15.4.2 변수에 의한 군집화 과정

SPSSWIN에서 군집분석을 실행하기 위해서는 다음과 같은 절차를 이용한다.

① 파일 메뉴(F)에서 통계 기법(S)을 선택한 다음 분류(y)를 선택한다.

② [그림 15-2]의 분류(y) 통계 기법에서 계층적 군집화(H)를 선택한다.

③ 계층적 군집화(H)를 선택하면 [그림 15-3]과 같은 대화상자가 나타난다.

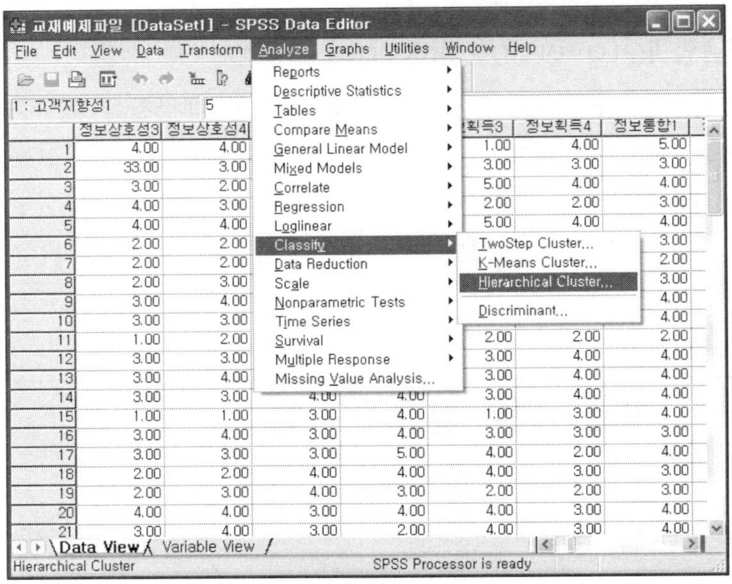

[그림 15-2] 통계분석 대화상자

④ [그림 15-3]에서 클릭&드롭(Click&Drop)을 이용해서 변수 (1) 고객성과1, (2) 고객성과2, (3) 고객성과3, (4) 고객성과4, (5) 고객성과5, (6) 고객성과6, (7) 고객성과7, (8) 고객성과8, (9) 고객성과9, (10) 고객성과10, (11) 고객성과11, (12) 고객성과12, (13) 고객성과13, (14) 고객성과14를 선택한 다음 푸시 버튼(▶)을 누른다. 여기서 군집할 대상을 지정한다.

⑤ [그림 15-3]는 왼쪽 부분의 변수상자와 오른쪽 부분의 분석할 변수를 선택할 변수상자 및 군집, 출력 형식 지정으로 구성되어 있다. 그리고 아랫부분은 통계량(t), 도표(o), 군집 방법(M), 출력 변수 저장(a) 지정 옵션을 이용할 수 있도록 되어 있다.

⑥ [그림 15-3]에서 변수들의 계층적 군집화 과정에 필요한 통계량을 지정하면 [그림 15-4]과 같은 통계량 옵션 대화상자가 나타난다. 여기서 분석에 필요한 통계량과 군집의 수를 지정한다.

⑦ [그림 15-3]에서 계층적 군집화 도표(o)를 선택하면 [그림 15-5]와 같은 도표 출력 대화상자가 나타난다. 여기서 출력되는 도표형식을 지정한다.

⑧ [그림 15-3]에서 변수들의 계층적 군집화 과정에 필요한 분석방법(M)을 지

정하면 [그림 15-6]와 같은 분석방법 지정 대화상자가 나타난다. 여기서 분석에 필요한 방법을 지정한다.

⑨ [그림 15-3]에서 계층적 군집화 과정에 생성된 새로운 변수를 저장하기 위해 출력변수저장(A)을 선택하면 [그림 15-7]과 같은 대화상자가 나타난다. 여기서 저장방식에 필요한 옵션을 지정한다. 이를 구체적으로 설명하면 다음과 같다.

➠ 1. 군집분석 대화상자

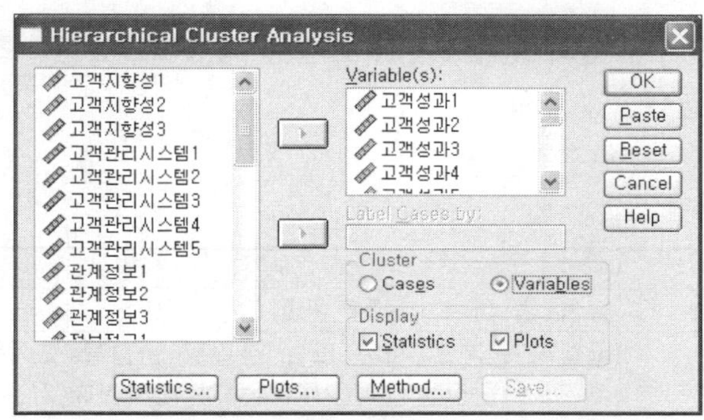

[그림 15-3] 군집분석 대화상자

대화상자에서 군집을 변수(b)로 지정하고 군집화할 변수 "고객성과1에서 고객성과14"까지 지정한다.

<표 15-1> 군집분석 옵션

옵 션	설 명
군 집	군집화시킬 대상을 지정하는 옵션이다. 대상은 사례수를 가지고 하는 경우 변수를 가지고 하는 방법이 있다. 두 가지 방법 중 반드시 하나를 선택해야 한다.
• 사례(e)	사례들간의 군집을 산출한다(기본 설정).
• 변수(b)	지정한 변수들을 대상으로 군집을 만들어낸다.
출력 형식 지정	계층적 군집화과정에 필요한 통계량과 도표 출력을 지정한다. 지정하지 않으면 통계량 옵션과 도표 옵션을 사용할 수 없다. 다음 중 하나를 선택할 수 있다.
• 통계량(S)	통계량을 산출(기본 설정)
• 도표(l)	도표를 산출

➠ 2. 통계량 지정 대화상자

Hierarchical Cluster Analysis: Statistics
Agglomeration schedule
Proximity matrix
Continue
Cancel
Help
Cluster Membership
None
Single solution
Number of clusters: 2
Range of solutions
Minimum number of clusters:
Maximum number of clusters:

[그림 15-4] 통계량 지정 대화상자

대화상자에서 군집화 일정표(A), 근접성 행렬(P), 군집수를 지정하고 계속 버튼을 누른다.

<표 15-2> 통계량 옵션

옵 션	설 명
	다음 중 하나 이상을 지정할 수 있다.
군집화 일정표(A)	군집화 단계로 사례 또는 결합된 군집을 보여주며, 결합되는 사례 또는 군집들간의 거리계수가 제시된다(기본설정).
근접성 행렬(P)	항목들간의 유사성 또는 거리행렬을 산출한다.
소속군집	군집의 결합과정을 지정하며, 다음 중 하나를 지정할 수 있다.
• 지정하지 않음(N)	기본설정
• 단일 해(S) : 군집	지정된 수만큼의 군집을 산출한다. 사용자가 사례 또는 변수를 대상으로 원하는 수만큼의 군집을 지정할 수 있다.
• 해의 범위(R)	군집해의 범위에 대한 전체 군집이 산출된다.

➠ 3. 도표 지정 대화상자

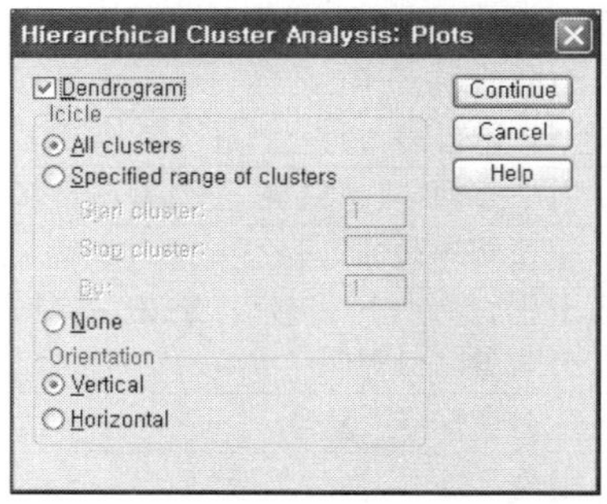

[그림 15-5] 도표 지정 대화상자

대화상자에서 덴드로그램을 지정하고 계속 버튼을 누른다.

<표 15-3> 도표 옵션

옵 션	설 명
덴드로그램(D)	군집들의 응집성을 평가하고, 적절한 군집수에관한 정보를 제시한다. 도표의 형태로 군집화 과정을 설명한다.
고드름	사례들이 어떠게 군집에 소속되는지를 보여 주며, 다음 하나를 지정할 수 있다.
• 전체군집(A)	모든 군집해에 대해 고드름을 제시한다(기본설정)
• 군집범위 지정(S) 시작(t) : 끝(p) : 증가(B) :	군집의 범위를 지정한다. 시작에서 끝 그리고 증가분을 지정한다. 모든 군집해의 고드름도표를 보여준다.
• 지정하지 않음(N)	고드름도표를 제시하지 않는다.
출력 방향	
• 수직(V)	수직형 고드름
• 수평(H)	수평형 고드름

➠ 4. 분석방법 지정 대화상자

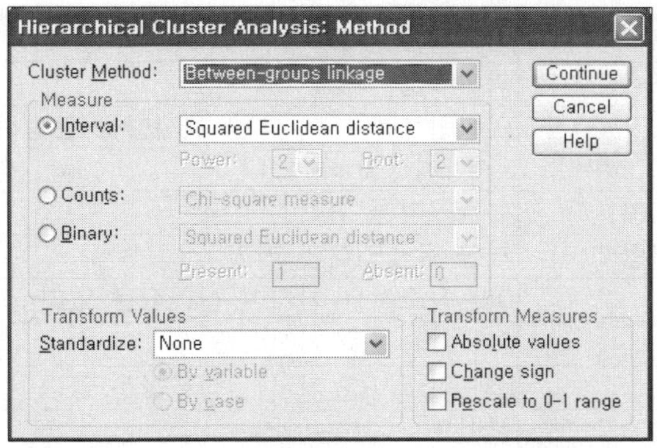

[그림 15-6] 분석방법 지정 대화상자

<표 15-4> 분석방법 지정 옵션

옵 션	설 명
군집방법(M)	변수 또는 사례들의 군집을 위해 사용되는 분석법이며 다음 중에서 하나를 지정할 수 있다.
• 집단간 연결	집단간 평균 결합방식(기본설정)
• 집단 내 연결	집단 내 평균 결합방식

• 근거리 항목	단일기준 결합방식(Single Linkage)
• 원거리 항목	완전결합방식(Complete linkage)
• 중심점 군집화	평균결합방식(Average linkage)
• 중위수 군집화	모든 사례에 대해 중위수 계산에 있어 동일하게 가중치를 부여한다.
• Ward 방법	모든 변수에 대하여 각 군집의 평균값을 계산한다.
측정척도	측정척도에 따라 분석방법을 달리 할 수 있다. 다음 중 하나를 지정할 있다.
등간척도	등간척도로 측정 데이터의 유사성을 군집화할 때 사용한다. 다음 중 하나를 지정한다.
• 유클리디안 거리	유클리디안 거리
• 제곱 유클리디안 거리	제곱 유클리디안 거리
• 코사인	값의 벡터(Vector)에 대한 코사인
• Pearson 상관관계	값의 벡터(Vector)간의 상관관계
• Chebychev	항목 값간의 최소 절대차이
• 블록	도시 블록 거리 또는 맨하턴 거리
• Minkowski	유클리디안 거리와 이의 표준화 절차를 합쳐 놓은 형태의 거리개념
• 사용자 정의	사용자 정의
빈도(T)	빈도 계산 자료에 유사성을 분석하는 방법, 다음 중 하나를 지정할 수 있다.
• 카이제곱 척도	카이제곱 척도
• 파이제곱 척도	파이제곱 척도
이변량(B)	이변량 데이터에 대한 유사성을 분석하는 방법, 다음중 하나를 지정할 수 있다.
• 유클리디안 거리	유클리디안 거리
• 제곱 유클리디안 거리	제곱 유클리디안 거리
• 크기 차이	0의 최소치를 가지며 상한값은 없다
• 형태 차이	0과 1의 값을 가진다.
• 분산	0의 최소치를 가지며 상한값은 없다
• 분산도	분산도
• 형태	이변량의 모양 차이
• λ등 다수	0과 1의값을 가진다.
값 변환	
• 표준화	변수와 사례의 값을 표준화
척도 변환	다음 중 하나를 지정할 수 있다.
• 절대값(L)	거리에 대한 절대치를 가진다.
• 부호 바꾸기(H)	유사성을 비유사성으로,비유사성을 유사성을 변환한다.
• 0-1 범위로 척도 조정	0과1의 범위에 대한 거리값을 재측정한다.

➠ 5. 추가 분석 변수 저장 대화상자

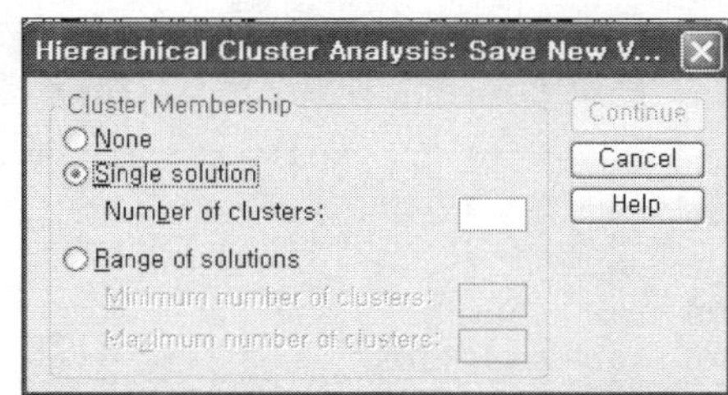

[그림 15-7] 추가 분석 변수 저장 대화상자

<표 15-5> 추가 분석 이용 변수 저장 옵션

옵 션	설 명
소속 군집	군집 전체를 지정한다. 다음 중 하나를 지정할 수 있다.
• 지정하지 않음(N)	군집 전체를 저장하지 않는다.
• 단일 해(S) : 군집	단일 군집해에 대해 군집 전체를 저장한다.
• 해의 범위(R) : 군집 ( )에서 ( )에서(T)	지정된 범위의 군집만을 저장한다.

15.4.3 변수에 의한 군집분석의 결과 해설

[분석 결과 15-1] 군집분석의 자료처리 요약표

사례수					
유효사례수		결측 사례수		전체	
사례수	퍼센트	사례수	퍼센트	사례수	퍼센트
60	100.0%	0	.0%	60	100.0%

a 유클리드안 제곱 거리 사용

해설 ●➡ 분석에 사용된 변수들의 현황을 분석한 결과이다. 분석에 사용된 유효 표본수는 60개이고 결측치 사례수는 없는 것으로 나타나고 있다.

[분석 결과 15-2] 근접성 행렬

사례	투입 행렬													
	고객 성과1	고객 성과2	고객 성과3	고객 성과4	고객 성과5	고객 성과6	고객 성과7	고객 성과8	고객 성과9	고객 성과10	고객 성과12	고객 성과12	고객 성과13	고객 성과14
고객성과1	.000													
고객성과2	35.000	.000												
고객성과3	60.000	39.000	.000											
고객성과4	111.000	138.000	143.000	.000										
고객성과5	143.000	132.000	143.000	60.000	.000									
고객성과6	38.000	39.000	48.000	111.000	99.000	.000								
고객성과7	104.000	127.000	128.000	21.000	69.000	114.000	.000							
고객성과8	96.000	119.000	128.000	27.000	61.000	106.000	12.000	.000						
고객성과9	153.000	162.000	153.000	96.000	128.000	177.000	65.000	67.000	.000					
고객성과10	180.000	179.000	150.000	99.000	155.000	176.000	74.000	70.000	131.000	.000				
고객성과11	40.000	39.000	54.000	97.000	131.000	38.000	108.000	118.000	151.000	182.000	.000			
고객성과12	46.000	59.000	68.000	85.000	113.000	62.000	74.000	84.000	135.000	168.000	44.000	.000		
고객성과13	37.000	56.000	61.000	106.000	148.000	61.000	99.000	105.000	180.000	183.000	45.000	25.000	.000	
고객성과14	35.000	44.000	51.000	100.000	120.000	33.000	111.000	99.000	152.000	177.000	39.000	43.000	34.000	.000

해설 ●➡ 응답자들의 성향을 분석하기 위해 투입된 변수들간의 응답반응을 계산한 분석 결과이다. 응답자들의 반응을 계산하기 위한 계산공식은 유클리디안 방법을 사용하고 있으며, 분석방법은 앞에서 설명한 유클리디안의 제곱거리 행렬이다. 분석 결과 대각선상은 빈칸으로 되어 있으며, 두 변수의 교차지점에서 나타난 거리를 가지고 군집의 순서를 정한다. 즉, 가까운 거리에서부터 특정 집단으로 우선 군집으로 소속되게 하고 점차 거리가 멀어 짐에 따라 소속 군집을 달리하게 된다. 분석 결과 고객성과7과 고객성과8 거리가 12.00로 가장 짧고 그 다음으로 고객성과4와 고객성과7 짧은 것으로 나타났으며, 고객성과10과 고객성과13이 183.00으로 가장 멀다는 것을 알 수 있다.

[분석 결과 15-3] 군집화 과정

단계	결합된 군집		계수	최초 출현 군집단계		다음단계
	군집1	군집2		군집1	군집2	
1	7	8	12.000	0	0	2
2	4	7	24.000	0	1	10
3	12	13	25.000	0	0	8
4	6	14	33.000	0	0	6
5	1	2	35.000	0	0	7
6	6	11	38.500	4	0	7
7	1	6	39.167	5	6	8
8	1	12	48.700	7	3	9

9	1	3	54.429	8	0	13
10	4	5	63.333	2	0	11
11	4	9	89.000	10	0	12
12	4	10	105.800	11	0	13
13	1	4	131.208	9	12	0

해설●➡ 군집화 과정을 보여주는 결과 분석이다. 1단계에서는 대상 7과 8가 군집화된다. 순차적으로 대상들이 군집에 소속되는 단계를 보여준다. 군집화 과정의 순서를 나타내주는 통계량이 계수(Cofficient)이다. 계수의 값이 클수록 해당 변수들이 속해 있는 군집간의 거리의 차가 크다는 것을 의미한다. 마지막 군집화과정에 들어가는 변수는 1과 4이다.

[분석 결과 15-4] 수직 고드름 표

군집수	사례																										
	고객성과 10		고객성과 9		고객성과 5		고객성과8		고객성과 7		고객성과 4		고객성과 3		고객성과 13		고객성과 12		고객성과 11		고객성과 14		고객성과 6		고객성과 2		고객성과 1
1	X	X	X	X	X	X	X	X	X	X	X	X	X	X	X	X	X	X	X	X	X	X	X	X	X	X	X
2	X	X	X	X	X	X	X	X	X	X	X		X	X	X	X	X	X	X	X	X	X	X	X	X	X	X
3	X		X	X	X	X	X	X	X	X	X		X	X	X	X	X	X	X	X	X	X	X	X	X	X	X
4	X		X		X	X	X	X	X	X	X		X	X	X	X	X	X	X	X	X	X	X	X	X	X	X
5	X		X		X		X	X	X	X	X		X	X	X	X	X	X	X	X	X	X	X	X	X	X	X
6	X		X		X		X	X	X	X	X		X		X	X	X	X	X	X	X	X	X	X	X	X	X
7	X		X		X		X	X	X	X	X		X		X	X	X		X	X	X	X	X	X	X	X	X
8	X		X		X		X	X	X	X	X		X		X	X	X		X	X	X	X	X		X	X	X
9	X		X		X		X	X	X	X	X		X		X	X	X		X		X	X	X		X	X	X
10	X		X		X		X	X	X	X	X		X		X	X	X		X		X	X	X		X		X
11	X		X		X		X	X	X	X	X		X		X	X	X		X		X		X		X		X
12	X		X		X		X	X	X	X	X		X		X		X		X		X		X		X		X
13	X		X		X		X	X	X		X		X		X		X		X		X		X		X		X

해설●➡ 수직 고드름 형식으로 군집의 수가 어떻게 대상들이 묶어 나가는가를 보여 주고 있다. 수직축에 나타난 숫자는 군집의 수를 나타내며 수평축은 해당 변수가 소속되는 군집을 나타낸다.

[분석 결과 15-5] 덴드로그램

* * * * * * H I E R A R C H I C A L C L U S T E R A N A L Y S I S * * * * * *

Dendrogram using Average Linkage (Between Groups)

Rescaled Distance Cluster Combine

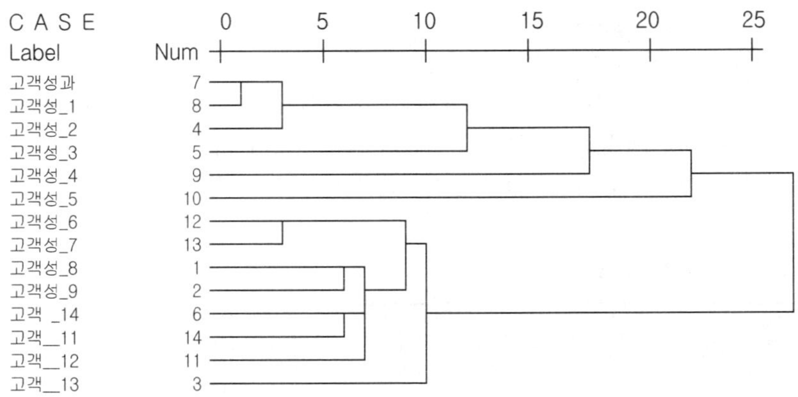

해설 덴드로그램을 군집화 과정을 나타낸 것이다. 수평측은 상대적 거리이며 수직측은 사례의 번호이다. 군집화 과정은 두 변수간의 떨어진 거리를 고려하기 때문에 거리가 가까운 사례부터 순차적으로 대상을 군집으로 편입시킨다.

15.4.4 사례에 의한 군집화 과정

변수에 의한 군집화 과정은 앞에서 설명한 변수에 의한 군집화 방법과 동일하다. 따라서 프로그램 실행 방법은 변수에 의한 군집화 과정을 참고하기 바란다. 다만, [그림 15-3] 군집분석 대화상자에서 군집할 대상을 사례(Cases)로 지정하면 된다.

사례에 의한 군집분석의 분석 방법은 평균기준결합방식을 이용하고 있다.

15.4.5 사례에 의한 군집분석의 결과 해설

[분석 결과 15-6] 사례에 의한 분석 요약표

사례					
유효사례수		결측 사례		전체	
사례수	퍼센트	사례수	퍼센트	사례수	퍼센트
60	100.0	0	.0	60	100.0

a 평균결합기준(집단간)

해설●➡ 표본수에 의한 결합방식은 평균결합기준을 이용한다. 군집화 과정에 투입되는 사례수의 결과분석이다. 유효 사례수는 60이며 결측치는 없는 것으로 나타났다.

[분석 결과 15-7] 근접성 행렬 요약표

	근접성 행렬											
	1	2	3	4	5	54	55	56	57	58	59	60
1	.000	67.00	33.00	31.00	46.00	45.00	31.00	170.0	48.00	35.00	47.00	48.00
2	67.00	.000	30.00	34.00	33.00	56.00	30.00	161.00	41.00	48.00	44.00	41.00
3	33.00	30.00	.000	8.00	5.00	26.00	4.000	163.0	9.000	16.00	10.00	9.000
4	31.00	34.00	8.00	.000	17.00	22.00	6.000	181.0	15.00	18.00	10.00	15.00
5	46.00	33.00	5.00	17.00	.000	43.00	11.00	152.0	10.00	25.00	15.00	10.00
-	-	-	-	-	-	-	-	-	-	-	-	-
-	-	-	-	-	-	-	-	-	-	-	-	-
54	45.00	56.00	26.00	22.00	43.00	.000	24.00	265.0	21.00	14.00	18.00	21.00
55	31.00	30.00	4.00	6.00	11.00	24.00	.000	179.0	13.00	12.00	12.00	13.00
56	170.0	161.0	163.0	181.0	152.0	265.0	179.0	.000	198.0	231.0	199.0	198.0
57	48.00	41.00	9.00	15.00	10.00	21.00	13.00	198.0	.000	11.00	7.00	.000
58	35.00	48.00	16.00	18.00	25.00	14.00	12.00	231.0	11.00	.000	10.0	11.0
59	47.00	44.00	10.00	10.00	15.00	18.00	12.00	199.0	7.00	10.00	.000	7.00
60	48.00	41.00	9.00	15.00	10.00	21.00	13.00	198.0	.000	11.0	7.00	.00

해설●➡ 분석 결과는 [분석결과 15-2] 해설를 참고하기 바란다. 가장 가까운 대상에서 출발하여 가장 먼 대상으로 결합기준을 설정해 나간다. 편집과정상 분석에 사용된 모든 사례를 포함시키지 않고 중간 부분은 삭제하였다.

[분석 결과 15-8] 평균결합기준에 의한 군집화 과정 통계량

단계	결합된 군집		계수	최초 출현 군집단계		다음단계
	군집1	군집2		군집1	군집2	
1	57	60	.000	0	0	4
2	48	59	.000	0	0	13
3	47	58	.000	0	0	14
4	22	57	.000	0	1	15
5	45	56	.000	0	0	16
6	44	55	.000	0	0	17
7	43	54	.000	0	0	18
8	42	53	.000	0	0	19
-	-	-	-	-	-	-
-	-	-	-	-	-	-
51	6	23	10.625	48	14	53
52	3	5	11.652	50	47	54
53	6	7	13.211	51	30	54
54	3	6	15.905	52	53	55
55	3	17	19.000	54	20	56
56	3	11	40.765	55	26	57
57	1	3	44.981	36	56	58
58	1	2	46.127	57	35	59
59	1	21	211.053	58	16	0

해설●➡ 군집화 과정을 보여주는 결과 분석이다. 1단계에서는 대상 57과 60가 군집화된다. 59단계에서는 1과 21가 군집화되었다. 1과 21이 가장 멀기 때문에 가장 늦게 군집화된 것이 아니고 다른 대상들과 같이 묶여 나감으로써 1과 21이 편입된 군집간의 거리가 가장 멀기 때문이다. 따라서 1과 21이 속해 있는 군집이 결합되는 59단계에서 가장 이질성이 큰 군집간에 결합됨을 알 수 있다. 즉 계수의 값이 가장 크게 나타난다. 이러한 방식에 따라 순차적으로 대상들이 군집에 소속되는 단계를 보여준다. 군집화 과정의 순서를 나타내주는 통계량이 계수(Cofficient)이다. 계수의 값(211.053)이 클수록 해당변수들이 속해 있는 군집간의 거리의 차가 크다는 것을 의미한다. 다음 단계(Next stage)가 의미하는 것은 각 단계에서 이루어진 결합이나 다른 군집 대상과 결합되는 단계를 나타낸 것이다.

[분석 결과 15-9] 덴드로그램

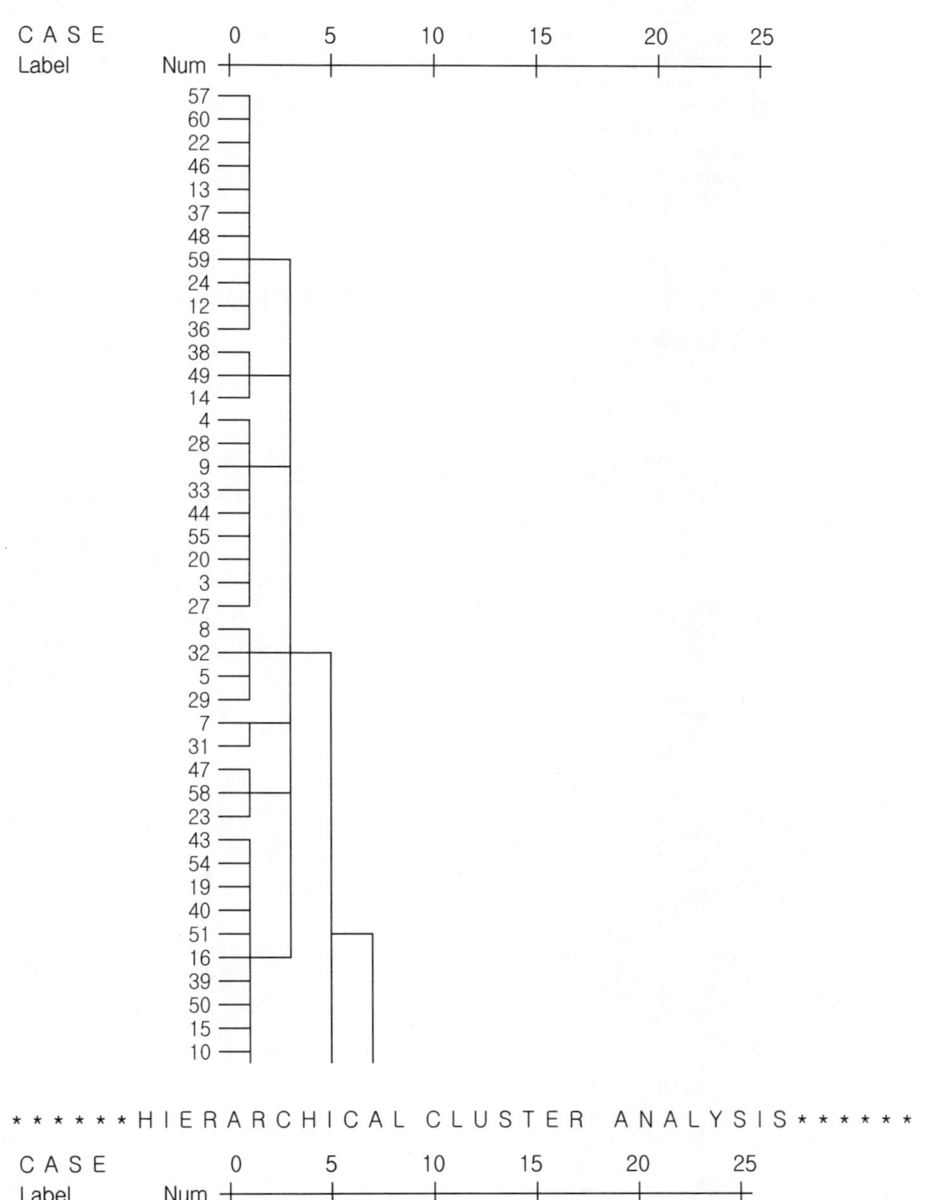

* * * * * * H I E R A R C H I C A L C L U S T E R A N A L Y S I S * * * * * *

C A S E 0 5 10 15 20 25
Label Num

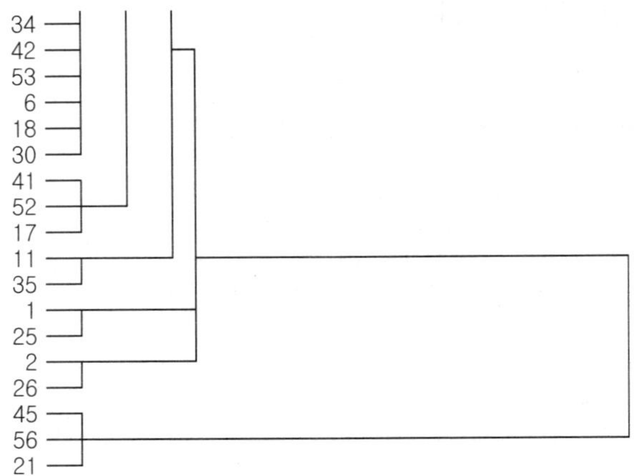

해설 ➡ 덴드로그램으로 군집화의 과정을 나타낸 것이다. 수평측은 상대적 거리이며 수직측은 사례 번호이다.

표 I 표준정규분포표

아래 표의 값들을 표준정규분포의 확률을 의미하며 다음 그림에서 평균값과 Z값 사이의 면적으로 표시된다.

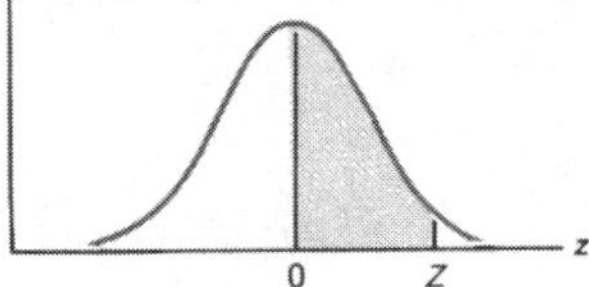

Z	.00	.01	.02	.03	.04	.05	.06	.07	.08	.09
.00	.0000	.0040	.0080	.0120	.0160	.0199	.0239	0.279	.0319	.0359
.10	.0398	.0438	.0478	.0517	.0557	.0596	.0636	.0675	.0714	.0753
.20	.0793	.0832	.0871	.0910	.0948	.0987	.1026	.1064	.1103	.1141
.30	.1179	.1217	.1255	.1293	.1331	.1368	.1406	.1443	.1480	.1517
.40	.1554	.1591	.1628	.1664	.1700	.1736	.1772	.1808	.1844	.1879
.50	.1915	.1950	.1985	.2019	.2054	.2088	.2123	.2157	.2190	.2224
.60	.2257	.2291	.2324	.2357	.2389	.2422	.2454	.2486	.2517	.2549
.70	.2580	.2611	.2642	.2673	.2703	.2734	.2764	.2793	.2823	.2852
.80	.2881	.2910	.2939	.2967	.2995	.3023	.3051	.3078	.3106	.3133
.90	.3159	.3186	.3212	.3238	.3264	.3289	.3315	.3340	.3365	.3389
1.00	.3413	.3438	.3461	.3485	.3508	.331	.3554	.3577	.3599	.3621
1.10	.3643	.3665	.3686	.3708	.3729	.3749	.3770	.3790	.3810	.3830
1.20	.3849	.3869	.3888	.3907	.3925	.3944	.3962	.3980	.3997	.4015
1.30	.4032	.4049	.4066	.4082	.4099	.4115	.4131	.4147	.4162	.4177
1.40	.4192	.4207	.4222	.4236	.4251	.4265	.4279	.4292	.4306	.4319
1.50	.4332	.4345	.4357	.4370	.4382	.4394	.4406	.4418	.4429	.4441
1.60	.4452	.4463	.4474	.4474	.4495	.4505	.4515	.4525	.4535	.4545
1.70	.4554	.4564	.4573	.4582	.4591	.4599	.4608	.4616	.4625	.4633
1.80	.4641	.4649	.4656	.4664	.4671	.4678	.4686	.4693	.4699	.4706
1.90	.4713	.4719	.4726	.4732	.4738	.4744	.4750	.4756	.4761	.4767
2.00	.4772	.4778	.4783	.4788	.4793	.4798	4803	.4808	.4812	.4817
2.10	.4821	.4826	.4830	.4834	.4838	.4842	.4846	.4850	.4854	.4857
2.20	.4861	.4864	.4868	.4871	.4875	.4878	.4881	.4884	.4887	.4890
2.30	.4893	.4896	.4898	.4901	.4904	.4906	.4909	.4911	.4913	.4916
2.40	.4918	.4920	.4922	.4925	.4927	.4929	.4931	.4932	.4934	.4936
2.50	.4938	.4940	.4941	.4943	.4945	.4946	.4948	.4949	.4951	.4952
2.60	.4953	.4955	.4956	.4957	.4959	.4960	.4961	.4962	.4963	.4964
2.70	.4965	.4966	.4967	.4968	.4969	.4970	.4971	.4972	.4973	.4974
2.80	.4974	.4975	.4976	.4977	.4977	.4978	.4979	.4979	.4980	.4981
2.90	.4981	.4982	.4982	.4983	.4984	.4984	.4985	.4985	.4986	.4986
3.00	.4987	.4987	.4987	.4988	.4988	.4989	.4989	.4989	.4990	.4990
3.10	.4990	.4991	.4991	.4991	.4992	.4992	.4992	.4992	.4993	.4993
3.20	.4993	.4993	.4994	.4994	.4994	.4994	.4994	.4995	.4995	.4995
3.30	.4995	.4995	.4995	.4996	.4996	.4996	.4996	.4996	.4996	.4997
3.40	.4997	.4997	.4997	.4997	.4997	.4997	.4997	.4997	.4997	.4998
3.50	.4998	.4998	.4998	.4998	.4998	.4998	.4998	.4998	.4998	.4998
3.60	.4998	.4998	.4999	.4999	.4999	.4999	.4999	.4999	.4999	.4999
3.70	.4999	.4999	.4999	.4999	.4999	.4999	.4999	.4999	.4999	.4999
3.80	.4999	.4999	.4999	.4999	.4999	.4999	.4999	.4999	.4999	.4999

예: $0 \leq Z \leq 1.96$ 사이의 확률을 알려면 표의 첫번째 열에서 $Z=1.90$을 찾은 다음 다시 첫번째 행에서 0.06을 찾아($Z=1.90+0.06=1.96$) 두 숫자가 교차하는 지점에 위치한 0.4750을 읽으면 된다.

표 II　Spearman 순위상관관계수표

α는 $H_0 : \rho_s = 0$인 단측검정에 해당되므로 양측검정의 경우 2를 곱해야 한다.

n	α=.05	α=.025	α=.01	α=.005
5	.900	–	–	–
6	.829	.886	.943	–
7	.714	.786	.893	–
8	.643	.738	.833	.881
9	.600	.683	.783	.833
10	.564	.648	.745	.794
11	.523	.623	.736	.818
12	.497	.591	.703	.780
13	.475	.566	.673	.745
14	.457	.545	.646	.716
15	.441	.525	.623	.689
16	.425	.507	.601	.666
17	.412	.490	.582	.645
18	.399	.476	.564	.625
19	.388	.462	.549	.608
20	.377	.450	.534	.591
21	.368	.438	.521	.576
22	.359	.428	.508	.562
23	.351	.418	.496	.549
24	.343	.409	.485	.537
25	.336	.400	.475	.526
26	.329	.392	.465	.515
27	.323	.385	.456	.505
28	.317	.377	.448	.496
29	.311	.370	.440	.487
30	.305	.364	.432	.478

출처: E. G. Olds, "Distribution of Sums of Squares of Rank Differences for Small Samples," *Annals of Mathematical Statistics*, 1938, 9.

표Ⅲ　　이항분포표

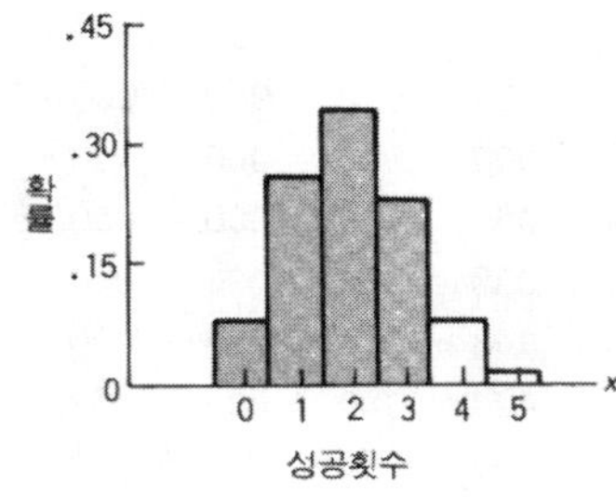

아래표의 값들은 n, p에 대하여 $X \le x$가 되는 누적확률을 나타내고 있으며 다음 함수로 정의된다.

$$P(X \le x \mid n,\ p) = \sum_{x=1}^{k} \binom{n}{x} p^{x}(1-p)^{n-x}$$

X: n번의 시행 중 성공한 횟수
p: 각 시행의 성공확률

예: 성공할 확률이 0.4인 어떤 시행을 5번 했을 경우 성공한 횟수가 3번 이하일 확률은 다음과 같다.

$$P(X \le 3 \mid 5,\ 0.4) = 0.9130$$

a. n=5

k \ p	0.01	0.05	0.10	0.20	0.30	0.40	0.50	0.60	0.70	0.80	0.90	0.95	0.99
0	.951	.774	.590	.328	.168	.078	.031	.010	.002	.000	.000	.000	.000
1	.999	.977	.919	.737	.528	.337	.188	.087	.031	.007	.000	.000	.000
2	1.000	.999	.991	.942	.837	.683	.500	.317	.163	.058	.009	.001	.000
3	1.000	1.000	1.000	.993	.969	.913	.812	.663	.472	.263	.081	.023	.001
4	1.000	1.000	1.000	1.000	.998	.990	.969	.992	.832	.672	.410	.226	.049

b. n=6

k \ p	0.01	0.05	0.10	0.20	0.30	0.40	0.50	0.60	0.70	0.80	0.90	0.95	0.99
0	.941	.735	.531	.262	.118	.047	.016	.004	.001	.000	.000	.000	.000
1	.999	.967	.886	.655	.420	.233	.109	.041	.011	.002	.000	.000	.000
2	1.000	.998	.984	.901	.744	.544	.344	.179	.070	.017	.001	.000	.000
3	1.000	1.000	.999	.983	.930	.821	.656	.456	.256	.099	.016	.002	.000
4	1.000	1.000	1.000	.998	.989	.959	.891	.767	.580	.345	.114	.033	.001
5	1.000	1.000	1.000	1.000	.999	.996	.984	.953	.882	.738	.469	.265	.059

c. $n=7$

k \ p	0.01	0.05	0.10	0.20	0.30	0.40	0.50	0.60	0.70	0.80	0.90	0.95	0.99
0	.932	.698	.478	.210	.082	.028	.008	.002	.000	.000	.000	.000	.000
1	.998	.956	.850	.577	.329	.159	.063	.019	.004	.000	.000	.000	.000
2	1.000	.996	.974	.852	.647	.420	.227	.096	0.29	.005	.000	.000	.000
3	1.000	1.000	.997	.967	.874	.710	.500	.290	.126	.033	.003	.000	.000
4	1.000	1.000	1.000	.995	.971	.904	.773	.580	.353	.148	.026	.004	.000
5	1.000	1.000	1,000	1.000	.996	.981	.937	.841	.671	.423	.150	.044	.002
6	1.000	1.000	1.000	1.000	1.000	.998	.992	.972	.918	.790	.522	.302	.068

d. $n=8$

k \ p	0.01	0.05	0.10	0.20	0.30	0.40	0.50	0.60	0.70	0.80	0.90	0.95	0.99
0	.923	.663	.430	.168	.058	.017	.004	.001	.000	.000	.000	.000	.000
1	.997	.943	.813	.503	.255	.106	.035	.009	.001	.000	.000	.000	.000
2	1.000	.994	.962	.797	.552	.315	.145	.050	.011	.001	.000	.000	.000
3	1.000	1.000	.995	.944	.806	.594	.363	.174	.058	.010	.000	.000	.000
4	1.000	1.000	1.000	.990	.942	.826	.637	.406	.194	.056	.005	.000	.000
5	1.000	1.000	1.000	.999	.989	.950	.855	.685	.448	.203	.038	.006	.000
6	1.000	1.000	1.000	1.000	.999	.991	.965	.894	.745	.497	.187	.057	.003
7	1.000	1.000	1.000	1.000	1.000	.999	.996	.983	.942	.832	.570	.337	.077

e. $n=9$

k \ p	0.01	0.05	0.10	0.20	0.30	0.40	0.50	0.60	0.70	0.80	0.90	0.95	0.99
0	.914	.630	.387	.134	.040	.010	.002	.000	.000	.000	.000	.000	.000
1	.997	.929	.775	.436	.196	.071	.020	.004	.000	.000	.000	.000	.000
2	1.000	.992	.947	.738	.463	.232	.090	.025	.004	.000	.000	.000	.000
3	1.000	.999	.992	.914	.730	.483	.254	.099	.025	.003	.000	.000	.000
4	1.000	1.000	.999	.980	.901	.733	.500	.267	.099	.020	.001	.000	.000
5	1.000	1.000	1.000	1.000	.975	.901	.746	.517	.270	.086	.008	.001	.000
6	1.000	1.000	1.000	1.000	.996	.975	.910	.768	.537	.262	.053	.008	.000
7	1.000	1.000	1.000	1.000	1.000	.996	.980	.929	.804	.564	.225	.071	.003
8	1.000	1.000	1.000	1.000	1.000	1.000	.998	.990	.960	.866	.613	.370	.086

f. $n=10$

k \ p	0.01	0.05	0.10	0.20	0.30	0.40	0.50	0.60	0.70	0.80	0.90	0.95	0.99
0	.904	.599	.349	.107	.028	.006	.001	.000	.000	.000	.000	.000	.000
1	.996	.914	.736	.376	.149	.046	.011	.002	.000	.000	.000	.000	.000
2	1.000	.988	.930	.678	.383	.167	.055	.012	.002	.000	.000	.000	.000
3	1.000	.999	.987	.879	.650	.382	.172	.055	.011	.001	.000	.000	.000
4	1.000	1.000	.998	.967	.850	.633	.377	.166	.047	.006	.000	.000	.000
5	1.000	1.000	1.000	.994	.953	.834	.623	.367	.150	.033	.002	.000	.000
6	1.000	1.000	1.000	.999	.989	.945	.828	.618	.350	.121	.013	.001	.000
7	1.000	1.000	1.000	1.000	.998	.988	.945	.833	.617	.322	.070	.012	.000
8	1.000	1.000	1.000	1.000	1.000	.998	.989	.954	.851	.624	.264	.086	.004
9	1.000	1.000	1.000	1.000	1.000	1.000	.999	.994	.972	.893	.651	.401	.096

g. $n=15$

k \ p	0.01	0.05	0.10	0.20	0.30	0.40	0.50	0.60	0.70	0.80	0.90	0.95	0.99
0	.860	.463	.206	.035	.005	.000	.000	.000	.000	.000	.000	.000	.000
1	.990	.829	.549	.167	.035	.005	.000	.000	.000	.000	.000	.000	.000
2	1.000	.964	.816	.398	.127	.027	.004	.000	.000	.000	.000	.000	.000
3	1.000	.995	.944	.648	.297	.091	.018	.002	.000	.000	.000	.000	.000
4	1.000	.999	.987	.836	.515	.217	.059	.009	.001	.000	.000	.000	.000
5	1.000	1.000	.998	.939	.722	.403	.151	.034	.004	.000	.000	.000	.000
6	1.000	1.000	1.000	.982	.869	.610	.304	.095	.015	.001	.000	.000	.000
7	1.000	1.000	1.000	.996	.950	.787	.500	.213	.050	.004	.000	.000	.000
8	1.000	1.000	1.000	.999	.985	.905	.696	.390	.131	.018	.000	.000	.000
9	1.000	1.000	1.000	1.000	.996	.966	.849	.597	.278	.061	.002	.000	.000
10	1.000	1.000	1.000	1.000	.999	.991	.941	.783	.485	.164	.013	.001	.000
11	1.000	1.000	1.000	1.000	1.000	.998	.982	.909	.703	.352	.056	.005	.000
12	1.000	1.000	1.000	1.000	1.000	1.000	.996	.973	.873	.602	.184	.036	.000
13	1.000	1.000	1.000	1.000	1.000	1.000	1.000	.995	.965	.833	.451	.171	.010
14	1.000	1.000	1.000	1.000	1.000	1.000	1.000	1.000	.995	.965	.794	.537	.140

h. $n=20$

k \ p	0.01	0.05	0.10	0.20	0.30	0.40	0.50	0.60	0.70	0.80	0.90	0.95	0.99
0	.818	.358	.122	.012	.001	.000	.000	.000	.000	.000	.000	.000	.000
1	.983	.736	.392	.069	.008	.001	.000	.000	.000	.000	.000	.000	.000
2	.999	.925	.677	.206	.035	.004	.000	.000	.000	.000	.000	.000	.000
3	1.000	.984	.867	411	.107	.016	.001	.000	.000	.000	.000	.000	.000
4	1.000	.997	.957	.630	.238	.051	.006	.000	.000	.000	.000	.000	.000
5	1.000	1.000	.989	.804	.416	.126	.021	.002	.000	.000	.000	.000	.000
6	1.000	1.000	.998	.913	.608	.250	.058	.006	.000	.000	.000	.000	.000
7	1.000	1.000	1.000	.968	.772	.416	.132	.021	.001	.000	.000	.000	.000
8	1.000	1.000	1.000	.990	.887	.596	.252	.057	.005	.000	.000	.000	.000
9	1.000	1.000	1.000	.997	.952	.755	.412	.128	.017	.001	.000	.000	.000
10	1.000	1.000	1.000	.999	.983	.872	.588	.245	.048	.003	.000	.000	.000
11	1.000	1.000	1.000	1.000	.995	.943	.748	.404	.113	.010	.000	.000	.000
12	1.000	1.000	1.000	1.000	.999	.979	.868	.584	.228	.032	.000	.000	.000
13	1.000	1.000	1.000	1.000	1.000	.994	.942	.750	.392	.087	.002	.000	.000
14	1.000	1.000	1.000	1.000	1.000	.998	.979	.874	.584	.196	.011	.000	.000
15	1.000	1.000	1.000	1.000	1.000	1.000	.994	.949	.762	.370	.043	.003	.000
16	1.000	1.000	1.000	1.000	1.000	1.000	.999	.984	.893	.589	.133	.016	.000
17	1.000	1.000	1.000	1.000	1.000	1.000	1.000	.996	.965	.794	.323	.075	.001
18	1.000	1.000	1.000	1.000	1.000	1.000	1.000	.999	.992	.931	.608	.264	.017
19	1.000	1.000	1.000	1.000	1.000	1.000	1.000	1.000	.999	.988	.878	.642	.182

i. $n=25$

k \ p	0.01	0.05	0.10	0.20	0.30	0.40	0.50	0.60	0.70	0.80	0.90	0.95	0.99
0	.778	.277	.072	.004	.000	.000	.000	.000	.000	.000	.000	.000	.000
1	.974	.642	.0271	.027	.002	.000	.000	.000	.000	.000	.000	.000	.000
2	.998	.873	.537	.098	.009	.000	.000	.000	.000	.000	.000	.000	.000
3	1.000	.966	.764	.234	.033	.002	.000	.000	.000	.000	.000	.000	.000
4	1.000	.993	.902	.421	.090	.009	.000	.000	.000	.000	.000	.000	.000
5	1.000	.999	.967	.617	.193	.029	.002	.000	.000	.000	.000	.000	.000
6	1.000	1.000	.991	.780	.341	.074	.007	.000	.000	.000	.000	.000	.000
7	1.000	1.000	.998	.891	.512	.154	.022	.001	.000	.000	.000	.000	.000
8	1.000	1.000	1.000	.953	.677	.274	.054	.004	.000	.000	.000	.000	.000
9	1.000	1.000	1.000	.983	.811	.425	.115	.013	.000	.000	.000	.000	.000
10	1.000	1.000	1.000	.994	.902	.586	.212	.034	.002	.000	.000	.000	.000
11	1.000	1.000	1.000	.998	.956	.732	.345	.078	.006	.000	.000	.000	.000
12	1.000	1.000	1.000	1.000	.983	.846	.500	.154	.017	.000	.000	.000	.000
13	1.000	1.000	1.000	1.000	.994	.922	.655	.268	.044	.002	.000	.000	.000
14	1.000	1.000	1.000	1.000	.998	.966	.788	.414	.098	.006	.000	.000	.000
15	1.000	1.000	1.000	1.000	1.000	.987	.885	.575	.189	.017	.000	.000	.000
16	1.000	1.000	1.000	1.000	1.000	.996	.946	.726	.323	.047	.000	.000	.000
17	1.000	1.000	1.000	1.000	1.000	.999	.978	.846	.488	.109	.002	.000	.000
18	1.000	1.000	1.000	1.000	1.000	1.000	.993	.926	.659	.220	.009	.000	.000
19	1.000	1.000	1.000	1.000	1.000	1.000	.998	.971	.807	.383	.033	.001	.000
20	1.000	1.000	1.000	1.000	1.000	1.000	1.000	.991	.910	.579	.098	.007	.000
21	1.000	1.000	1.000	1.000	1.000	1.000	1.000	.998	.967	.766	.236	.034	.000
22	1.000	1.000	1.000	1.000	1.000	1.000	1.000	1.000	.991	.902	.463	.127	.002
23	1.000	1.000	1.000	1.000	1.000	1.000	1.000	1.000	.998	.973	.729	.358	.026
24	1.000	1.000	1.000	1.000	1.000	1.000	1.000	1.000	1.000	.996	.928	.723	.222

표Ⅳ 포아손분포표

아래 각 값들은 발생횟수(λ)에 대하여 $X=x$가 될 확률을 나타내며 다음 식과 같은 함수로 정의된다.

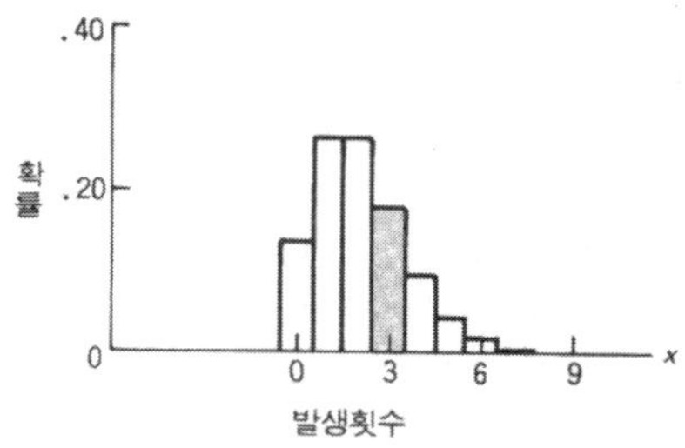

$$P(X=x)=\frac{e^{-\lambda}\lambda^{x}}{x!}$$

예: 1. $\lambda=2$, $x=3$일 때, $P(X=3)=0.1804$

2. $\lambda=2$, $x=2$일 때, $P(X\leq 2)=0.0003+0.0027+0.0107=0.0137$

x	λ .1	.2	.3	.4	.5	.6	.7	.8	.9	1.0
0	.9048	.8187	.7408	.6703	.6065	.5488	.4966	.4493	.4066	.3679
1	.0905	.1637	.2222	.2681	.3033	.3293	.3476	.3595	.3659	.3679
2	.0045	.0164	.0333	.0536	.0758	.0988	.1217	.1438	.1647	.1839
3	.0002	.0011	.0033	.0072	.0126	.0198	.0284	.0383	.0494	.0613
4	.0000	.0001	.0003	.0007	.0016	.0030	.0050	.0077	.0111	.0153
5	.0000	.0000	.0000	.0001	.0002	.0004	.0007	.0012	.0020	.0031
6	.0000	.0000	.0000	.0000	.0000	.0000	.0001	.0002	.0003	.0005
7	.0000	.0000	.0000	.0000	.0000	.0000	.0000	.0000	.0000	.0001
8	.0000	.0000	.0000	.0000	.0000	.0000	.0000	.0000	.0000	.0000

x	λ 1.1	1.2	1.3	1.4	1.5	1.6	1.7	1.8	1.9	2.0
0	.3329	.3012	.2725	.2466	.2231	.2019	.1827	.1653	.1496	.1353
1	.3662	.3614	.3543	.3452	.3347	.3230	.3106	.2975	.2842	.2707
2	.2014	.2169	.2303	.2417	.2510	.2584	.2640	.2678	.2700	.2707
3	.0738	.0867	.0998	.1128	.1255	.1378	.1496	.1607	.1710	.1804
4	.0203	.0260	.0324	.0395	.0471	.0551	.0636	.0723	.0812	.0902
5	.0045	.0062	.0084	.0111	.0141	.0176	.0216	.0260	.0309	.0361
6	.0008	.0012	.0018	.0026	.0035	.0047	.0061	.0078	.0098	.0120
7	.0001	.0002	.0003	.0005	.0008	.0011	.0015	.0020	.0027	.0034
8	.0000	.0000	.0001	.0001	.0001	.0002	.0003	.0005	.0006	.0009
9	.0000	.0000	.0000	.0000	.0000	.0000	.0001	.0001	.0001	.0002
10	.0000	.0000	.0000	.0000	.0000	.0000	.0000	.0000	.0000	.0000

λ	$e^{-\lambda}$	λ	$e^{-\lambda}$	λ	$e^{-\lambda}$
0.00	1.000000	2.35	.955369	4.70	.009095
0.05	.951229	2.40	.090718	4.75	.008652
0.10	.904837	2.45	.086294	4.80	.008230
0.15	.860708	2.50	.082085	4.85	.007828
0.20	.818731	2.55	.078082	4.90	.007447
0.25	.778801	2.60	.074274	4.95	.007083
0.30	.740818	2.65	.070651	5.00	.006738
0.35	.704688	2.70	.067206	5.05	.006409
0.40	.670320	2.75	.063928	5.10	.006097
0.45	.637628	2.80	.060810	5.15	.005799
0.50	.606531	2.85	.057844	5.20	.005517
0.55	.576950	2.90	.055023	5.25	.005248
0.60	.548812	2.95	.052340	5.30	.004992
0.65	.522046	3.00	.049787	5.35	.004748
0.70	.496585	3.05	.047359	5.40	.004517
0.75	.472367	3.10	.045049	5.45	.004296
0.80	.449329	3.15	.042852	5.50	.004087
0.85	.427415	3.20	.040762	5.55	.003887
0.90	.406570	3.25	.038774	5.60	.003698
0.95	.386741	3.30	.036883	5.65	.003518
1.00	.367879	3.35	.035084	5.70	.003346
1.05	.349938	3.40	.033373	5.75	.003183
1.10	.332871	3.45	.031746	5.80	.003028
1.15	.316637	3.50	.030197	5.85	.002880
1.20	.301194	3.55	.028725	5.90	.002739
1.25	.286505	3.60	.027324	5.95	.002606
1.30	.272532	3.65	.025991	6.00	.002479
1.35	.259240	3.70	.024724	6.05	.002358
1.40	.246597	3.75	.023518	6.10	.002243
1.45	.234570	3.80	.022371	6.15	.002133
1.50	.223130	3.85	.021280	6.20	.002029
1.55	.212248	3.90	.020242	6.25	.001930
1.60	.201897	3.95	.019255	6.30	.001836
1.65	.192050	4.00	.018316	6.35	.001747
1.70	.182684	4.05	.017422	6.40	.001661
1.75	.173774	4.10	.016573	6.45	.001581
1.80	.165299	4.15	.015764	6.50	.001503
1.85	.157237	4.20	.014996	6.55	.001430
1.90	.149569	4.25	.014264	6.60	.001360
1.95	.142274	4.30	.013569	6.65	.001294
2.00	.135335	4.35	.012907	6.70	.001231
2.05	.128735	4.40	.012277	6.75	.001171
2.10	.122456	4.45	.011679	6.80	.001114
2.15	.116484	4.50	.011109	6.85	.001059
2.20	.110803	4.55	.010567	6.90	.001008
2.25	.105399	4.60	.010052	6.95	.000959
2.30	.100259	4.65	.009562	7.00	.000912

λ	$e^{-\lambda}$	λ	$e^{-\lambda}$	λ	$e^{-\lambda}$
7.05	.000867	8.05	.000319	9.05	.000117
7.10	.000825	8.10	.000304	9.10	.000112
7.15	.000785	8.15	.000289	9.15	.000106
7.20	.000747	8.20	.000275	9.20	.000101
7.25	.000710	8.25	.000261	9.25	.000096
7.30	.000676	8.30	.000249	9.30	.000091
7.35	.000643	8.35	.000236	9.35	.000087
7.40	.000611	8.40	.000225	9.40	.000083
7.45	.000581	8.45	.000214	9.45	.000079
7.50	.000553	8.50	.000204	9.50	.000075
7.55	.000526	8.55	.000194	9.55	.000071
7.60	.000501	8.60	.000184	9.60	.000068
7.65	.000476	8.65	.000175	9.65	.000064
7.70	.000453	8.70	.000167	9.70	.000061
7.75	.000431	8.75	.000158	9.75	.000058
7.80	.000410	8.80	.000151	9.80	.000056
7.85	.000390	8.85	.000143	9.85	.000053
7.90	.000371	8.90	.000136	9.90	.000050
7.95	.000353	8.95	.000130	9.95	.000048
7.80	.000336	9.00	.000123	10.00	.000045

표 V t분포표

예 : $\alpha = 0.05$, 자유도 = 10일 때, $t_{\alpha} = 1.812$

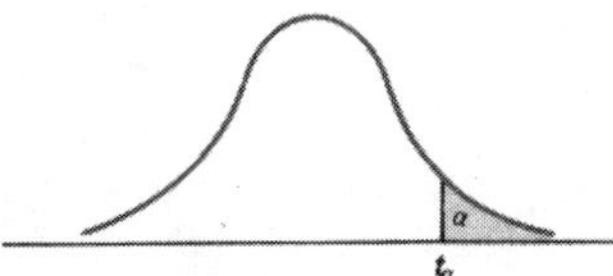

자유도	$t_{.100}$	$t_{.050}$	$t_{.025}$	$t_{.010}$	$t_{.005}$
1	3.078	6.314	12.706	31.821	63.657
2	1.886	2.920	4.303	6.965	9.925
3	1.638	2.353	3.182	4.541	5.841
4	1.533	2.132	2.776	3.747	4.604
5	1.476	2.015	2.571	3.365	4.032
6	1.440	1.943	2.447	3.143	3.707
7	1.415	1.895	2.365	2.998	3.499
8	1.397	1.860	2.306	2.896	3.355
9	1.383	1.833	2.262	2.821	3.250
10	1.372	1.812	2.228	2.764	3.169
11	1.363	1.796	2.201	2.718	3.106
12	1.356	1.782	2.179	2.681	3.055
13	1.350	1.771	2.160	2.650	3.012
14	1.345	1.761	2.145	2.624	2.977
15	1.341	1.753	2.131	2.602	2.947
16	1.337	1.746	2.120	2.583	2.921
17	1.333	1.740	2.110	2.567	2.898
18	1.330	1.734	2.101	2.552	2.878
19	1.328	1.729	2.093	2.539	2.861
20	1.325	1.725	2.086	2.528	2.845
21	1.323	1.721	2.080	2.518	2.831
22	1.321	1.717	2.074	2.508	2.819
23	1.319	1.714	2.069	2.500	2.807
24	1.318	1.711	2.064	2.492	2.797
25	1.316	1.708	2.060	2.485	2.787
26	1.315	1.706	2.056	2.479	2.779
27	1.314	1.703	2.052	2.473	2.771
28	1.313	1.701	2.048	2.467	2.763
29	1.311	1.699	2.045	2.462	2.756
∞	1.282	1.645	1.960	2.326	2.576

출처 : M. Merrington, "Table of Percentage Points of the *t*-Distribution," *Biometrika*, 1941, *32*, 300.

표VI x^2 분포표

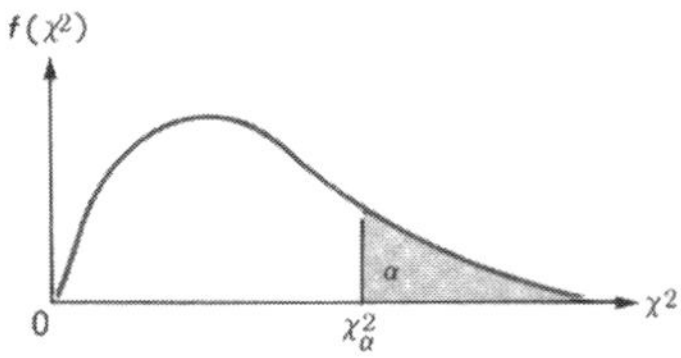

자유도	$\chi^2_{.995}$	$\chi^2_{.990}$	$\chi^2_{.975}$	$\chi^2_{.950}$	$\chi^2_{.900}$
1	0.0000393	0.0001571	0.0009821	0.0039321	0.0157908
2	0.100251	0.0201007	0.0506356	0.102587	0.210720
3	0.0717212	0.114832	0.215795	0.351846	0.584375
4	0.206990	0.297110	0.484419	0.710721	1.063623
5	0.411740	0.554300	0.831211	1.145476	1.61031
6	0.675727	0.872085	1.237347	1.63539	2.20413
7	0.989265	1.239043	1.68987	2.16735	2.83311
8	1.344419	1.646482	2.17973	2.73264	3.48954
9	1.734926	2.087912	2.70039	3.32511	4.16816
10	2.15586	2.55821	3.24697	3.94030	4.86518
11	2.60321	3.05347	3.81575	4.57481	5.57779
12	3.07382	3.57056	4.40379	5.22603	6.30380
13	3.56503	4.10691	5.00874	5.89186	7.04150
14	4.07468	4.66043	5.62872	6.57063	7.78953
15	4.60094	5.22935	6.26214	7.26094	8.54675
16	5.14224	5.81221	6.90766	7.96164	9.31223
17	5.69724	6.40776	7.56418	8.67176	10.0852
18	6.26481	7.01491	8.23075	9.39046	10.8649
19	6.84398	7.63273	8.90655	10.1170	11.6509
20	7.43386	8.26040	9.59083	10.8508	12.4426
21	8.03366	8.89720	10.28293	11.5913	13.2396
22	8.64272	9.54249	10.9823	12.3380	14.0415
23	9.26042	10.19567	11.6885	13.0905	14.8479
24	9.88623	10.8564	12.4011	13.8484	15.6587
25	10.517	11.5240	13.1197	14.6114	16.4734
26	11.1603	12.1981	13.8439	15.3791	17.2919
27	11.8076	12.8786	14.5733	16.1513	18.1138
28	12.4613	13.5648	15.3079	16.9279	18.9392
29	13.1211	14.2565	16.0471	17.7083	19.7677
30	13.7867	14.9535	16.7908	18.4926	20.5992
40	20.7065	22.1643	24.4331	26.5093	29.0505
50	27.9907	29.7067	32.3574	34.7642	37.6886
60	35.5346	37.4848	40.4817	43.1879	46.4589
70	43.2752	45.4418	48.7576	51.7393	55.3290
80	51.1720	53.5400	57.1532	60.3915	64.2778
90	59.1963	61.7541	65.6466	69.1260	73.2912
100	67.3276	70.0648	74.2219	77.9295	82.3581

출처: C.M. Thompson, "Tables of the Percentage Points of the χ^2-Distribution," *Biometrika*, 1941, *32*, 188-189.

자유도	$\chi^2_{.100}$	$\chi^2_{.050}$	$\chi^2_{.025}$	$\chi^2_{.010}$	$\chi^2_{.005}$
1	2.70554	3.84146	5.02389	6.63490	7.87944
2	4.60517	5.99147	7.37776	9.21034	10.5966
3	6.25139	7.81473	9.34840	11.3449	12.8381
4	7.77944	9.48773	11.1433	13.2767	14.8602
5	9.23635	11.0705	12.8325	15.0863	16.7496
6	10.6446	12.5916	14.4494	16.8119	18.5476
7	12.0170	14.0671	16.0128	18.4753	20.2777
8	13.3616	15.5073	17.5346	20.0902	21.9550
9	14.6837	16.9190	19.0228	21.6660	23.5893
10	15.9871	18.3070	20.4831	23.2093	25.1882
11	17.2750	19.6751	21.9200	24.7250	26.7569
12	18.5494	21.0261	23.3367	26.2170	28.2995
13	19.8119	22.3621	24.7356	27.6883	29.8194
14	21.0642	23.6848	26.1190	29.1413	31.3193
15	22.3072	24.9958	27.4884	30.5779	32.8013
16	23.5418	26.2962	28.8454	31.9999	34.2672
17	24.7690	27.5871	30.1910	33.4087	35.7185
18	25.9894	28.8693	31.5264	34.8053	37.1564
19	27.2036	30.1435	32.8523	36.1908	38.5822
20	28.4120	31.4104	34.1696	37.5662	39.9968
21	29.6151	32.6705	35.4789	38.9321	41.4010
22	30.9133	33.9244	36.7807	40.2894	42.7956
23	32.0069	35.1725	38.0757	41.2894	44.1813
24	33.1963	36.4151	39.3641	42.9798	45.5585
25	34.3816	37.6525	40.6465	44.3141	46.9278
26	35.5631	38.8852	41.9232	45.6417	48.2898
27	36.7412	40.1133	43.1944	46.9630	49.6449
28	37.9159	41.3372	44.4607	48.2782	50.9933
29	39.0875	42.5569	45.7222	49.5879	52.3356
30	40.2560	43.7729	46.9792	50.8922	53.6720
40	51.8050	55.7585	59.3417	63.6907	66.7659
50	63.1671	67.5048	71.4202	76.1539	79.4900
60	74.3970	79.0819	83.2976	88.3794	91.9517
70	85.5271	90.5312	95.0231	100.425	104.215
80	96.5782	101.879	106.629	112.329	116.321
90	107.565	113.145	118.136	124.116	128.299
100	118.498	124.342	129.561	135.807	140.169

표VII F 분포표

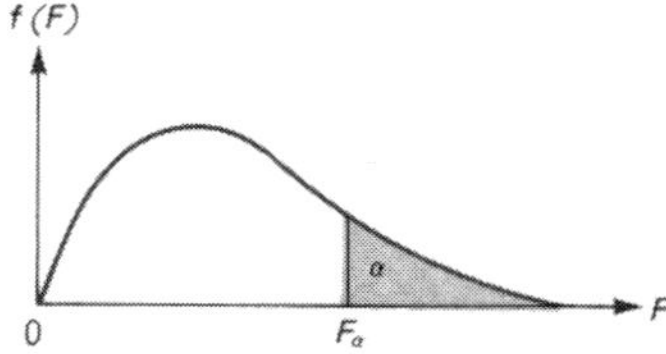

$\alpha=0.10$

ν_2 \ ν_1	분자자유도 1	2	3	4	5	6	7	8	9
1	39.86	49.50	53.59	55.83	57.24	58.20	58.91	59.44	59.86
2	8.53	9.00	9.16	9.24	9.29	9.33	9.35	9.37	9.38
3	5.54	5.46	5.39	5.34	5.31	5.28	5.27	5.25	5.24
4	4.54	4.32	4.19	4.11	4.05	4.01	3.98	3.95	3.94
5	4.06	3.78	3.62	3.52	3.45	3.40	3.37	3.34	3.32
6	3.78	3.46	3.29	3.18	3.11	3.05	3.01	2.98	2.96
7	3.59	3.26	3.07	2.96	2.88	2.83	2.78	2.75	2.72
8	3.46	3.11	2.92	2.81	2.73	2.67	2.62	2.59	2.56
9	3.36	3.01	2.81	2.69	2.61	2.55	2.51	2.47	2.44
10	3.29	2.92	2.73	2.61	2.52	2.46	2.41	2.38	2.35
11	3.23	2.86	2.66	2.54	2.45	2.39	2.34	2.30	2.27
12	3.18	2.81	2.61	2.48	2.39	2.33	2.28	2.24	2.21
분 13	3.14	2.76	2.56	2.43	2.35	2.28	2.23	2.20	2.16
14	3.10	2.73	2.52	2.39	2.31	2.24	2.19	2.15	2.12
모 15	3.07	2.70	2.49	2.36	2.27	2.21	2.16	2.12	2.09
16	3.05	2.67	2.46	2.33	2.24	2.18	2.13	2.09	2.06
자 17	3.03	2.64	2.44	2.31	2.22	2.15	2.10	2.06	2.03
18	3.01	2.62	2.42	2.29	2.20	2.13	2.08	2.04	2.00
유 19	2.99	2.61	2.40	2.27	2.18	2.11	2.06	2.02	1.98
20	2.97	2.59	2.38	2.25	2.16	2.09	2.04	2.00	1.96
도 21	2.96	2.57	2.36	2.23	2.14	2.08	2.02	1.98	1.95
22	2.95	2.56	2.35	2.22	2.13	2.06	2.01	1.97	1.93
23	2.94	2.55	2.34	2.21	2.11	2.05	1.99	1.95	1.92
24	2.93	2.54	2.33	2.19	2.10	2.04	1.98	1.94	1.91
25	2.92	2.53	2.32	2.18	2.09	2.02	1.97	1.93	1.89
26	2.91	2.52	2.31	2.17	2.08	2.01	1.96	1.92	1.88
27	2.90	2.51	2.30	2.17	2.07	2.00	1.95	1.91	1.87
28	2.89	2.50	2.29	2.16	2.06	2.00	1.94	1.90	1.87
29	2.89	2.50	2.28	2.15	2.06	1.99	1.93	1.89	1.86
30	2.88	2.49	2.28	2.14	2.05	1.98	1.93	1.88	1.85
40	2.84	2.44	2.23	2.09	2.00	1.93	1.87	1.83	1.79
60	2.79	2.39	2.18	2.04	1.95	1.87	1.82	1.77	1.74
120	2.75	2.35	2.13	1.99	1.90	1.82	1.77	1.72	1.68
∞	2.71	2.30	2.08	1.94	1.85	1.77	1.72	1.67	1.63

출처: M. Merrington and C.M. Thompson, "Tables of Percentage Points of the Inverted Beta(F)-Distribution," *Biometrika*, 1943, *33*, 73-88.

$\alpha=0.10$

ν_2 \ ν_1 (분자자유도)	10	12	15	20	24	30	40	60	120	∞
1	60.19	60.71	61.22	61.74	62.00	62.26	62.53	62.79	63.06	63.33
2	9.39	9.41	9.42	9.44	9.45	9.46	9.47	9.47	9.48	9.49
3	5.23	5.22	5.20	5.18	5.18	5.17	5.16	5.15	5.14	5.13
4	3.92	3.90	3.87	3.84	3.83	3.82	3.80	3.79	3.78	3.76
5	3.30	3.27	3.24	3.21	3.19	3.17	3.16	3.14	3.12	3.10
6	2.94	2.90	2.87	2.84	2.82	2.80	2.78	2.76	2.74	2.72
7	2.70	2.67	2.63	2.59	2.58	2.56	2.54	2.51	2.49	2.47
8	2.54	2.50	2.46	2.42	2.40	2.38	2.36	2.34	2.32	2.29
9	2.42	2.38	2.34	2.30	2.28	2.25	2.23	2.21	2.18	2.16
10	2.32	2.28	2.24	2.20	2.18	2.16	2.13	2.11	2.08	2.06
11	2.25	2.21	2.17	2.12	2.10	2.08	2.05	2.03	2.00	1.97
12	2.19	2.15	2.10	2.06	2.04	2.01	1.99	1.96	1.93	1.90
분 13	2.14	2.10	2.05	2.01	1.98	1.96	1.93	1.90	1.88	1.85
14	2.10	2.05	2.01	1.96	1.94	1.91	1.89	1.86	1.83	1.80
모 15	2.06	2.02	1.97	1.92	1.90	1.87	1.85	1.82	1.79	1.76
16	2.03	1.99	1.94	1.89	1.87	1.84	1.81	1.78	1.75	1.72
자 17	2.00	1.96	1.91	1.86	1.84	1.81	1.78	1.75	1.72	1.69
18	1.98	1.93	1.89	1.84	1.81	1.78	1.75	1.72	1.69	1.66
유 19	1.96	1.91	1.86	1.81	1.79	1.76	1.73	1.70	1.67	1.63
20	1.94	1.89	1.84	1.79	1.77	1.74	1.71	1.68	1.64	1.61
도 21	1.92	1.87	1.83	1.78	1.75	1.72	1.69	1.66	1.62	1.59
22	1.90	1.86	1.81	1.76	1.73	1.70	1.67	1.64	1.60	1.57
23	1.89	1.84	1.80	1.74	1.72	1.69	1.66	1.62	1.59	1.55
24	1.88	1.83	1.78	1.73	1.70	1.67	1.64	1.61	1.57	1.53
25	1.87	1.82	1.77	1.72	1.69	1.66	1.63	1.59	1.56	1.52
26	1.86	1.81	1.76	1.71	1.68	1.65	1.61	1.58	1.54	1.50
27	1.85	1.80	1.75	1.70	1.67	1.64	1.60	1.57	1.53	1.49
28	1.84	1.79	1.74	1.69	1.66	1.63	1.59	1.56	1.52	1.48
29	1.83	1.78	1.73	1.68	1.65	1.62	1.58	1.55	1.51	1.47
30	1.82	1.77	1.72	1.67	1.64	1.61	1.57	1.54	1.50	1.46
40	1.76	1.71	1.66	1.61	1.57	1.54	1.51	1.47	1.42	1.38
60	1.71	1.66	1.60	1.51	1.51	1.48	1.44	1.40	1.35	1.29
120	1.65	1.60	1.55	1.48	1.45	1.41	1.37	1.32	1.26	1.19
∞	1.60	1.55	1.49	1.42	1.38	1.34	1.30	1.24	1.17	1.00

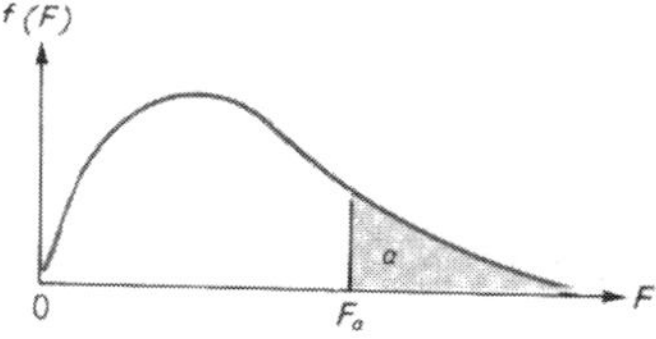

$\alpha=0.05$

	ν_2 \ ν_1	분자자유도 1	2	3	4	5	6	7	8	9
	1	161.4	199.5	215.7	224.6	230.2	234.0	236.8	238.9	240.5
	2	18.51	19.00	19.25	19.25	19.30	19.33	19.35	19.37	19.38
	3	10.13	9.55	9.28	9.12	9.01	8.94	8.89	8.85	8.81
	4	7.71	6.94	6.59	6.39	6.26	6.16	6.09	6.04	6.00
	5	6.61	5.79	5.41	5.19	5.05	4.95	4.88	4.82	4.77
	6	5.99	5.14	4.76	4.53	4.39	4.28	4.21	4.15	4.10
	7	5.59	4.74	4.35	4.12	3.97	3.87	3.79	3.73	3.68
	8	5.32	4.46	4.07	3.84	3.69	3.58	3.50	3.44	3.39
	9	5.12	4.26	3.86	3.63	3.48	3.37	3.29	3.23	3.18
	10	4.96	4.10	3.71	3.48	3.33	3.22	3.14	3.07	3.02
	11	4.84	3.98	3.59	3.36	3.20	3.09	3.01	2.95	2.90
	12	4.75	3.89	3.49	3.26	3.11	3.00	2.91	2.85	2.80
분	13	4.67	3.81	3.41	3.18	3.03	2.92	2.83	2.77	2.71
	14	4.60	3.74	3.34	3.11	2.96	2.85	2.76	2.70	2.65
모	15	4.54	3.68	3.29	3.06	2.90	2.79	2.71	2.64	2.59
	16	4.49	3.63	3.24	3.01	2.85	2.74	2.66	2.95	2.54
자	17	4.45	3.59	3.20	2.96	2.81	2.70	2.61	2.55	2.49
	18	4.41	3.55	3.16	2.93	2.77	2.66	2.58	2.51	2.46
유	19	4.38	3.52	3.13	2.90	2.74	2.63	2.54	2.48	2.42
	20	4.35	3.49	3.10	2.87	2.71	2.60	2.51	2.45	2.39
도	21	4.32	3.47	3.07	2.84	2.68	2.57	2.49	2.42	2.37
	22	4.30	3.44	3.05	2.82	2.66	2.55	2.46	2.40	2.34
	23	4.28	3.42	3.03	2.80	2.64	2.53	2.44	2.37	2.32
	24	4.26	3.40	3.01	2.78	2.62	2.51	2.42	2.36	2.30
	25	4.24	3.39	2.99	2.76	2.60	2.49	2.40	2.34	2.28
	26	4.23	3.37	2.98	2.74	2.59	2.47	2.39	2.32	2.27
	27	4.21	3.35	2.96	2.73	2.57	2.46	2.37	2.31	2.25
	28	4.20	3.34	2.95	2.71	2.56	2.45	2.36	2.29	2.24
	29	4.18	3.33	2.93	2.70	2.55	2.43	2.35	2.28	2.22
	30	4.17	3.32	2.92	2.69	2.53	2.42	2.33	2.27	2.21
	40	4.08	3.23	2.84	2.61	2.45	2.34	2.25	2.18	2.12
	60	4.00	3.15	2.76	2.53	2.37	2.25	2.17	2.10	2.04
	120	3.92	3.07	2.68	2.45	2.29	2.17	2.09	2.02	1.96
	∞	3.84	3.00	2.60	2.37	2.21	2.10	2.01	1.94	1.88

출처: M. Merrington and C. M. Thompson, "Tables of Percentage Points of the Inverted Beta(F)-Distribution," *Biometrika*, 1943, *33*, 73-88.

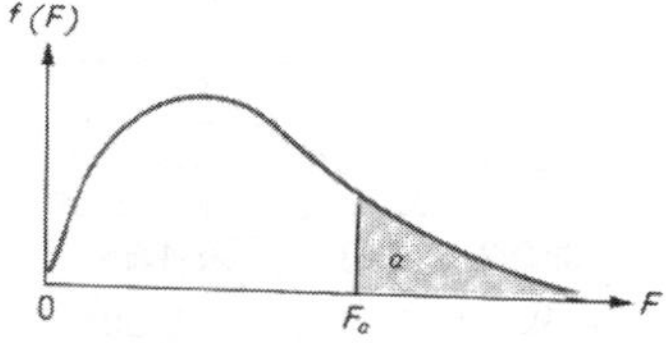

$\alpha=0.05$

	ν_1 / ν_2	분자자유도								
		1	2	3	4	5	6	7	8	9
	1	161.4	199.5	215.7	224.6	230.2	234.0	236.8	238.9	240.5
	2	18.51	19.00	19.25	19.25	19.30	19.33	19.35	19.37	19.38
	3	10.13	9.55	9.28	9.12	9.01	8.94	8.89	8.85	8.81
	4	7.71	6.94	6.59	6.39	6.26	6.16	6.09	6.04	6.00
	5	6.61	5.79	5.41	5.19	5.05	4.95	4.88	4.82	4.77
	6	5.99	5.14	4.76	4.53	4.39	4.28	4.21	4.15	4.10
	7	5.59	4.74	4.35	4.12	3.97	3.87	3.79	3.73	3.68
	8	5.32	4.46	4.07	3.84	3.69	3.58	3.50	3.44	3.39
	9	5.12	4.26	3.86	3.63	3.48	3.37	3.29	3.23	3.18
	10	4.96	4.10	3.71	3.48	3.33	3.22	3.14	3.07	3.02
	11	4.84	3.98	3.59	3.36	3.20	3.09	3.01	2.95	2.90
	12	4.75	3.89	3.49	3.26	3.11	3.00	2.91	2.85	2.80
분	13	4.67	3.81	3.41	3.18	3.03	2.92	2.83	2.77	2.71
	14	4.60	3.74	3.34	3.11	2.96	2.85	2.76	2.70	2.65
모	15	4.54	3.68	3.29	3.06	2.90	2.79	2.71	2.64	2.59
	16	4.49	3.63	3.24	3.01	2.85	2.74	2.66	2.95	2.54
자	17	4.45	3.59	3.20	2.96	2.81	2.70	2.61	2.55	2.49
	18	4.41	3.55	3.16	2.93	2.77	2.66	2.58	2.51	2.46
유	19	4.38	3.52	3.13	2.90	2.74	2.63	2.54	2.48	2.42
	20	4.35	3.49	3.10	2.87	2.71	2.60	2.51	2.45	2.39
도	21	4.32	3.47	3.07	2.84	2.68	2.57	2.49	2.42	2.37
	22	4.30	3.44	3.05	2.82	2.66	2.55	2.46	2.40	2.34
	23	4.28	3.42	3.03	2.80	2.64	2.53	2.44	2.37	2.32
	24	4.26	3.40	3.01	2.78	2.62	2.51	2.42	2.36	2.30
	25	4.24	3.39	2.99	2.76	2.60	2.49	2.40	2.34	2.28
	26	4.23	3.37	2.98	2.74	2.59	2.47	2.39	2.32	2.27
	27	4.21	3.35	2.96	2.73	2.57	2.46	2.37	2.31	2.25
	28	4.20	3.34	2.95	2.71	2.56	2.45	2.36	2.29	2.24
	29	4.18	3.33	2.93	2.70	2.55	2.43	2.35	2.28	2.22
	30	4.17	3.32	2.92	2.69	2.53	2.42	2.33	2.27	2.21
	40	4.08	3.23	2.84	2.61	2.45	2.34	2.25	2.18	2.12
	60	4.00	3.15	2.76	2.53	2.37	2.25	2.17	2.10	2.04
	120	3.92	3.07	2.68	2.45	2.29	2.17	2.09	2.02	1.96
	∞	3.84	3.00	2.60	2.37	2.21	2.10	2.01	1.94	1.88

출처: M. Merrington and C. M. Thompson, "Tables of Percentage Points of the Inverted Beta(F)-Distribution," *Biometrika*, 1943, *33*, 73-88.

$\alpha=0.05$

	ν_2 \ ν_1	분자자유도									
		10	12	15	20	24	30	40	60	120	∞
	1	241.9	243.9	245.9	248.0	249.1	250.1	251.1	252.2	253.3	254.3
	2	19.40	19.41	19.43	19.44	19.45	19.46	19.47	19.48	19.49	19.50
	3	8.79	8.74	8.70	8.66	8.64	8.62	8.59	8.57	8.55	8.53
	4	5.96	5.91	5.86	5.80	5.77	5.75	5.72	5.69	5.66	5.63
	5	4.74	4.68	4.62	4.56	4.53	4.50	4.46	4.43	4.40	4.36
	6	4.06	4.00	3.94	3.87	3.84	3.81	3.77	3.74	3.70	3.67
	7	3.64	3.57	3.51	3.44	3.41	3.38	3.34	3.30	3.37	3.23
	8	3.35	3.28	3.22	3.15	3.12	3.08	3.04	3.01	2.97	2.93
	9	3.14	3.07	3.01	2.94	2.90	2.86	2.83	2.79	2.75	2.71
	10	2.98	2.91	2.85	2.77	2.74	2.70	2.66	2.62	2.58	2.54
	11	2.85	2.79	2.72	2.65	2.61	2.57	2.53	2.49	2.45	2.40
	12	2.75	2.69	2.62	2.54	2.51	2.47	2.43	2.38	2.34	2.30
분	13	2.67	2.60	2.53	2.46	2.42	2.38	2.34	2.30	2.25	2.21
	14	2.60	2.53	2.46	2.39	2.35	2.31	2.27	2.22	2.18	2.13
모	15	2.54	2.48	2.40	2.33	2.29	2.25	2.20	2.16	2.11	2.07
	16	2.49	2.42	2.35	2.28	2.24	2.19	2.15	2.11	2.06	2.01
자	17	2.45	2.38	2.31	2.23	2.19	2.15	2.10	2.06	2.01	1.96
	18	2.41	2.34	2.27	2.19	2.15	2.11	2.06	2.02	1.97	1.92
유	19	2.38	2.31	2.23	2.16	2.11	2.07	2.03	1.98	1.93	1.88
	20	2.35	2.28	2.20	2.12	2.08	2.04	1.99	1.95	1.90	1.84
도	21	2.32	2.25	2.18	2.10	2.05	2.01	1.96	1.92	1.87	1.81
	22	2.30	2.23	2.15	2.07	2.03	1.98	1.94	1.89	1.84	1.78
	23	2.27	2.20	2.13	2.05	2.01	1.96	1.91	1.86	1.81	1.76
	24	2.25	2.18	2.11	2.03	1.98	1.94	1.89	1.84	1.79	1.73
	25	2.24	2.16	2.09	2.01	1.96	1.92	1.87	1.82	1.77	1.71
	26	2.22	2.15	2.07	1.99	1.95	1.90	1.85	1.80	1.75	1.69
	27	2.20	2.13	2.06	1.97	1.93	1.88	1.84	1.79	1.73	1.67
	28	2.19	2.12	2.04	1.96	1.91	1.87	1.82	1.77	1.71	1.65
	29	2.18	2.10	2.03	1.94	1.90	1.85	1.81	1.75	1.70	1.64
	30	2.16	2.09	2.01	1.93	1.89	1.84	1.79	1.74	1.68	1.62
	40	2.08	2.00	1.92	1.84	1.79	1.74	1.69	1.64	1.58	1.51
	60	1.99	1.92	1.84	1.75	1.70	1.65	1.59	1.53	1.47	1.39
	120	1.91	1.83	1.75	1.66	1.61	1.55	1.50	1.43	1.35	1.25
	∞	1.83	1.75	1.67	1.57	1.52	1.46	1.39	1.32	1.22	1.00

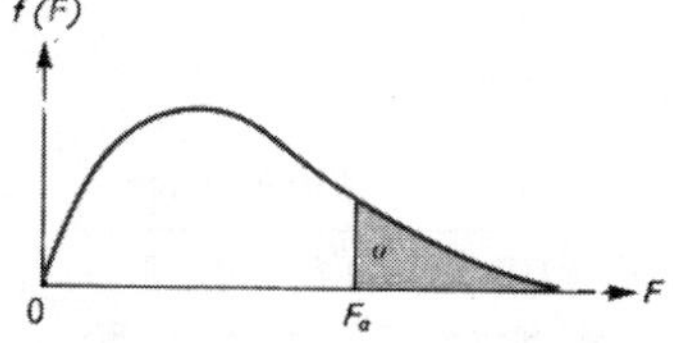

$\alpha = 0.025$

	ν_2 \ ν_1	분자자유도								
		1	2	3	4	5	6	7	8	9
	1	647.8	799.5	864.2	899.6	921.8	937.1	948.2	956.7	963.3
	2	38.51	39.00	39.17	39.25	39.30	39.33	39.36	39.37	39.39
	3	17.44	16.04	15.44	15.10	14.88	14.73	14.73	14.54	14.47
	4	12.22	10.65	9.98	9.60	9.36	9.20	9.20	8.98	8.90
	5	10.01	8.43	7.76	7.39	7.15	6.98	6.98	6.76	6.68
	6	8.81	7.26	6.60	6.23	5.99	5.82	5.82	5.60	5.52
	7	8.07	6.54	5.89	5.52	5.29	5.12	5.12	4.90	4.82
	8	7.57	6.06	5.42	5.05	4.82	4.65	4.65	4.43	4.36
	9	7.21	5.71	5.08	4.72	4.48	4.32	4.32	4.10	4.03
	10	6.94	5.46	4.83	4.47	4.24	4.07	4.07	3.85	3.78
	11	6.72	5.26	4.63	4.28	4.04	3.88	3.88	3.66	3.59
	12	6.55	5.10	4.47	4.12	3.89	3.73	3.73	3.51	3.44
분	13	6.41	4.97	4.35	4.00	3.77	3.60	3.60	3.39	3.31
	14	6.30	4.86	4.24	3.89	3.66	3.50	3.50	3.29	3.21
모	15	6.20	4.77	4.15	3.80	3.58	3.41	3.41	3.20	3.12
	16	6.12	4.69	4.08	3.73	3.50	3.34	3.22	3.12	3.05
자	17	6.04	4.62	4.01	3.66	3.44	3.28	3.16	3.06	2.98
	18	5.98	4.56	3.95	3.61	3.38	3.22	3.10	3.01	2.93
유	19	5.92	4.51	3.90	3.56	3.33	3.17	3.05	2.96	2.88
	20	5.87	4.46	3.86	3.51	3.29	3.13	3.01	2.91	2.84
도	21	5.83	4.42	3.82	3.48	3.25	3.09	2.97	2.87	2.80
	22	5.79	4.38	3.78	3.44	3.22	3.05	2.93	2.84	2.76
	23	5.75	4.35	3.75	3.41	3.18	3.02	2.90	2.81	2.73
	24	5.72	4.32	3.72	3.38	3.15	2.99	2.87	2.78	2.70
	25	5.69	4.29	3.69	3.35	3.13	2.97	2.85	2.75	2.68
	26	5.66	4.27	3.67	3.33	3.10	2.94	2.82	2.73	2.65
	27	5.63	4.24	3.65	3.31	3.08	2.92	2.80	2.71	2.63
	28	5.61	4.22	3.63	3.29	3.06	2.90	2.78	2.69	2.61
	29	5.59	4.20	3.61	3.27	3.04	2.88	2.76	2.67	2.59
	30	5.57	4.18	3.59	3.25	3.03	2.87	2.75	2.65	2.57
	40	5.42	4.05	3.46	3.13	2.90	2.74	2.62	2.53	2.45
	60	5.29	3.93	3.34	3.01	2.79	2.63	2.51	2.41	2.33
	120	5.15	3.80	3.23	2.89	2.67	2.52	2.39	2.30	2.22
	∞	5.02	3.69	3.12	2.79	2.57	2.41	2.29	2.19	2.11

출처: M. Merrington and C. M. Thompson, "Tables of Percentage Points of the Inverted Beta(F)-Distribution," *Biometrika*, 1943, *33*, 73–88.

$\alpha = 0.025$

	ν_2 \ ν_1	분자자유도									
		10	12	15	20	24	30	40	60	120	∞
	1	968.6	976.7	984.9	993.1	997.2	1001	1006	1010	1014	1018
	2	39.40	39.41	39.43	39.45	39.46	39.46	39.47	39.48	39.49	39.50
	3	14.42	14.34	14.25	14.17	14.12	14.08	14.04	13.99	13.95	13.90
	4	8.84	8.75	8.66	8.51	8.51	8.46	8.41	8.36	8.31	8.26
	5	6.62	6.52	6.43	6.28	6.28	6.23	6.18	6.12	6.07	6.02
	6	5.46	5.37	5.27	5.12	5.12	5.07	5.01	4.96	4.90	4.85
	7	4.76	4.67	4.57	4.42	4.42	4.36	4.31	4.25	4.20	4.14
	8	4.30	4.20	4.10	3.95	3.95	3.89	3.84	3.78	3.73	3.67
	9	3.96	3.87	3.77	3.61	3.61	3.56	3.51	3.45	3.39	3.33
	10	3.72	3.62	3.52	3.37	3.37	3.31	3.26	3.20	3.14	3.08
	11	3.53	3.43	3.33	3.17	3.17	3.12	3.06	3.00	2.94	2.88
	12	3.37	3.28	3.18	3.02	3.02	2.96	2.91	2.85	2.79	2.72
분	13	3.25	3.15	3.05	2.89	2.89	2.84	2.78	2.72	2.66	2.60
	14	3.15	3.05	2.95	2.79	2.79	2.73	2.67	2.61	2.55	2.49
모	15	3.06	2.96	2.86	2.70	2.70	2.64	2.59	2.52	2.46	2.40
	16	2.99	2.89	2.79	2.68	2.63	2.57	2.51	2.45	2.38	2.32
자	17	2.92	2.82	2.72	2.62	2.56	2.50	2.44	2.38	2.32	2.25
	18	2.87	2.77	2.67	2.56	2.50	2.44	2.38	2.32	2.26	2.19
유	19	2.82	2.72	2.62	2.51	2.45	2.39	2.33	2.27	2.20	2.13
	20	2.77	2.68	2.57	2.46	2.41	2.35	2.29	2.22	2.16	2.09
도	21	2.73	2.64	2.53	2.42	2.37	2.31	2.25	2.18	2.11	2.04
	22	2.70	2.60	2.50	2.39	2.33	2.27	2.21	2.14	2.08	2.00
	23	2.67	2.57	2.47	2.36	2.30	2.24	2.18	2.11	2.04	1.97
	24	2.64	2.54	2.44	2.33	2.27	2.21	2.15	2.08	2.01	1.94
	25	2.61	2.51	2.41	2.30	2.24	2.18	2.12	2.05	1.98	1.91
	26	2.59	2.49	2.39	2.28	2.22	2.16	2.09	2.03	1.95	1.88
	27	2.57	2.47	2.36	2.25	2.19	2.13	2.07	2.00	1.93	1.85
	28	2.55	2.45	2.34	2.23	2.17	2.11	2.05	1.98	1.91	1.83
	29	2.53	2.43	2.32	2.21	2.1	2.09	2.03	1.96	1.89	1.81
	30	2.51	2.41	2.31	2.20	2.14	2.07	2.01	1.94	1.87	1.79
	40	2.39	2.29	2.18	2.07	2.01	1.94	1.88	1.80	1.72	1.64
	60	2.27	2.17	2.06	1.94	1.88	1.82	1.74	1.67	1.58	1.48
	120	2.16	2.05	1.94	1.82	1.76	1.69	1.61	1.53	1.43	1.31
	∞	2.05	1.94	1.83	1.71	1.64	1.57	1.48	1.39	1.27	1.00

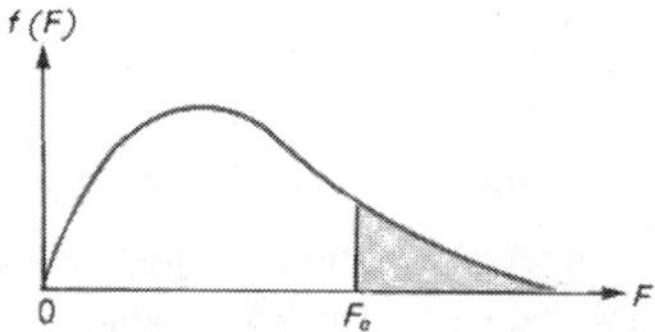

$\alpha=0.01$

ν_2 \ ν_1	분자자유도								
	1	2	3	4	5	6	7	8	9
1	4,052	4,999.5	5,403	5,625	5,764	5,859	5,928	5,982	6,022
2	98.50	99.00	99.17	99.25	99.30	99.33	99.36	99.37	99.39
3	34.12	30.82	29.46	28.71	28.24	27.91	27.67	27.49	27.35
4	21.20	18.00	16.69	15.98	15.52	15.21	14.98	14.80	14.66
5	16.26	13.27	12.06	11.39	10.97	10.67	10.46	10.29	10.16
6	13.75	10.92	9.78	9.15	8.75	8.47	8.26	8.10	7.98
7	12.25	9.55	8.45	7.85	7.46	7.19	6.99	6.84	6.72
8	11.26	8.65	7.59	7.01	6.63	6.37	6.18	6.03	5.91
9	10.56	8.02	6.99	6.42	6.06	5.80	5.61	5.47	5.35
10	10.04	7.56	6.55	5.99	5.64	5.39	5.20	5.06	4.94
11	9.65	7.21	6.22	5.67	5.32	5.07	4.89	4.74	4.63
12	9.33	6.93	5.95	5.41	5.06	4.82	4.64	4.50	4.39
분 13	9.07	6.70	5.74	5.21	4.86	4.62	4.44	4.30	4.19
14	8.86	6.51	5.56	5.04	4.69	4.46	4.28	4.14	4.03
모 15	8.68	6.36	5.42	4.89	4.56	4.32	4.14	4.00	3.89
16	8.53	6.23	5.29	4.77	4.44	4.20	4.03	3.89	3.78
자 17	8.40	6.11	5.18	4.67	4.34	4.10	3.93	3.79	3.68
18	8.29	6.01	5.09	4.58	4.25	4.01	3.84	3.71	3.60
유 19	8.18	5.93	5.01	4.50	4.17	3.94	3.77	3.63	3.52
20	8.10	5.85	4.94	4.43	4.10	3.87	3.70	3.56	3.46
도 21	8.02	5.78	4.87	4.37	4.04	3.81	3.64	3.51	3.40
22	7.95	5.72	4.82	4.31	3.99	3.76	3.59	3.45	3.35
23	7.88	5.66	4.76	4.26	3.94	3.71	3.54	3.41	3.30
24	7.82	5.61	4.72	4.22	3.90	3.67	3.50	3.36	3.26
25	7.77	5.57	4.68	4.18	3.85	3.63	3.46	3.32	3.22
26	7.72	5.53	4.64	4.14	3.82	3.59	3.42	3.29	3.18
27	7.68	5.49	4.60	4.11	3.78	3.56	3.39	3.26	3.15
28	7.64	5.45	4.57	4.07	3.75	3.53	3.36	3.23	3.12
29	7.60	5.42	4.54	4.04	3.73	3.50	3.33	3.20	3.09
30	7.56	5.39	4.51	4.02	3.70	3.47	3.30	3.17	3.07
40	7.31	5.18	4.31	3.83	3.51	3.29	3.12	2.99	2.89
60	7.08	4.98	4.13	3.65	3.34	3.12	2.95	2.82	2.72
120	6.85	4.79	3.95	3.48	3.17	2.96	2.79	2.66	2.56
∞	6.63	4.61	3.78	3.32	3.02	2.80	2.64	2.51	2.41

출처: M. Merrington and C. M. Thompson, "Tables of Percentage Points of the Inverted Beta(F)-Distribution," *Biometrika*, 1943, *33*, 73-88.

$\alpha=0.01$

ν_2 \ ν_1	분자자유도									
분모자유도	10	12	15	20	24	30	40	60	120	∞
1	6,056	6,106	6,157	6,209	6,235	6,261	6,287	6,313	6,339	6,366
2	99.40	99.42	99.43	99.45	99.46	99.47	99.47	99.48	99.49	99.50
3	27.23	27.05	26.87	26.69	26.60	26.50	26.41	26.32	26.22	26.13
4	14.55	14.37	14.20	14.02	13.93	13.84	13.75	13.65	13.56	13.46
5	10.05	9.89	9.72	9.55	9.47	9.38	9.29	9.20	9.11	9.02
6	7.87	7.72	7.56	7.40	7.31	7.23	7.14	7.06	6.97	6.88
7	6.62	6.47	6.31	6.16	6.07	5.99	5.91	5.82	5.74	5.65
8	5.81	5.67	5.52	5.36	5.28	5.20	5.12	5.03	4.95	4.86
9	5.26	5.11	4.96	4.81	4.73	4.65	4.57	4.48	4.40	4.31
10	4.85	4.71	4.56	4.41	4.33	4.25	4.17	4.08	4.00	3.91
11	4.54	4.40	4.25	4.10	4.02	3.94	3.86	3.78	3.69	3.60
12	4.30	4.16	4.01	3.86	3.78	3.70	3.62	3.54	3.45	3.36
13	4.10	3.96	3.82	3.66	3.59	3.51	3.43	3.34	3.25	3.17
14	3.94	3.80	3.66	3.51	3.43	3.35	3.27	3.18	3.09	3.00
15	3.80	3.67	3.52	3.37	3.29	3.21	3.13	3.05	2.96	2.87
16	3.69	3.55	3.41	3.26	3.18	3.10	3.02	2.93	2.84	2.75
17	3.59	3.46	3.31	3.16	3.08	3.00	2.92	2.83	2.75	2.65
18	3.51	3.37	3.23	3.08	3.00	2.92	2.84	2.75	2.66	2.57
19	3.43	3.30	3.15	3.00	2.92	2.84	2.76	2.67	2.58	2.49
20	3.37	3.23	3.09	2.94	2.86	2.78	2.69	2.61	2.52	2.42
21	3.31	3.17	3.03	2.88	2.80	2.72	2.64	2.55	2.46	2.36
22	3.26	3.12	2.98	2.83	2.75	2.67	2.58	2.50	2.40	2.31
23	3.21	3.07	2.93	2.78	2.70	2.62	2.54	2.45	2.35	2.26
24	3.17	3.03	2.89	2.74	2.66	2.58	2.49	2.40	2.31	2.21
25	3.13	2.99	2.85	2.70	2.62	2.54	2.45	2.36	2.27	2.17
26	3.09	2.96	2.81	2.66	2.58	2.50	2.42	2.33	2.23	2.13
27	3.06	2.93	2.78	2.63	2.55	2.47	2.38	2.29	2.20	2.10
28	3.03	2.90	2.75	2.60	2.52	2.44	2.35	2.26	2.17	2.06
29	3.00	2.87	2.73	2.57	2.49	2.41	2.33	2.23	2.14	2.03
30	2.98	2.84	2.70	2.55	2.47	2.39	2.30	2.21	2.11	2.01
40	2.80	2.66	2.52	2.37	2.29	2.20	2.11	2.02	1.92	1.80
60	2.63	2.50	2.35	2.20	2.12	2.03	1.94	1.84	1.73	1.60
120	2.47	2.34	2.19	2.03	1.95	1.86	1.76	1.66	1.53	1.38
∞	2.32	2.18	2.04	1.88	1.79	1.70	1.59	1.47	1.32	1.00

ㅅ

ㅎ

A

B

C

I

K

L

M

N

O

P

U

V

W

X

Z

*

etc

SPSSWin14.0을 활용한

마케팅 시장조사분석

지 은 이 | 권영식

펴 낸 이 | 김형근

펴 낸 곳 | 도서출판 기한재

주 소 | 경기도 파주시 교하읍 문발리 535-11
(파주출판문화정보산업단지)

전 화 | 031)955-0900~2

팩 스 | 031)955-0100

등 록 | 1990년 3월 15일 제2-968호

발 행 | 2007년 9월 7일 1판 2쇄

정 가 | 16,000원

ISBN 978-89-7018-426-5

http : //www.kihanjae.com

E-mail : kihanjae@hanmail.net